別冊 環 ㉔

KAN: History, Environment, Civilization

開かれた移民社会へ

編集委員＝宮島喬・藤巻秀樹・石原進・鈴木江理子

石原 進
鈴木江理子
棚原恵子
藤巻秀樹
宮島 喬
旗手 明
定松 文
安里和晃
藤本伸樹
山口智之
近藤 敦
髙谷 幸
佐々木てる
小ヶ谷千穂

温又柔
高部心成
谷川ハウ
宮ヶ迫ナンシー理沙
矢崎理恵
リリアン テルミ ハタノ
田中雅子
斉藤善久
原めぐみ
人見泰弘
石川朝子
山本かほり
川上郁雄
カルダー淑子

竹ノ下弘久
小島祥美
稲葉奈々子
樋口直人
山野上麻衣
丸山由紀
関 聡介
石川美絵子
滝澤三郎
土井佳彦
山田貴夫
坂本久海子

藤原書店

序

少子化、高齢化が進み、労働人口の減少も進み始めた日本。今後、活力ある経済を支える労働力の確保のためにも、社会保障制度や、医療・福祉の制度を維持するためにも、移民の受け入れは不可避であろう。否、すでにこの事態に反応するかのごとく、入移民《イミグランツ》の数は、リーマンショックを挟みながらも、じりじりと上昇し、在留外国人数は二六〇万人に近づいている。外国にルーツをもつ者（国籍上は日本人）を加えると、三五〇万人に及ぼう。

現政府は、「人手不足は一段と深刻になり、外国人材の受入れは喫緊の課題だ」として、入管法の改正を急いで進めた。これは、従来の外国人労働者の受け入れの方法を一新する好機との見方もある。だが、「人手不足の解消のため」という消極的な理由づけで行われる改革は、フロントドアからのまっとうな労働者受け入れの道を開くだろうか。日本では現在、一三〇万人近い外国人が雇用労働に就いているとされる（二〇一七年外国人雇用状況報告）。だが、労働者としての権利が認められ、正規労働者として働く外国人は、四分の一ほどにすぎず、非正規の、就労年限の限られた、職場移動の許されない、最低賃金レベルの労働者が多く、こうした受け入れは国際社会からも厳しい批判を受けてきた。それをどう正していくか。

また、「労働者」や「人材」（マンパワー）などと呼ばれる彼らも、当然、「人」であり、トータルな意味で「生活者」である。固有の文化の中に生き、家族をもち、単に賃金を得るだけではなく、生活の保障、医療、適切な教育を求め、信仰の実践、アイデンティティの表出も欲する存在である。労働力確保が優先され、「人」としての迎え入れは二の次とされてきたのがこれまでの受け入れだが、今や、それは軌道修正しなければならない。「人」としての迎え入れ、すなわち人権の保障を基本に、社会保障、医療、家族生活支援、言語習得、文化の尊重、それにもとづく教育が実現されてこそ、日本が多文化共生をめざす〝開かれた社会〟へと転じることが可能となる。

政府は、「外国人材」の受け入れを言う際、「移民政策ではない」と付言するのを常とする。だが、滞日外国人のすでに六〇％が定住者（＝移民）になっている現実をどうみるか。これは、母国への帰国にメリットを見いだせない人々、日本を「住み得る」社会と感じ、これを選択した人々、日本に生まれ育ち成人し、ここに生きるのを当然とする移民第二世代など、様々であろう。「移民政策に非ず」と強弁するなら、そうした人々の貢献を無視するばかりか、受け入れる外国人には、相変わらず短期ローテーション（五年間働いて帰国など）を強い、継続的に働いてもらいたい労働者人材を逸してしまう恐れもある。そうした労働者が在留を保障され、家族と共に生き、日本になじみながら働くならば、独特の能力・文化をもって労働の場に刺激や活力を与えてくれよう。

そうした人々が、当たり前に住み、働き、暮らす権利を与えられ、さらに社会に活力と文化的豊かさを与え、マジョリティである日本人と共生していく場、それをゆるやかな意味で「移民社会」と呼んでみたい。そしてそれを実現するための問題提起と提言もめざしたい。

ただし、今こうした展望を抱くにあたり、懸念されることは、多文化共生を進めることへの合意が国民の間に成立するかどうかである。過去十年来、一部の日本人による特定移民集団をターゲットとする差別・排除の言動が行われるようになり、共鳴層がどれほどいるかは不明だが、根拠のない差別的メッセージが投げられている。これを批判し、対抗する運動も生まれ、反差別の啓発や教育、そうした差別扇動をなくす立法も行われた。ただ、日本人自身がそうした差別意識を克服する努力を行わないならば、啓発、教育、立法も意味をもたない。今、われわれ日本人自身が問われているといえよう。

二〇一九年四月

編集委員　宮島　喬
藤巻秀樹
石原　進
鈴木江理子

〈座談会〉

開かれた移民社会へ

別冊『環』⑳「なぜ今、移民問題か」を刊行した二〇一四年から約五年、本年四月の出入国管理法改定を受けて、「移民」という語をメディアでも目にすることが格段に多くなった。政府はかたくなに「移民」受け入れであることを認めない姿勢を貫いているが、実際には「移民」として日本社会に生きる人びとはますます増えるばかりだ。

本座談会では、ペルーからのUターン移住労働者として日本社会に生きてきた棚原恵子氏を囲んで、事実上の「移民社会」である日本の現状の再確認と、今後の展望を語りあっていただいた。（編集部）

石原　進（「にほんごぷらっと」編集長、元毎日新聞論説副委員長）
鈴木江理子（国士舘大学教授）
棚原恵子（Uターン移住労働者）
藤巻秀樹（北海道教育大学教授、元日本経済新聞編集委員）
宮島　喬（コーディネーター／お茶の水女子大学名誉教授）

日次

定住化が進んで
――ニューカマー外国人の現在

宮島　最新の発表数字では、日本に滞在しまたは生活している外国人の数は二六四万人（二〇一八年九月発表）となりました。例によって「過去最高」と報じられますが、そんな程度かという気がしないでもない。ヨーロッパでは人口もGDPも日本の半分以下のイタリアやスペインでも外国人のストックはそれぞれ五〇〇万人、四七〇万人に上るのですから。あのリーマンショックで景気が悪化し、失業した外国人が潮が退くように帰国していき、在留外国人数は二〇〇九年に初めて「前年比減」を記録、でもそれから三〇万人は増加したのですね。その背景は何かは、本日の討論で明らかになると思いますが、このストックの増加以上に注目したいものがある。それは、定住的な外国人の数がじりじりと増えていて、その在留資格から推定して、日本に定住していくのではないかと思われる外国人は六〇％を超えています。これは机上の計算ではなく、法務省の委託で二年前に行われた「外国人住民調査」は、全国四二〇〇人余から直接回答を得ましたが、一〇年以上の日本滞在者が五四％に達している。「デカセギ」の名の下に九〇年代から多数来日して働いていたブラジル人やペルー人も、少なくとも今滞在している人々は、六割から七割がもう「永住者」になっています。定住外国人というわけですが、「移民」というタームを彼らに充てても不都合はないでしょう。一体、どういう事情と経過があってここまできたのでしょうか。

もはやターゲット・アーナー（男性の単身での先行移住）ではない、帰国はしない、他国に移動することもない、日本に定住して働き、暮らしていくという外国人が増えていくとき、かれらを迎え入れ、生きるための権利や、便益をあたえ、差別なく、同化の圧力をかけることもなく包摂していくような社会の態勢が準備されていくだろうか。

棚原さんはペルーから来日されたいわば当事者ですが、今述べたような状況の推移をどのようにみていますか。

棚原　ほぼ三〇年ぐらい前、一九九〇年の初頭から、ブラジルやペルーから来るようになった。その人たちや私たちのことをニューカマーと言うのだったら、今度の新しい法律でオープンされる人たちはニュー・ニューカマーになるんですかね。よくわかりませんけども、同じニューカマー、移民政策の中で、移民政策と言っていいかわかりませんが、日本が労働力を必要とするからドアを開けておいてくださいという感じになるかと思いますが。一九九〇年のときのブラジル日系人、ペルー日系人というのは、ちょうど南米もすごい経済危機で困っていたことがあって。時々ウィン・ウィンと言われたりしますけど、プッシュとプルの関係で来ることになったというんですね。でも、それはどうかなと思ったりもしますね。とにかく当事者としては、経済危機から抜けたいがためにいろんなところに出ていくんですね。で、私たちなんかも、これじゃ子どもを育てられないと危機感を感じたときに、どこかに行かなきゃ、となる。我が家では、本当はオーストラリアを考えていたんです。でもペルーにはオーストラリアの大使館がなくて、チリにあったんですね。だから手続きをするのにすごく大変だったので、しょうがなく日本の方が早いだろうというので日本に方向を向けました。それほどエマージェンシーだったんですね、ペルーの経済状況が。本当に大変な時期だった。それがペルーのみならずブラジル、アルゼンチンでも、そういう状況の中から脱したい、と。だから、一九九〇年代の移民はペルーのみならず、お隣の国のアルゼンチンとか、とにかく国を出なければこの船は沈んでしまうから、一目散に逃げなきゃという状況だったんですね。

●棚原恵子（たなはら・けいこ）

1953年生まれ。10歳のとき、母方の祖父母による呼び寄せ移住で、家族でペルーへ。現地の日系人小学校で1年生からやり直し、中学5年まで公立の学校に。20歳で大学入学、日系人校で日本語教師として働きながら8年かけて卒業。91年に3歳と5歳の子どもを伴い家族で日本にUターン移住、日系人移住労働者対応に、行政窓口での通訳の仕事に就く。カトリック横浜教区滞日外国人と連帯する会(SOL)を経て、横浜市鶴見区で嘱託職員を務めた。

　そういう中で、何が一番大変だったか。日本は、受け入れ側としてはもう本当に人手不足でしたけど、空港で迎えに来るはずだった仲介業者というか、「コントラティスタ」といわれるブローカーの人が、ちょっとでも遅れると別のブローカーに連れていかれてしまうほど大変な状況だったという話を聞いています。本当は愛知県に行くはずだったのが、迎えに来る人が遅れたのでほかの業者が連れていってしまった。日本に来て、翌日から仕事がすぐできたんですね。当時はそういう人手不足ですから、ペイもよかったみたいです。時給一七〇〇円とか、そういうふうに聞いています。だからある会社で「ばか」と言われたから、次の会社に移っていくと。それでも、すごくとんとんと移ることができたと聞いています。

　それが、日本の経済はバブルがはじけてしまいましたよね。その後に大変なことになったときに、真っ先に首を切られるのが

●**鈴木江理子**（すずき・えりこ）

1965年生まれ。国士舘大学教授。移民政策や人口政策、労働政策を研究するかたわら、外国人支援の現場でも活動。著作に『日本で働く非正規滞在者——彼らは「好ましくない外国人労働者」なのか？』（明石書店、平成21年度冲永賞）、共著に『外国人労働者受け入れを問う』（岩波書店）、編著に『非正規滞在者と在留特別許可』（日本評論社）『東日本大震災と外国人移住者たち』（明石書店）など。

南米の人たちでした。私、当時まだ大和に住んでいたんですけど、大和市の、あれは何工業だったか、車体工場とかというところ、いすゞの下請けの会社でした。そこで働いていた人たちが、ある日突然、あなたは十二月に終わり、この班は一月に終わりとか、解雇の順が決まるような状況でした。そういう中で、頼れるのはそのブローカーだけなんですよね。ブローカーは何をするかというと、都合のいいように彼らをすごく操作するんですね。

だからそういう状況を生きてきた人たちが肌で感じる、体験するのは、やっぱり日本の社会は冷たいんだ、真っ先に切られるのは俺らなんだ、と。それも覚悟の上で来ていますから、生活をどうするかというのを考えるよりも、やっぱりいち早くお金を貯めて帰ろう、その方が自分の生活に合っている、という感じだったと思います。

しかし、収入がなくなると帰れない。延びていくのは自分の意思で延びて行ったんじゃなくて、そういうファクター、社会の在り方によってどんどん延ばしていって、しょうがなく五年も六年もいてしまったからには、定住した方がいいんじゃないかとなる。それは、もう最初の首切りからそうなっていますね。

鈴木　私自身は棚原さんのように移動したわけではないのですが、当事者の方々に話を聞くと、やはり棚原さんがおっしゃったように、最初から日本に長くいるつもりで来た人はほとんどいなくて、とにかく自分の国を出たかった、どこでもよかったけどたまたま日本に来た。日本からどこか別の国へ行こうとも思ったけども、あまりいい条件の行き先もなく、何となく暮らしていく中で、いい仕事も見つかって、気づいてみたら五年、一〇年とたって、日本社会とのつながりもでき、結果的に定住しているという人が多いですね。

ちょっと話がそれますが、私は大学進学で東京に出てきたのですが、卒業したら地元に戻るつもりが、友人も含めて東京でのつながりが広がっていき、次第にここ（東京）で生きていくと考えるようになりました。これは、多分移動する人と同じ感覚だと思います。ただし、定住した人がいれば、帰った人も同じようにいると思うんです。

●藤巻秀樹（ふじまき・ひでき）

1955年生まれ。北海道教育大学教授、元日本経済新聞編集委員。多文化共生論、欧州政治・経済。著作に『「移民列島」ニッポン——多文化共生社会に生きる」（藤原書店）『現場に出た経済学者たち』（中央大学出版部）『シラクのフランス』（日本経済新聞社）『ルポ　日本の縮図に住んでみる』（共著、日本経済新聞出版社）『欧州の憂鬱』（共著、日本経済新聞社）など。

日本に来た人のなかには、思うような生活ができなかったり、受け入れてもらえなかったり、あるいはさまざまな経験をした中で、ここ（日本）から出ていかざるを得なかった人もいます。その一方で、さまざまな理由からここで暮らし続けるようになった人もいる。いわゆるニューカマーと言われる人々の増加から三〇年以上が経つ中で、確実にそういった人が増えてきて今の日本社会があり、それ以前には旧植民地出身の人もいてというのが現状なのかなと思います。意図して定住化したというよりも、結果として定住し、多様な国や地域につながる人々がここで生きているというのが今の日本社会なのだと思います。

藤巻　私はちょうどリーマンショック（二〇〇八年）直後の時期に、愛知県豊田市の保見団地というブラジル人やペルー人など日系南米人の多い団地に一カ月間の住み込み取材をしていました。保見団地の日系人は不況で次々に解雇されましたが、日本にいたい、祖国に帰りたくないという人が多く、解雇されても失業保険をもらって、新しい職探しをしていました。なぜ日本に残りたいのか、あるブラジル人の主婦に話を聞いてみると、日本は安全・安心で、物が豊かで、ここにずっといたいと言っていました。僕の知っている限りですけど、リーマンショックが起こるまでは、日系南米人の方々は日本での生活にある程度満足していたのではないでしょうか。

また新大久保などで事業をしている韓国のニューカマーの人たちも、日本に来てビジネスをする過程で、だんだん日本に良いイメージを持つようになったと思います。ただ、韓国人を標的にしたヘイトスピーチで彼らの日本への印象は様変わりしました。リーマンショックやヘイトスピーチなど、ニューカマーの外国人を揺るがす出来事がなければ、日本への定住意識はもっと高まったのではないかと感じています。

宮島　ヨーロッパで移民の観察や研究をしていまして、家族を伴ってくる、または呼び寄せる人々は、まちがいなく定住していくと思うようになりました。そこで、ブラジルやペルーの方々が子どもを連れてくる、では、定住するのかなと思っていたんですが。

棚原　やっぱり、日系人社会ってすごく閉鎖的な社会でもあるんです。少なくともペルーではそういう状況でして、本人たちは日本人だと、ブラジル社会ではいわれます。私なんかもずっと中国人（チーナー）って言われてきたのですが、何といいますか、アイデンティティの問題としては、自分は、日本につながるものがあるという意識がすごく強いです。でも住んでいる社会はブラジル社会、ペルー社会ですから、メンタリティは、学校を通じて教育を受けていく中でやっぱりその社会に同化していくわけですね、二世、三世となると。今ブラジルやペルーだと五世、六世の世代ですから、もっともっと同化していっていると思います。

そういう同化の中でやっぱりファミリー、家族は常に一緒にいなきゃいけないと、そういうメンタリティなんですね。だから、最初は確かにお父さんだけ移住労働者で来たとしても、でも二年して帰ってこない、じゃあ大変だということで、家族が追っかけてくる。一緒にいなきゃいけないから、というものがあると思うんですよね。

それと、離れていると、やっぱり家族愛も冷めていくんでしょうか、離婚問題とかそういうのにもつながってくる。それを防ぐために家族が一緒に来るとか、家族を後から呼び寄せたんですね。最初から一緒に来ているわけじゃないんです。

宮島　これは仮説にすぎないが、日本に住み続けるかもしれないという思いが心の片隅にあって、家族を呼んだのではないかと推測したのです。例えば（西）ドイツでは、トルコ人労働者は一九六〇年代に単身で来ていまして、妻子は母国に残していましたが、七〇年代の後半くらいから家族を呼び寄せるようになった。それはまさしくドイツに定住する、ということのサインだったんですね。

棚原　そうですね。

「移民社会」とは何か

宮島　「移民社会」という言葉が本特集のタイトルで使われます。カッチリした概念として考えたわけではないと思います。でも「外国人」とか「渡日者」という言葉では済まされないような関係性をもちはじめた人々が生まれているのは事実でしょう。

政府や経済界の声として「日本は移民国ではない」という言説を聞くたびに、現実に起こっていることにわざと目をふさぎ、何かを避けて済まそうとしているように思われてなりません。

石原　移民社会というより、まず「移民」という言葉ですが、非常に政治的な色彩を帯びているように感じています。なかなか厄介な言葉ですね。そもそも日本政府は移民という言葉を使いません。法務省や外務省の人に、「なぜ、移民という言葉を使わないのか」と聞いたことがあるのですが、答えは出てこない。法務省に聞くと外務省に聞いてくれ、外務省に聞くと法務省に聞いてくれと。

　人の移動で言えば、在日コリアンの問題、日本の朝鮮半島の植民地支配、満州への進出など歴史的な問題が絡んでくるし、移民という言葉の規定の仕方も難しい。安倍晋三首相が国会などで「移民政策はとらない」と繰り返し述べているので、余計に政治的な言葉になってしまっているように思います。

　一方で、日本から海外に移住した人たちは、二世、三世、四世、五世を含めて二百万とか三百万とか言われています。国際結婚やビジネスで海を渡り、海外に住むようになった日本人も少なくありません。毎年、「海外日系人大会」というイベントが開かれていて、そこには二百人ぐらいの日系移民の人たちが来ていて、私はそこでいろいろな方とお会いしています。二〇一八年はハワイ移民一五〇年で、ハワイでその大会があったのですが、例年は東京で大会が開かれ、そこで日系人の人たちからいろんな話を聞いていますから、私個人的としては、そういう交流を通じて移民社会というイメージができているような気がします。そ

●石原 進（いしはら・すすむ）

1951年生まれ。日本語教育情報プラットフォーム代表世話人・インターネットメディア「にほんごぷらっと」編集長。(株) 移民情報代表取締役、和歌山放送顧問、ＮＰＯ法人エルエスエイチアジア奨学会理事、元毎日新聞論説副委員長。著作に『古代近江の朝鮮』(新人物往来社)『政治家とカネ』(毎日新聞社)『新潟少女監禁事件』(新人物往来社、いずれも共著) など。

んな中、移民の日系人の子や孫が日本に戻って来ているわけです。移民のUターンみたいな形で。そうした日系人が群馬県の大泉町だとか愛知県の豊田市などに集住していて、そうした地域が「日本の中の移民社会」ということなる。

彼らは大手の自動車産業や電器産業などの下支えをする存在でしたが、社会的に格差が生まれ、どちらかと言えば、支援される側の人たちというイメージを持たれています。日本社会は彼らを労働力として見ているだけでは。

ある日系ブラジル人からこんな話を聞いたことがあります。彼が来日して祖父母の出身地に親戚を訪ねた。「よく来てくれた」と言ってくれると思って行ったのに、「何しに来たんだ。カネがほしいのか」と。相当傷ついたと思います。私の方も暗い気持ちになりました。その彼が東日本大震災の後、炊き出しに十数回も行って熱心に被災者を支援していました。

私は以前に「移民」という意味の『イミグランツ』と題したミニコミ情報誌を発刊したことがあるのですが、その取材を通じて日本で起業し成功した日系人や一流企業に就職した日系人の若者にも会いました。彼らの向上心と努力は、日本人以上だと、感心させられました。

私自身は「移民」という言葉がイデオロギー化して独り歩きしてきたことに違和感を覚えていて、アジアの人も急激に増えていて、どこへ行っても外国人と出会う時代になったのだから、そうした現実に正面から向き合うべきだと強く感じています。移民社会と呼ぶかどうかはともかく、多様な社会になっていることは間違いないわけです。それぞれの地域で外国人との付き合い方を問い直す時代になっていると思います。

鈴木　今回テーマが「移民国家」ではなく「移民社会」というのが一つポイントになるかなと思っていて、移民国家というと「国家」という枠組みの中で考えるイメージですが、移民社会というと一人一人の生きている人間が見えてくるんですね。移民は誰かということを考えるよりも、移民社会というのは気づきだと思うんです。これまではいわゆる単一民族国家だとかという言説がまことしやかに語られていたけども、よくよく周りを見てみれば、いないことにされてきた、隠されてきた人たちがたくさんいる。それは旧植民地出身の人とか、あるいは石原さんがおっしゃったように国境を越えて移動している人たちであるとか、ルーツを隠して日本人として生きざるを得なかった人とか、そういった人たちの多様性に気づいていくことが移民社会であり、同じ社会を移民社会という言葉で捉えることによって異なる社会が見えてきて、そして課題も見えてくる。それが、新たな未来につながるのではないかと思うので、この気づきから移民社会を考えてみたいと思います。

棚原　私たちみたいな移民は、確かに時によっては「南米移民」と言われたり「南米移住者」とか言われたり、それはレッテルを貼られるような感じがします。では社会の中に本当にその存在感とか、生活の在り方とかが反映されているかというと、さっきおっしゃっていたように、いないことにされている人たちという点に着目する必要があります。言葉の問題ではないと私は思いますね。言葉で「開かれた移民社会」などと言ったら、では一般的にそれが気づきにすぐにつながるかというと、それはないと思います。やっぱり巷で、お互いに接している職場などの中での在り方から意識されていくのだと思います。だから、言葉は、私はどうでもいいと思います。「移民」であろうが、「移住労働者」であろうが。

　でも私が自分のことを移住労働者と言うのは、そういう体験の中から自分を概念化していくというか、位置づけしていく形として、やっぱりやっていることです。それにそぐうような形での自分の存在感を意識すること、それがあってこそ初めて気づきであって、お互いに話し合うときにもスタンスがはっきりするんじゃないかと思いますね。

藤巻　私は六年前に『「移民列島」ニッポン』という本を書きました。そのときなぜ「移民」という言葉を使ったかというと、日本の外国人の多い地域に行って、日本には移民がいないという、政府見解で言うとそういうことかもしれませんけれども、実際には移民と言っていい人たちがたくさん住んでいることに気づいたからです。

　その取材をしているときに先輩のジャーナリストから「君は勇気があるね。移民問題なんかやったら、抗議してくる人がでてきたり、何かと厄介なことになるよ」と言われました。保見団地に行くときには愛知県の人から、「あんな危ないところに行って大丈夫ですか」と言われた。それは僕には非常に驚きで、「移民」という言葉をい

●宮島 喬（みやじま・たかし）

1940年生まれ。お茶の水女子大学名誉教授。社会学。ヨーロッパ諸国におけるナショナル・マイノリティと移民の研究に携わる。著作に『移民社会フランスの危機』（岩波書店）『多文化であることとは』（岩波書店）『ヨーロッパ市民の誕生——開かれたシティズンシップへ』（以上岩波書店）『文化的再生産の社会学』（藤原書店）など、訳書にブルデュー／パスロン『再生産』（藤原書店）デュルケム『自殺論』（中公文庫）など。

ま政府が使わない、メディアでもその使い方に注意をしているというのは、その言葉に日本人の負の歴史が込められているからではないだろうか。これまで在日韓国人が背負ってきた歴史や、一九九〇年以降日系南米人が入ってきて日本人住民と摩擦が起こったことなどがネガティブなイメージとして捉えられている。それは裏を返せば、受け入れ側の日本社会の問題であったわけです。差別とか偏見とか、それから日本語教育の問題など、色々な事柄があぶり出されてくる。

　また、移民受け入れに反対する人たちが必ず持ち出すのは移民問題に苦しむヨーロッパの事例です。そこで「ヨーロッパの失敗を繰り返すな」と言うんだけど、実はヨーロッパは様々な経験を繰り返しながら、移民と共生する社会の構築について苦労しながら、悩みながらも日本以上に移民の社会統合について取り組み、深い実践を積み重ねてきたと、僕は思います。

　そういう意味では、これからたくさんの外国人労働者が入ってくるときに、そうした経験を踏まえて、移民という言葉をネガティブに捉えるのではなくて、ポジティブに考えるような思考をこれから積み重ねていくことが非常に重要になると思っています。

宮島　たしかに言葉にこだわるのは生産的ではないです。「移民」と呼ぼうと、呼ぶまいと、定住的外国人の生活の実態がどうなっているかが重要です。家族を呼び寄せ、当面の、またはもう少し先までの生活設計をし、子どもを育て、日本の学校に通わせ……、そういう段階に多くの外国人は来ているように思います。そのことは確認できるでしょう。

過去を振り返って
——オールドカマーたちの定住と政府の対応

宮島　「日本は移民国ではない」と日本政府は言ってきているわけですが、在日韓国・朝鮮人（以下、「在日コリアン」と言う）の存在、これはもう事実として日本が移民国としての側面をもっていることを示している。もう一世紀来のことで、この事実をきちんと認識していれば、「日本は移民国に非ず」と、簡単に言い切ってしまえないはずです。そのような過去から現在につながっている事実の認識が、今の政治の中で生かされているかどうかという点はいかがでしょうか。

石原　さっき言ったように戦後の外国人政策というのは官僚主導でずっとやってきて、一九五二年、サンフランシスコ条約で、コリアンが外国人になってしまったというね。それは別に法律で決めたんじゃなくて、通達とかそういうのでやってきています。つまり、戦後というのはほとんど外国人政策がなかったわけですね。私の認識では、転機になったのは一九七〇年の日立裁判ですね。日立の子会社が外国人、コリアンを雇用したときに、日本名で入って、それがわかって解雇したという。それが就職差別である、民族差別であるということで裁判があって、七四年にそれで日立が負けるわけです。これで初めて法的に民族差別が違法であることがはっきりして、ここからようやく運動が始まりました。

それから川崎あたりが中心になって、公営住宅の入居だとか銀行の融資、そういうところから反差別の運動が始まったと。それまではずっと国籍条項がついていて、ほとんど大企業はコリアンを受け入れなかったと、そういう歴史があるわけですね。

宮島　いま少し変化の側面も語られましたが、一般の日本人市民の意識のなかでも在日の存在が薄れ、コリアンたちが日本定住を余儀なくされた事情や被った差別について知るところも少なく、反省を込めて十分受けとめられていないんじゃないかという気がしてなりません。

藤巻　いや、それは全く踏まえられていないと思いますね。新大久保でヘイトスピーチがあったときに、在日のオールドカマーの人とニューカマーの人両方に話を聞きましたけれども、象徴的だったのは、ニューカマーの人たちが一様にショックを受けていたことです。自分たちは日本にやってきてビジネスをやって、韓流ブームの追い風もあって日本ではすごく歓迎されていると思っていた、と言うんです。ところがオールドカマーの人たちは、自分たちは昔から差別されている、だからヘイトスピーチがあってもに別に驚かないと。同化とか差別とか、オールドカマーの人たちに対して日本が行ってきた政策について反省が踏まえられ、新しく外国人に対して政策を行っているかと問われれば、答えはノーですね。

在日コリアンの二世の人たちは自分たちのアイデンティティに苦しんでいる。自分たちは日本社会に同化できないし、韓国に戻っても歓迎されないという感覚を抱き、アイデンティティ・クライシスをずっと抱えながら生きている。日本社会が彼らをそういう状況に追い込んでいるとすれば、残念です。在日コリアンの人たちに対しての経験が、いま生きているとはとても思えない、というのが私の結論です。

宮島　先ほどお話に出た、五二年のコリアンの一斉の国籍変更、外国人化についてですが、これは当時の経過からいうと、コリアンたちも日本国籍でなくなること自体は喜んだかもしれない。押し付けられた国籍からの解放でしたから。それ自体は争点にならなかった。ただ、日本政府は、外国人になったのだからと、彼らの社会保障の権利、参政権、公務員になる権利などを認めないか、または制限するのを当然だとしてしまった。これでコリアンたちの生活は困窮します。厚生省（当時）はそれを考慮し、生活保護の適用だけは事実上続けるわけで

移民という言葉をネガティブに捉えるのではなくて、ポジティブに考えるような思考をこれから積み重ねていくことが非常に重要になると思っています。（藤巻）

すが。他国の例をみると、たとえばアイルランドが英国から独立した時、英国内に住むアイリッシュ移民には生活上の権利や市民権を取り上げるという処理はしていません。日本政府はそうした例も知っていたはずです。日本の在日コリアンの扱いは過酷なものでした。

鈴木 在日の方に伺うと、いまだにこだわっていることの一つは、戦後補償の問題です。サンフランシスコ講和条約発効時点で日本国籍を持っていないことで一切の戦後補償から排除されて、「日本人」として戦ったにもかかわらずそれに対する謝罪も補償も全くない。こういった仕打ちは明らかに捨てられたような、棄民のような扱いだった。このことは、なおも心に深く残っていると聞いています。

日本政府の定住者・永住者への対応

宮島 日本政府は一九九八年に「永住者」資格の申請の条件を二〇年以上の滞在から一〇年以上の滞在に短くしましたね。ということは、政府が、ニューカマー外国人も定住者的存在になっていくという予想をもっていたことを意味するのでしょうか。

石原 まず、一九八九年の入管法改正のときに、通常国会で改正したのではなくて臨時国会で改正案が成立しています。重要な法案なのに通常国会に提出できなかったのは、一九八九年は一月に昭和天皇が亡くなって、大喪の礼があって、その後消費税の問題やリクルートスキャンダルがあって竹下政権が崩壊して、宇野政権ができたと思ったら宇野政権は女性問題で追及され二カ月で退陣してしまった。政治的には非常にいろいろなことがあった時期だった。

秋の臨時国会でもばたばたで、ほとんど審議がないまま、日系人の受け入れ枠を設けた入管法が改正された。法改正を前に有識者会議があったようで、その委員の一人があるシンポジウムで、反省の弁を述べていました。デカセギで日本に来るわけだから、いずれは帰国するだろうと。家族を呼び寄せて日本に定住するとは思わなかったというわけです。

当時の法務省入管局の幹部から聞いた話ですが、法案が成立した後、法務委員会の委員に「なぜ、こんな重要な法案を事前にきちんと説明しないんだ」と法務省担当者が叱られたそうです。そういうドタバタ状態の中で入管法が改正された。日系人を受け入れたあとの体制を整えないまま、入り口だけ広げてしまったのです。

鈴木 就労に制限のない「定住者」の在留資格をつくってしまったことですか。

石原 そういうことです。あのときは海部政権ですね。竹下政権が壊れて、宇野政権になってすぐに女性問題で失脚して、それで海部政権になった。そういうばたばたの時代に、入管法改正が八九年という、大きな改正があったと。だからこれは非常に反省しなきゃならん話であって、ここを踏まえて今度の問題も考えなきゃいかんでしょう。

宮島 先ほど棚原さんも言われましたが、定住というはっきりとした見通しはないにしても、なかなか帰国もできない、と。そういう外国人が増えることと、九八年の永住資申請の条件を一〇年にするという政府の判断は、ある程度関係していたのではないか、と思うのですが。

鈴木　九八年に居住要件が一〇年に短縮された理由の一つは、二〇年があまりに長過ぎるということがずっと言われていて、国籍取得が五年なのに対して、永住が二〇年ではつり合わないと。日系人の場合は、「日本人の配偶者等」の二世が三年、「定住者」の三世が五年と居住要件が優遇されていますが、いずれにせよ、坂中英徳さんが名古屋入管局長時代に永住権申請を後押ししたのは、在留期間の更新申請が多すぎて、入管職員の業務が大変で、業務を軽減するためにできるだけ永住申請をしてもらうよう、現場で指導する方向になったと聞いています。

宮島　それは聞いています。それ以上の理由や、判断があったかどうかはよくわからないということですね。

石原　日本の場合には外国人問題の省庁連絡会議というのがあって、そこで関係省庁が集まって合議制でやっていたんですよ。これは何かといったら、まさに官僚主導の受け入れです。多分その中の個別的な問題というのは、各省庁が提案して、ほかの省庁がオーケーと言えばそのまま決まってしまうみたいな。官僚の中でリーダーシップを持った人がいると結構、政策が前に進む。僕の感覚で言うと、外務省や経産省は外国人の受け入れに積極的、警察とか厚労省がブレーキをかけるというか、そんな感じに見えましたね。

移住者の意識の変化

宮島　では、ニューカマーの人々の意識、行動に目を転じることとして、移住労働者として日本にやってきて、働き、滞在しているうちにどのように意識が変化していきましたか。

棚原　さっき言いましたように、現地というか、生まれた国にいるときには自分たちも日本人だと思い込んでいる、そういうコミュニティにつながりが強かった人たちについては、日本に来たときに「外国人」と言われたことにすごくショックを受けていくんです。最初のショックがそれなんですね。日本は自分の祖国かもしれないと思っていた、親しみを感じていた国なのに、来たら今度はなぜか外国人と言われてしまったということをすごくショックに思うのが、最初の大きなカルチャーショックというか、アイデンティティ・ショックのプロセスとぶつかる。本人たちはただ日本に働きに来て、お金を貯めて帰るそれだけ

五二年のコリアンの一斉の国籍変更で、日本政府は、彼らの社会保障の権利、参政権、公務員になる権利などを認めないか、制限するのを当然だとしてしまった。（宮島）

だったのに、ほかの問題につつかれてしまったという感じですかね。そういうのが第一歩。

それでも、生活は続けなきゃいけない。帰る旅費とか、持ち帰る貯金とか、そういうのが達成できないまま、ずっと日本の経済に組み込まれていく。不安定な労働の中で、思ったようにお金が貯められない。そうすると転々と仕事を変えたりする必要もあるし、解雇されてしまうこともあるし、それが滞在を延ばしていく要因になっていくんだと思います。そういう中で、子どもが日本に来ました、学校が始まりました、言葉が徐々に日本語に変わっていってポルトガル語ができなくなりました、じゃあブラジルに帰ったときには学校をどうするのかと、そういう現実的な問題も出てきます。

家族を伴ってしまうと定住だとおっしゃっていましたけれども、そうなんですね。子どもが足を引っ張って日本に根を張っていくというのもあると思います。けど、そうじゃないときもありましたね。一時期は、愛知県にいたのが解雇されて神奈川にやってきちゃいました、子どもの学校の手続も何もしないでやってきました、という問題もかなりあったと思います。突然子どもが学校から消えたとかって大げさに言われたこともある。そういうときに、やっぱりホスト国である日本から、いろんな情報がきちんと発信されてない。クビになってしまった、仕事がない、でも神奈川にはあるからそっちの方を優先して移動していった、でも手続は何もしなかったというのは、それは生活がきちんと整ってないから、しょうがなくその場その場で転々としていく。仕事によって動いていく。家族も、日本に来たのはいいんだけど、お荷物になった可能性もあったんじゃないかと思いますね。大量解雇されたときなんて、よく皆さんのコメントとしては、「俺は一人だから公園で寝てもいい、でも子どもたちは、公園で寝かせるわけにはいかない」というのがあるぐらいでしたから。身軽な単身者と、家族を伴って、ちょっと足かせになるような状況も経てきましたね。

その中でどう意識が変わっていくかというと、やっぱり自分たちはよそ者だと思うようになります。外からの刺激で、日本人ではないと自覚するようになります。受け入れ側があまりにも冷たいので、自分たちは違うんだ、疎外されているんだ、わかりました、自分たちは疎外されて結構ですと。ゲットーじゃないですが、そんな感じで、日本社会と見えない境界線を引いてしまう。だから表現の仕方としては、「日本人は俺たちとは違う」と話すんですね。だからといって、コミュニティがちゃんと形成されたわけじゃないけど、つき合う人たちの中でそういう同じ境遇の人たちの集まりみたいな感じはあるんじゃないかと思いますね。

で、いつまでたっても多分はっきりと、ブラジル人はすごくブラジル人意識が強いんですよ。ペルーの人たちはそんなでもないんですけど、ナショナリスティックではありませんが、でも何というか、やっぱり自分たちは日本人じゃない、ペルー人だというふうにはっきり、その協調ができたというのか、確立できたというのか。ペルーにいたときには日本人、日系人という言い方でしたが、でもやっぱりはっきりと日本人じゃないんだという線を引いてますね。

宮島　アジア諸国出身のニューカマー外国人たちの日本滞在が引き延ばされていく行き方はおなじでしょうか。

藤巻　新大久保でビジネスを営む韓国人は、来日前に本国の学校で日本と韓国の過去の関係について詳しく学んでいます。韓国では日本に批判的な教え方をすると聞いていたので、一度ある経営者に「韓国は反日教育をしているようですね」なんて言ったら、「反日教育じゃなくて歴史教育だ」と随分怒られました。いずれにしても、日本に悪いイメージを持ってやってくる人が多い。ところが日本に来たら、日本人は親切で、ビジネスもやりやすくて、ルールがしっかりしていて、日本を見る目が変わったということを言っていました。そういう意味では、親日派になる人が多いです。大概が留学生として来日してそのまま帰らず、日本でビジネスを始める人たちですが、家族を帯同し、永住権を取得するケースが多い。池袋などでビジネスをする中国人にもそういうパターンが多い。ただ、先ほども言いましたが、新大久保でヘイトスピーチがあったときには驚いて、「日本人の知らなかった側面が出てきた」なんて言っていました。中には日本に永住することを考え直した人もいると聞いています。

鈴木　恐らく個人によって、多様だと思うんですね。日本のいいところや悪いところを知っていく中で、ここに居続けるか、国に帰るか、あるいは別の国に行くか、といった選択がそれぞれにある。その選択に際して、先ほど宮島先生や棚原さんがおっしゃった、家族の存在は大きいと思います。とりわけ自分は帰ろうと思っても、子どもが日本の学校に通ったり、日本語を学ぶ姿を見ることで、日本に住み続けることを選ぶ親は多いと思います。また、フィリピンをはじめとする移住女性のなかには、日本人と結婚したり、日本人の子どもをもつ人も多いので、家族をつうじて日本社会とつながることで、滞在が長期化する傾向にありますね。

日本語の習得とその支援
――日本政府の無策・無対応

宮島　ここで、言語のことに触れたいと思うんですが、ニューカマーたちは日本で働き、生活していくのに日本語の習得を必須としている。では、言語の習得の機会や、それに対する支援は、振り返ってみてどうだったでしょうか。

外からの刺激で、日本人ではないと自覚するようになります。受け入れ側があまりにも冷たいので、違うんだ、疎外されているんだ、と。（棚原）

石原　在日コリアンの場合には二世、三世になればネイティブは日本語だから問題ないけれど、日系人が新たに入ってきて子どもも来日した時、日本語のサポートの仕組みがなくて問題がいろいろ起きた。学校教育の中でも補習をしたり、学校や先生の個人的な努力で支援し、子どもも頑張って日本語が上達したというケースも聞いていますが、日本語教育についてバックアップする態勢がなかったので限界はあったようです。教育は「国民の義務」であって、外国人は国民でないから義務教育は要らない、というようなことを文部官僚が言ったとか。そんなこと言っても子どもの権利条約もあるし、支援をしなければならないという議論もあった。隣近所と話が通じなくてトラブルになったケースもあった。ようやく行政がサポートをするようになったけれども、基本的にはなお現場の先生や自治体担当者の努力に頼るという、そういう状態が続いているように見える。

宮島　子どもたちは学校という絶対の日本語習得の場がありますが、日々長時間働く成人の人々はどうだったのでしょうか。

棚原　大体、各自治体にボランティアグループがどんどんできていって、日本語教師とかをやるようになります。私も大和市でそういうボランティアグループに入ったことがありますが、学習者側は働く時間が長い。普通は八時間労働のはずが、移住労働者に関しては一二時間が固定で、多ければ一八時間というときもあったりする。喜んでやる人もいますが、そういう人たちに学習の余裕ってないですよね。そしてボランティアグループの時間と、移住労働者の空いている時間がかみ合わなかったり。何とか頑張ってそういうクラスに参加したりしたとしても、続かない。日本語が難しいのもありますが、やっぱり学習環境がない、そういう中で習得するのは難しいと思います。

　最近でしたっけ、JICEとかという形で、就労のための日本語をやり始めたのは四―五年前でしたかね。遅いですよね。ニューカマーに対しては、もう二〇年近くたった後になります。もう大体のコミュニケーション能力は習得している。そういうところでオファーしてもやっぱり学習者を

集めることができなかったりして、すごいミスマッチで、後からついてきたというものです。どういう時間帯だったら学習ができるのかと、きちんと現状把握して、という提供の仕方がない。ニーズに合わせていない。ただ単に、やりました、と。私に言わせると、アリバイにしか見えないという感じがしますね。

宮島　これは諸外国でもそう簡単には対応できないことですが、最近ヨーロッパのフランスやドイツで、半ば義務的にニューカマーの人たちに何百時間という言語の講習を受けさせるというのをやっています。ただ、働きながら、というわけにはいかないので、その間働くのを休まなければならないという問題もあります。ただ、国が直接にプログラムをつくり、多額の予算をかけていて、受講料はほとんどとりません。日本政府が、本腰を入れてお金を出して、日本語教育をやることを考えなかったのは確かですね。

言葉の問題といえば、南米系の人々で

リーマンショックで職を失った人が多かったですが、「日本語の使えない者から順に首を切られた」といわれました。それは当たっていなかったとはいえず、日本語教育の必要を認識させるきっかけになったと思います。

それにしても、あの頃、帰国支援の名の下に、若干お金を出して、失業した日系人労働者の帰国促進政策がとられましたね。

棚原 えげつないと思いました。必要なときには「おいで、おいで」と言って、「要らなくなりました、はい、帰れ」みたいな、そんな感じにみんな受けとったと思います。すごく絶望して、こんな国なんか出ていってしまえみたいな、そういう状況だったと思いますよ。中にはちょうど二〇〇七年ぐらい、リーマンショックの直前はすごくマイホーム購入のブームがあって、やっと夢のマイホームを購入したけど解雇されてしまったというような。そういう大きなショックで、「何だ、この国は」となったと思いますね。でも、中には、永住許可を取っていたから、三年後にまた戻ってくればいいかみたいな計算ができていた人もいた感じがしますね。でも、すごくそのときはもう日本に対して絶望感があったと思います。

石原 あの時は、政治主導で自民党が決めたんです。外国人問題の関係省庁連絡会議のメンバーの外務省幹部から電話があって、そんなことになったら日本は国際的にも批判を受けるし、非常に問題になると。しかし、すでに自民党が決めてしまったことなので、そう簡単に覆らない。妥協策のような形で一定の期間がきたら再び日本に来られるようにするとか、帰国支援金を出すとかの策が講じられたが、まさに日系人は景気の調整弁に使われたわけです。

リーマンショックの翌年、僕はブラジルの団体からサンパウロに呼ばれて日系人の前で講演をしました。国外就労者情報援護センター、CIATEという、デカセギ関係の情報提供や相談にのる団体です。リーマンショックで日本企業の日系人の首切りが始まり、ブラジルの日系社会にフラストレーションが溜まっているので、日本の現状を話してほしいということでした。

トヨタ自動車など大手の下請けが真っ先に外国人の派遣社員を解雇し、マスコミからそのことへの批判の声は上がらなかった。日本人の雇用も厳しくなっているということで、外国人への配慮をするような世論はなかったようでした。

だから講演では当分、明るい見通しはない、というような話をしたと記憶しているのですが、そのときに日系人の「カエルプロジェクト」という活動が現地であって、その集まりに顔を出しました。日本に出稼ぎに行って首を切られて帰って来て、どうするのか。みんなで知恵を出し合い、支援しましょう、という趣旨の集まりでした。言葉も分からずに、とりあえず顔を出したのですが、運よく隣に座った日系人が日本留学経験者だったので通訳をしてくれました。二〇人前後の集まりで、五、六人の帰国者がこれからブラジルでどう暮らすのか、というようなことを話し、参加者が励ましの言葉やアドバイスを送っていました。印象的だったのは、大学に行って学び直して新たな仕事に就きたいとか、技術を身に付けたいとか、再チャレンジの話がたくさん出たことです。日本に残って首を切られた人は再チャレンジもできないのでは、と考えたものです。それからもう一つは、棚橋さんがおっしゃったように、もう日本はこりごりであると。もう日本とはおつき合いできませんねという話です。日本に対して厳しい雰囲気を非常に感じました。

帰国促進政策への反発と永住申請の増加

宮島　ただ、帰国せずに日本に残った人々は、いま見てみると、ブラジル人では六割が永住者になっています。これは、ヨーロッパでオイルショックの後に帰国促進政策がとられ、それに抵抗して残った人たちが永住者になっていったことを思い起こさせます。

棚原さんにお伺いしたいのですが、ご家族ともども日本に滞在を決めたときに、何が一番大きなポイントだったか。

棚原　うちは、最初から出稼ぎとは思っていませんでした。最初から、一年や二年で戻ってくるんでは移住じゃないだろうと。子どもが当時三歳と五歳で、日本語のニの字も知らないペルー人の夫が先に来たんですね。だから、そのときに「あなたは一人で行くんだから、このペルーの歴史コレクションを先に持っていってください」と。後から、落ちついたら子どもと一緒に私は行く。だから最初から出稼ぎのつもりはなかった。それが我が家の移住計画でした。だから最初は、オーストラリアを考えていたんですけど、手続きの問題で、日本に変更しました。

なぜかというと、私は十歳で移民したのですが、自分の意思で行ったわけじゃないんです。だから一月に向こうに着いて三月になったときに「お母さん、学校始まるよ、もう帰ろう」とか言って親を困らせたことがあります。わかってたんですよ、帰れない、日本に戻らないと。でも帰りたかった。ずっと帰りたかったから、じゃあ子どもたちにもダブル・アイデンティティを与えるチャンスだと思って。もしかすると頑張っていれば、日本に来る必要もなく向こうの経済危機を乗り越えることもできなくはなかったかもしれないけど、いいチャンスだと思って連れてきました。

鈴木　御主人はオーケーだったんですか。御主人は日系ではないですよね。

棚原　じゃないです。

鈴木　日本に永住のつもりで行くという

帰国支援の名の下に、失業した日系人労働者の帰国促進政策がとられましたね。（宮島）
えげつないと思いました。（棚原）

ことに対して、御主人は。

棚原　永住のつもりじゃなかったけれど、ロングステイだということは考えていました。ただ、ロングステイ、イコールいろんな体験をしなきゃいけない。簡単には就職できないんですよね。ロングステイは覚悟の上でしたから彼はそのコレクションを担いで持ち歩いたんですね。

藤巻　リーマンショックのときの帰国支援事業ばかりが今話題になっていますけど、あのとき内閣府に定住外国人施策推進室ができたんですね。それから関係省庁の副大臣級で構成する日系定住外国人施策推進会議もできて、日本にしては珍しく社会統合政策らしきものが実施されることになりました。要するに困っている日系人の支援をしようということで、そのときに不就学・不登校の外国人の子どもの就学支援をする「虹の架け橋教室」事業が始まった。僕が保見団地に行った時に、取材の傍らボランティア活動をしていたトルシーダというNPOも支援事業の委託先になりました。そういう意味では些細な、小さなことかもしれないけれども、あのときの日本政府の対応でそういったものが始まった。ピーク時に三二万人いたブラジル人は今は一九万人ぐらいですかね。残った人もかなりいるわけで、結構満足して暮らしている人もいるし、負の側面もあったけれども、日本に定着して頑張っている人もいます。帰った人もいるけれど、残った人もいて、政府がそれを多少なりとも支えたという面も、やはり見るべきではないでしょうか。

石原　あれが初めての、日本政府の外国人に対するきちんとした政策だった。定住外国人を政策的に支援するという。

鈴木　二〇〇六年に外国人労働者問題省庁連絡会議が「生活者としての外国人」問題への対応について検討を開始して、その後、リーマンショックを受けて内閣府で日系定住外国人施策推進会議が開催されるのですが、（二〇一八年）七月に「外国人の受入れ環境の整備に関する業務の基本方針について」が閣議決定されて、法務省が司令塔を担うことになり、定住外国人施策ポータルサイトが閉鎖されてしまいました。

藤巻　二〇一〇年に日系定住外国人施策に関する基本方針が策定され、ブラジル人などの日系人は初めて「日本社会の一員」と位置付けられました。逆に言えば、それまで日本社会の一員じゃなかったのかという気もしますが。

石原　まあそういうことです。

藤巻　そういうのが明確に打ち出されたというのを記憶しています。

石原　あれはだから河村（建夫）さんが官房長官だったんでね、河村さんは日本ブラジル議員連盟の幹事長もやっていたし、日系ブラジル人に対する思いがある政治家がいたからあれはできたわけであって、自民党が追い出しにかかったんだけど、政府がそれを何とかしたという、そういうバランスが働いたんじゃないかなという感じがします。

宮島　それがいい方向に行ってくれればよかったけれども、でも「日本は移民国ではない」という言説もまた出てくる。

藤巻　そうですね。あの後、民主党政権で「外国人との共生社会」実現検討会議が発足し、初めて国レベルで日本人と外国人の共生を考えようとする省庁横断の会議も立ち上がった。三重県が選挙区の中川正春さんが内閣府の特命担当大臣のときですけれども。あれもすぐしぼんじゃって。

鈴木　民主党政権下で中間とりまとめがでているのですが、自民党政権になって以降、結局、最終報告がでないままです。

藤巻　あの辺から後退しちゃいましたね。

入管法改正案の意味

宮島　今国会に上程されている入管法改正案ですが、その内容等を見て、将来日本がより開かれた移民社会になることにつながるのか。問題が多いのではないかと思いますが。

藤巻　今回の改正入管法は、従来の専門的・技術的分野の外国人以外は受け入れないという原則を変え、いわゆる単純労働者を正面から受け入れるもので、政策の大きな転換です。これまでは途上国の人材育成が目的のはずの技能実習制度を単純労働者受け入れの手段にしていました。裏口からではなく正面から受け入れるという意味で、一歩前進です。ただ、新制度には色々な問題があります。一つは、国の責任が明確ではない。例えば外国人の支援、日常生活・職業生活・社会生活上の支援は、受け入れ機関、または出入国在留管理庁長官の登録を受けた登録支援機関が行うと定めています。受け入れ機関ということは、これまで技能実習生を受け入れた機関があるわけですけれども、そこで労働関係法令違反や人権侵害など色々なことが問題になっている現実があります。そこをしっかり正さずに、受け入れ機関任せ、民間任せでいいのかという問題があると思います。

それから法務省が入国管理局を格上げして出入国在留管理庁を設置するわけですけれども、新制度では厚生労働省や経済産業省、文部科学省、総務省など、様々な省庁にまたがる政策が必要になってくるので、果たして法務省が司令塔でいいのか。内閣府みたいなところが中心になってやるべきだと思うし、仔細に改正法を見ていくと、この内容で本当に大丈夫なのかという心配が色々ありますね。

さらに新しい在留資格は技能実習を修了した人がそのまま移行できるので、これまでの技能実習制度のきちんとした総括も重要です。二〇一七年に受け入れ機関を監督する外国人技能実習機構を設置したばかりですが、しっかりと受け入れ機関をチェックし、法令違反を取り締まっていかないと、

法務省が入国管理局を格上げして出入国在留管理庁を設置するわけですけれども、果たして法務省が司令塔でいいのか。（藤巻）

新制度もうまく機能しないでしょう。

鈴木　評価できる点といえば、フロントドアからの受け入れはそうだと思うんですけど、ではどのように受け入れるかといったときに、先ほど棚原さんが「帰国しろ」はえげつないとおっしゃいましたが、私はもう一つ前の時期を振り返れば、オーバーステイの人たちが、それまでは黙認されていたにもかかわらず、二〇〇三年十二月の半減計画以降、摘発が厳しくなり、縮減されていった。それも、やはり恩知らずだと思います。今回もそうです。必要なときのみ、まさに「外国人材」という「労働力」に対して入口を開く。特定技能二号は定住への道が開かれていますが、一号は最長五年の単身者であるということだと、労働力として必要なときだけ受け入れるだけで、その人の家族を含めてこの社会が迎え入れていこうということにはなっていない。

一方の外国人の側からすると、この国はいつまでたっても自分たちをそういうふうにしか受け入れてくれない国だと示しているような気がします。やはり移民という言葉を使わないことにも象徴されているように、覚悟がないんだと思います。なので藤巻さんがおっしゃったとおり、今後、入口は開いてもその後はどうなっていくかということは、これまでの課題が解決されないまま、より大きな課題に直面することになるのではないかという懸念があります。

石原　ものの決め方として、ようやく初めて政治が決断したと。外国人問題の大きな方向を政治が決めたということを僕は評価したい。安倍政権でなければこれはできなかったことです。超保守の政権だから反移民の右寄りの人たちの反発をしのげたわけです。昔、宮沢政権はリベラル色が強かったから、野党も反対しにくいということでPKOによる自衛隊の海外派遣ができた、と言われた。微妙な政治力学みたいなものがあって、そうした力学が働いたように見えました。

二〇一四年に刊行した別冊『環』⑳の特集「なぜ今、移民問題か」に書きましたが、アベノミクスが成功したら人が足らなくなって入れざるを得ないわけ。そういう状況になったのも事実です。さらに言えば、翌年に参院選を控えて業界団体からの要望に応えざるを得なかったとの見方もできるでしょう。ただ、今回の受け入れ拡大で安倍政権が今後も含め外国人の受入れに政治的な責任を負うことになったわけです。いまお二人が言われたように課題はいっぱいあるんだけど、とりあえず政府が舵を切ったということでしょう。

もう一つ言えば、舞台裏というか、政府内で議論をリードしたのは菅官房長官であって、菅官房長官がなぜ決めたかというのは、本当のところは詳しく知りませんが、「新・移民時代」という西日本新聞がやった連載企画を担当の官僚に読ませて、西日本新聞の取材班のキャップを呼んで勉強会もやって、それでどうかと。それでも官僚たちが「ウン」と言わなかったから、安倍首相が最終的に決断したと言われています。

地方のメディアが政治を動かしたということが言えますが、それだけ地方の人手不足は深刻だということ。そして、外国人受け入れの在り方が現実と大きく乖離していて矛盾がいっぱいあること。それを九州の有力紙が明らかにして見せた。外国人受け入れ拡大の動きが地方から出てきたことにも注目しないといけない。

宮島　今回の入管法改正で改善される問題があるのか。例えば、多くの日系ブラジル人、ペルー人の人々は、在留は保証されてはいるが、派遣労働に就いていて間接雇用の対象です。彼らは「正社員にしてほしい」とつねづね言っていますが、こういう

労働力として必要なときだけ受け入れるだけで、その人の家族を含めてこの社会が迎え入れていこうということにはなっていない。（鈴木）

問題は今後どうなっていくのでしょう。

棚原 日系人にとって状況は変わらないと思います。そのままずっと非正規労働であって、不安定な状況というのは。じゃあ日本で生まれ育って大学卒業して就職した子どもたちが、日本社会にきちんと組み込まれていくかというと、それもないな、と思うんですよね。きれいごとを言えば成功したみたいなことを言えるかもしれないけれども、現実はちょっと違うと思う。ただ、少なくとも今回の決定は、その建前がなくなったような、本音が出てきてるような感じがします。本音が出てきた分だけえげつなさもきちんと見えてくるし、それはそれなりにいいと私は思います。

もう一つは、移民というか移住労働者、労働者はそれなりにタフなんですよ。どういうふうに非正規にされようが、どういうふうに首切られようが、とにかく生きるのに必死、その力に希望があると思います。生命力といいますかね。その辺をもう少しこういう、国の政策とかを批判する側からすると、やっぱりともに担って運動をつくっていく。私は、これ（別冊『環』⑳）を読んだときに、翻訳して移住労働者の仲間の皆さんに知らせたい、共有したいと思ったりもするんですけど、そういう媒体がないんですよね。移住者側からすると、やっぱり日本社会はみんな排他主義で、外国人嫌いで、一枚岩にしか見えない。そうすると、そうじゃない人たちもいるんだということで、もう少し、こういった情報もアクセスできるような形で提供していかなきゃいけない。でもアプローチの仕方が支援する側と、される側という形じゃなくて、対等な立場で。この雑誌（『イミグランツ』）も後で見させてもらいますけど、そういう力を持っている人たち、バイタリティのある人たちに、もうちょっと目に見えるように、開けたようなそういう政策は、政府に期待しちゃいけないと思います。自分たちでそれをつくっていかないといけないと思いますから、その辺のデザインを運動側からやっていかないといけないと思いますね。ずっと支援、支援というのは、すごい優しそうに見えて、最終的にはパターナリズムですからね。

宮島 今回の入管法改正は、いきなり政治のイニシアチブで始まりましたけども、「人手不足という喫緊の課題への対応」が前面に出され、外国人労働者の働き、生きる条件を抜本的に改善しようという姿勢はないようです。技能実習生や、外国人派遣労働などは温存されていくのでしょう。

棚原 でも、もともとの日本社会そのものが、労働者は非正規化されていくし、そういう中で、ある意味、外国人であると逃げ道があるんですよ。リーマンショックのようなことが起きたら帰ればいいんですから、帰るところがありますから。

宮島 日本の政府の側が、そういう逃げ道を用意してしまうわけですね。彼らは帰ればいいと。

棚原 いやいや、労働者自身が。日本でうまくいかなければ、ブラジルへ帰ればいいんや、ペルーへ帰ればいいんやというような発想も持てる。日本人はどこに逃げますか。

鈴木　それは一世だから逃げる場所があるのであって、二世の子どもたちはやっぱりつらくないかな。

棚原　それでもある程度の蓄えとか、そういうのが資本になりますから、帰ったときに。昨日ちょうど日本に中学生のときに来た子と小学生のときに来た子がうちに来てて、これからどうしようかと考えていて、やっぱりペルーに帰ってみる。一度体験したんですね。一カ月の短期滞在だと思っていたのを三カ月に延ばしてみると、やっぱりペルーに帰ってみたいと。ペルーはすごいストレスフルな社会ですよ、ごちゃごちゃしていて。だけど人間性がいい部分も悪い部分も含めてなんですけど、そういう臨機応変に扱えるような、柔軟なところだと思うんですけど。日本より住みやすいじゃないかと感じ取ったみたいですね。

「移民」という言葉を忌避する社会

宮島　たびたび繰り返しますが、政府、首相が「移民政策ではない」とか、「日本は移民国ではない」という発言をする。これにどういう意味が込められているのでしょう。

石原　政治的に言えば、安倍首相が「移民を受け入れる」と言った途端に内閣はひっくり返るでしょう。もともと「移民は入れない」と、総理大臣として繰り返して言ってきましたから。「移民じゃない」ということによって支持基盤の保守層をなだめてきたわけです。その効果もあってか、入管法改正案が成立した。もちろん移民政策として正面から議論しろというのが正当な考え方ですが、必ずしもそうはいかないのが政治の世界です。これは日本の国の行方を左右する大変な問題だというマスコミの論調もありました。だから本当はそこをごまかしちゃいけないというのは正論かもしれないけども、安倍政権としては深刻な人手不足に手を打ち、次の選挙に勝って、政治的な力を維持したい。次の選挙で負けたら、そこで政権としての求心力が一気に落ちるわけですよ。批判もあるかもしれないが、それが安倍政権のやり方、ということでしょう。

藤巻　そこに大きな問題があるんですよ。

石原　まあそれは、大きな問題であるということで批判されるのもわかっているでしょう。だけど自民党は人手不足で悲鳴を上げる業界の要望に耳を傾け、「ドアを開けた」ということです。悩ましい話ですが、ドアが開かないと新たな外国人受け入れができないこともまた事実です。

藤巻　でもそれって、フランスとかドイ

移民というか移住労働者はそれなりにタフなんですよ。非正規にされようが、首切られようがとにかく生きるのに必死、その力に希望があると思います。（棚原）

ツが辿った道と同じなんですね。安倍さんは移民国家になるつもりはないと言う。要するに人口の減少を補うために移民によって国を維持する政策はしないと言っているわけだけど、フランスもドイツも移民国家になるつもりはなかったわけですよ。最初は外国人を労働力として入れて、その人たちが定住して、結果として移民国家になったわけです。

石原 おっしゃるとおりです。

藤巻 そういう意味では非常に危険ですよ。今やっていることは、なし崩し的に移民国家になっていく道なんですね。

石原 まさにそうです。

藤巻 だからもう答えはあるわけですよ、ドイツやフランスや、日系ブラジル人の受け入れを見れば、どういうことが起こるか予想がつく。全部そういうことを検証していけば、今やるべきことは答えがもう出ているんですよ。それをやらずにとにかく経済優先で労働力不足だと、ここが問題なんですよ。

石原 だからそれをやらせなきゃいけないですよ。やらせる世論をつくって、じゃあそういうことじゃなければ次の選挙に負けますよという世論をつくるしかないわけですよ、本当はね。入れざるを得ないんだから、入れた後どうするかということも選挙の一つの争点にできれば議論が深まります。

宮島 「移民国」（イミグレーションカントリー）とは「人を受け入れる国」という意味で、ヨーロッパなどでは自然に使われる言葉です。ただし日本での「移民」という言葉のなかにはある重さが含まれてきた。これは、恐らく日本が戦前ブラジルとかペルーとか、あるいは満州に人を送り出してきて、貧しさとか、離郷の悲哀がその言葉に投影されていた。または逆の視点から、貧しさや異なる文化や風俗を体現した人々が入ってくるという違和感が喚起されるのかもしれない。しかし、今や、外から入ってくる人々にそのように身構える時代ではないでしょう。入国し、滞在の時を重ねる外国人が、それを迎えるホスト国側の人間と相互的にアカルチュレーションを遂げ、共生のパターンをつくっているのが通例ではないでしょうか。もっとも、情報操作や政治的宣伝で「移民＝異文化インヴェイダー」とする動きはあって、これはヨーロッパで極右政党のよく使う手でして、問題です。

鈴木 政策や今後の話ではなく、私は最初にお話ししたように、既に「移民」はいると捉えています。移民はいるにもかかわらず、移民を認めないことによって、移民政策をとらないことによって、今いる旧植民地出身の人たち、つまりオールドカマー、オールドタイマーからニューカマーの人へと連綿と続いている人たちの存在を無視し、差別を放置し、その結果、法的整備が遅れてしまっている。それは子どもの教育の問題もそうですし、日本語の問題もそうですし、あとずっとタブー化されてしまっている参政権の問題もそうだと思うんです。

国籍の問題にしても、血統主義で、原則二重国籍は認めないという点は、変わっていません。社会の構成員が変化し、いわゆる「日本人」だけではない「移民社会」になっているにもかかわらず、権利の保障という点では、ほとんど見直しが行われていません。
　移民政策として向き合ったときには、やはりこれまで見ないことにされてきた人たちがどういう状況に置かれてきたか、そして今後何が必要かというさまざまな政策が求められます。けれども、それを全部回避してしまっている。今後も、しばらくは回避しようとしている。それが、結局はこの社会そのものにネガティブなものを残していくんじゃないかなという懸念はあります。

宮島　移民社会とか移民国、移民という言葉は使わなくてもいいと思いますよ。それは適当ないい言葉があればそれに置きかえてもいい。しかし、日本は移民国ではない、移民政策ではないと言い募ることは、現実に起こりうることに目をふさぐことになりますね。

石原　政治的な方便を使ってごまかしているわけですよ、つまり今二六〇万以上いる外国人のうち、定住している人はもう半分以上いるわけです。これはもうまさに移民なんですよ、理屈としては。それをきちんと見て、彼らに対する処遇をきちんとすればその次が見えてくるわけですよ。それをしないで外国から入れましょう、入れましょうと考えているように見える。

鈴木　そう、新しく入れるのなら、余計に、すでにいる人たちのことを考えざるを得ないのに、そこをすごくごまかしていますよね。

石原　今いる在留外国人の方がある程度は言葉がわかるし、日本の文化もわかっているんだから、留学生も含めてもっと大事にして、活用というか、能力を発揮してもらった方がいいに決まっているじゃないですか。在留外国人が暮らしやすい環境をつくる努力をもっとするべきでは。

閉ざされてきた日本社会の冷たさ

藤巻　僕は今日、棚原さんの「日本というのは冷たい国だ、開かれていない」という意見を聞いて、改めてまたショックを受けました。昔大阪にいたときに、関西の国際化を考える連載企画をしようというので、香港まで行き、かつて大阪に来た元留学生を集めて座談会をやったことがあるんですよ。そこで関西の国際化について意見を聞きたいといったら、日本批判が次々に飛び出した。留学生として過ごしていたときに、ものすごく日本社会が閉鎖的で、自分たちは仲間に入れてもらえなかった。日本人の言っていることは曖昧でわかりにくい。それから陰で色々やっているようだとか、そういうことをさんざん言われたんですよね。

これまで見ないことにされてきた人たちがどういう状況に置かれてきたか、そして今後何が必要かというさまざまな政策が求められます。（鈴木）

そこからこういう問題、内なる国際化という問題に取り組むようになったんだけど、やっぱり基本的には日本社会がこれから変わっていかないと、今のような日本社会のままでたくさん外国人を入れていくことは非常に問題があると思うんですね。もちろん政府の政策も大事なんだけど、国民一人一人の意識が変わっていかないと、なかなかこの政策はうまくいかないと僕は思いますね。

石原　おっしゃるとおりですよ。だから日本がどう変われるかという問題なんだよね、これは。日本の国がね、開くというだけじゃなくて、きっと。

棚原　というより、今のような経済大国でい続けたいだけなんでしょう。だから人口減少の問題が気になるし、そうするとマーケット、消費者が減っていくとか、そっちの方が心配なんでしょう。

石原　方がというか、それが前提ですよ。

棚原　前提ですよね。例えば一億切ったとしても、八千万とか九千万の人口でもうちょっと豊かな社会にしてから迎えようということも。

石原　いや、だからそうなれれば、それが一番いいですよ。だけども今の人口構成だとかを含めて、それはもうほとんど不可能ですよ。

藤巻　だから外国人を入れたって、今の人口減少を見たらかなりの数で生産労働人口も減っていくわけだし、経済大国を維持できないですよね。

石原　できないでしょう。

棚原　維持できないことをちゃんと意識して、それにそぐうような計画をしていかないと、やっぱりいま以上に問題は大きくなると思う。

石原　そのためにどうしたらいいかということで、政府は対応策を取らざるを得ない。外国人を受け入れる企業の側も考えなければならない。いろいろ問題はあるでしょうが、ほとんどの企業は、海外とのつながりがないとやっていけない時代になっているわけです。労働力の不足を解消するために外国人労働者を雇うわけだが、それだけでなく、日本は人口減で消費者も減っている。電鉄会社だって、沿線の人口が減るので、お客さんが減っちゃうから困るねといって、海外でいろんなことを始めているわけ。メディアも困っているわけですよ。出版社もそう、新聞社なんてこれからどうやって生きていくんですか。テレビも影響を受けるでしょう。ネットメディアが広がりを見せていますが、若者の活字離れというのもあって、新聞の読者なんてどんどん減っちゃうわけですからね。

棚原　経済の豊かな国をずっと妄想してきたというか、そうしてきた社会ですから、それは今度デザインをちょっとシフトして、豊かな社会ってお金だけじゃないという発想もあっていいんじゃないかと思います。

石原　いや、もちろんあってもいいと思いますよ。

藤巻　量から質への転換ということですね。

石原　それができれば一番いいですけど

ね。
宮島　豊かな社会よりはむしろ持続可能な社会。そちらの方が重要でしょう。
石原　そうでしょうね。持続可能。
棚原　だから国境線をずっと維持しながら移民を受け入れるとか、送出するとかという時代じゃなくなってくるんじゃないかと思いますよ。
藤巻　移民を受け入れるという発想自体が、もうちょっと時代遅れかもしれない。
棚原　古い。いま南米のベネズエラが、国が破綻してしまったものですから、ラテンアメリカのいろんな国にベネズエラ人があふれている。このようなディスカッションをするんだとちょっと昨日友達と話していたら、いろんな資料を送ってきて、今まで送出国だったペルーが何の整備もされていない中で受け入れざるを得ない、と。でも共通点としては、やっぱり開かれた社会で、国境なきというか、国境を越えたトランスナショナルというのか、国際というのか、そういう連帯を築けるような社会にしたいねという話が、結論です。
石原　だから日本の人口構成からすると、これから下手すると老人一人を労働者一人がまかなわなきゃならない社会になったら、稼いだお金を半分取られちゃうわけですよ。単純計算をすれば。だったらそんな社会にいないで、優秀なやつは海外に行っちゃう。今のベネズエラと同じようなことになっちゃう可能性が、日本だって。
棚原　大変ですね。
石原　本当にそうです。だからそれは、どうしたらいいかということを今から考えなきゃ、そのときになってからでは遅いわけだから。だから僕は最低限の持続可能社会のためにいろんな人たちに来てもらって、多様な文化をきちんと受け入れる社会をつくらなきゃだめですよと。そういう話です。
藤巻　今度の法案は、菅官房長官が中心になって取り組んだと言われていますね。なぜ進めたかといったら、地方の声ですよ。皆さん東京に住んでいるけれども、僕は北海道にいて、地方がいま外国人の労働者を欲しがっているのを痛切に感じています。例えば函館の水産加工業界ではイカをさばく日本人が足りない。外国人がいなければ成り立たない。僕の知っている水産加工の工場長は、「バル街」という函館の飲食店を食べ歩くイベントに、技能実習生のベトナムから来た女の子を全員連れていくんです。しかも、和服を着せてやって、一緒に行って奢っている。そのぐらい大事な存在なんですよ、函館の水産加工業界にとって、ベトナムの実習生というのは。今、人が足りなくなって、これからの日本を暗示しているのは地方ですよね。函館山に行っても、来ているのは外国人の観光客ばかりです。外国人がいないとやっていけない社会だということは、実は薄々もうみんな気づいているんですよ。だからそういう意味では、大きな変化が僕は生まれていると思います。

石原　ただ、その持続可能な社会というのは、もうちょっと大きなスケールで考えた方がいいんじゃないですか。地方の観光は大事だと思いますが。

藤巻　僕が言いたかったのは、日本全国で外国人を受け入れる姿勢が変わってきているんではないか、ということです。地方というのは、そもそも閉鎖社会で排他的だと思うかもしれないけども、今はそうとも言えなくなっている。気づいている人は気づいている。徐々に変化が生まれている部分があると思うんですね。

鈴木　政治的には仕方ないのかもしれないですけども、経済的な要請でこういう議論になっていると思うんです。こうしなければいけないとか、このままではだめだとか。そういった経済的な側面もあるかもしれないけども、でももっと別に、まさに藤巻さんがいろんなところに住み込んだときに経験したように、面白さを感じてほしい。文化の違う人たちと一緒に生活するのは本当に大変なんですよ、けんかもするし。でも何か面白いなというふうに思える、そういったことを、とりわけ「社会」という言葉を使うんだったら、そういったことをもっともっと体験して人の意識を変えていくようにしないと、経済からアプローチすると向こうの土俵に乗っちゃうんですよ。

藤巻　またローカルな話をして申し訳ないんですけど、地域の外国人住民が自国の文化を語る「異文化理解講座」というのを函館の小学校でやっています。企画を考えるのは学生です。大学の授業の一環としてやっているんだけど、ベトナム人の留学生が小学校に行ってベトナムの話をすると、子どもたちも大喜びで、もうみんな手を挙げて、すごく熱気のある授業になるんですよ。後でアンケート調査をしたら、「外国人は怖い人だと思っていたけども、今日の先生は非常に面白い」なんて書いてある。知り合うことで変わっていくわけですよ。今の日本というのは、やっぱり外国人と本当に交流するということがすごく希薄で、知らないがゆえに何か怖いとか、何かそういうネガティブなイメージが出てきてしまう。僕自身は実際に外国人の多い地域に行って、異なった文化を知ることで人生が豊かになりました。地域における外国人住民との交流を活発にしていくことが「開かれた移民社会」に向けて重要だと思います。

決定不能な人々、自縄自縛の日本社会

宮島　棚原さんにお聞きしたいですが、今の日本の社会に生きて、生きやすい社会、または生きがいのある社会だと感じますか。日本の社会は、内向きの、自国中心の、料簡の狭い社会だという感想を棚原さんから前々から聞いていたので、あらためて御意見をうかがいたい。

棚原　最初はすごく期待感を持って来ました。比較基準がペルーという、第三世界と言われる、あるいは発展途上国と言われるような国、本当に困難な社会から来ていますから、全てがきれいに見えるんですね。パーフェクトに見える。日本人は完璧だ。日本人は時刻をきちんと守り、電車も遅れたら一生懸命謝る、とか、そういうのに関心が寄せられて、ああ、いいかもな、と思って来たんです。でも一住民となっていくと、地域の住民となっていくと、見えてくるものが違うんですね。旅行者に見える日本と、生活者として見えるものが全然違いますね。まさか家を借りようとしたときに、お断りとか言われるとは思わなかった。こっちは黙っていないもんですから、それって人権侵害でしょうとか差別ですかとか不動産に言っても、彼らは答えがないんですよ。素直に、はい、そうですとは言わないとしても、無理ですと逃げちゃう。そういうところからして、普通にみんな麻痺していると思う。

　私はスモーカーですけど、タスポとかいうカードを買いませんでした。コンビニで買えばいいやと思ったら、今度はコンビニで年齢確認の画面をタッチしてください、と。画面タッチ、年齢確認。でも私の顔を見たら、どう見ても未成年じゃないですよね。何で私にタッチさせるの、見ればわかるでしょう、と。それができなくなっている社会なんです。言われるがままに、はい、わかりました、タッチさせましょう、しましょうと言って、誰一人としてこんなうるさいおばさんみたいな行動はとらないと思う。

　この間ガラケーの携帯が壊れてスマートフォンにするときに、一時間半、二時間ぐらい、何をされたと思いますか、窓口で「何とか銀行」とか「何とかウォレット」とかに誘導されたり、そっちの話なんです。私が欲しい電話じゃなくて別の商品や銀行の宣伝。「ちょっとそれ、強制的じゃない」と言ったら、「へえっ？」て感じになる。だからおかしいことをおかしいと言えない社会。みんな麻痺して。だから小さいときにうちの子どもに「ああ、〇〇君のお父さ

地域の住民となっていくと、見えてくるものが違う。旅行者に見える日本と、生活者として見えるものが全然違いますね。（棚原）

ん外国人だ、英語話して」と言われて、「英語じゃないスペイン語だよ」と毎日言っても、「英語話して」と……もう小さいときから外国語イコール英語、小さいときから赤信号は渡っちゃだめよと、ちゃんと守る。そういう、自分の意見を持ってはいけないような雰囲気の社会に、どうやって外国人がマイノリティとしてがやがやしたら響くかなと考えるが、響かないと思いますね。

パフォーマンスとしては言えるかもしれないけども、かちんこちんに、がんじがらめに、秩序にはめ込まれている社会で、その壁を破るのはちょっと人数的に少な過ぎるかなと思ったりもします。だから意識改革みたいな教育の在り方をデザインしないと、ずっとみんな右回れ、左倣え、そんな感じの社会でしかあり得ない。まずは、それを変える必要があると思います。移民が来て何かをできるかというと、この社会の中から変えないといけない。その生きづらさというのは徐々に感じてきていますが……。私は日本に居残ることにしました。生きづらいところはありますが、ここで声を上げていく。常に都合が悪くなったらどこかに逃げていけばいいというもんじゃないと思いますから、日本にいてこういう形で批判しながら、文句言いながら生きていけるんじゃないかなと思います。先あまり長くないですからね。

宮島　それは、多くの日本人もどこかそう感じているところはあるんです。

棚原　でも仲間はいますよ、ペルーにね。いつでも帰ってこいという人たちがいるから、心強いところはあります。

二世の生きる道

宮島　来日した一世の人々は自分で選んでやってきたし、つらい仕事でも引き受けるつもりで来ている人たちが多いと思いますが、二世の場合には日本で教育を受けて、日本語も自由に使える。そうすると自分たちは日本人と平等に扱ってもらえるはずだという意識をもつでしょうから、だから日本社会に対する不満をもつことも多いだろうし、差別だと感じることも多いだろうと思います。

棚原　多分一世の親の世代の視線から言うと、大学に行かせて、社会的に上昇してほしいという願いがあると思います。それが一つ。それに対してちゃんとうまく組み込まれていく人たちもいれば、そうじゃない人たちもいる。大学に行ったのに、同じ工場で働くようになってしまったという、絶望感を持った人たちもいる。だから二世は、その人の意識にかかわらず日本人化されていくんですね、教育によって。考え方も親と違ってくるし、日本人化されていく中で、でも底辺のままという扱いは変わりません。だからさっき鈴木さんが、もしかすると国に帰ったときに適応できないかもしれないと言っていましたけど、それは日本という社会が「北」の国ですよね。富める北の国。富める北の国からどんなに底辺の人が貧しい南の国に行ったとしても、何らかの形で力を発揮できる。経済力がちょっと違うと思うんですね。そういう構造から見ると、日本の受け入れとか、そういうものだけじゃなくて、やっぱり南北問題を視野に入れて考えないと。何でアメリカの二世やカナダの二世の子どもたちが日本に出稼ぎに来ないんですか、必要ないからですよね。彼らの場合はきちんとその社会で成功しているかもしれない、してないかもしれないけど、話題にもならいぐらい。この南北問題を移民問題から外しちゃいけないと思います。部分的に項目、アイテムを取り挙げるんじゃなくて、全体像として考えていかなきゃいけないと思いますね。

宮島　実際には二世の子どもたちも、言語的ハンディを免れてはいないし、殊に学校では学習言語をマスターするのに悪戦苦闘している子をみかけます。例えば、高校進学率がいま外国人生徒は五―六割ぐらいです。在日コリアンの場合には一〇〇%に近いし、中国人も高いですから、それ以外の子どもたちの場合に四割くらいになるでしょう。それでも、日本に生きていかなければならない。

棚原　そうですね。ただ、彼らの場合は労働者意識を捨てたいんですよね。エリートになりたいのかもしれないですね。そうなると、やっぱりボタンがちゃんとおさまらないと思うんです。圧倒的に社会の構造はもうがっちりとそこにありますから、飛び抜けた才能がある人じゃないと、多分エリートに駆け上がることはできないと思います。でも、親の気持ちはそうなんですよね。親は、どうしても大学に行かせたらいい生活ができると思う。多分親も、自分のフラストレーションをそこに投影しているのかもしれない。行きたかったのに行けなかったとかという。その辺も見ると第二世代じゃなくて、四世ぐらいになったらようやく何とか対等なスタート地点からヨーイドンができるんじゃないかと思いますけどね。そのためには日本の社会が、がんじがらめじゃなくてちょっと崩れやすい、もろくなってたらの話だと思いますけどね。

鈴木　第二世代への注目の中で、大学に行った若者が取り上げられてはいるんですけど、やはりエリートなんですね。圧倒的に多くの、そこまで行けなかった二世がいる中で、でもこういうふうに活躍している人もいるよ、だからある意味で頑張れば行けるよということを示す意味もあって。それをマジョリティの側や当事者の側に示すことで、少し社会を変えていこうという意図からやっているけども、でも恐らく棚原さんがおっしゃったように、在日コリアンを見ても二世でステップアップできた人はごく一部で、三世、四世ぐらいで、ようやく同じスタートラインに立てるようになっている。ただ、一方で、同じスタートライ

南北問題を移民問題から外しちゃいけないと思います。部分的に項目を取り挙げるんじゃなくて、全体像として考えていかなきゃいけないと思いますね。（棚原）

ンになったときに、単なる日本人になっちゃうとつまんないなとも思います。日本人化して、多様性も何もなくなってしまったら、結局この社会が変わらないので。棚原さんのような人がいてくれた方がいいですね。

石原 第二世代の話ですが、みんなの目標になるようなエリートが生まれることも必要だと思います。僕の知っている子は日系ブラジル人で、十歳で来て言葉がわからなかったけど、勉強して大学出て、大学院出て、いま電通に入って、電通は忙しすぎたからグーグルに行って、という子がいる。これは数少ないかもしれないけども、やっぱり一つバイカルチャー、バイリンガルで頑張っている子がいて、そういう人たちは日本人よりも重宝というかな。勤め先の会社にとってもすごく有益であるし、社会にとっても必要ではないか。そういう人がだんだん間違いなく増えているし、そういう人がいないと今度は日本がやっていけない時代が、多分来るんじゃないかなと。

鈴木 そういう人が活躍しているのを見て、日本人のようにならなくても、こういった人たちのように、自分の母語も母文化も抑圧しなくてもいいんだと思えたら本当はいいんですよね。それがなかなか難しいですね。在日コリアンの歴史を見ても。せっかく何十年かの歴史の中で新しい世代に入ってきているのだから、違いが違いのまま評価されて、次の世代につながっていくのがいいなと思います。

宮島 ごく有能な人もいるでしょうが、普通の二世の少年たちの場合に、会社の面接などに行って、「日本人と同じように働けますか」などと聞かれ、自信がなくなる。「日本人と同じように働けるなら」というのは、日本の経営者には当たり前の感覚かもしれないが、むしろそうでなく、日本人と同じように行動はしなくてもいいよ、できなくても別のところであなたがこれだけのことができるのだから、といった評価の仕方をしてほしいですね。

鈴木 先ほど石原さんのおっしゃった事例も、グーグルなんですよね。日本の会社でも外資系だとそういった違いの部分が評価されるんですけど、いわゆる日本的な企業だと、やっぱりまだまだ英語ができることが評価されても、それ以上でもそれ以下でもない。そういった生きづらさが変わらないのかなって。

棚原 というより、私はそれはそれでいいと思う。なぜかというと、日本のサラリーマンになるのはちょっとかわいそう過ぎるかなと思います。せっかくのダブル・アイデンティティを持っているんだったら、もうちょっと視野を広げてもいい。広げるためにはこの社会にがんじがらめに勤めることはないと思います。勤めてない方がいいと、私は思います。もうちょっと開放的で、自由に動けるような、自分の頭で考えるような人間であったら、がんじがらめに組織にはめられても自分として成立していけると思うんだけど、それがないまま組み込まれるのは、私はあまりにもかわいそう過ぎるから、そういう二世の人たちに、日本の社会に勤めることは望まないです。
鈴木　日本の会社が変わればいいんじゃないですか。
棚原　そうですね。
石原　変わりつつあると思うよ。
棚原　そうですかね。
石原　間違いなく。そうじゃなきゃやっていけないんですよ、会社自体がグローバル化しないと。本当に。
宮島　新聞社は、外国人記者は採っていますか。
石原　大分ふえているんじゃないですか、今。外国籍の人。韓国籍の名前も結構載っているし。
鈴木　日本メディアの場合はどうしても日本語が求められてしまいますよね。
石原　それはもちろん、だから三世、四世とかそういう人たちだと思うけども、国籍は、毎日新聞は少なくとも関係ないし、学力というか、高卒でもいい、ということはやってるけどね。

開かれた移民社会を求めて

宮島　最後に、「開かれた移民社会」に向けて、皆さんの思い、提案、課題の提示などを自由に語っていただきたい。
石原　技能実習は批判され、留学生の受け入れもいろいろ問題が指摘されているけれど、たくさん外国人が来ることは、それだけ日本側にニーズがあるんだから、少なくとも人権問題が指摘されることがないよう、きちんと受け入れるべきです。その際に「開かれた社会」をどう作るかということですが、まず大事なのはコミュニケーションをどうとるかということでは。言葉が通じなければ何もできないじゃないかと。だから日本語教育をきちんとやってほしいと思うわけです。日本語教育推進議員連盟が日本語教育推進基本法案をつくりました。超党派の議員連盟ですから、いずれ成立すると思いますが、日本語教育の法律ができると、外国人受け入れのあり方が変わると思います。その法律では日本語教育を「国の責務」、「地方自治体の責務」として規定しますから、国全体が日本語教育を通じて外国人受け入れを進めていく仕組みができる。多文化共生社会の基盤は日本語教育だと僕は思っていますから、法律ができることで一つステップアップするのではないかと期待しています。
　日本に定住している外国人の共通語は英語でなく日本語です。ある調査では外国人に母国語以外で使う言語を聞いたら日本語は六二・六%で、英語は四四%だった。外国人にも分かりやすい小学校三年生程度の子どもが使う「やさしい日本語」で話をすると、一年以上日本に住んでいる人だと八

まず大事なのはコミュニケーションをどうとるかということ。言葉が通じなければ何もできない。だから日本語教育をきちんとやってほしいと思うわけです。（石原）

割の人が言うことを理解できると言われています。「やさしい日本語」は阪神大震災で死傷した外国人の比率が日本人の二倍から三倍もいたことから、防災の情報を伝える最もいい方法として考えられたものです。

緊急時の防災のためだけでなく、平時にも「やさしい日本語」を使おうという動きも広がっています。在留外国人には生活するうえで必要最小限の日本語を「やさしい日本語」として学んでもらう。同時に日本人の側も外国人の立場を考え、「やさしい日本語」を話しましょうということですから、多文化共生社会を作るためのツールということもできます。一橋大の庵功雄教授が提唱していますが、在留外国人に「日本を自分たちの居場所だと感じられる社会に」ということです。日本人が日本語を通じて外国人に気配りができるようになれば、開かれた移民社会も見えてくるのではないでしょうか。

宮島 国が責任をもって大きな予算をかけて行わなければいけませんね。

石原 もちろん。だからそれは、そのためにコストをどのぐらいかけられるかというところが問われるかなという気がするんだけどね。

藤巻 僕は今の棚原さんのお話をずっと聞いていて、対等と差異ということについて考えていました。一つは外国人の二世の方が底辺化してしまってはいけないという話がありましたけど、これからの持続可能な社会を考えていく上で外国人の方々に豊かになってもらうことが大事だと思いました。日本で消費者になり、納税者にもなり、社会保障の負担者になってもらう。つまり、日本社会を支える存在になってほしい。その意味ではやっぱり対等に受け入れて、今回の入管法改正でも日本人と同等以上の賃金で雇用すると定められましたけれど、それを実際に貫いてほしい。一方でがんじがらめの日本に対する批判がさっきありましたけど、外国人の持っている豊かな多様性というか、そういうものを日本社会にも活かすことを考えていかないといけない。多文化を尊重しながら、どう外国人の日本社会への統合を進めるか。そのバランスを上手にとることが重要です。この点で、教育の果たす役割が大きい。外国人への日本語教育ももちろん大事だけれども、日本人にも多文化を尊重する教育をやっていく必要がある。そうすることで日本社会が豊かになっていくのではないか。日本人と外国人のウィンウィンの関係を、どう築いていくかという視点が大事だと思います。

鈴木 いま石原さんが日本語とおっしゃいましたが、やはり総合的対応策でも日本語教育がすごくうたわれているんです。もちろん日本語ができることは、この社会で生きていく上でさまざまに自分の可能性を実現するための力だと思います。ただし、やはり藤巻さんがおっしゃったように違いの部分を考えたときに、ここ（総合的対応策）の中には母語や母文化に対する視点が全くないんですね。二〇〇六年の骨太の方針では「多文化共生社会」となっていたんですよ。でも今は「多文化」が抜けちゃって「共生」なんですね。私はそこが一番大きな欠点だと思っていて。母語や母文化をどう尊重できるかが一つと、もう一つはやはり政治的にこの問題を考えれば参政権だと思います。参政権がないと、声を聞いてもらえないんですよね。なので、民主党政権ですら、外国人地方参政権法案をひっ込めてしまったことなので非常に困難だと思いながらも、やはり声が反映できるシステムがあって、そしてその声の中には多様な声があるということを、大きな目標かもしれないけれども掲げていくことは重要かなと思っています。

棚原 私は、この言葉は大嫌いです。「外国にルーツを持つ子どもたち」。間接的に差別しています。あなたたちは違うんだよと真正面から言われているようなものですから、あまり好きじゃない言葉。それに、これは支援する側からの発想の言葉ですよね。親切にしているつもりが、すごく迷惑になっているかと思う。あえて外国籍であることを自覚せよみたいな、違うんだからと言われているような気がして、ちょっとひっかかるどころが、すごくいら立つような言葉です。それが一つ。

それから学校についてですが、私が十歳でペルーに行ったときに一年生からやり直させられたんです。最初はすごく抵抗を感じました。恥ずかしいし、背がでかいということもあったんですけど、一級飛んで次の級も飛べと言われたときに、母がよそから話を聞いてきて、日本から来た人たちは、中学校になってから基礎がしっかりしてないと困っているみたいだから、時間はかけてもいいから中途半端にならないように飛び級しないという判断をして、学校に言ってそうしてもらったんです。日本で言う高校を卒業したのが、二十歳なんですね。すごいコンプレックスもありましたけど、大学に入ってみると五十代のおじさんも一緒に勉強してくれているしというのがあって。そういう、日本のことわざにある「急がば回れ」、それでいいから、十歳で来た子どもも必要な場合は基礎をきちんと学んでもらえるような体制がほしい。日本は年齢で学年が決まるわけですから、それがないようにしたいなと思います。

時々思うのは、よく情報がないとか言われて、奨学金の問題とか教育ローンとか、そういう情報だけじゃないと思うんです。塾とかそういうものなしに受験を学校が何でしっかりと受けられるような教育をしてくれないのかというのがおかしいと思いますね。本来だと、何で塾まで行かないと大学に入学できないのというのが、私には疑問でしょうがない。ちゃんと学校が教えてくれれば、それにそうした入試問題があれ

今は「多文化」が抜けちゃって「共生」なんですね。私はそこが一番大きな欠点だと思っています。母語や母文化をどう尊重できるかが。（鈴木）

ばいいと思うんですけど、何で偏差値とかそういうのがあるのか。学校の先生は、そのような疑問に回答してくれないんですね。何で偏差値なのって思う。

だからその辺からしていろんなものをレボリューションしていかないと、ここだけ変えたり、そこだけ変えたりというパッチワークでは、ちょっとうまくいかないような気がしますね。持続可能な社会って、そういうところからして全部ひっくり返さなきゃいけないところもあると思いますし、全てが産業化じゃないと思うんですよね。資源も少ないわけですから、それを持続させるために、やっぱり物を大事に利用していく必要もあるし。毎年新しいモデルの車がなくても、別に生きていけると思いますし。だから外国の子どもたちを日本の資源として考えるんでしたら、あえて「外国にルーツのある」と言わなくてもいいかなと思ったりもします。

宮島　これは慣用化した言い方ですから使いましたが、適当かどうか考えてみます。「開かれた」という場合に、ヨーロッパとかアメリカの移民社会の「開かれ方」を参考にしなくちゃいけないなと思っています。一つは血統主義ではなくて、その社会に生まれ、あるいは生まれなくてもいいですけど、育った人たちに対する、血のつながりを超えた同胞的な受け入れ方があってもいいんじゃないかと思うんです。日本では、日本で生まれた赤ん坊でも、親がこれこれの外国人であるということがわかっていれば日本国籍を与えない。アンデレちゃん事件なんて起こっていますけれども、非常に血統とか血縁を重視するところがある。これは、開かれてない社会の一つの特徴かもしれません。生地主義を日本の国籍法が取り入れるというのは、今の政権の中では到底考えられないことです。けれども生地主義とか、あるいは居住主義は部分的に取り入れていくことができるとは思っていまして、これはやらなければいけないのではないか。例えば日本で生まれた外国人の子どもに対して早期に定住的なビザを与える、親とは違うビザを与えるぐらいの配慮をしなくちゃいけないのではないかとか。

あるいはもう一点だけ言わせていただくと、二重国籍、多重国籍というのは、欧米に行けばいくらでもいるのだろうと思います。ヨーロッパでも、アメリカ国籍とオランダ国籍とフランス国籍を持っている人に出会います。そういう人たちを何か特別な目で見るのではなくて、本来人間というのは多籍、多アイデンティティの存在だと見て、そういった人間がいろんな形で住み得る社会をつくっていかないといけないのではないかとも思います。それは例えば役所の感覚では、そういう人たちがいると非常に事務手続がわずらわしいとか言いますけど、でもそういう人がまたその社会を多様で柔軟なものに変えて、外の社会とのつながりもつくり得るような人たちでもあるので。私は日本の社会をそういう方向に変えていくことが重要だと思っています。

石原　移民社会をピラミッド的に見ると、いまのままでは残念ながら一番下に位置するのは外国人になるのではないかと思います。一九九〇年代に来日した日系人の場合も、日本語が十分でなかったため仕事に就けない人がいた。学校の授業についていけない子もいた。日系人の中には工場で働くのに日本語はいらない、と言う人もいた。

　外国人を受け入れる以上、国や社会の責任で言葉の問題を解決する仕組みを作る必要があるのに、それをしなかった。日本語ができないという理由で日本人との間に格差が生まれないようにしなければいけないと思う。「共生社会」を作るというのであれば、少なくとも日本語教育はしっかり国の責任でやってほしい。

　先ほど、日本語教育推進議員連盟のことを話しましたが、この議員連盟の活動を記録し広く情報発信するために「にほんごぷらっと」というサイトを立ち上げました。議員連盟の活動以外の日本語関係の情報もいろいろ掲載し、先ほど触れた「やさしい日本語」の関連の情報も載せています。「やさしい日本語」は、情報弱者の外国人のための「優しい日本語」になればいい。

　宮島先生が指摘された重国籍の問題は、日本が「外国人から選ばれる国」になるためには避けて通れない課題だと思います。日本の国籍法一一条は海外で生まれるなどして重国籍を持つケースは二十二歳で国籍を選択しなさいと規定しているけど、実態としては相当形骸化しているようです。テニスの大坂なおみさんが二十二歳の誕生日を迎えたら、どんな選択をするのだろうか。国際結婚した人にとって、国籍問題は高い「壁」になっている。グローバル時代に見合った、「開かれた移民社会」を目指すには、重国籍を認める多様性のある社会をつくる必要があると思います。

藤巻　僕は今回の入管法改正を第三の開国だととらえています。第一の開国は黒船来航によってもたらされた明治維新。第二の開国は第二次世界大戦の敗戦で、昭和の時代でした。二〇一九年に元号が変わりますね。まさに新しい時代の幕開けです。今まで日本は外国の文化を取り入れるが、それをそのまま受け入れるのではなく、日本の風土に合ったものに変えるという作業を必ずしてきた。今で言う高度人材みたいな人を一時的に受け入れて、外国文化を吸収してきた。和魂洋才という言葉がありますが、学問や知識は欧米から取り入れるけれど、それで日本の伝統社会の仕組みを抜本的に変えるということはあまりしてこなかった。文物は取り入れるけれど、本質的に人は受け入れなかった。今度は本当に人を受け入れるという意味で、内なる国際化、グローバル化、心の開国、オープンな社会が求められているのではないでしょうか。

本来人間というのは多籍、多アイデンティティの存在だと見て、そういった人間がいろんな形で住み得る社会をつくっていかないといけないのではないか。（宮島）

日本人の視点だけで物事を進めるのではなく、受け入れた外国人の意見を聞くこと。今回の法案作成も、外国の人たちに十分な聞き取りをしたという形跡はない。（藤巻）

そこで重要なのは、日本人の視点だけで物事を進めるのではなく、受け入れた外国人の意見を聞くことだと思います。今回の法案作成も、外国の人たちに十分な聞き取りをしたという形跡はない。今後は外国人の考えとか意見を政策に吸い上げるような仕組みをつくりながら、国づくりをやっていくことも必要ではないか。今日も棚原さんのお話を聞いて、はっとすることがいっぱいありましたが、外国から来た人は日本人の鏡というか、日本人の色々な欠点というか、そういうところを教えてくれるんですね。一方で、我々が気づかない日本人の素晴らしさを教えてくれたりもする。それと、もう一つは日本人にない視点を持っている、ユニークな発想を持っているという面もあると思います。そういうものを今後の日本社会に活かせたらいい。また、がんじがらめと言われましたが、日本人の勤勉さとか規律正しさはやはり日本の美徳だと思います。それをもうちょっと緩やかなというか、開放されたというか、寛容な日本人をこれからつくっていけたらいいななんて、今日はお話を伺っていて感じました。

鈴木　大きく言うと制度をどうするかというのと、意識をどうするかということで、これは両方大切です。制度を変えるためには人々の意識が変わらないと賛同を得られない。私は教育学科に所属しているので、毎年、学生の教育実習校を訪問します。私は自分の小学校、中学校、高校であまり疑問を持つことはなかったんですけれども、自分が今の年齢になって小学校、中学校に行くと、こんな授業を受けていたのかというぐらい先ほどのがんじがらめなんですよ。手を挙げるときはこうする、賛成の時はこうする、意見を述べるために立つときも、くるっと回って、椅子を机の中に入れてから話すとか。子どもの頃からこんなことをやっていくと、いろんなものが奪われていくなと思って。なので、やはり意識のところは教育が大きいと思います。ただし、その教育がどうしてそうなっちゃうのか、あるいは学生を見ていても、なぜそんなふうな教育実習をするのかというと、制度として日本の教育が求める教師像がそうだから、教員採用試験に合格するためにそういう教師になっていく。だから、結局のところ制度と意識なんですけども。

棚原　開かれた社会というスローガンを言おうが言うまいが、必要なときには人は来るし、必要なときには去っていくと思いますから、そう簡単に日本の政策ができたから人が来るとは限らないし、しょうがなく、自分の国に仕事がないから日本に来るかもしれないけれども、それをステップに、次は第三国に行く可能性があるということも念頭に入れながら、でもやっぱり国としての品質を落とさないような、お上品な国であってほしいなとも思いますけども。

さっきおっしゃっていたように教育って重要だと思いますが、教育というのが何かステータスの階段をよじ登るための手段ではなくて、人間を解放する手段であってほしいですね。知識を利用して自分のステータスを上げるだけじゃなくて、社会とともにどうやって貢献しながら、どうやってこの社会を発展するか、開放していくのかというプロセスでなければ、教育だとは私は思いません。

そういう意味では意識化というのは、多分正反対だと思うんですよね、今の日本の教育の在り方って。出る杭は打たれる。そういう教育しかされていないと、お先真っ暗だと思います。だからちゃんと自分の意見が言えるような、小学生から、保育園児から、ちっちゃいときはそういう自由な発想は許されるんですけども、徐々に、徐々に縛られていくから、そうならないような教育を。だから現場の人たちもそうなんだけど、教育の展望を描くときにきちんとした人間像というのか、どういう人間を育て上げたいのかというデザインがきちんとできてないと、これは無理かなと思います。

宮島 「開かれた移民社会」とは、ということで色々な切り口から議論していただきました。コーディネーターの特権で、最後に付け加えさせていただくと、外国人・移民がこれだけ増えて都市部のコミュニティでは人口の一割を超えている所もあるのに、多文化共生のエイジェント（仲介者）となるべき人々が日本人中心で構成され、外国人や外国出身者が少ないのは問題だと思います。教師、地方公務員、市町村議員、医師、看護師、福祉職員、ソーシャルワーカー、法専門家などです。欧米の国々とは比較になりません。なぜ少ないのか。国籍要件や国家試験という関門、入管法による規制もあるでしょうし、採用、任用の差別もないとはいえないでしょう。しかし、これらの仕事の分野が多文化化、トランスナショナル化することは、移民たちにとって生きやすい社会となるための欠かせない条件です。あるニューカマーの韓国人の日本語もかなり使える知人は「手術を受けるために初めて日本の病院に入院して心細かったが、なかに韓国語も少しわかる在日出身の看護師がいて、説明にきてくれて、あんなにホッとして、嬉しかったことはない」と語っていました。

長時間、どうもありがとうございました。

（二〇一八年十一月二十四日　於：藤原書店催合庵）

教育って重要だと思いますが、教育というのが何かステータスの階段をよじ登るための手段ではなくて、人間を解放する手段であってほしいですね。（棚原）

●座談会を終えて——編集委員から

「不作為の政治」を変えるために……宮島 喬

　オールドカマーだけでなく、ニューカマー外国人も少なくとも半数は永住者、定住者になっている。この人々はもう日本社会の構成員と考えるなら、かれ／彼女らが不安や困難なしに生きられるように法や制度を見直さなければならない。入管法を改正し、家族の呼び寄せや滞在を容易にする、国籍法を変えて、重国籍を認め、出生地主義を取り入れ、かれ／彼女らと子どもたちがアイデンティティを保ちながら安定して生きられるようにする、憲法や公選法を改正し定住外国人にも地方参政権を認める、など。西欧諸国の多くはこれらの改革を、外国人労働者が定住移民に変わる一九七〇—九〇年代に行った。

　なぜ日本では、これらの一歩が踏み出されなかったのか。確かに一九九〇年代の末に永住外国人地方参政権法案が四政党の提案で上程されたが、審議なしで葬られてしまう。血統主義は日本の家族的なまとまりの根幹をなすとか、主権の行使につながる政治決定に参画するのは日本人のみであるべき、という議論が政治の世界で多数の声になってしまう。少数の人々に関わることであれ、人権、市民権に関係することは重要であり、積極的に議論し、決定すべきであるのに。この不作為の政治は、果たして変われるだろうか。

　せめて社会的権利（社会保障、公営住宅入居など）において内外人平等が実現されたことでは、開かれた移民社会の要件の一つは満たされているといえるかもしれない。ただし、いずれは増えてくるであろう高齢外国人が、今から医療保険や年金の保険料を払ってくれているかどうかは気になる。

　座談会では、棚原恵子氏の発言から多くを学んだ。氏は三〇年間日本に生きてきて、日本は冷たい社会だ、人を型にはめてとらえ、管理し、その型を変えようとせず、開かれた人間どうしの触れ合いがない、と舌鋒するどく感想を語った。ショックではあるが、頷かざるをえない。ただ、日本人が一枚岩的に「上から目線」で外国人を見ているということでなく、非正規労働に就き、同じように不安と貧困に苦しむ者もいれば、虐げられた外国人労働者の支援のために何かをなそうとする日本人もいる。連帯の関係を築くことも不可能ではあるまい。それにしても、ペルー人やブラジル人はたとえ永住者の資格は与えられても、派遣労働者のままで地位も待遇も改善されないという指摘が当たるとすれば、問題である。彼らを正規労働者に引き上げること、それは「開かれた移民社会」をつくるためにも必要なことである。

私たち自身が担う「開かれた社会」づくりを　……………石原　進

新しい元号が「令和」と決まった。元号は時代の句読点ともいわれる。「令和」に、新たな時代への期待を抱いた国民も少なくないだろう。

新元号が発表された二〇一九年四月一日、外国人労働者受け入れ拡大の改正入管法が施行され、法務省に「出入国在留管理庁」(入管庁)が設置された。外国人受け入れの政府の「司令塔」が発足したというのに、そのニュースは余りにもささやかだった。「政治ショー」と化した新元号の報道ぶりとは、比すべくもなかった。

平成元年(一九八九年)には、日系人を新たに受け入れる「定住者」の在留資格を設けた入管法が改正された。この法改正で、一時はブラジル、ペルーなどの日系人住民が三〇万人を超えた。一方、平成三十年(二〇一八年)の入管法改正には、新たに外国人労働者を受け入れる「特定技能」の在留資格を盛り込んだ。五年間で三五万人超の外国人を受け入れるという。こちらは国会でも大きな議論を呼んだ。

平成という時代の「入り口と出口」で、外国人の大幅受け入れに舵を切る歴史的な法改正があった。背景には、先進国がこれまで経験をしたことがない急テンポの人口減少がある。令和の時代には、避けて通ることができない厳しい試練が待っている。それは試練というより、「国家的なリスク」と言った方がいいかもしれない。

国際社会に目を転じると、平成の三〇年間で経済のグローバル化の荒波が貧富の格差を劇的に拡大させた。ICTの急進展で情報だけでなくモノやカネが瞬時に国境を越えるようになった。政治の混迷が社会やヒトの分断を促した。

「開かれた移民社会へ」――本書のこのテーマは、国際情勢や時代の変化の中で、私たちが突きつけられている大きな問いかけだ。「夢と希望」が詰まったスローガンではない。「外国人の人権を大切に」「相互理解を深めよう」といった呼びかけでもない。私たちに求められるのは、新たな社会づくりではないのか。

それは、入管庁に求めれば実現できる、というものではない。新たな社会づくりの担い手は、外国人住民と付き合う私たち日本人だ。外国人支援のNPO、外国人を雇用する企業、さらには地方自治体などとの連携がうまくいってこそ、開かれた、風通しのいい共生社会が形を見せるのではないか。

「令和」の出典は『万葉集』だ。日本最古の歌集から引用された初の「和風」の元号だという。だったら、新たな時代にふさわしい「日本型」の「開かれた移民社会」を目指そうではないか。

次世代による「第三の開国」成功に期待して

……藤巻秀樹

座談会の後、日本の新元号が発表された。「令和」はこれまでの慣例だった漢籍ではなく、『万葉集』からの引用である。中国ではなく、日本の古典から選ばれたこと自体は素晴らしいが、国書からの引用は安倍首相の強い意向があったと聞いて不安になった。そこにきな臭いナショナリズムの発露を感じたのである。

新元号が発表された日は改正入管法が施行された日でもある。「令和」の日本は国粋主義に向かうのか、開かれた国に向かうのか。座談会での議論を通じ、外国人労働者を大量に受け入れた先の日本が心配になった。棚原さんの眼に映る日本は私の想像をはるかに超えて閉鎖的な国だったからである。

入管法改正による外国人労働者の受け入れ拡大を決断したのも安倍首相である。だが、「移民政策とは異なる」と再三語るように、アベノミクスのための人手不足だけが強調され、入国した外国人の生活は視野に入っていないように見える。

だが、始まりはどうであれ、外国人が増える社会の中で日本人の意識も変わり、日本社会の有り様も変わっていくのではないだろうか。平成の三〇年間、在留外国人は三倍近くに増えた。外国人がコンビニや居酒屋で働くのはもはや当たり前。外国人集住地域では生活習慣の違いから様々なトラブルが起こったが、これに伴い、徐々にではあるが地方自治体の外国人政策も進んできた。身近なところに目を向ければ、私が所属する大学の学生たちも多文化共生に強い関心を持ち、地域の外国人住民との交流に熱心に取り組んでいる。こうした若者たちが「令和」の日本を牽引すれば「第三の開国」の成功も夢ではない。

「令和」の出典となった『万葉集』の梅花の歌の序文は専門家の指摘により、中国の詩文集『文選』の影響を受けていることが明らかになった。またこの序文の作者は山上憶良といわれているが、「令和」の発案者とされる中西進氏は山上憶良が朝鮮半島からの渡来人との説を唱えている。つまり「令和」は首相の意図を超えて、日本固有の文化ではなく、日中韓の文化交流の土台に立った元号なのである。

『万葉集』の時代は東アジアの交流が盛んで、オープンでおおらかな時代だった。いま日韓関係は最悪、日中関係も良好と言えず、北朝鮮の存在もあり、東アジアは緊張した不安定な空気につつまれている。日韓・日中関係の悪化は日本に住む韓国・中国人にも悪影響を与えている。首相は新元号の意味について「人々が美しく心を寄せ合う中で、文化が生まれ育つ」と語ったが、『万葉集』の時代のようなおおらかさで、開かれた日本を目指したい。それが新元号とともに産声を上げた改正入管法の成功のカギを握るだろう。

当事者の声が反映できる社会へ

鈴木江理子

前回の座談会（「なぜ今、移民問題か」二〇一四年二月）から四年余りが過ぎたが、この間、日本における移民／外国人をめぐる状況は大きく変化した。

その一つは、在留外国人の増加である。いまや、日々の暮らしのさまざまな場面で移民／外国人に出会う機会が増えている。さらに、新聞やテレビの報道、雑誌の特集号や書籍の刊行などが過熱し、移民／外国人への関心が高まったことで、彼／彼女らの存在が注目されることも多くなっている。政府は今なお否定しているものの、「移民」はすでにここにいることは紛れもない事実である。まさに「移民社会」の到来なのだ。

今回の座談会は、移民社会を前提としてのものであった。その意味では、「移住者」である棚原さんに加わっていただき、率直な議論ができたことは、有意義であったし、私自身の反省すべき点にも改めて気づくことができた。

それは、日本における移民／外国人に係る実践活動にも研究にも、当事者がほとんど参加していない、あるいは、参加できていないことである。まさに「ピープルファースト（当事者が、自分たちの問題を自分たちで、自分たちのために発言すること）」の欠落である。「移民」という言葉の定義にこだわるのも、ピープルファーストの視点からみれば、マジョリティからの一方的なラベリングであり、我々とは異なる「他者」であるとカテゴライズすることで、差別を生み出しているのかもしれない。「外国にルーツを持つ子どもたち」という言葉が大嫌いだという棚原さんの発言の意味は大きい。

究極的に開かれた移民社会とは、「移民」というカテゴリーすら不要となり、国籍や民族的・文化的ルーツにかかわらず、対等な権利をもち、自らの意思で生活や就労の場を選び、移動できる社会なのだろう。

けれども残念ながら、どれほど移民／外国人が増え、彼／彼女らに「依存」している実態があるとしても、現状の日本は「閉ざされた移民社会」のままである。したがって、この社会を開いていくためには、移民／外国人が自ら発言し、その声を社会に反映できる環境を整えることが極めて重要である。

そして、その環境整備のためには、オールドタイマー（オールドカマー）の時代から指摘されてきたことであるが、言葉の壁、制度の壁、心の壁を乗り越えなければならない。すなわち、日本語学習機会が保障されることに加えて、母語が尊重されること、彼／彼女らの声を政治的社会的に反映できるシステムを構築すること、そして、社会の対等な構成員として、彼／彼女らの声に真摯に耳を傾けること、である。

この社会に生きる一人ひとりが壁に気づき、それを越えるための努力をすることこそが、「開かれた移民社会」に向けた道なのである。

毎年３月に開催されている移住労働者の春闘「マーチ・イン・マーチ」。
（2018年３月４日　提供＝鈴木江理子）

I

外国人労働者受け入れ

外国人労働者のフロントドアからの受入れを

宮島　喬

●みやじま・たかし（プロフィールは15頁参照）

グローバル化と地域定着

母国を離れて、よりよく働ける、生きやすい国を選択し、しばし身を落ち着ける。しかし、思ったほどの稼働ができず、生きにくさもあれば、また別の地へと移動していく。ほんの隣国へ、ということもあれば、はるか地球の裏側まで移動することもある……そんなイメージをグローバル・マイグレーションについて抱くなら、それはだいぶ実像とかけ離れたものだろう。むしろ国を離れて移動する人々は、いざとなれば帰国するという仮説を頭の片隅に置き、「絶えざる移動」は最悪のシナリオだと考え、安定して錨を下せる場所（アンカーリング・ポイント）を絶えず探すのではないだろうか。家族共々の移動であればなおさらであり、家族を抱え生計を立てられるか、生活文化に大きなギャップはないか、子どもの教育に支障はないか、などを考えながら生き得る場を探すのである。グローバル化が進めば、人の動きとしては、絶えずローカル化（地域定着）も志向されるのだ。

過去一〇年ほどの間に来日および滞日外国人は、かなり様変わりをみせた。長らく日本の外国人人口の首座を占めてきた韓国・朝鮮人（以下、「コリアン」と言う）は、自身の少子化の影響や、帰化のため、最多の年には七〇万人近くを数えたのが、今では五〇万人を割り込んでいる。それに対し、増加し今やトップにある中国では、「技能実習生」が減少をみせ、「永住者」が目立って増えている。今から一〇年前、リーマンショック後の経済危機で、製造業で働くブラジル人などが失業禍に見舞われ、帰国を余儀なくされ、その数が激減した。その三年前には、国際社会から「人身取引」として強い批判を浴び、政策変更を余儀なくされ、「興行」(エンタテイナー)資格の外国人女性の入国がほとんどストップされ、最多の年には六〜七万人にも及んだ在留数が、二年ほどの間に急減した。

こうした高下やジグザグから抱かれるイメージは、入国と出国、または来日と帰国が繰り返される普通の国の姿であろうが、今、日本の中の外国人の全体像に目をやってみると、その総数二六四万人(二〇一八年六月年現在)という数だけではなく、定住外国人の比率の大きさにあらためて気付くのである。その数字的裏付けを示すまでもないだろうが、単純に、次の四つの数字、永住者=約一〇九万人、永住者の配偶者等=三・七万人、定住者=一九万人、日本人の配偶者等=一四万人、を合計すると、一四五・七万人となる。元々期限付き滞在が決定づけられている外国人技能実習生と、留学生とを除外した外国人全体への割合は、七二%余となる。一時、出稼ぎ型就労者(ターゲットアーナー)の代表格のように言われたブラジル人も、今日では六〇パーセントが「永住者」となっており、ペルー人にいたっては七〇%もがそうである。かつてエンタテイナーなどとして入国したフィリピン人女性たちは、その後帰国したという報はあまりなく、今、三、四十代になり、依然として日本で生きていて、それがその他のフィリピン人女性と合して、二〇一七年現在、三十歳代が四万五〇〇〇人台、四十歳代で五万八〇〇〇人台となっていると思われる。二十歳代が二万六〇〇〇人台にとどまっているのに対して、である(入管協会2019)。定住層が生まれているのである。

働く外国人一二八万人、しかし変則ではないか

「外国人労働者、百(数十)万人時代へ」などと、メディアが報道のキャッチフレーズにうたう昨今であるが、ちょっと待ってほしいと言いたい。先ず、この数の内訳、中身は問題としたほうがよい。また、あたかも日本には外国人労働者の受け入れのシステムがあって、それが機能してきたかのようにとられるが、むしろその反対であろう。

こうしたニュースの元になっているデータは、厚生労働省(以下「厚労省」)の所管する「外国人雇用状況報告」(毎年度)の集計結果なのであるが、これは、外国人を雇用している事業所に、正規—非正規、フルタイム—パートタイム—アルバイトを問わず、人数、国籍、在留資格などを、ハローワークを通じて報告させる

表　外国人雇用状況の申告数（2017年10月、在留資格別）

在留資格	人数	構成比（%）	備考
資格外活動	297,012	23.2	主に留学生と家族滞在の資格の者
技能実習生	257,788	20.2	
専的門・技術的分野の在留資格	238,412	18.6	
身分に基づく在留資格	459,132	35.9	永住者、定住者、日本人の配偶者等など
その他	26,326	2.1	
合　計	1,278,670	100.0	

もので、いわゆる就労を目的とする在留資格の保有者だけでなく、それ以外でも合法的に報酬労働に就ける者が含まれる。逆に、自営業をいとなむ外国人は除かれ、また、在留資格では「特別永住者」（主に在日コリアンなど）が除かれる。だから、外国人で仕事に就いている者という意味でカウントすれば、はるかに大きな数字になると思われ、推測だが一五〇万人は超えるだろう。さらに、各事業所に求められる報告はやや煩雑な書類作成作業となるため、報告漏れ率も低くないといわれるから、外国人就労者実数との乖離は小さくないと思われる。

さて、二〇一七年の雇用状況の届けの集計の一二八万人余の在留資格別の内訳に立ち帰ると、**表**のようになる（大原社会問題研究所編 2018: 116-17）。

ここで、まず目を止めるべきは、「資格外活動」というカテゴリーが四分の一近くを占めることの変則ぶりである。資格外就労なるものが合法的に堂々と上位にあること自体が、読者にも違和感があろう。これは、主に、留学生の資格で滞在している外国人（約三二・四万人）と家族滞在の資格のそれ（約一八・六万人）が入管局から資格外活動の許可をとって就労しているケースから成ると思われるが、留学生の比率がずっと高いだろう。とすると、日本の就労外国人の数の上で技能実習生と留学生が四割を占めることになる。技能実習生の名における外国人労働者の受け入れが非常に問題が多いことは後に触れるが、およそ受け入れ労働力の相当部分を留学生が担うというのは、これまた正常ではなく、欧米、アジアの外国人受け入れ国のなかでもあまり例をみない。

そして「身分にもとづく在留資格」のなかに外国人就労の半数近くが含まれていて、「永住者」資格の中国人、「定住者」資格の日系のブラジル人やフィリピン人の労働者が含まれていよう。そして、彼らの間には、格差があり、仕切りがある。「技能・人文知識・国際業務」の資格で働いていて、「永住者」資格を得した者は、日本人に劣らない待遇で雇用されているはずである。それに対し、「定住者」という身分ビザで働く日系ブラジル人やフィリピン人は、後述するように多くが間接雇用の非正規労働に就き、より不安定な条件下にある。後者が、たとえ申請をして「永住者」

資格を取得したとしても、である。

ドイツ人の研究者D・トレンハルトが、九〇年代初めに開始されたこうした受け入れを指して、日本式の労働力受け入れは、「偽装的受け入れ形式」の一つで、「豊かな発展した国における非受け入れ政策(non-immigration policy)の何であるかをよく示している」、と書いたのである(トレンハルト 1994: 8)。本来の労働許可を与えられて、所定の範囲のジョブ、日本人と同等以上の待遇などが定められて雇用に就くという外国人労働者の受け入れに対して、これは「サイドドア」からの受け入れといわざるをえない。

また、この雇用届け出などに載らない、非正規の就労者もいる。その一つの部類はオーバーステイなど、有効な在留資格をもたなくなっている者で、入管当局は「不法残留者」と呼んでいる。法務省の電算機がはじきだしている数字では、二〇一八年現在、その数は六万五千人余となっている。もう一つのそれは、有効な在留資格をもっているが、資格外活動の許可を得ずに就労したり、許可を得ていても上限の時間(週二八時間)を超えて就労している者である。共にその数は分からない。いわば「バックドア」からの雇用である。

「単純労働者」は不可としながら、「サイドドア」を開く

とすると、過去四半世紀の外国人労働者の受け入れの仕方に問題があったということになり、これをあらためて問わなければならない。一九八九年の出入国管理及び難民認定法(以下、「入管法」)の大改正とその後数年の動きを振り返ると、この改正時に、政府は、高技能や専門的能力をもつ外国人を積極的に受け入れることをうたい、特段の技能をもたない「単純労働者」は受け入れないというスタンスをとった。この「単純労働者」には、国はそれ以上の定義を与えなかったが、きわめて広く、製造、建設、輸送、メンテナンスなどの現場で働くマニュアル労働者、さらに販売・対人サービス、単純事務などに携わる者などを含む。しかし、それでは、求人倍率の高い現場的な職種がはずされ、人手不足を訴える中小、下請けなどの企業の要求には改正法は応えないかにみえた。

ところが、改正入管法が施行されて一年も経たないうちに、自動車、電機などの下請けの部品製造や組み立ての現場のラインに外国人が立つようになった。日系ブラジル人やペルー人がそれである。「日本人の配偶者等」に当たる在留資格は、旧入管法にあって、日系外国人二世を迎え入れていたが、「定住者」という新設の在留資格は、実は日系三世を受け入れるためのものであり、就労に制限のない資格だったので、製造等の現場は彼らをこぞって受け入れたのだ。

また、九三年には、外国人技能実習制度が始まり、日本の企業で技能、技術を習得し、技術移転を図るという名目のもと、低廉

な手当てで働かせることのできる労働者が受け入れ可能となる。その名目、そして座学で日本語等を学ばせるという義務を知りながら、経営者たちは団体監理型の下に競ってこの労働者を受け入れるようになる。そこでは中国人が目立っていた。トータルで三年間という期間制限、そして受け入れた企業の労働条件がどうであれ、他企業に移ることが許されないという条件は、若い労働者のひんぱんな離退職に悩んでいた中小企業経営者にはありがたいものだった。

二つの「サイドドア」が開いたわけだが、以上に加えて、資格外就労を認められた外国人たちによる職種制限のない労働力提供が可能となる。現在とほぼ同じだが、一日四時間以内という制限の下、入管局の許可を得て働くことができるというもので、留学生と就学生（後年、「留学生」に統合）がその主な担い手であって、後には「家族滞在」の資格による在留者にもこの資格外就労が認められるようになる。ただ、この入管局の許可を取らずに働いてしまう者がつねにいた。許可を得ていてもその上限、の時間を超えて働く者もつねにいて、そのいずれの場合も、当局は「入管法違反」としており、毎年数百件が摘発されてきた（氷山の一角といわれる）。

留学生という資格と就労許可とは相容れないという観念は一般的であり、諸外国を見ても留学生の就労を禁止している国が多いのだが、日本では生活費、学費が高いから、日本人学生がアルバイトをするように彼らも一定時間内の就労を認めるとした、とされる。そして、この資格外就労の許容は一部の業界からは歓迎されて、周知のように飲食店やコンビニエンスストア、その他の販売・サービス職ではなくてはならない労働戦力となった。

自認し、宣言する受け入れ国へ

そして、これらを称して、外国人労働者のバックドアやサイドドアからの受け入れと称してきたが、そうではない、「フロントドア」からの受け入れを行うべきだ、と言うときそれは何を意味するのか。

それは単に、「単純労働者」をも正規のルートで受け入れよ、といったことに尽きない。高技能や専門能力のある外国人だけでなく、それ以外の一般労働者も受け入れが求められている以上、国としてその受け入れの方針をはっきり内外に宣すべきである。この点を曖昧にし親族であるエスニック・ジャパニーズの受け入れだと称したり、研修生や留学生の受け入れだと言ったりして、労働者の「ろ」の字も表に出さなかった日本の方式は、国際社会からは「宣言なき労働者受け入れ国」というかんばしからぬ評を受ける。そういうわけだから、二国間の交渉、協定による労働者の受け入れなども不可能である。ひいては、外国現地での募集から導入に至るまでの公正・透明な受け入れルートもつくれない。

かつてフランスが、イタリア、スペイン、モロッコなどから、またドイツ（当時は「西ドイツ」）が、イタリア、トルコ、スペインなどから労働者を受け入れるとき、二国間協定を結び、募集から、雇用契約の査証、自国への送り入れまでを国の機関が独占的に行い、斡旋業者の介入を強く排除した。フランスは、両大戦間期に、労働力の払底に近い危機を経験し、経済界が「移民総合会社（SGI）」という企業を設立、ポーランド、チェコスロヴァキアなど諸外国から多くの労働者の募集、受け入れを組織したことは語り草になっているが、そうした受け入れが会社の営利に左右されたり、利権化するという問題もあって、その轍を踏まないために、戦後は国の機関である移民庁（ONI）が〝独占的〟に行うこととした。

日本では、二国間の協定などなく、交渉すら行わず、送り出し国現地および日本側で民間事業者がかなりの程度募集から導入までの過程に関わるのが一般的で、利権化や中間搾取を防げないでいる。たとえば、派遣業者の宣伝、募集、出国手続き代行、そのルート設定によって来日するブラジル人たちは、相当の借財を背負って日本の土を踏む。派遣業が仲介・代行するという構造のなかに組み込まれてしまっているため、日本に来ても、派遣業の支配から抜け出ることはむずかしく、非正規の間接雇用のなかで働くというケースが多い。技能実習生の場合も、二国間協定はなく、募集・事前研修・送り出しの多くが業者ベースで行われ、日本側の業界団体（事業組合）とのマッチングのための交渉はあるが、応募者からは保証金が徴収されるなどし、来日時には相当の借財を負ったりしている。

定住しながらも、不安と貧困に苦しむ

このようにサイドドア、バックドアから受け入れられて、技能実習生を除くと、滞在を更新しながら、帰国の予定なしとし、一〇年、一五年と滞在している人々が多くなっているが、だからといって雇用や地位が改善されているというわけではない。いくつかの問題側面を指摘したい。

永住者資格をもつブラジル人やペルー人には、今、東海地方の町々では持ち家の取得に向かうケースも生まれていると聞くが、多年念願してきた「正社員」に昇格している者は少なく、派遣の間接雇用に置かれている者がやはりマジョリティである。派遣会社からは離れ、直接雇用になっても、時間給で働く非正規であり、妻、時には成人に達した子どもを含めた家族ぐるみでそうした雇用に就き、残業をし、何とか総収入はあるレベルを確保する。帰国はもう考えないことにし、母国への送金も、帰国に備えての貯金も必要ないと割り切り、収入の大半を投じて、住宅にあてる、という。身体の続く限り働き続けるが、正社員でないだけに仕事がずっと保障されるか、不安がないわけではない。それでもなん

とか日本での生活の基盤の一つは築きたいとする。

次に、二〇年以上日本滞在している五十代のあるフィリピン人女性は、「家族の将来のために、仕事をもっとがんばること（が大事だ）」と述べている（川崎市 2016: 170）。こうした定住外国人女性の滞在歴を推測してみると、「興行」の資格で来日し、風俗店などで働いていて日本人男性と知り合い、結婚し、子どもをもうけるが、共同生活は破綻、離別して子どもを引き取り、母子で暮らすことになり、それでも帰国を望まなかったというケースが多いようだ。帰国しても、貧しい生活が待っており、母国の親等に仕送りをするという約束、責任が果たせなくなるからだ、という。在留特別許可は認められても、生計を支える職に就くのがむずかしく、生活保護を受けながら定住者となっている者もいる。

じっさい、外国人のひとり親世帯（ほんどが母子世帯）は二〇一〇年の国勢調査では二万一五三〇世帯に及んでおり、近年の定住外国人のうちにこのタイプは小さからぬ位置を占めているといえる。社会学者の高谷幸によれば、外国籍のシングルマザーの労働力率は七～八割であり、ブルーカラー職（食品や縫製か）が多く、失業している者も多い（高谷 2017: 97）。川崎市の行った無作為抽出による外国人市民意識実態調査でも、フィピン人については、一〇年以上の滞在者が三分の二を占め、女性が多数で、たぶんそれゆえにフィリピン人の相対的貧困率はその他の国籍者より格段に高く三八・五％に及ぶという結果が示された。この結果も、なにほどか右のような滞在実態を予想させるものである（同上）。

今、こうした貧しい、孤立した定住者層が存在しているのも、元をただせば、外国人女性の受け入れの道が、「興行」のような特殊な、ディーセントワークにほど遠い分野に限られていたこと、正規の就労ビザが与えられたとはいえ、それによって、日本でまともな就労を希望したフィリピン人、タイ人女性を、人権や人の尊厳を傷つけるような「雇用」へと導いていたことは、これも「バックドア」からの受け入れだったといって的外れではあるまい。

四半世紀の「歴史」をもつにいたった外国人技能実習生の受け入れ、これと定住外国人とは一見関係がなく、まったく相反的であるようにみえるが、そうでもない。技能実習生制度の下に受け入れられた外国人からは、つねに「失踪者」が出ていた。低賃金で転職の自由がなく、来日前の約束に反して残業代不払いが多いなど、実習生には不満をいだく者は少なくなく、よりよい就労の機会、場を求めて、雇用主の下を去り、姿を消すのである。ちなみにその数を調べてみると、二〇一五年には三一〇一人、二〇一六年には三二二二人となっている（大原社会問題研究所編、二〇一七版、一八年版）。決して小さい数字ではない。過去一〇年の累計を調べてみれば、二、三万人に達するだろう。失踪者は摘発されれば、母国に強制帰国となるようだが、そうでない元技能実習生はどこでどのように生きているのか。法務省発表の二〇一七年の不法残留者（摘発された者ではなく、法務省のコンピューターがはじき出した者の数）のうち、元の在留資格ではトップは「短期滞在」で、それに次ぎ「技能実習生」が来て、約六五〇〇人余人におよんでいる（入管協会 2019）。

そしてこのなかには、滞日一〇年を超えるような定住的な外国人も含まれているにちがいない。たとえ「不法」とよばれようとも、定住外国人であることには変わりがない。サイドドアからの外国人労働者受け入れの典型としての技能実習生制度は、その制度の不合理と矛盾によって、「不法」とされる定住者を生んでいて、その点からも同制度はその内実を問われている。

フロントドアからの受け入れのために

だから、定住外国人のこうした実態が知られるこの時点で、いっそう「フロントドア」からの外国人労働者の受け入れを求めなければならない。しかも政府は急ぎ、待ったなしだとして、「人手不足に対応するため」、新たな在留資格（特定技能）を起こし、労働者受け入れを開始しようとしている時だけに、これは、声を大にしていわなければならない。

まず第一に確認したいことは、外国人労働者受け入れ制度としてあまりにも問題の多い技能実習生制度は、抜本的に見直し、制度としては廃止することである。これには、企業経営者団体の経済同友会からもすでに「技能実習の廃止も視野に」という見解が出されているくらいである（『日本経済新聞』二〇一九年一月二十二日付）。現に特定企業の支配下に実習生として就労している者には、その意思を尊重し、不利益とならぬよう配慮すべきで、継続的な就労を望むなら、一般労働者へと身分を切り替えて再雇用させるか、あるいは二〇一九年四月に動き出す「特定技能」労働者受け入れ制度へ接続させる、などの対応をとるべきだろう。技能実習生制度を温存したままでの、新たな受け入れなどありえないからである。

ここまで「フロントドアからの受け入れ」というメタフォリックな言い方をしてきたが、それは三つの要件を満たす受け入れだと考える。労働者の権利の保障を第一とし、第二に、「人」として生活する権利を認める受け入れを意味し、第三には、不透明な中間搾取を許す第三者の仲介を排する受け入れである。

第三の点からいうと、政府は今回の新たな受け入れでは、「悪質なブローカーを排除し……」と言っているが、そもそもブローカーの介在をなくすべきで、国が主体になり二国間協定を結び、国の機関が直接に募集・受け入れの機関となって事にあたるべきである。

たとえば、協定先の国に日本のハローワークが現地事務所を開き、その国の公的機関、フィリピンなら海外雇用庁とタイアップして労働者の募集をする、といったシステムがあってよい。それがあってこそ、労働者が、仲介業者に高額の手数料や保証金を支払い借金漬けで来日するといったことを免れ、受け入れ企業が過大なリクルート費用を吸い取られることもない。こうした二国間協定－業者排除型の受け入れは、ドイツ、フランスなどの行った西欧型とされ、日本では行われたためしはない。ところが、その日本に先んじて、韓国が雇用許可制度の下でほぼ実現しており、二国間協定を締結し、「産業人力公団」（政府系独立法人）が海外の当該国で募集を行い、国の募集機関である雇用センター（ハローワークに相当）が、雇用主とマッチングを行うことになっている（日本弁護士連合会人権擁護委員会 2017）。これによって営利的事業者（ブローカー）の仲介のプロセスは排されている。

今後数十年の日本の労働世界を左右する重要な問題であるならば、ここで立ち止まって、ブローカーの介在なき受け入れの道を真剣に考慮すべきである。

労働者の権利をきちんと認めたうえでの受け入れ、これは当たり前のことだが、「日本人が受け取る場合の報酬と同等以上の報酬を受け取ること」をはじめ、社会保険、労災保険、雇用保険を適用し、正規の雇用で待遇せよというと、これまで派遣労働者の日系人や、技能実習生に頼ってきた経営者は、それは不可能だというかもしれない。しかし、労働の価値を切り下げるこんな受け入れを続けるなら、今後日本に働きに来る外国人労働者が先細るのは必定である。

なお、日本語力も労働能力の不可欠の要素である以上、彼らが来日し、入職する際に日本語習得の機会、期間、専門の教育スタッフが準備されなければならない。テンポラリーな雇用の外部労働市場の労働者ではなく、継続的に雇用され、基幹労働者になっていく可能性もある存在である以上、出発点での集中的な受講が必要である。これを、労働者の出身国現地で行うにせよ、来日後日本国内で行うにせよ、国が責任をもつことが必要で、日本語能力の検定は行うが日本語教育そのものは民間の語学学校等に丸投げするという方式は改めるべきだろう。これについては、今、ドイツやフランスで行われている、国家予算による移民への言語教育が参考にされるべきではないか（別稿「**移民への言語教育を重視するヨーロッパ**」を参照）。

これまでとかくネグレクトされてきた「人」としての外国人労働者受け入れを考えるならば、なるべく家族帯同、家族呼び寄せを認めるようにすべきだろう。さらには日本で働き生活しながら、家族をつくり（結婚し）、子どもをもうけ、希望すれば帰化を申請することなどの権利、一言でいえばシヴィルな（市民的、民事的な）権利が認められるべきだろう。国際人権規約B規約は第二三条で、家族を社会の自然的・基本的単位と認め、家族を社会が保護すべきことを定め、子どもの権利条約も第九条で父母の意思に反して子どもが父母から分離されないことを定めている。季節労働者や短期滞在者は別として、それ以上中長期的に滞在し働く労働者には、家族の帯同を認めることを原則とすべきではなかろうか。

西欧諸国では、外国人・移民の家族帯同・呼び寄せは基本的な権利とした上で、「家族」の範囲を配偶者＋未成年の実子などと定め、国によっては、一定額以上の所得、一定面積以上の住宅の確保などの条件を付けている。ただ、こうした制限を付けることには異論がないわけではない。

家族の受け入れのためには住宅建設、日本語教育、学校教育、児童や福祉の手当などはコストがかかる、と議論が起こるかもしれないが、これらは当然に措置されるべきことで、外国人労働者受け入れ国のなかで、日本ほど国が外国人・移民の統合の施策のためにお金を出していない国も少ない。繰り返しいうように技能実習生には家族呼び寄せが認められない。新設の「特定技能」の一号、二号で受け入れられる労働者も、最初の五年間は一律、家族帯同が認められない。これでよいのだろうか。先ほどの経済同友会は、この点にも議論を行ったようで、新設の「特定技能」で家族帯同を厳しく制限していることに、「家族を含めて労働者の生活を安定させることが生産性向上につながる」として、一定期間の就労後に家族とともに生活できる新たな枠組みを設けるよう提言している（『朝日新聞』一月二十二日付）。

この禁止ゆえ、日本で働くことを敬遠する労働者がいるかもしれない。特に今後より多くの受け入れを図り、短期にではなく長期に働いてほしい介護、看護などの従事者には、この権利を認めずに、貢献を求めることはできまい。

当面の人手不足への対応を超えて

もう数十年も前から、外国人労働者を労働者として、人として正面から迎え入れる必要があることが各方面から言われてきたが、日本の政府・経済界は迂路による受け入れルートを穿つのをもっぱらにし、この課題をなおざりにしてきた。今少し好意的にいえば、先送りしてきた。そこには一種の神話があったのではないか。半開の障害物の多い入口であれ、とにかく扉を開けておけば、日本の魅力に惹かれて多数の外国人が働きにきてくれるはずだ、と。あのプラザ合意（一九八五年）以降の急激な円高と、それが続く一〇数年の間にそんな神話ができ上ったただろう。当時、東アジアでは唯一日本が外国人労働者受け入れ国たりうる国だったことは確かであり、思えば、お隣の韓国はまだ中東産油国などに出稼ぎ労働者を送り出す、移民送出国の姿をとどめていた。それがアジアの国々の経済成長が進み、韓国は今世紀には外国人労働者受入れ国に転じ、受入れ制度を整えている。中国はかつて技能実習生に多数の人を送りこんでいたが、この低賃金の不自由労働に魅力を感じなくなり、減少をみせ、彼ら自身が来日の道を選ぶ位置に立っている。日系ブラジル人やペルー人でも、非正規の間接雇用という条件が続く限り、新規来日はもう増えないだろう。

であればこそ、右に述べてきたような「バックドア」、「サイドドア」からの受け入れではなく、「フロントドア」からの受け入れを常道としなければならない。今や色褪せた神話とはきっぱり訣別し、また政府がここにきて急ぎ行っているような「人手不足」という事態への弥縫策に終わるのではなく、問題の根本に立ち帰らなければならない。

参考文献
大原社会問題研究所編、2017、2018『日本労働年鑑』労働旬報社
川崎市、2016、『川崎市外国人市民意識実態調査報告書』
髙谷幸、2017、「外国籍ひとり親世帯と子ども」荒牧重人他編『外国人の子ども白書』明石書店
日本弁護士連合会人権擁護委員会、2017、『韓国の「外国人雇用許可制度」に関する現地調査報告』
入管協会、2019、『在留外国人統計　平成三十年版』

追記

この稿をまとめ終わって後、二〇一九年一月二十五日に、二〇一八年の外国人雇用状況報告の集計結果が公表された（https://www.mhlw.go.jp/stf/newpage_03337.html）。

それによれば、総数は約一四六万人で、二〇一八年のそれの一四％増であった。その在留資格別内訳の特徴は前年度のそれと特に変わっていない。

*

*

*

移民／外国人受入れをめぐる自治体のジレンマ

【移民／外国人は人口危機の救世主となりうるか？】

鈴木江理子

●すずき・えりこ（プロフィールは10頁参照）

二〇一八年十二月八日、在留資格「特定技能」を創設し、新たな外国人労働者の受入れを可能とする出入国管理及び難民認定法（以下「入管法」）の改定法案が成立した。そして、同月二十五日、「特定技能の在留資格に係る制度の運用に関する基本方針について[1]」（以下「運用基本方針」）、及び「外国人材の受入れ・共生のための総合的対応策」（以下「総合的対応策」）が閣議決定された。

衆参両院の法務委員会での改定入管法に係る審議時間はわずか三八時間。新在留資格の詳細への質問に対する答えのほとんどが「検討中」で、「生煮え」、「拙速」といった批判が飛び交った。

翌一九年一月二十三日と二十四日、四月施行に向けて「検討中」とされた詳細をめぐる閉会中審査が行われたが、そこでは、特定技能外国人の大都市圏等への集中と総合的対応策に係る自治体負担が、主な論点として提起された。つまり、都道府県別最低賃金に二〇〇円以上の開きがあり（東京都：九八五円、鹿児島県：七六一円、二〇一八年度）、同一業務間での転職が認められれば、より賃金の高い大都市圏へ外国人が移動してしまうことに対する懸念と、行政サービスの多言語化や生活サービス環境の改善などに係る自治体の財政的負担や専門スタッフ等の不足に対する懸念に対して、どのような具体的対応がなされるのか、ということである。懸念はいずれも外国人を受け入れる（あるいは、外国人の受入れを求める）地域からの切実な声である。

国境管理は国家の責務である一方で、国家によって定められた制度のもとで国境を越えた外国人が日々の生活を送るのは、それぞれの地域であり、まさに地域社会は、外国人が働き学び、休息し、家族を形成し、余暇を楽しむなど、あらゆる活動が行われる場なのである。[2] それゆえ、自治体にとって、国がどのような移民／外国人をどのように受け入れるかは、地域社会のありようにかかわる重要なことがらである。とりわけ、後述するとおり、日本人住民の減少と外国人住民の増加という人口動態に直面している多くの自治体にとっては、大きな関心事であるといえよう。

そこで、本稿では、自治体（地域）、とりわけ小規模自治体に着目し、改定入管法施行にともなう課題と、労働力不足や人口減少を背景とした移民／外国人の受入れを考察する。[3]

減少する日本人住民と増加する外国人住民

二〇〇五年、一九二〇年の国勢調査開始から初めて、一年前の人口推計を人口統計が下回った。翌〇六年、人口推計は再び増加に転じ、微増減したのち、二〇一一年以降、人口減少が継続している。さらに、人口減少に先だって、一九九六年に生産年齢人口が、一九九九年に労働力人口が減少に転じている。

二〇一八年七月に公表された同年一月一日現在の住民基本台帳に基づく人口は、一億二七七〇万七二五九人。日本人住民は、二〇〇九年をピーク[4]に減少し続け、住民基本台帳制度が創設された一九六八年以降、最大の減少（三七万四〇五五人）を記録した。

一方、二〇一二年七月より、住民基本台帳に記載されることになった外国人住民[5]をみると、二〇一四年以降増加し続け、二〇一八年には過去最大の一七万四二二八人増である。とりわけ社会増（国外からの転入、一六万四八七〇人）が顕著であり、これによって、日本全体の人口減少が抑制されている。

市区町村別人口では、この傾向はより明らかであり、一四一三自治体（八一・二％）で住民総数が減少している一方で、一三九一自治体（七九・九％）で外国人住民が増加している（**表1**）。例えば、最も人口の多い横浜市（三六四万六四〇五人）ですら、日本人住民の減少（二八五四人）を外国人住民の増加（四八五六人）が補充することで、人口増加を維持している状況である。

二〇一四年、「消滅可能性都市」という言葉が話題を集めたが、[6] 人口減少に対する自治体の危機意識は高く、二〇一五年一～二月に実施されたアンケート[7]では、自らの自治体が将来「消滅」しかねないという危機感を抱いている首長が七七・二％（「強く危機感

表1　自治体における人口増減の状況（前年比）

	全　住　民			日本人住民			外国人住民		
	全　体	自然増減	社会増減	全　体	自然増減	社会増減	全　体	自然増減	社会増減
増加自治体	328 （18.8%）	160 （9.2%）	554 （31.8%）	271 （15.6%）	148 （8.5%）	432 （24.8%）	1,391 （79.9%）	609 （35.0%）	1,397 （80.2%）
増減ゼロ自治体	0 （0.0%）	2 （0.1%）	5 （0.3%）	1 （0.1%）	4 （0.2%）	5 （0.3%）	120 （6.9%）	851 （48.9%）	111 （6.4%）
減少自治体	1,413 （81.2%）	1,579 （90.7%）	1,182 （67.9%）	1,469 （84.4%）	1,589 （91.3%）	1,304 （74.9%）	230 （13.2%）	281 （16.1%）	233 （13.4%）

出所：総務省「住民基本台帳に基づく人口、人口動態及び世帯数（平成 30 年 1 月 1 日現在）」（2018 年 7 月）をもとに筆者作成

を抱いている」と「ある程度、危機感を抱いている」）にものぼっている。

同アンケートでは、人口維持や増加のために、特に力を入れたい施策をたずねているが、[8] 政府の「まち・ひと・しごと創生総合戦略」（二〇一四年十二月、詳細は後述）を参照して調査票が設計されていることから、外国人に関連する選択肢がない。

小規模自治体の状況

本稿では、二〇一六年五〜七月に共同通信が実施した外国人住民に関する全国自治体アンケートを活用して、自治体における移民／外国人を分析する。本アンケートは、全国四七都道府県と一七四一市区町村の計一七八八自治体を調査対象とし、一六五九自治体（四七都道府県と一六一二市区町村）から回答（回収率九二・八％）をえた貴重な調査であり、これまでほとんど明らかにされてこなかった小規模自治体における外国人をめぐる状況を網羅的に知ることができる資料である。[9]

ここでは、市区町村からの回答のみを対象として、①人口規模（二〇一六年一月一日現在の住民基本台帳の数値）、②人口増減率（二〇一〇年と二〇一五年の国勢調査の数値で比較）、③高齢化率（二〇一五年の国勢調査の数値）、④外国人住民比率（二〇一六年一月一日現在の住民基本台帳の数値）を、分析軸（説明変数）として用いる。

表2に示した通り、全国市区町村の二八・一％（四九〇自治体）

表 2　市区町村における人口に関する指標

〈人口規模〉

	50万人以上		20万人以上 50万人未満		5万人以上 20万人未満		1万人以上 5万人未満		5千人以上 1万人未満		5千人未満	
全国市区町村 (N = 1,741)	34	(2.0%)	100	(5.7%)	424	(24.4%)	693	(39.8%)	243	(14.0%)	247	(14.2%)
アンケート回答市区町村 (N = 1,612)	34	(2.1%)	95	(5.9%)	406	(25.2%)	632	(39.2%)	227	(14.1%)	218	(13.5%)

〈人口増減率〉

	増加率5%超		増加率5%以下		減少率5%以下		減少率5%超 10%以下		減少率10%超		その他	
全国市区町村 (N = 1,741)	50	(2.9%)	271	(15.6%)	587	(33.7%)	603	(34.6%)	226	(13.0%)	4	(0.2%)
アンケート回答市区町村 (N = 1,612)	46	(2.9%)	261	(16.2%)	547	(33.9%)	544	(33.7%)	214	(13.3%)		

〈高齢化率〉

	40%超		35%超40%以下		30%超35%以下		25%超30%以下		20%超25%以下		20%以下		その他	
全国市区町村 (N = 1,741)	217	(12.5%)	320	(18.4%)	448	(25.7%)	471	(27.1%)	228	(13.1%)	53	(3.0%)	4	(0.2%)
アンケート回答市区町村 (N = 1,612)	200	(12.4%)	284	(17.6%)	413	(25.6%)	447	(27.7%)	218	(13.5%)	50	(3.1%)		

〈外国人人口比率〉

	5%超		3%超5%以下		2%超3%以下		1.5%超2%以下		1%超1.5%以下		0.5%超1%以下		0.5%以下	
全国市区町村 (N = 1,741)	22	(1.3%)	60	(3.4%)	123	(7.1%)	131	(7.5%)	259	(14.9%)	570	(32.7%)	576	(33.1%)
アンケート回答市区町村 (N = 1,612)	22	(1.4%)	59	(3.7%)	117	(7.3%)	124	(7.7%)	246	(15.3%)	525	(32.6%)	519	(32.2%)

(注) 人口規模と外国人人口比率は、2016年1月1日現在の住民基本台帳の数値を用いた。人口増減率は、2010年と2015年の国勢調査の数値の比較を、高齢化率は、2015年の国勢調査の数値を用いた。なお、人口増減率と高齢化率の「その他」は、福島原発事故による避難で、住民ゼロの自治体である。

出所：総務省「平成22年国勢調査結果」(2011年10月)、同「平成27年国勢調査結果」(2016年10月)、同「住民基本台帳に基づく人口、人口動態及び世帯数（平成28年1月1日現在)」(2016年7月)、及び共同通信「外国人住民に関する全国自治体アンケート」(2016年5〜7月) の結果分析をもとに筆者作成

が人口一万人未満であり、四七・六%（八二九自治体）が五年間で五%を超える人口減少を経験している。三〇・八%（五三七自治体）の市区町村で高齢化率（日本全体で二六・六%、二〇一五年）が三五%を超えており、外国人人口比率（日本全体で一・七〇%[10]、二〇一五年）が〇・五%以下の市区町村が三三・一%（五七六自治体）である。本アンケートに回答した一六一二自治体の属性も、ほぼ全国一七四一市区町村を反映したものとなっている。自治体属性を相関分析すると、総じて小規模自治体は、人口減少率と高齢化率が高く、外国人人口比率が低いことが指摘できる。

高まる技能実習生への「依存」

アンケートでは、二〇一六年初め時点での外国人住民の国籍に加えて在留資格（上位五位まで）をたずねており、統計公開されていない市区町村単位での在留資格別地域分布を知ることができる。それによると、「永住者」が一位の自治体が四七・一%（七六〇自治体）で最も多く、次いで「技能実習・研修」（二九・〇%）、「特別永住者」（八・六%）、「留学」（三・二%）、「日本人の配偶者等」（二・二%）となっている。日本全体の在留資格別状況（二〇一五年末の在留資格別在留外国人の上位は、①永住者：三一・四%、②特別永住者：一五・六%、③留学：一一・一%、④技能実習：八・六%、⑤定住者：七・二%）と比較すると、市区町村レベルでは「技能実習・研修」が上位を占める自治体が多くなっている。

さらに「技能実習・研修」に注目すると、一位と二位を占める市区町村が、それぞれ二九・〇%（四六七自治体）と一八・一%（二九二自治体）で、五位までを合わせると六七・九%（一〇九五自治体）となり、在留資格が無回答であった七四自治体を母数から除くと、それぞれ三〇・三%、一九・〇%、七一・二%にものぼる。選択肢は「技能実習・研修」となっているが、二〇一五年末現在の在留資格「研修」の数は全国でわずか一五二一人である。都道府県別の分布から類推すると、市区町村の五位以内に含まれることはないと判断されるので、ここでの「技能実習・研修」は「技能実習」（技能実習生）であると捉えて差し支えない。つまり、全国七割強の自治体で技能実習生が働いており、地域に暮らす代表的な外国人住民が技能実習生である市区町村が少なくないということである。

共同通信は、五位までに「技能実習・研修」が含まれていない自治体に対して追加で問い合わせ、「外国人実習生、八割の自治体に――働き手確保に危機」というニュースを配信した（二〇一六年七月二四日）。アンケート実施以降も全国の技能実習生数は増加しており（二〇一五年末：一九万二六五五人→二〇一八年末：三二万八三六〇人）、地域における技能実習生への「依存」はますます高まっていると推測される。[11]

技能実習上位自治体を自治体種別で比較すると、政令指定都市

表3　技能実習「依存」度と自治体種別

	技能実習1位		技能実習2位		それ以外	
政令指定都市（N＝19）	0	(0.0%)	0	(0.0%)	19	(100%)
上記以外の市（N＝736）	192	(26.1%)	142	(19.3%)	402	(54.6%)
町村（N＝834）	275	(33.0%)	150	(18.0%)	409	(49.0%)
東京23区（N＝23）	0	(0.0%)	0	(0.0%)	23	(100%)
市区町村計（N＝1,612）	467	(29.0%)	292	(18.1%)	853	(52.9%)

（出所）共同通信「外国人住民に関する全国自治体アンケート」（2016年5〜7月）の結果分析をもとに筆者作成

表4　技能実習「依存」度と人口規模

	50万人以上		20万人以上 50万人未満		5万人以上 20万人未満		1万人以上 5万人未満		5千人以上 1万人未満		5千人未満	
技能実習1位(N＝467)	0	(0.0%)	5	(1.1%)	68	(14.6%)	249	(53.3%)	84	(18.0%)	61	(13.1%)
技能実習2位(N＝292)	0	(0.0%)	6	(2.1%)	84	(28.8%)	151	(51.7%)	34	(11.6%)	17	(5.8%)
それ以外(N＝853)	34	(4.0%)	84	(9.8%)	254	(29.8%)	232	(27.2%)	109	(12.8%)	140	(16.4%)
市区町村計(N＝1,612)	34	(2.1%)	95	(5.9%)	406	(25.2%)	632	(39.2%)	227	(14.1%)	218	(13.5%)

（出所）共同通信「外国人住民に関する全国自治体アンケート」（2016年5〜7月）の結果分析をもとに筆者作成

と東京二三区では、技能実習一位、二位とも〇％であるのに対して、政令指定都市以外の市ではそれぞれ二六・一％（一九二自治体）と一九・三％（一四二自治体）、町村ではそれぞれ三三・〇％（二七五自治体）と一八・〇％（一五〇自治体）と、技能実習「依存」度が高くなっている（**表3**）。また、クロス分析によって、人口減少率と高齢化率が高く、外国人人口比率が低い小規模自治体で、技能実習上位自治体の割合が高いことが明らかになった（**表4**、**図1**）。ただし、一定以上人口規模が小さくなると、技能実習上位自治体の割合が減少傾向に転じる。これは、閾値を下回る小規

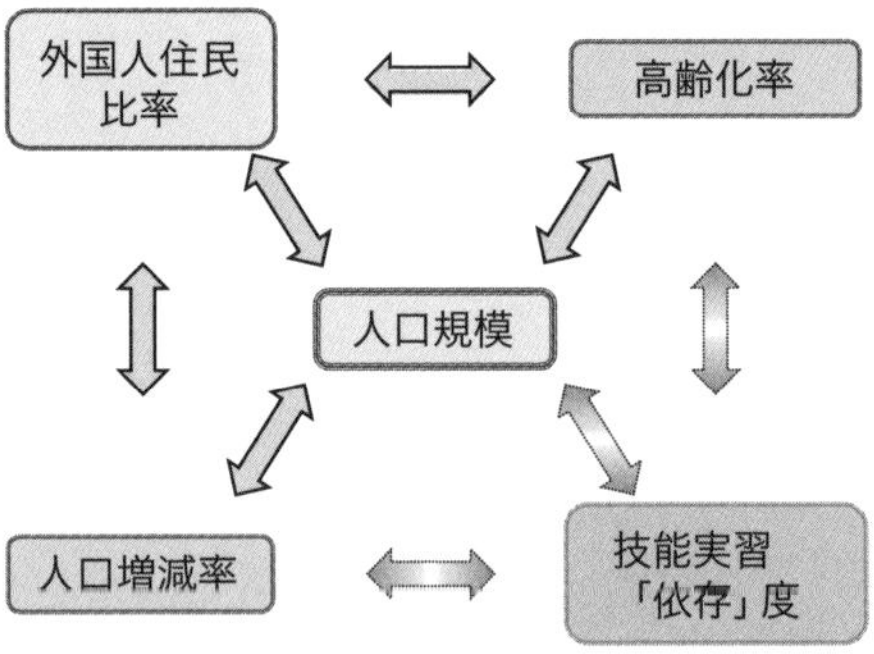

（出所）表2の数値、及び共同通信「外国人住民に関する全国自治体アンケート」（2016年5〜7月）の結果分析をもとに筆者作成

図1　自治体属性の相関イメージ図

模自治体では、技能実習生を雇用する事業所（雇用機会）が縮小するためと推測される。

なお、以下では、分析軸（説明変数）として、⑤技能実習「依存」度（在留資格別外国人住民の回答を「技能実習一位」、「技能実習二位」、「それ以外」[12]に分類）も加えて、調査結果の分析を行う。

外国人受入れに対する自治体からの要望

アンケートでは、最初に「人口減少社会に直面し、外国人受入れの議論が活発になっています。貴自治体にとって外国人の受入れ拡大は必要ですか」と、各自治体にとって外国人受入れ拡大が必要かどうかを問うている。その回答をみると、どちらともいえないが半数以上を占めるものの（五四・六％）、受入れ拡大が必要かどうかの態度表明をしている自治体の回答をみると、必要（「どちらかといえば必要」を含む、三一・八％）が必要ない（「どちらかといえば必要ない」を含む、一二・八％）を大きく上回っている（図2）。

受入れ拡大が必要な理由としては（二つまで選択）、「地域の産業を支える働き手が確保できる」（六七・三％）が最も多く、次いで、「国際交流が進み、世界に開かれたまちづくりができる」（四九・七％）、「人口増による税収の増加が期待できる」（二九・二％）となっている（図3）。一八年改定入管法成立の背景には、産業界からの要望のみでなく、新たな労働力に期待する地域の思惑も働いていたと推測できよう。

実際、労働力不足への対応として外国人労働者を新たに受け入れることが閣議決定（「骨太の方針二〇一八」二〇一八年六月）されて以降、全国自治会・新たな外国人材受入れプロジェクトチーム、指定都市市長会、鳥取県などが、外国人労働者受入れに関する提言や国に対する要望書を提出している。[13]

受入れ拡大の必要性を自治体属性で分析すると、人口減少率と高齢化率が高い自治体ほど拡大を求めているが、一方で、一定以上人口減少率と高齢化率が高くなると、拡大を求める割合は低下に転じている。これは恐らく、前述の技能実習上位自治体の場合と同様に、雇用機会の縮小ゆえではないかと推測される。

技能実習生との関係をみると、技能実習「依存」度が高い自治体ほど、受入れ拡大を求めており、その理由としては働き手確保を挙げる市区町村の割合が高くなっている（図2、図3）。一般的に語られていることであるが、技能等の移転という国際貢献を目的とする技能実習制度が、労働力の供給手段として利用されている実態を、分析結果からも指摘できるであろう。

取組み遅れる外国人住民施策

周知のとおり、二〇〇六年三月、総務省は「地域における多文化共生推進プラン」を策定し、自治体に対して、多文化共生の推

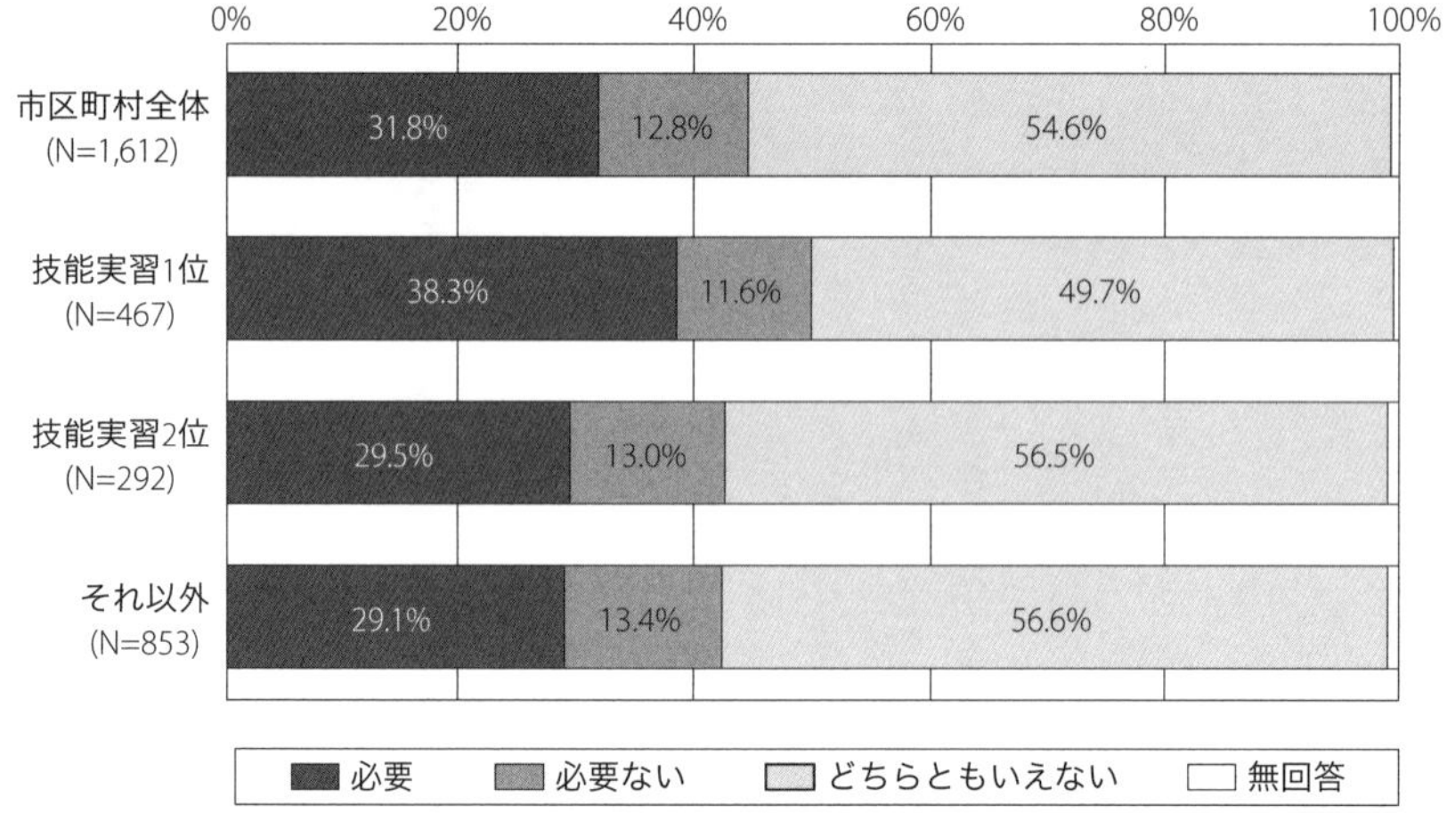

（出所）共同通信「外国人住民に関する全国自治体アンケート」（2016年5～7月）の結果分析をもとに筆者作成

図2　自治体にとって外国人受入れの必要性

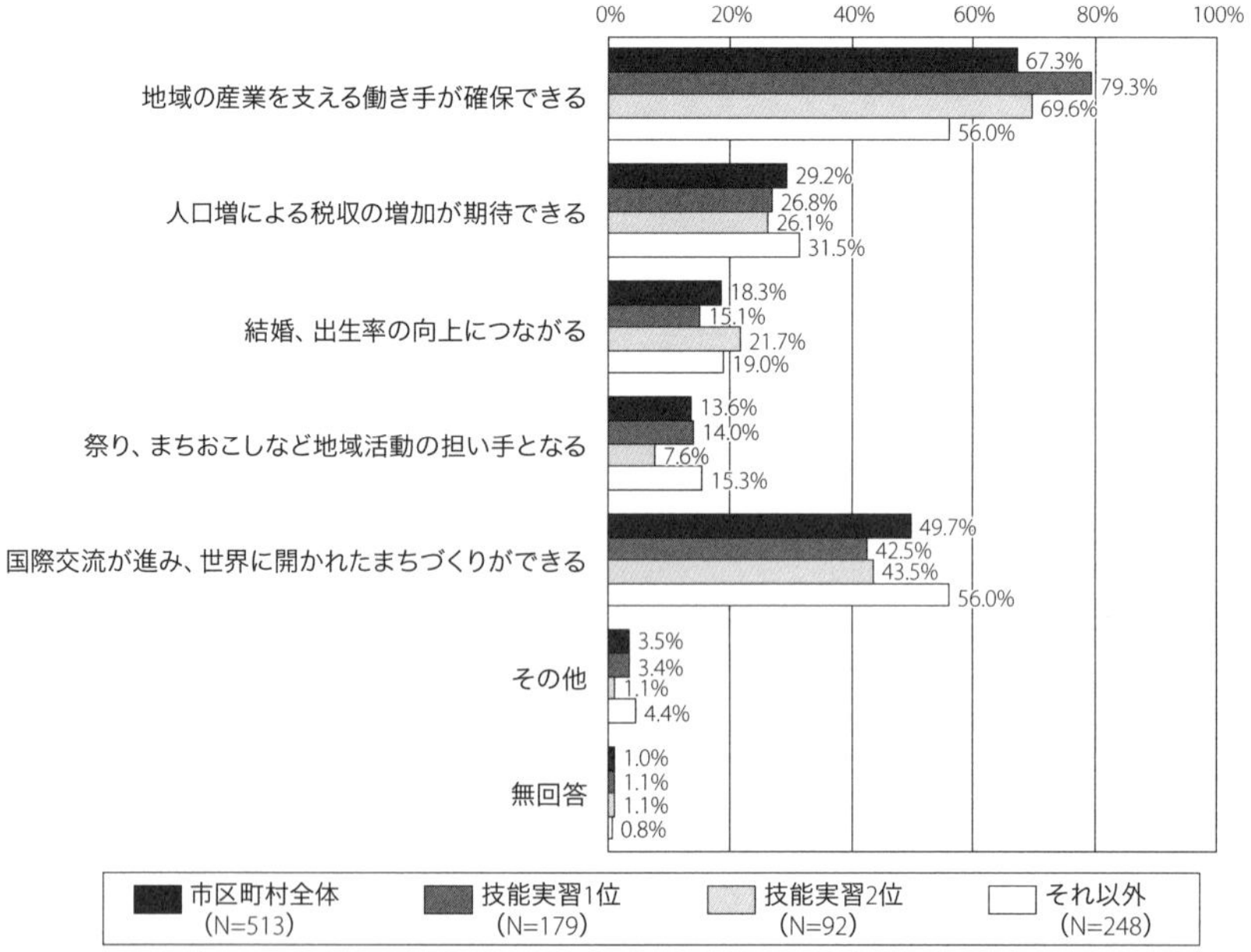

（注）2つまで選択という質問であるが、1自治体が3つ選択している。
（出所）共同通信「外国人住民に関する全国自治体アンケート」（2016年5～7月）の結果分析をもとに筆者作成

図3　自治体にとって外国人受入れが必要な理由（2LA）

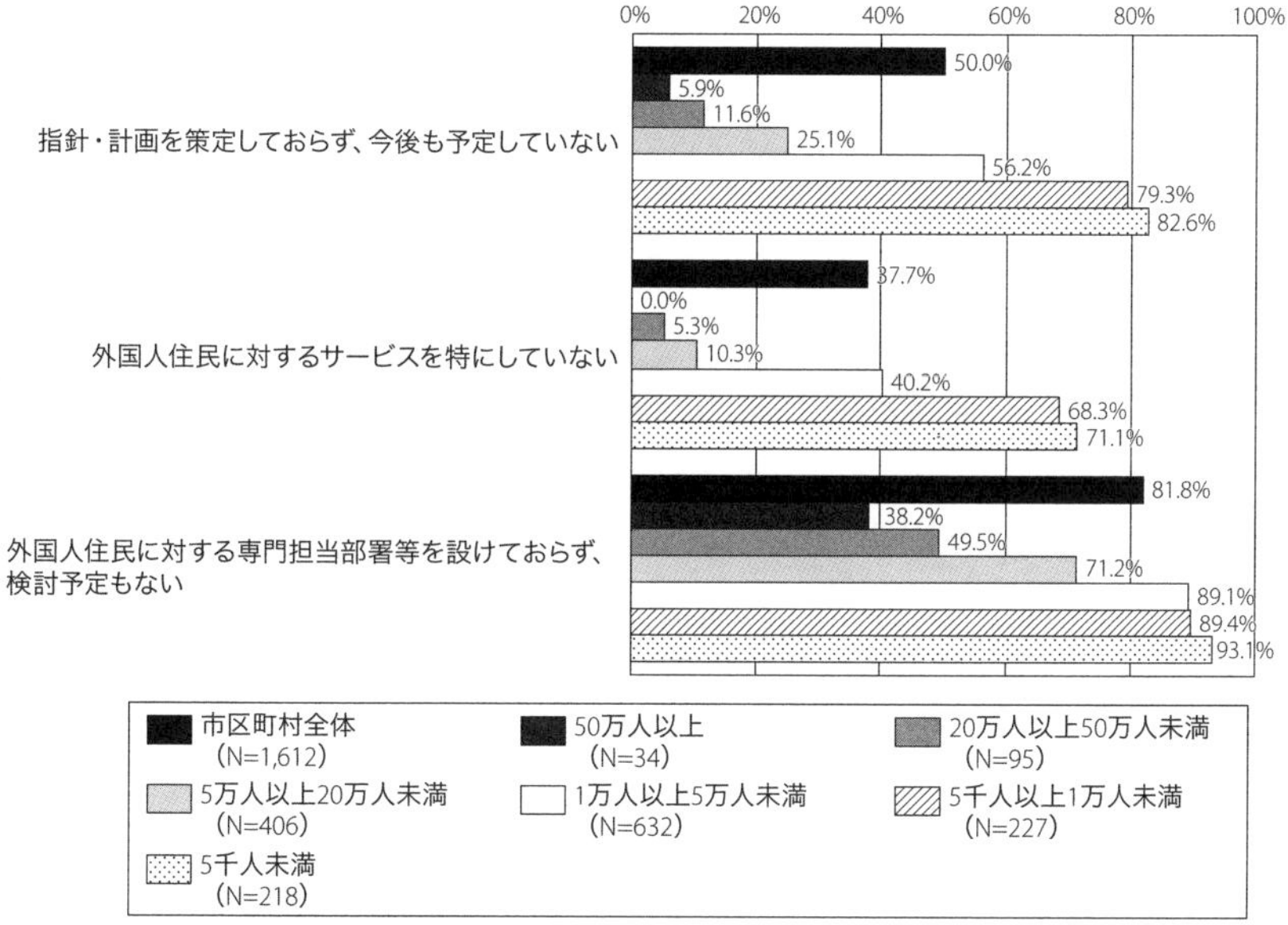

（出所）共同通信「外国人住民に関する全国自治体アンケート」（2016年5～7月）の結果分析をもとに筆者作成

図4　人口規模と外国人施策への取組み

進に係る指針・計画を策定し、地域における多文化共生の推進を計画的かつ総合的に実施するよう通知した。これにもとづき、各自治体では、指針や計画の策定が進められているが、その状況は自治体属性によってかなり異なっている。

市区町村全体では、多文化共生に特化した指針・計画を策定している自治体が五・五％（八八自治体、都道府県では四〇・四％、一九自治体）であるが、人口五〇万人以上の自治体で四一・二％（一四自治体）であるのに対して、一万人以上五万人未満では一・三％（八自治体）、一万人未満では〇％（〇自治体）である。一方、策定しておらず、今後も予定していないという自治体が一万人以上五万人未満では五六・二％（三五五自治体）、五千人以上一万人未満と五千人未満ではそれぞれ七九・三％（一五六自治体）と八二・六％（二八〇自治体）にのぼっている。

同様に、外国人住民に対する行政サービスや専門担当部署等の設置などの状況も、小規模自治体（人口減少率：高、高齢化率：高、外国人人口比率：低）ほど、取組みが進んでいない（**図4**）。

アンケートでは、多言語による地域情報の提供、生活相談窓口の設置、日本語学習などコミュニケーション支援、医療サービスの多言語対応、住宅の情報提供・斡旋など、「その他」も含めて一四の選択肢（複数回答）が列挙されている。提示されている行政サービスの多くは、冒頭で言及した総合的対応策でも示されている取組みであるが、いずれの行政サービスもしていない自治体

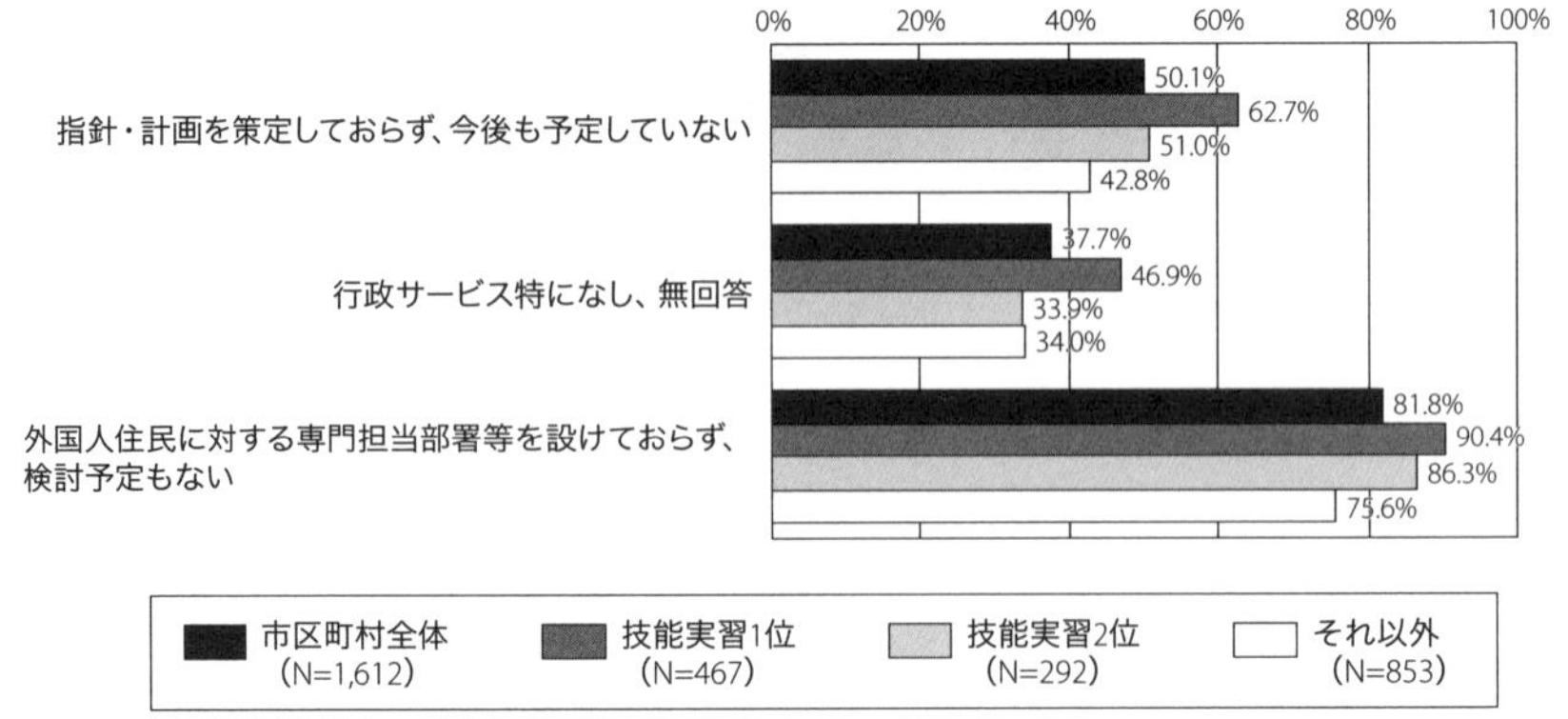

（出所）共同通信「外国人住民に関する全国自治体アンケート」（2016年5〜7月）の結果分析をもとに筆者作成

図5　技能実習「依存」度と外国人施策への取組み

の割合は小規模自治体になるほど高く、五千人以上一万人未満と五千人未満ではそれぞれ六八・三％（一五二自治体）と七一・一％（一五五自治体）となっている（図4）。

前述の指針・計画を今後も策定する予定がないと回答した自治体の理由（自由記述）をみると、外国人住民の割合が低い（数が少ない）ので必要ない、優先順位が低い（喫緊性がない）といった理由が多く挙げられており、一定割合（一定数）以上の外国人住民がいない自治体では、総務省通知にもかかわらず、彼／彼女らに対する取組みの必要性が理解されていないといえよう。さらに、外国人人口比率が低い自治体は、総じて小規模自治体であることから、人的資源や財政的基盤という点においても、適切な取組みを行うことが困難な状況にあると推測される。

二〇一六年一月一日現在、住民登録上の外国人住民がいない自治体はわずか七村（二〇一八年一月一日現在は五村）で、ほとんどすべての自治体に外国人住民が居住しているにもかかわらず、居住する自治体によって、外国人住民に対して提供される行政サービスが異なるという不公平が存在しているということである。

加えて、技能実習「依存」度が高い自治体ほど、外国人住民施策が進んでいないということも分析から明らかになった（図5）。一定年数で帰国する単身者である技能実習生は、地域社会とのつながりが希薄で、地域住民にとって「見えない隣人」になっていることが少なくない。地域の産業を支えている技能実習生を「労働力」として必要であることを認識していたとしても、彼／彼女らを同じ「住民」であるとみなす意識が希薄であるがゆえに、技能実習「依存」度が高い自治体では、外国人住民に係る取組みが推進されていないと捉えることもできるであろう。

総合的対応策で「共生」は進むか？

総合的対応策では、一二六の施策[14]が示されている。「共生のための」という看板が掲げられているものの、社会保険の被扶養家族の制限、法務省と厚生労働省間の情報共有による就労管理・在留管理の強化など、排除を目的とする施策が少なくない[15]。

さらに、共生（包摂）を目指す施策のうち、予算措置のある取組みの少なからずが、自治体の取組みに対する交付金や補助金による支援で、必ずしも全額支給ではないため、自治体にも一定の財政的負担が求められる。取組みが進んでいない小規模自治体においてこそ優先的に整備される必要があるはずだが、財政的基盤が脆弱で人的資源が限られていることから、新たな財政的負担を負うことや、事業遂行のノウハウをもつ専門スタッフを地域で求めることは難しいといえよう。

法務省は、二〇一九年度より、全国八つの地方出入国管理在留局と三つの支局に計一三人の受入れ環境調整担当官を設置して、自治体支援を行う予定であるが、外国人住民と自治体の数やその多様性を考慮すれば、十分な支援は望めないだろう。

総合的対応策の看板の一つとして、全国約一〇〇か所の多文化共生総合相談ワンストップセンター（仮）の整備が新聞等でも大きく報道されたが、交付対象の自治体は、四七都道府県と二〇政令指定都市に加えて、在留外国人が多い（あるいは、比率が高い）四四自治体の計一一一自治体であり、外国人住民が少ない小規模自治体は対象に含まれていない[16]。

前述の共同通信アンケートでは、各自治体に住む外国人の子どもの課題として四六・二％（七四四自治体）が「日本語や他の教科の学習」を、一五・六％（二五一自治体）が「高校進学」を挙げている。総合的対応策でも、外国人児童生徒の教育等の充実として、新規事業も含めて七つの施策が列挙されているが、前述したとおり、ほとんどが自治体の取組みに対する支援（三分の一補助）である。補助の数も限られており、対象も、一つの事業を除いて、都道府県と政令指定都市、中核市である。

外国人の受入れを拡大する一八年改定入管法の施行（移動局面の移民／外国人政策）と並行して、受入れ後の環境を整備（居住局面の移民／外国人政策）しようとすることは、八九年改定入管法の施行（九〇年六月）当時の国の姿勢と比較すれば[17]、一定の評価ができるものの、結局のところ、自治体任せであるという点は変わっていない。総合的対応策は予算措置も含めて不十分であり、むしろ外国人住民施策における自治体格差[18]を拡大する可能性も否定できない。さらには、環境整備が十分ではないということで、移動が可能な外国人が流出してしまうことすら懸念される。

国内移動のコントロールは可能か?

共同通信アンケートでは、三四五市区町村（回答自治体の二一・四％）が地域の産業を支える働き手確保のために外国人の受入れ拡大を求めていたことから、外国人労働者の新たな受入れを可能とする一八年改定入管法の施行を、肯定的に受けとめている自治体も多いであろう。けれども、新たに受け入れられる特定技能外国人は、分野別に五年間の受入れ見込み数[19]が設定されているため、労働力供給は無制限ではないことに加えて、同一業種間での移動が認められている。

改定入管法をめぐる討議のなかで、受入れ国である日本の「都合」ばかりが優先されていることに対して、国境を越えて働こうとする者の移動先の選択肢は日本だけではないこと、すなわち彼／彼女らには「選ぶ」権利があることを指摘し、日本は「選ばれる国」か、といった批判的論調の報道もみられたが、まさに自治体は、「選ばれる地域」かという問題に直面しているといえよう。

冒頭に言及した運用基本方針では、「本制度（特定技能の在留資格に係る制度）の運用に当たっては、人材が不足している地域の状況に配慮し、特定技能の在留資格をもって本邦に在留する外国人が大都市圏その他の特定の地域に過度に集中して就労することとならないようにするために必要な措置を講じるよう努めるものとする（括弧内筆者加筆）」とあるが、過度な集中を防ぐための具体的な措置は示されていない。

ところで、人口の東京圏への過度の集中と地方の人口減少・衰退という問題に対応するため、二〇一四年九月、第二次安倍改造内閣において、地方創生担当大臣が新設され、発足同日の閣議決定により内閣府にまち・ひと・しごと創生本部が設置された。そして、まち・ひと・しごと創生法の制定（二〇一四年十一月）、「まち・ひと・しごと創生長期ビジョン」（二〇一四年十一月）や「まち・ひと・しごと創生総合戦略」（二〇一四年十二月、以降毎年十二月に改訂版を策定）、「まち・ひと・しごと創生基本方針」（二〇一五年六月、以降毎年六月に策定）の閣議決定にもとづき、毎年一兆円以上の予算が充てられ、地方の活性化と人口増が目指されている。けれども、残念ながら、その後も東京一極集中の流れはとどまっていない。

閉会中審査において、大都市圏等の特定地域に特定技能外国人が集中することへの懸念に対して、佐々木聖子入国管理局長（当時）は、偏在が生じている「原因を探り、状況に応じた対応、調整を早急に講ずる」とともに、「看過しがたい偏在が生じていれば、協議会[20]による大都市圏での受入れの自粛要請や大都市圏企業による人材引抜きの自粛要請など」を期待すると述べているが、地方創生に係る事業のこれまでの「成果」をみれば、特定技能外国人の集中や偏在をコントロールすることは不可能であろう。

人がよりよい就労や生活の場を求めて移動することは、至極当然のことであり、権利として保障されるべきものである。特定の人間に対して移動の制限を課したり、企業に雇用の「自粛」を要請することは、権利の侵害であるし、健全な経済活動を損なうものである。

企業と地域に縛られた労働者

ただし、「国民」である日本人と異なり、外国人には「在留資格」という制約があり、在留資格によっては就労可能な職種に制限がある。そして、制限という点でもっとも「不自由な外国人労働者」が、転職の自由のない技能実習生であり、彼／彼女らは、実習実施機関（受入れ企業）と地域に縛られた労働者といえよう。労働条件や就労環境がどんなに劣悪であっても、生活環境に恵まれなくても、原則、技能実習生は就労や生活の場を変えることができない。来日にあたっての借金、保証金や違約金によって、多くの場合、改善を求めるための「声」までが奪われている。

一九九〇年代、日系南米人が一〇円でも高い賃金を求めて職場を変わることが否定的に報じられたこともあったが、就労に制限のない在留資格をもつ外国人が、よりよい仕事を求めて転職することは、日本人と同様に批判されることではない。一方で、外国人に限らず、職場や地域にとどまってもらいたいのであれば（あるいは、新たに呼び込みたいのであれば）、「選ばれる環境」を整える必要があるだろう。

共同通信アンケートの分析からも明らかになったとおり、人口減少と高齢化が進む小規模自治体のなかには、技能実習生によって特定職種の労働力不足を補充している市区町村が少なくない。自由記述では、技能実習制度が労働力不足の解消として利用されていることに疑問を呈する意見もあったが、地場産業を支える担い手である技能実習生に対する高い評価や期待の声も多くみられた。

しかしながら、総じて選ばれる環境整備を必要としない技能実習生の活用という「安易な」解決策は、使い勝手のよい安価な労働力の供給を前提とした産業構造を固定化しかねない。中小零細企業での受入れを可能とする団体監理型の導入、技能実習制度の創設、非実務研修の短縮、受入れ機関要件の緩和、実習期間の延長、技能実習移行対象職種の追加（技能実習制度創設の九三年四月：一七職種→二〇一九年三月：八〇職種）など、労働市場の需要に応えるかのごとく当該制度が拡大されることで、制度への「依存」が高まり、技能実習生数が増加している。(21) その背景には、グローバルな産業競争の激化や人口構造の変化という抗えない流れもある。

もちろん、技能実習生という選択肢によって、企業や地域が「延命」できているという一面もあるだろう。けれども、その一方で、労働環境の改善が遅々として進まず、結果、地元には低賃金な3K仕事しかないと見切りをつけた若者が都市部に流出し、人口減少と高齢化が加速し、地域が衰退するという悪循環に陥っているともいえよう(22)。

技能実習制度活用による問題の先送り

技能実習制度に対しては、制度の本音（労働力の供給）とタテマエ（国際貢献）の乖離や人権侵害など、さまざまな問題点が指摘されているが、自治体（地域）からみれば、①「還流型」――筆者は、最長滞在期間が設定されていて、家族の帯同が認められていない受入れを「還流型」、在留期間の延長や在留資格の変更が可能で、家族の帯同が認められている受入れを「定住型」と分類している――であることと、②移動の自由がないことが、その問題ではないだろうか。

自治体アンケートの自由記述や事業主に対する筆者の聞き取り調査では、実習期間を延ばしてほしい(23)、定住につながる制度をつくるべきだ、事業を実習生に継がせたい、といった要望が聞かれた。定住型であれば――国際貢献の目的を達成するためには、帰国して修得した技能等を母国で活かす必要があるので、制度設計上、定住型の受入れは不可能である――、技能等を身につけ、長期的に産業や地域を支えることも可能であるし、家族を呼び寄せることで、真に「住民」として地域社会の担い手となりうるはずである。

当然ながら、家族も含めて受け入れることになれば、医療サービスや子どもの教育、生活相談など、外国人住民施策の整備が必要となる。期間限定の単身者である技能実習生を受け入れることで、自治体は財政的・人的コストを回避することができる一方で、外国人住民に係る取組みが遅れてしまっていることは、前述の分析のとおりである。さらに、移動の自由がないゆえに、受入れ側の企業（雇用主）も自治体も、就労環境や生活環境の改善整備の努力を怠りがちである(24)。

逆に言えば、還流型で移動の自由がないという「メリット（都合のよさ）」があるからこそ、体力のない企業や小規模自治体でも、技能実習生受入れが可能であるともいえるが、畢竟、それは問題の先送りでしかない。

改定入管法の施行によって何が変わるか？

では、一八年改定入管法の施行は、自治体（地域）に何をもたらすのであろうか。

新たな外国人労働者である特定技能外国人は、五年間の受入れ見込み数が三四万五一五〇人で、その半数近くが技能実習二号修了者からの移行であると推定されていることから、[25]法改定による外国人数の増加は、それほど大したものではない。

変化はむしろ、技能実習生とは異なり、特定技能外国人には定住への道が開かれていることと（詳細は後述）、移動の自由があることである。

改定入管法の方向性が最初に閣議決定された「骨太の方針二〇一八」（二〇一八年六月）では、一定の要件を満たせば還流型から定住型への移行が可能な制度設計が示されていた。しかしながら、「事実上の移民」――筆者は、定住型外国人を広義の「移民」と捉えており、その意味で、「移民」はすでに日本にいると考えている[26]――受入れへとつながることに対する保守層からの抵抗や反発などもあり、最終的に、還流型である特定技能一号が一四分野での受入れであるのに対して、定住型の特定技能二号は二分野（建設と造船・舶用工業）のみで、中途半端な門戸開放にとどまってしまった。

けれども、今後一号と二号の受入れ分野が拡大すれば、現在、技能実習生（還流型外国人）が多数を占める自治体においても、技能実習二号→特定技能一号→特定技能二号へと在留資格変更することで、定住型外国人が増える可能性がある。それにもかかわらず、前述のとおり、人口一万人未満の市区町村のおよそ七割では、地域情報の多言語化や日本語学習機会の提供など、外国人住民に対する基本的な取組みもまだできていない。移動の自由がある外国人に選ばれるためにも、将来を見据えて、早急に外国人住民施策に取り組む必要があるだろう。つまり、これ以上先送りすることはできないということである。

賃金水準という点で、総じて小規模自治体は、大都市圏と比較して不利であるが、人は、必ずしも賃金の高低だけで移動するわけではない。人間的なつながりや愛着、利便性なども、就労や生活の場を選ぶ際の重要な要素である。「デカセギ」意識で賃金の高い職場に容易に移動するといわれていた日系南米人のなかにも、[27]責任とやりがいのある仕事を任されたり、地域社会とのさまざまなつながりが形成されるにしたがって、移動ではなく「とどまる」ことを選択する者が次第に増え始めている。筆者の聞き取り調査においても、他に条件の良い仕事があるとしても、母語での生活相談があることの安心感や、公立学校での子どもへの配慮や支援に対する信頼などから、ここでずっと暮らしたいと語る者がいた。

むすびにかえて

一八年改定入管法の審議において、安倍首相は今なお「移民政策ではない」という言葉（タテマエ）を繰り返していたが、国内人口のみで人口減少を抑制することが不可能である現実に、ようやく政府も向き合い始めていることも事実である。前述の地方創生に係る取組みをみると、二〇一八年版の創生基本計画と創生総合戦略ではじめて「地方における外国人材の活用」が取り上げられ、地方創生推進交付金の支援対象に加えられた(28)。地方創生の「担い手」として外国人が位置付けられたのである。具体的取組みとして、海外からの外国人受入れを望む自治体等に対してマッチングを支援する「外国人材による地方創生支援制度」の創設も挙げられている。

そして、担い手として期待されるがゆえに、還流型の技能実習生ではなく、定住型外国人（「移民」）が求められ、わずかではあるが、新たに国境を開いたのが一八年改定入管法である。

けれども、移動の自由をもつ定住型外国人に選ばれるためには、家族も含めた彼／彼女らのライフサイクルを支える取組みが欠かせない。コストを嫌って先送りすればするほど、人口減少・高齢化は進行し、ますます地域は「衰退」していくだろう。外国人住民施策の充実は、単なるコスト（負担）ではなく、将来に対する「投資」でもある。外国人に選ばれる環境整備が進み、地域が活性化すれば、良質な雇用機会の創出が見込まれ、日本人を再び地域に呼び戻すことも可能ではないだろうか。

ただし、小規模自治体の人口構造や財政的状況を勘案すれば、総合的対応策で示されているような自治体任せでは、環境整備の取組みを進めることは不可能である。情報支援、人材支援、財政支援が、地方創生版・三本の矢であるならば、深刻な人口問題に直面している小規模自治体にこそ、手厚い支援が必要である。

一方で、どんなに手厚い支援を受けたとしても、最終的に選ばれるかどうかは各自治体の努力次第である。とりわけ小規模自治体にとって、定住型外国人の受入れに取り組むことは決して容易な選択ではないだろうが、待ったなしの深刻な人口減少という現実を直視し、持続可能な社会に向けた決断を期待したい。

注

(1) 改定入管法第二条の三に、運用基本方針の作成が規定されている。

(2) 拙稿「多文化化する日本の現在」毛受敏浩・鈴木江理子編『「多文化パワー」社会——多文化共生を超えて』明石書店、二〇〇七年。

(3) 自治体と外国人に関する事例研究は、拙稿「地域人口構造と外国人——『多文化共生』の可能性」吉田良生・廣嶋清志編『人口減少時代の地域政策』（原書房、二〇一一年）を参照されたい。

(4) 二〇一三年以前は、三月末現在の数値で比較している。

(5) 住民基本台帳法の改定により、二〇一二年七月九日より、外国人（中長期在留者と特別永住者、及び仮滞在許可者と一時庇護許可者）も日本人と同様に、住民基本台帳に記載されることになった（したがって、それ以前の住民基本台帳に基づく人口は日本人のみ）。

なお、外国人住民の減少要因の一つとして日本国籍取得があり、二〇一七年には、帰化等により外国人住民が一万八三六人減少している。これに対して、日本人住民の国籍喪失による減少は一五六人である。

(6) 日本創生会議・人口減少問題検討分科会「ストップ少子化・地方元気戦略」（二〇一四年五月）は、地域間の人口移動が今後も続くと仮定すると、二〇一〇年から四〇年にかけて、二十〜三十九歳の女性人口が半分以下になる自治体がおよそ半数にあたる八九六にのぼり、このままでは多くの地域が将来消滅する恐れがあることを警告した。詳細については、当該分科会の座長である増田寛也氏の『地方消滅――東京一極集中が招く人口急減』（中公新書、二〇一四年）を参照されたい。

（7）共同通信が四七都道府県と一七四一市区町村の首長に対して実施したアンケートであり、回収率は九九・三％（四七都道府県と一七二九市区町村）である。本アンケートの詳細については、「地方創生――政府戦略に対する首長の判断①〜③」、「地方創生――景気動向・経済政策に対する見方」日本総研『Research Focus』（二〇一五年四月〜五月）を参照されたい。

（8）質問に対する回答（三つまで選択）は、「企業誘致や新産業創出、六次産業化など雇用の確保」（七一・四％）、「保育所整備など子育て環境の充実」（五〇・五％）、「移住（Uターン、Jターン、Iターン）の推進・支援」（四八・九％）が上位を占めている（日本総研 2015）。

（9）共同通信から提供をうけた個票データをもとに、入力ミス等のデータチェックをしたうえで集計・分析を行っている。なお、アンケート結果の詳細は、拙稿「共同通信『外国人住民に関する全国自治体アンケート』の結果と分析」『日本における外国人・民族的マイノリティ人権白書 二〇一七年』（外国人人権法連絡会、二〇一七年）を参照されたい。

（10）在留外国人上の数値では、一・七六％（二〇一五年末）である。

（11）読売新聞が二〇一八年一〜二月に実施した全国自治体（四七都道府県と一七四一市区町村）アンケートによると（回収率八五・七％）、在留資格「技能実習」を一位に挙げた自治体は全体の四二・二％（六四六自治体、無回答を母数から除くと四三・九％）にものぼっており、二年余りの間に、技能実習生への「依存」が高まっていることが明らかになった。

（12）在留資格が無回答であった七四自治体は「その他」に分類した。

（13）全国自治会・新たな外国人材受入れプロジェクトチーム「外国人材の受入れ・共生に向けた提言」（二〇一八年八月）、指定都市市長会「地域における外国人材の更なる活躍に向けた取組の推進に関する指定都市市長会提言」（二〇一八年七月）、「外国人の都市偏在解消を要望 法相に鳥取知事、受け入れ拡大で」（二〇一八年十二月十四日時事通信配信）。

（14）再掲（施策番号6と38）があるので、正確な施策数は一二五である。

（15）総合的対応策における新たな「排除」については、拙稿「総合的対応策で『共に生きる』社会は実現するのか？――ビジョンなき『共生』社会」『Mネット』二〇一九年四月号（移住者と連帯する全国ネットワーク、二〇一九年四月）を参照されたい。

（16）申請期間が短く、十分な準備期間がなかったことなどから、交付申請は三七自治体にとどまっている（二〇一九年三月十五日付毎日新聞デジタル）。

（17）八九年改定入管法の施行（翌九〇年六月施行）とともに、特定地域に日系南米人が集住することとになり、地域は外国人居住にともなうさまざまな課題に直面することになった。しかしながら、当初、国は居住局面の移民／外国人政策に無関心であり、課題解決は、それぞれの地域社会（地域NPOや自治体など）に委ねられた。国レベルでの居住局面の移民／外国人政策が始動するのは、二〇〇〇年代に入ってからのことである。

（18）二〇一八年三〜四月、さいたま市議会局は、東京二三区と二〇政令指定都市の計四三自治体を対象に、外国人児童生徒等に対する日本語指導についての調査を実施した（回収率一〇〇％）。調査結果からは、日本語指導が必要な児童生徒への取組み、年間指導時間（上限）、非常勤指導員の職務内容や待遇・要件・研修の有無など、自治体によって大きく異なっていることが明らかになった。なお、当該調査の詳細については、分析協力を行った多文化共生センター東京より報告書が刊行される予定である。

（19）「特定技能の在留資格に係る制度の運用に関する方針について」（二〇一八年十二月）のなかで、分野ごとに五年間の最大受入れ見込み数が示されている。

（20）運用基本方針には、分野所管行政機関が、各地域の事業者が必要な特定技能外国人を受け入れられるよう、分野別の協議会を設置することができるとある。
(21) 拙稿『「技能実習制度」の再考を――「国際貢献」という名の労働力供給システムを問う』(WEBRONZA、二〇一七年一月)。
(22) 拙稿「人口政策としての外国人政策――将来推計人口から考える」『別冊『環』⑳ なぜ今、移民問題か』(藤原書店、二〇一四年)。
(23) アンケート実施当時、外国人の技能実習の適正な実施及び技能実習生の保護に関する法案(二〇一六年十一月制定、翌一七年十一月施行)が、上程されていたこともあり、新法成立を踏まえた意見もみられた。
(24) 近年、技能実習制度に対する批判が高まるなかで、技能実習生が地域に欠かせない労働力であるという認識から、日本語学習機会の提供、住居提供の補助、地域住民との交流機会の提供など、技能実習生の受入れ環境改善のための支援を行う自治体もある。
(25) 労働力不足への対応を目的とする特定技能外国人の供給源として、国際貢献を目的とする技能実習制度を活用するという制度設計は、まさに当局が、当該制度の本音とタテマエの乖離を認めているといえよう。
(26) 拙稿「私たちは移民とどう向き合うか?――『移民政策ではない』という欺瞞を超えて」『世界』二〇一七年六月号(岩波書店、二〇一七年)。
(27) 日本全体の間接雇用比率が三%程度であるのに対して、ニューカマー外国人全体では二一・二%、ブラジル人とペルー人ではそれぞれ五六・〇%と四五・八%(二〇一八年十月末現在の外国人雇用状況の届出による)と極めて高いことが、調整弁として利用されやすい不安定な雇用を生み出している。したがって、彼/彼女らが頻繁に職場を移動するのは必ずしも自己都合によるものばかりではなく、むしろ移動せざるをない者が少なくないことも、ここで指摘しておきたい。
(28) 二〇一七年版までは、訪日外国人や留学生以外の外国人への言及はない。

*

*

*

技能実習制度からみた改定入管法

【ローテーション政策の行方】

旗手 明

●はたて・あきら 一九五一年生。公益社団法人自由人権協会・理事。共著に『まやかしの外国人研修制度』（現代人文社、二〇〇〇年）、『なぜ今、移民問題か』（『別冊 環⑳』藤原書店、二〇一四年）、論文に「本格化する外国人労働者受入れ政策」（『労働法律旬報』旬報社、二〇一五年）等。

二〇一八年秋の臨時国会では、改定入管法に多くの注目が集まり、少子高齢化が深く進行する人口減少社会・日本が、今後どうなっていくのかを占う重要な国会となった。しかし、残念ながら国会での議論は深まらず、政府の対応も後追い的で、消化不良のまま法案だけは国会を通過し、二〇一九年四月から施行される。他方、臨時国会中、またその後も繰り返し開催されている野党合同ヒヤリングが起爆剤となり、これまで一部にしか十分に知られてこなかった技能実習制度の実態について、広く日本社会全体で共有されることとなった。

こうした新たな展開を踏まえて、本稿では、技能実習制度の問題状況を再確認しながら、改定入管法により制定された新たな在留資格「特定技能」の課題及び技能実習制度の行方について考えてみたい。

一 政策転換の背景

(1) 日本社会の現状

二〇一七年七月に国立社会保障・人口問題研究所が発表した「日本の将来推計人口」によれば、二〇一五年における日本の総人口は一億二七〇九万五千人であるが、二五年後の二〇四〇年には一

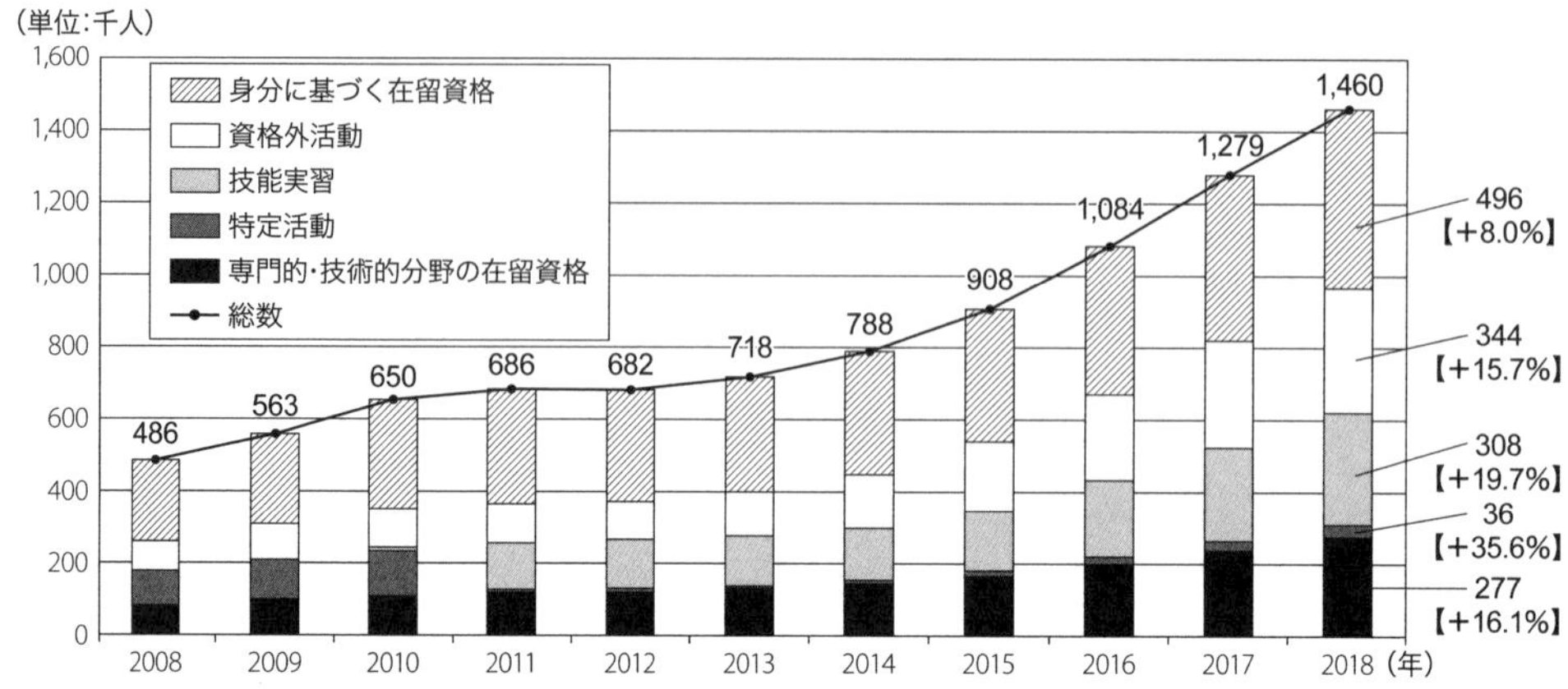

出典：厚生労働省「外国人雇用状況の届出状況（2018年10月末現在）」
【　】内は、前年同期比を示している。

図1　在留資格別外国人労働者数の推移

億一〇九一万九千人となり、五〇年後の二〇六五年には八八〇七万七千人と四千万人近くも減少する。二〇四〇年までは年平均六四・七万人の減少、また二〇六五年までは年平均七八・〇万人の減少となる。

他方、国内の労働力不足は近年急速に深刻化しており、一九年二月の有効求人倍率は一・六三倍にも及び、四四年ぶりという高さが続いている。これで有効求人倍率が一・〇を超え始めた一三年十一月から五年四カ月も継続して一・〇を超えており、一九九〇年前後のいわゆるバブル経済期の四年四カ月を大きく超えてきている。

(2) 外国人及び外国人労働者の現状

日本に在留する外国人の数は、リーマンショックや東日本大震災などの影響による減少・停滞の時期を過ぎ、ここ数年著しく増加している。二〇一八年末には二七三・一万人を数え、過去最高に達し、総人口の二%を超えて更新し続けている。その結果、一九九〇年の一〇七・五万人と比べ二・五倍ほどとなった。

また、外国人労働者数はほぼ一貫して増加しているが、やはり近年の増加は著しい（**図1**）。一八年十月末には一四六万人ほどとなり、前年比一八・二万人（一四・二%）も増加し、過去最高を更新している。その内訳をみると、専門的・技術的分野の外国人労働者は二七・七万人にとどまる一方、技能実習生が三〇・八

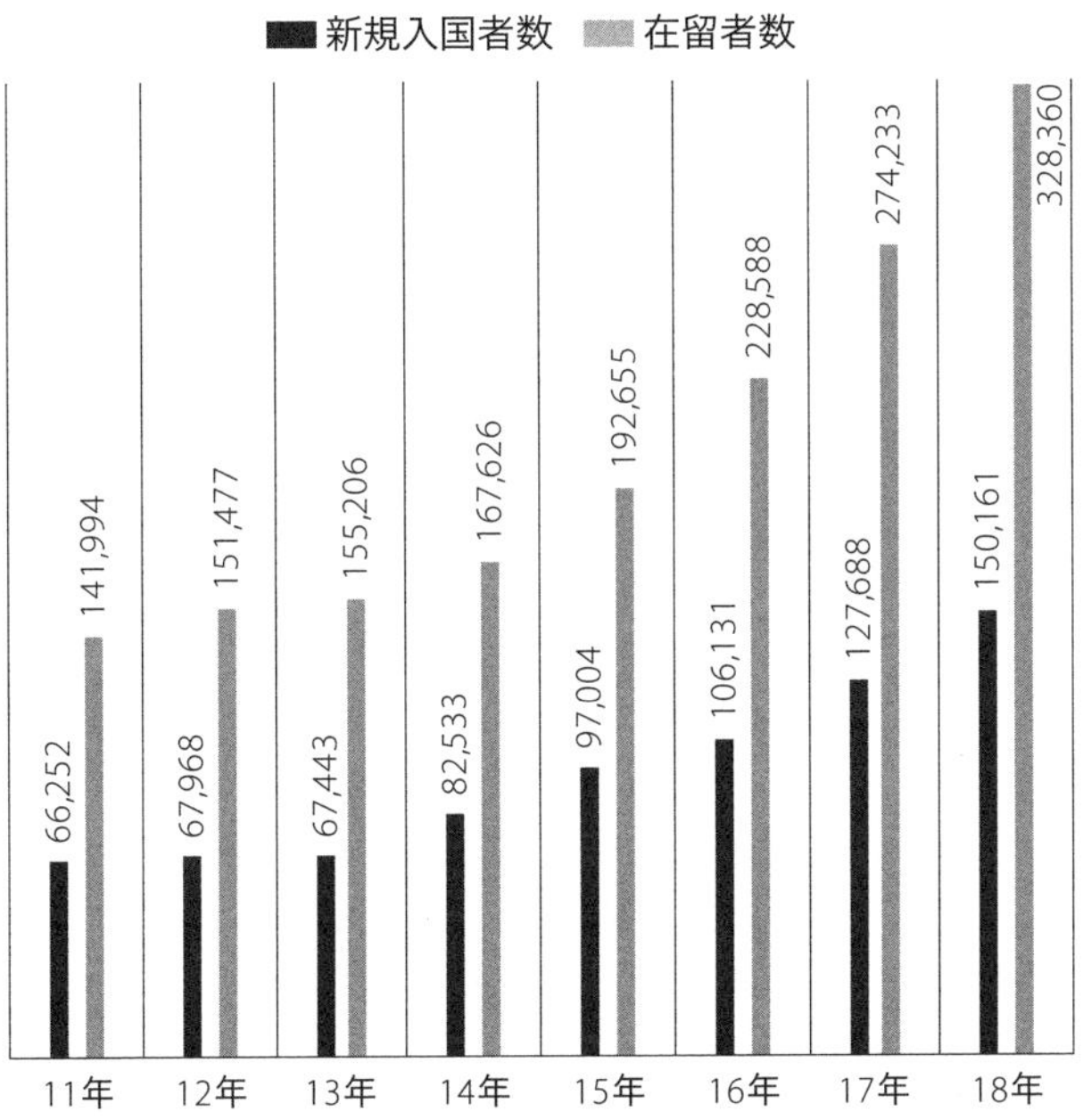

図2　外国人技能実習生数の推移
（法務省統計より筆者作成）

万人、留学生の資格外活動（アルバイト）が二九・八万人などとなっている。

二　技能実習制度の現状

（1）技能実習制度の変遷

技能実習制度は、在留資格「研修」の延長策として一九九三年に始まった。在留資格は「特定活動」とされ、当初は「研修」一年、「技能実習」一年の計二年であったが、九七年には「技能実習」が二年に延長され計三年の制度となった。しかし、開発途上国等への技能移転を通じた国際協力という目的とは異なり、人手不足の中小零細企業などで実質的な労働力確保策として機能してきたのが実態であった。また、技能習得という建前のため転職の自由がないことから、人権侵害等の問題が起きやすい構造であった。その制度管理を強めるため、二〇一〇年には一つの在留資格「技能実習」が創設され、一七年十一月には在留資格に対する単独立法としては初めて技能実習法も施行された。

（2）急増著しい技能実習生

二〇一〇年七月に施行された旧技能実習制度の下で、実習生は急増を続けてきた（**図2**）。一一年の新規入国者は六万六二五二人だったが、一八年は一五万一六一人（約二・三倍）と大きく伸

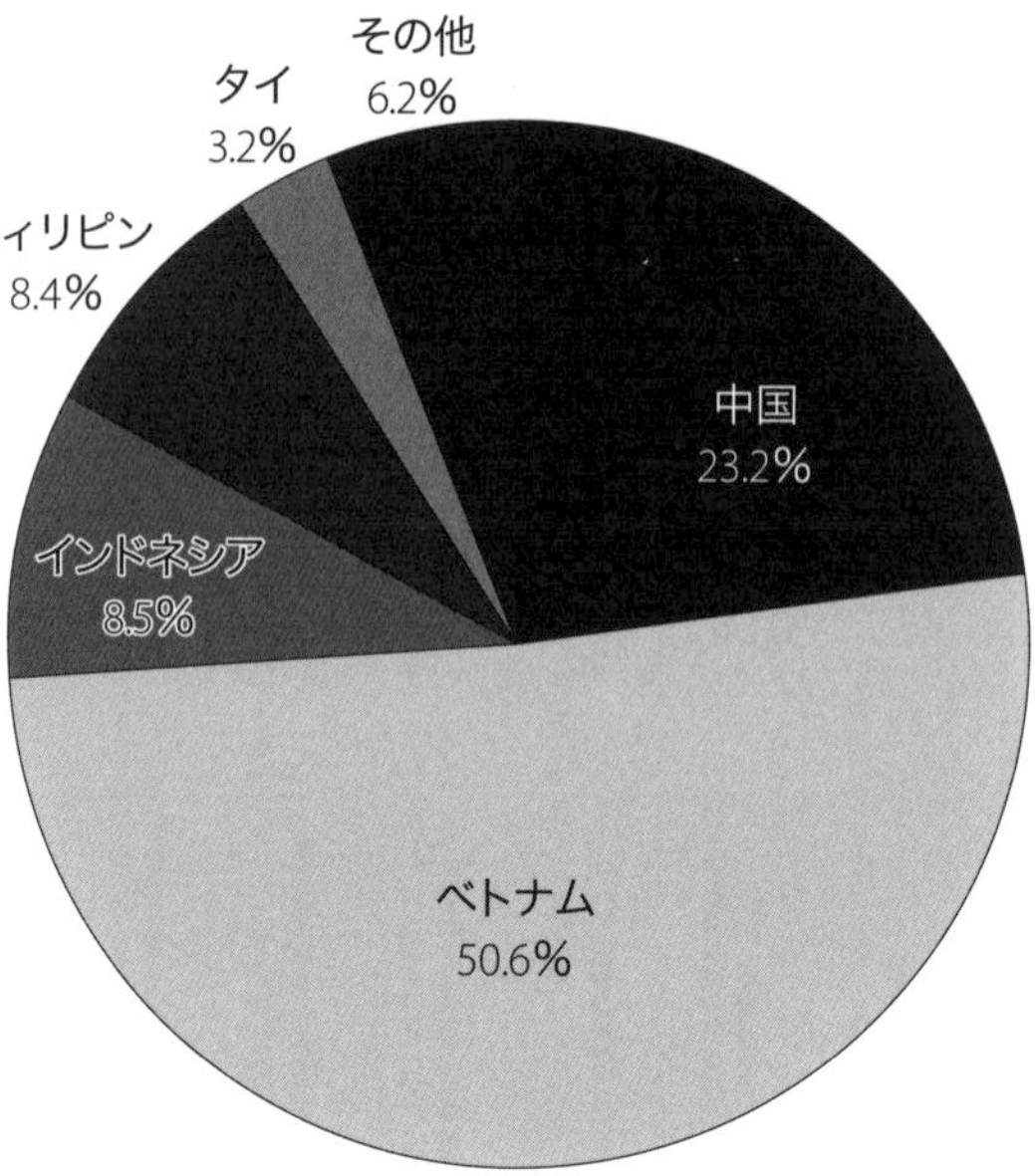

図3　国籍別技能実習生新規入国者数（2018年）
（法務省出入国管理統計より筆者作成）

びた。同時に、在留する実習生数も増加を続け、一一年末の一四万一九九四人から一八年末には三二万八三六〇人とやはり二・三倍ほどになり、就労可能な在留資格六七万九〇四〇人の四八・四％と半数近くを占めている。

新規入国者数は先行指標と言えるが、ここ数年で送出し国構成にも大きな変化が生じている（**図3**）。すなわち、一一年には中国が四万九五三八人と新規入国の七四・八％を占めていたが、一八年には三万四七九六人（二三・二％）まで減少した。他方、ベトナムは一一年には六六三二人で一〇・〇％に過ぎなかったが、一八年には七万五九二二人（五〇・六％）と半数を超えるまでに増加している。

この背景には、中国での労働者賃金の上昇がある。すなわち、中国統計年鑑によれば、二〇一六年時点の都市部の平均賃金は年六・七六万元（約一一四万円）であり、二〇〇〇年時点と比較して七倍ほどの上昇を示している。送出し国の賃金上昇は、いずれベトナムその他でも起こってくることは必然的である。

（3）労働法違反が頻発

厚生労働省労働基準局は、毎年「外国人技能実習生の実習実施機関に対する監督指導、送検の状況」を発表して、実習実施機関における労働基準関係法令違反の状況を明らかにしている。特にここ数年、監督指導の件数を急増させてきており、同局の制度是

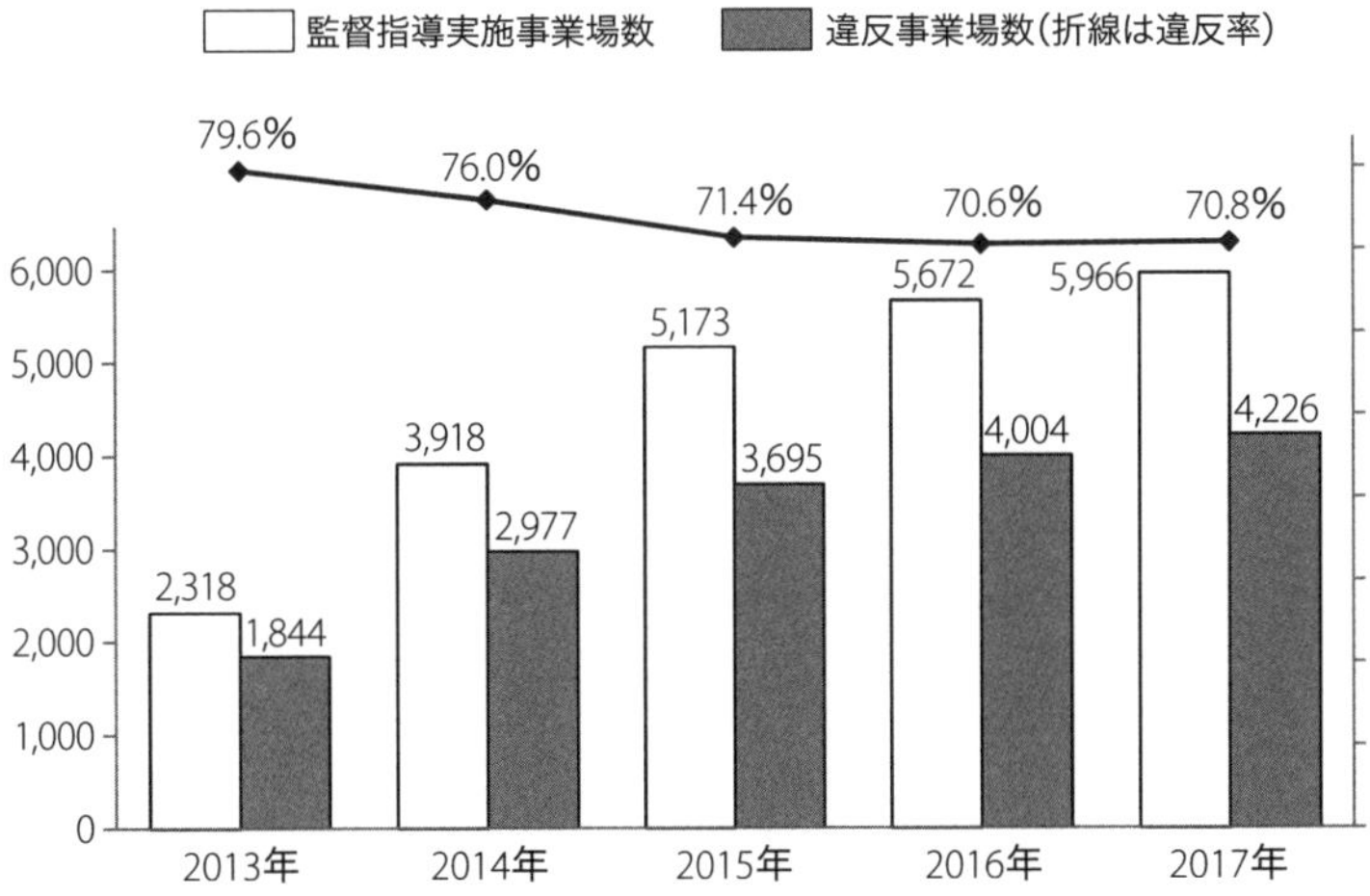

図4　外国人技能実習生の実習実施機関に対する監督指導、送検等の状況（2017 年）

正に向けた積極的な姿勢がうかがわれる。

労働基準監督機関が監督指導を実施した実習実施機関数は、従来の年間二千件台から最近では六千件近くまで急増している（**図4**）。その結果、違反事業場数も、二〇一三年の一八四四件から一七年には四二二六件と二倍を超え大きく増加している。

（4）引き続く国際的な批判

様々な人権侵害が明らかとなる中、国内ばかりでなく国際的にも指摘されるようになった。国連の自由権規約委員会・女性差別撤廃委員会・人種差別撤廃委員会などから、また国連人権理事会のＵＰＲ（普遍的定期審査）での指摘もある。

また、米国国務省人身取引報告書では、二〇〇七年から始まり一八年まで毎年問題とされている。例えば、一八年には「人身取引の兆候という実質的証拠があるにもかかわらず、政府は技能実習制度における強制労働の被害者をこれまで一人も認知していない」「実習生は、これまで通り借金による束縛の危険にさらされることになった」などとされている。

（5）臨時国会で明らかにされた実態

臨時国会での審議と並行して行われた野党合同ヒヤリングは、二〇一八年十一月八日を皮切りにときに連日開催も含めて繰り返し実施され、臨時国会閉幕後も継続された。マスコミの関心は極めて高く、新聞やTVは勿論、女性誌などでも実習生に関して報道され、これまでにない広がりをもった。

実習生の「失踪」動機として、法務省は「より高い賃金を求めて」が八六・九％（二〇一七年）に及ぶとしていた。しかし、この項目が、「聴取票」のうち「低賃金」「契約賃金以下」「最低賃金以下」とした項目の合計であることが判明した。実習生の実態を大きく誤認させる、世論誘導と言わざるを得ない。

また、法務省が「聴取票」のコピーも許さなかったため、野党議員が交代で二八九二枚を書き写すという事態まで発生した。この個票は現在、野党がホームページ上で公開しているが、その六七％にあたる一九三九人が最低賃金を下回ったとされている。これにより、「失踪」動機の多くが、実は受入れ企業の法違反に起因することが明らかになった。

このほか、実習生の死亡事案について、二〇一〇年以降八年分の一覧が公表された。比較的若い実習生にしては脳心臓疾患が多いこと、溺死が目立つことなど、引き続き原因究明が待たれる。

(6) 技能実習制度の運用状況

技能実習法により監理団体は許可制となったが、一九年二月十五日現在の許可件数は、優良と判断され技能実習3号（五年間）まで扱える「一般監理事業」が一〇九四団体、技能実習2号（三年間）までしか扱えない「特定監理事業」が一三六八団体となっている。すでに計二四六二団体と、従来の監理団体数（一五年末：一八八九団体）を大きく上回って許可されたことになる。一八年十二月二十七日に、初めて監理団体に対する許可の取消しが一件なされたが、その理由は、実地検査における虚偽記録の提出であった。なお、一八年四月～九月における監理団体への延実地検査数は、一一六〇件ほどとなっている。

また、技能実習計画の認定件数は、一八年十一月三十日現在で1号が一六万〇四一五件、2号が一八万七八三七件、3号が九八四六件となっており、累計で三五万八〇九八件にのぼっている。他方、同計画の認定取消し数は、一九年一月二十五日現在で一五一件となり、対象となった実習実施者は八社となっている。なお、改善命令は一件のみである。実習実施者に対する延実地検査数は、一八年四月～九月で約二六〇〇件となっているが、実習実施者は四・八万機関（一五年末：三万五三七〇機関）とも言われており、このままでは三年に一回の検査という目標は到底達成が困難な状況である。

新制度において制度管理の実務は、認可法人である外国人技能実習機構に委ねられた。機構全体の定数は三四六人であるが、このうち省庁からの出向者が二三四人とほぼ三分の二を占め、厚生労働省が一二〇人、法務省が一一三人、外務省が一人となっている。本部のほか全国一三カ所に地方事務所（本所八カ所、支所五カ所）を配置している。予算は、一七年度・一八年度は年間約三五億円となっている。しかし、「外国人材の受入れ・共生のための総合的対応策」において「外国人技能実習機構の体制強化」や「実地検査要員の拡充」がうたわれたことと歩調を合わせ、一九年度には約六二億円の予算で二四〇人もの大幅な増員となる。

送出し機関に対する規制は、二国間取決め「協力覚書」によるとしているが、あくまで両国の行政機関同士の「同意」とされており、法的な拘束力はない。一九年三月までにベトナムをはじめ一三カ国と締結しているが、主な送出し国の中では、中国、インドネシアなどとの締結ができていない。

三　改定入管法でどうなるか

(1) 改定入管法の概要

改定入管法は、新たな在留資格として「特定技能」を創設することとし、特定技能1号と同2号を設けた（**図5**）。特定技能2号は、従来の専門的・技術的分野の在留資格と同等と位置づけられ、在留期間の更新や家族の帯同が認められる。他方、特定技能1号は、専門的・技術的分野と技能実習との中間に位置づけられ、特別な取扱いとなる。

すなわち、特定技能1号には、技能水準と日本語能力が求められ、試験等で確認される。在留期間は通算で上限五年までとされ、家族の帯同は基本的に認められない。また、受入れ機関または登録支援機関が、職業生活、日常生活また社会生活上の支援を実施する。

なお、同法の見直し時期は、当初案の施行後三年から修正され、施行後二年という短期となった。

改定入管法では特定技能の骨格しか明らかにされず、具体的な制度設計は同法に基づく政府基本方針や分野別運用方針に示され、それらを受けて政令やいくつかの法務省令、入管法施行規則、関係行政機関の告示などで定められることとなった。そのため、全体像を把握することは容易ではない。

(2) 技能実習との関係はどうなるか

特定技能が創設されたことにより、技能実習制度が縮小していくのか、逆に制度の拡大につながるのか、どちらであろうか。

筆者は、特定技能の具体的な設計次第と考えており、両にらみである。すなわち、特定技能がマスコミ報道にあるように「単純労働分野」への門戸開放となるのであれば、いま技能実習制度が実質的に果たしている機能と重なり、技能実習制度の縮小につながるとも考えられよう。しかし、もし政府が言うように特定技能外国人が「一定の専門性・技能を有し即戦力」となる外国人労働者であるならば、それなりのハードルが設定されることになり、技能実習制度との重なりは限定的となる。その結果、必ずしも技能実習制度の縮小につながらず、特定技能への入り口としてむし

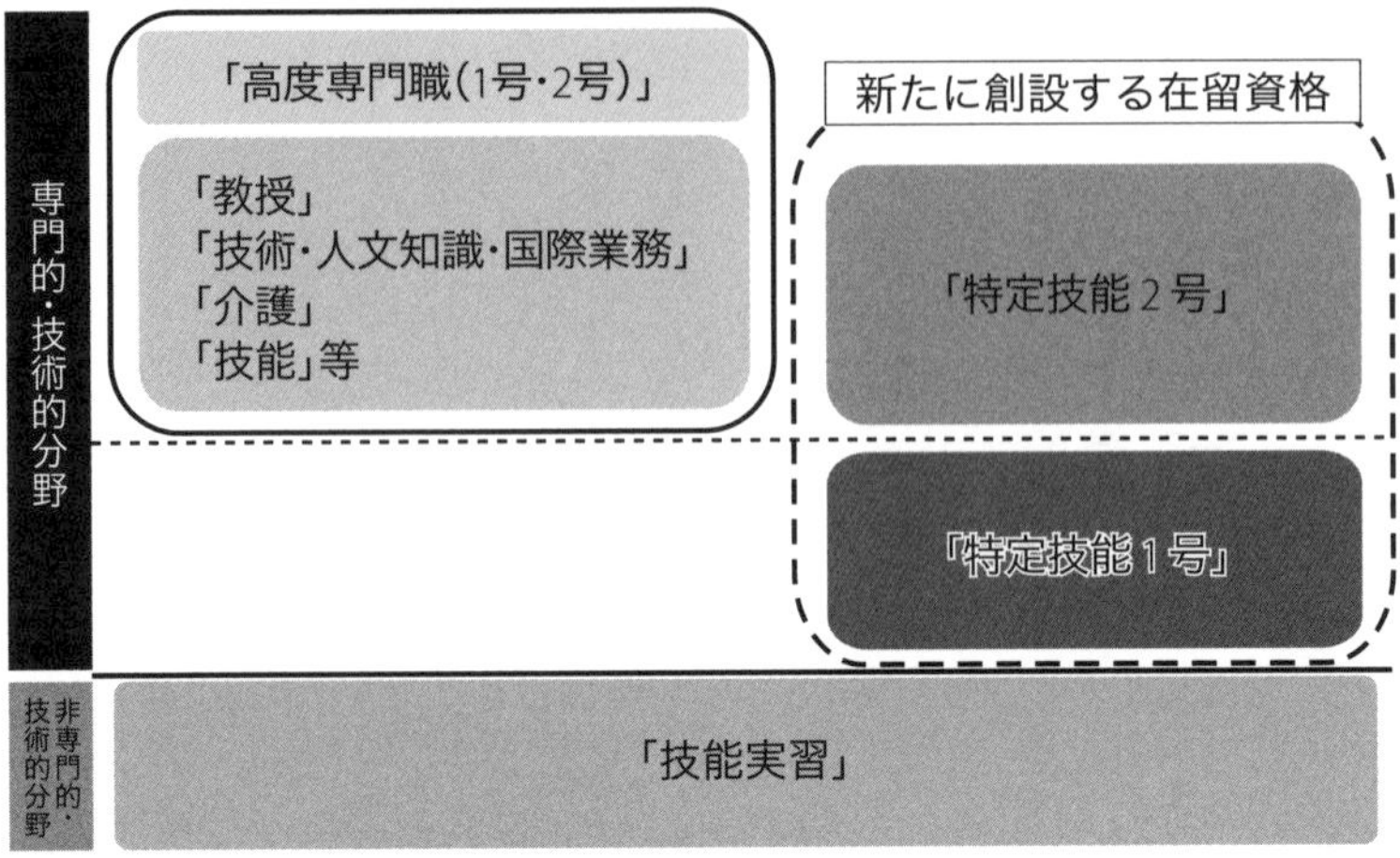

図５　就労が認められる在留資格の技能水準
（法務省資料より）

ろ拡大することも考えられる。

現実には、特定技能の要件とされる日本語能力や技能水準が、受け入れる各分野で具体的どのように設定されるかにより大きく分かれることになろう。また、その水準は、特定技能外国人がどの程度きてくれるかにより、揺れ動く可能性も高い。さらには、アジアの中で外国人労働者の受入れ国となっている台湾、韓国、シンガポールなどとの国際的な人材獲得競争の影響も見逃せない。このように不透明かつ流動的な要素が多く、見通しづらい。

他方、政府は、新制度実施後五年間では技能実習からの移行者が五割弱を占めると想定しており、特にスタート間もない時期には過半数を大きく越えると考えている。つまりは、当面、特定技能外国人の主な供給源は技能実習生ということになり、それは技能実習制度の拡大につながる可能性が高いことを意味していよう。

（３）改定入管法の課題――技能実習制度からの示唆

①悪質な仲介業者の排除は実現できるか？

特定技能では、仲介業者を規制するべく二国間取決めを締結することとし、また保証金の徴収や違約金契約等を禁止している。

これらはすでに技能実習法でも講じられているが、実習生が来日する前に支払う手数料や事前研修費用などは、高額にとどまっている。もっとも実習生の多いベトナムを例にとれば、一〇〇万円ほどにのぼり平均年収の四～五年分にも及ぶ。

このため実習生は、債務奴隷とも言うべき状況におかれている。万一、途中帰国せざるを得なくなれば多額の借金が残り、母国での生活が困難となるため、労働条件が約束と違ったり、最低賃金を下回るような場合でも、我慢して働くことを強いられる。

特定技能でも、日本語及び技能試験のための費用や様々な手数料として多額の債務を負うことになる可能性は高い。

有効な解決方法の一つは、国際的な労働移動のプロセスから民間事業者を排除することである。現に韓国の雇用許可制度では、募集・採用等を政府間でのみ行うこととして、一定の成果をあげている。外国人労働者の人権を保障するためには、受入れプロセスから民間事業者を排除し、政府組織間で取り扱うこととすべきである。

②低賃金労働は改善できるか？

改定入管法で報酬決定等での差別的取扱いを禁止し、法務省令で日本人と同等以上の報酬とすることとしているが、技能実習において指摘されている低賃金労働とはならないであろうか。

技能実習法でも同様の定めはあるが、実際には各地の最低賃金レベルに張り付いている。つまり、「同等以上の報酬」という抽象的な定めだけでは、低賃金労働を回避することは難しい。客観的かつ具体的な数値基準を定めない限り、有効な対策とはならない。

③転職の自由は実現できるか？

政府基本方針では、「同一業務区分内」及び「技能水準の共通性が確認されている業務区分間」での転職を認めている。原則として転職の自由が認められない技能実習生よりは、使用者に対する従属度が軽減されることとなり、人権保障の観点から望ましい。

今のところ、政府は、日本人や他の外国人労働者と同様に、一般的な求職者と同様の対応を想定しているようだ。しかし、支援計画など受入れ企業に特別な配慮を求める特定技能において、転職の自由を形骸化させないためには、公共職業安定機関が特定技能に特化した求人情報の収集及び多言語による情報提供などが必要だ。また、平日昼間にハローワークなどに出向くのが困難なことから、インターネットによるアクセスを可能にするなど、特定技能外国人に対する職業紹介機能を強化すべきである。

④強制帰国を阻止することはできるか？

技能実習では、実習生が労働条件や居住環境などについて権利を主張したり、不満を述べた場合に、その意に反して強制的に帰国させるということが起こっている。こうした人権侵害行為を実行するのは、監理団体や送出し機関である。二〇一六年九月から実習生の途中帰国時に「意思確認票」でのチェックが始まったが、二〇一八年八月までの二年間に三六件しか申し出がなく、また強制帰国と認定されたケースはゼロである。年間一万人を超える途中出国者に対して、有効な対策となっていない。

改定入管法では、強制帰国に関する問題意識は感じられない。しかし、送出し機関の多くが技能実習と特定技能の両方を扱う可能性は高く、また、技能実習の監理団体が特定技能の登録支援機関となる可能性も高い。従って、特定技能においても同様の問題が起こることが想定され、本格的な対策が求められる。

⑤技能実習制度との整合性はあるのか？

特定技能外国人の半分近くは、技能実習からの移行者で占められると想定されている。また、上陸基準省令では、「技能実習2号を良好に修了している者」については、特定技能1号に必要とされる試験が免除される。

しかし、技能実習では、介護分野を除いて日本語要件は課されず、技能も特定技能が要求する水準であるかどうか確認されていない。政府が、どのような客観的な根拠をもって試験を免除することとしたのか、疑問がある。

また、法務省は、技能実習2号修了者に一定の期間帰国することなく、継続して特定技能1号として働くことを認めるとしている。これでは長期にわたり母国に帰らないことにもなり、技能移転という制度目的に反する。

特定技能と技能実習の関係において、制度の整合性が全くとれていないと指摘せざるを得ない。

⑥家族の帯同は人権である

特定技能1号（通算五年間）では、家族の帯同は基本的に認められない。他方、特定技能2号では在留期間の更新が可能とされ、家族の帯同も認められる。特定技能1号には、技能実習修了者からの移行も多いと想定され、その場合、最長で一〇年間、家族と離れて暮らすことになる。

技能実習においては、三年間にわたり家族の帯同が認められなかったため、家族の崩壊に結びつくこともあった。家族の帯同は人権であることを改めて銘記すべきである（自由権規約第二三条、社会権規約第一〇条、子どもの権利条約第一〇条参照）。

従って、特定技能1号においても、在留資格の枠組みとは切り離して家族帯同の要件を定め、できるだけ短期間で家族帯同が認められるようにすべきである。

⑦日本語能力の獲得について

日本語能力は、労働の場において必要であるばかりでなく、日常生活を送る上でも欠かせない。また、人権の観点からは、救済システムに容易にアクセスするためにも重要である。

従って、特定技能外国人の受入れにあたっても、来日の前後にわたり日本語能力修得の機会をできるだけ保障すべきであり、国の責任において日本語教育体制を抜本的に改善し整備する必要がある。

また、重要なのは、その費用負担を、できるだけ外国人に負わせないことである。新たな受入れは国家的なプロジェクトであり、外国人が日本語能力を獲得することによって、受入れ企業や日本社会も利益を受けることになる。従って、日本政府や受入れ企業、また場合によっては送出し国政府を含めた費用負担を考えるべきである。

四　まとめに代えて

新たな在留資格「特定技能」の半数前後が技能実習からの移行者であることは、言わば特定技能が技能実習を土台としていることにほかならない。技能実習では、二〇一七年十一月の技能実習法の施行以降も人権侵害等は全く解決されておらず、この問題が特定技能にも引き継がれ、悪くすると拡大することになる。特定技能の制度設計は脆弱であり、技能実習の過ちを繰り返す蓋然性が高い。

翻って日本社会をみると、雇用や居住など様々な場面において外国人や民族的マイノリティへの差別が依然として続いている。そのため、外国人労働者の受入れ拡大にあたっては、国際的な人権基準に見合った人権のインフラ整備も欠かせない。

外国人や民族的マイノリティの人権を守るための基本法及び人種差別撤廃法の制定、パリ原則に合致する国内人権機関の設置などは、日本が早急に実現すべき課題である。

また、人権保障に配慮した受入れ政策の基盤となる外国人労働者雇用法や、外国人の日本社会への適応及び日本人と外国人の共生を目指す双方向の社会統合政策を進めるための基本法を制定すべきである。

さらに、中長期的な外国人労働者政策及び社会統合政策を確立するとともに、各政策を包括的に把握・統括し必要な場合には政策を提言するため、外国人を含む日本社会の構成を反映したメンバーによる恒常的な組織の設置が求められる。

家事労働者の受入れの問題点

【国際的な比較の視点から】

定松　文

●さだまつ・あや　一九六六年生。恵泉女学園大学人間社会学部教授。国際社会学。著作に「移民と言語――人は移動するという前提から言語と社会をとらえる」（『ことばと社会』一一号、多言語社会研究会、二〇〇八年）、「新しい権力エリートの創り出す再生産領域の国際分業」（『社会学評論』二七二号六八巻四号、二〇一八年）、「国家戦略特区と『外国人家事支援人材』」『経済社会とジェンダー』（第三巻、日本フェミニスト経済学会、二〇一八年）等。

一　外国人家事労働者受入から二年の国家戦略特区の事業の概要

二〇一七年四月から、国家戦略特区（以下特区）において、フィリピン人家事労働者が請負の家事代行業務を担っている。外国人家事労働者の受入れを表明した特区は、二〇一六年神奈川県と大阪府から家事代行の認定を始め、ついで東京都（二〇一七年二月）、兵庫県（二〇一八年三月）、愛知県（二〇一八年十月）、千葉県（二〇一九年）の六都府県に広がっている。認定企業は六社で、**表1**で示しているように、従来から家事代行を主な事業としていたのは二社であり、他の四社は掃除、保育、介護、人材派遣と異なる主要業種となっており、受入れ人数は東京都において著しく増加しており、二一年までに総計二五〇〇人を受入れるともいわれている。

認められている業務は、炊事、洗濯、掃除、買物、およびこれらの業務と併せて実施される児童の日常生活上の世話及び必要な保護（送迎を含む）であり、介護保険を使わない介護者への家事支援サービスは可能だが、身体介護は含まれない。

内閣府国家戦略特区のホームページによれば「家事支援外国人受入事業は、女性の活躍促進や家事支援ニーズへの対応、中長期的な経済成長の観点から、国家戦略特別区域内において、第三者

表１　特定機関・特区ごとの受入れのべ人数

（上段 2019 年 1 月現在の公表人数、下段 2017 年 4 月公表受入れ人数）

企業名称	主要業種	東京 1/31	神奈川 7/11	大阪 非公開	兵庫 3/29	愛知 10/12	合計
ニチイ学館	介護	400	30	ND	30	30	490
		（15）	（15）	（15）			（45）
ベアーズ	家事代行	200	7	ND	6		213
		（15）	（4）	（4）			（23）
ポピンズ	保育	12	5				17
		（12）	（5）				（17）
ダスキン	掃除	24	4	ND			28
		（4）	（4）	（6）			（8）
パソナ	人材派遣	77	25				102
		（26）	（25）				（51）
ピナイ・インターナショナル	家事代行	100	2				102
		（20）	（2）				（22）
		813	73		36	30	952

（注）公表人数は過去の数値は、内閣府国家戦略特区 HP の各特区第三者管理協議会の「特定機関の確認について」の数値を参照した。最新受入人数は、各特区の都府県 HP に公表されたものを参照、大阪府は非公開。

（出典）内閣府国家戦略特区 HP、各特区の都府県 HP より筆者作成。

管理協議会による管理体制の下、家事支援活動を行う外国人を特定機関が雇用契約に基づいて受け入れる事業」と主旨等が明示されている。これは、「日本再興戦略２０１４（改訂）」および内閣府の各種会議資料に沿って解釈するならば、①女性の活躍推進による家事や保育の需要への期待、②介護保険から除外されていく、生活支援需要への対応、③首都圏を金融及び新しい産業の拠点とするようなグローバルシティ構想とそれを担う外国人高度知識者たちの受入れのための家事支援事業推進ということである[1]。

ここでは、国際労働機関（ＩＬＯ）の家事労働者条約における家事労働者の権利保障と保護を主軸に、雇用・労働関係から特区での移住家事労働者の特徴を把握したうえで、移住家事労働者に関する政策として、何が問題なのか、どのような法律や仕組みがあれば日本において移住家事労働者の人権保障と保護が実現するのか提言を試みたい。

二　ＩＬＯ家事労働者条約と労働・雇用契約の多様性

人が生きる上で再生産労働は必要不可欠であり、有償・無償の再生産労働に依拠して人の生活はなりたっている。しかし、家庭内の私的な空間（private sphere）において私的な関係性の中で行われるこの労働は家庭生活の延長とみなされ、生産労働のような雇用・労働契約と権利保障から排除されてきた。特に移住家事労働者や児童労働を含めて考えれば、家事労働が国内・国家間においても多額の所得移転をもたらしている労働であるにもかかわらず、家事労働が過小評価、軽視されている現状がある。その労働に従事する家事労働者を人身売買や搾取といった危険な状況においていること、その危険から守るためにもまず労働として認め、労働者としての権利を認めるべきとの理由から、ILO―189条約「家事労働者の適切な仕事に関する条約（Convention concerning decent work for domestic workers)」（以下189条約）と勧告第二〇一号は二〇一一年六月十六日ILO一〇〇回総会で採択され、二〇一三年九月五日に発効された。

　条約の第一条において、家事労働は「家庭において又は家庭のために行われる労働」であり、家事労働者とは「雇用関係の下において家事労働に従事する者」であり、「随時又は散発的にのみ家事労働を行う者及び職業としてではなく家事労働を行う者は、家事労働者でない」とされている。ここから特区の家事支援は家事労働のほんの一部であり、家事労働には介護、ベビーシッティング、運転手なども含む広範な業務が含まれるということがわかる。

　二〇一五年のILOの報告書[2]によれば、二〇一三年に移住労働者は約一億五千万人、そのうち移住家事労働者は一一五〇万人いると推計されている。男女比は、女性七三・四%、男性二六・六%で、四分の三は女性である。地域別にみると、女性だけでは東南アジア・太平洋地域二四%、北欧・南欧・西欧二二%、アラブ諸国一九%という割合である。さらに所得レベル区分による分布では、全体で高所得国七九・一%、高中所得国一〇・三%、低中所得国六・二%、低所得国四・二%、男女別では高・中所得国で男性七八・三%、女性九三・六%、高所得国での家事労働者全体に占める移民家事労働者の割合は男性六三・二%、女性六六・七%となり、高所得国の再生産労働を担う中・低所得国出身の移住女性家事労働者という構図が見て取れる。

　家事労働者の権利保障制度という視点からみると、現在189条約を批准している国は二七カ国であり、国内家事労働者の多い中南米一五カ国のほか、受入れ国でもあるイタリア、ドイツなどのヨーロッパ六カ国の一方で、アジア地域ではフィリピンのみとなっている。また、家事労働者が労働者法において適用されているだけでなく、国内法としてフィリピン、ベトナムには家事労働者法もあり、インドネシアでも成立はしていないものの法案作成と成立に向けた運動が展開され、アメリカは八州で権利獲得が実現している[3]。そして、移住家事労働者の受入れで有名な香港では労働法が適用され、雇用主の所得制限など規定されているが、シンガポールでは雇用法から適用除外だけでなくあらゆる社会保障の権利がない[4]。また、家事労働者の権利保障制度の成立や獲得へ向けての運動の背景には、各国・各地域の労働組合や家事労働者の組織、NGO、ワーカーズ・コレクティブ等の日々の実践があり、International Domestic Workers Federation に代表されるような

表2　家事労働の雇用に関する権利保障

局　　面	指　　標
労働権の法的枠組み	1）雇用者としての資格に関連付けられた雇用者の地位の法的承認
社会保障の法的枠組み	2）家事労働者に対する社会保障による保護の法的承認（労働市場参入と資格要求による違いで例外の可能性。例：パートタイム労働者、複数の雇用主に雇われている労働者、雇用主によって時間を少なくされて働いている労働者）
公的権威（国家的な規制制度に依拠した、社会的・行政単位）における申告と登録	1）社会保障への登録
	2）社会保障制度の負担がある給料
	3）行政単位への登録（行政単位は国の規定による）
公式な雇用の実行	1）雇用の用語を用いた雇用契約（業務、賃金、労働時間）
	2）給料の記録、給与明細

（出典）ILO *Dimensions and indicators of informality-formality of employment in domestic work*

当事者の国際組織と連帯が展開されていることがある[5]。すなわち、権利保障制度の「象徴的勝利」だけでなく、実質的な制度行使の環境としての「組織化やその他の形態の集合的代表が不可欠[6]」ということだ。

主要な権利保障制度としてはＩＬＯのレポートから**表2**のような指標に沿って制度を整備する必要がある。

また、同じ家事労働者という呼称であったとしても、仕事の内容はもとより、**表3**に示したような雇用・労働契約の差異、住み込み／通い、労働組合など当事者および支援組織の有無によって、権利保障の度合いが大きく異なり、移住という国境を超える段階での仲介業者への借金も加わると、複数の脆弱性を抱え、搾取されやすい労働者となる。特に住込みの場合、外部の目が入りにくく、休み時間・休養日がない、外出の自由がない、パスポートを取られる、暴力・ハラスメント・性暴力の被害、結果としての傷害、妊娠、死亡というケースもあり、そうした被害をなくすためにも、家事労働者が人であり労働者であることを社会的に承認することが重要となる。

三　象徴的権利と実効性ある権利保障にむけて
——国際基準・活動からみた日本の移住家事労働者とその問題点

それでは、今回の特区の外国人家事労働者受入れについて、国

派遣型	請負型
家事労働者が雇用・労働契約を派遣元と結び、派遣元と労働者派遣契約を結んだ派遣先（利用者）から指揮命令を受けて働く。	家事労働者が雇用・労働契約を派遣元事業主と結び、請負元事業主と業務請負契約を結んだ利用者のもとで、請負元の指揮命令を受けて働く。
派遣元事業主―家事労働者	請負元事業主―家事労働者
派遣元事業主	請負元事業主
利用者が派遣元へ	利用者が請負元事業主へ
利用者	請負元事業主

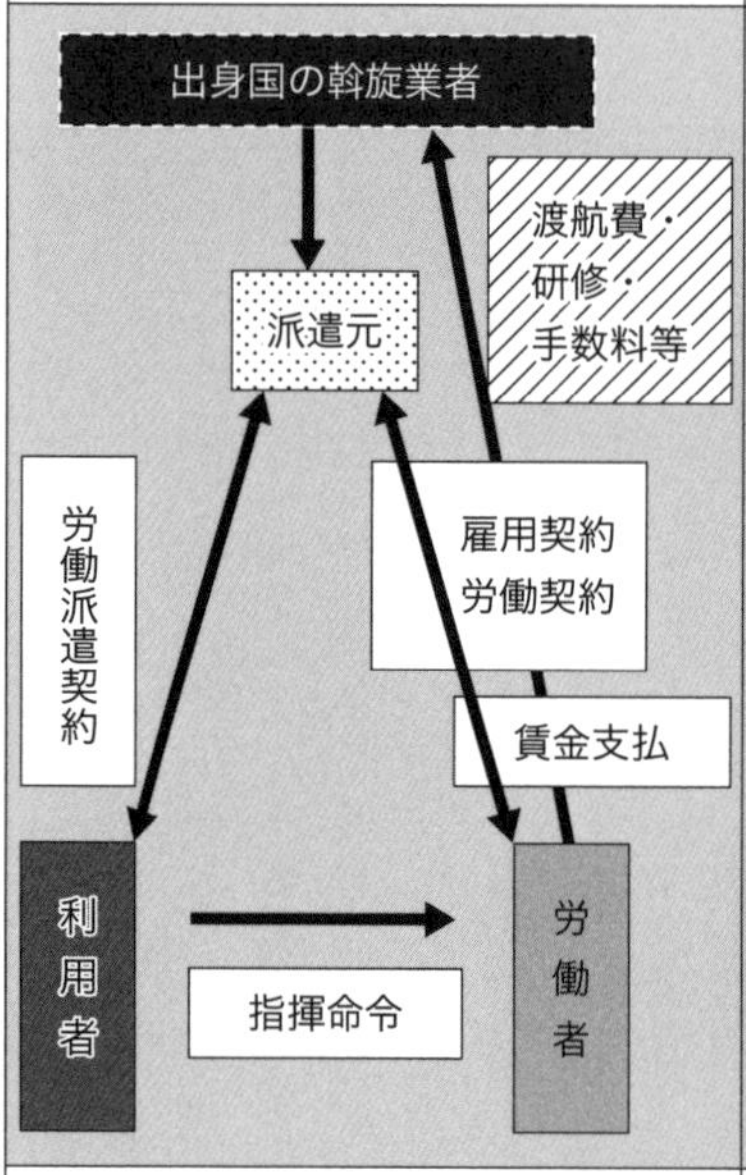

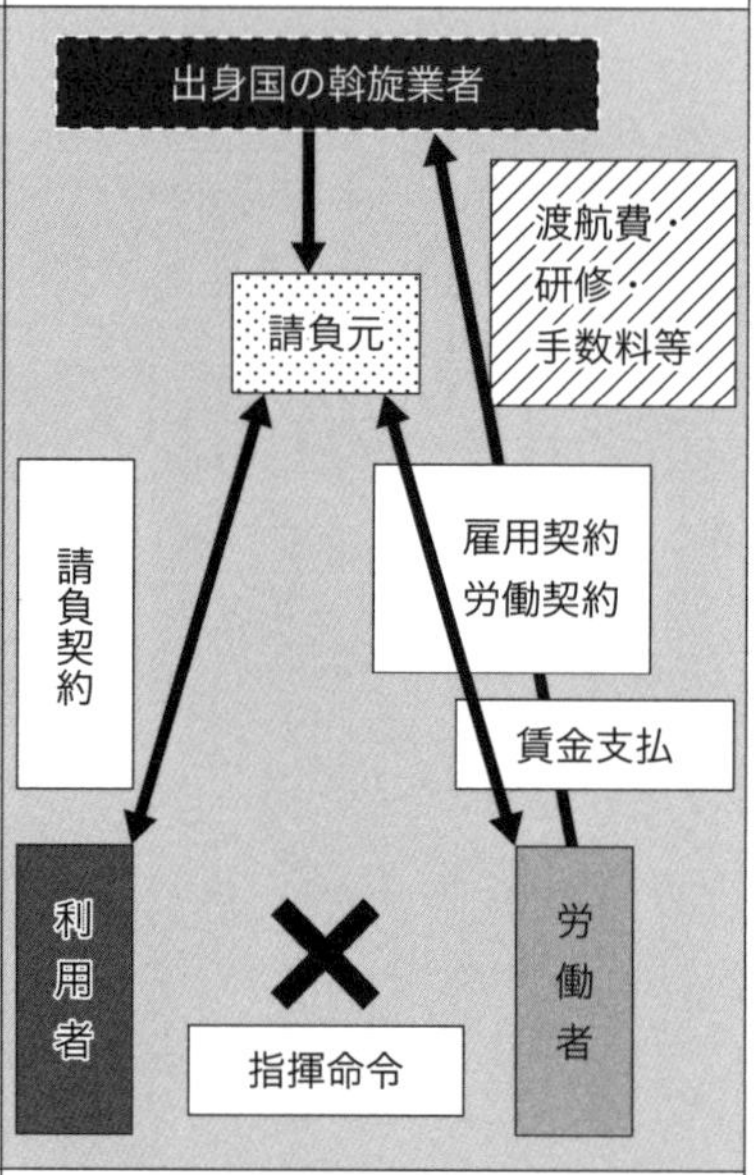

家事サービス利用者との雇用関係はないが、指揮命令に応じて働く。「常用型」と「登録型」があり、スポットや日雇いは禁止されている。 労働者は派遣元事業主に雇用されており、労働法が適用されている。	家事サービス利用者が請負元事業主と業務の契約を結び、利用者のもとで労働者がその業務を行う。 利用者はその場で直接指揮命令を労働者に対して行うことは違反である。また、委託業務とは異なるので、「業務を完成させる、瑕疵があれば修復する」義務があり、利用者が業務遂行に納得しない場合もある。

表 3　多様な雇用・労働関係

	直接雇用	紹介型
	利用者が雇用主となり、家事労働者を直接雇用する。	家事労働者が紹介所に登録し、紹介所が利用者に家事労働者を紹介する。利用者が雇用主となり、家事労働者を雇用する。
雇用・労働契約	利用者＝雇用主―家事労働者	利用者＝雇用主―家事労働者
賃金支払い	利用者＝雇用主から	利用者＝雇用主から
仲介手数料		利用者が紹介所へ
業務の指揮命令	利用者＝雇用主	利用者＝雇用主
	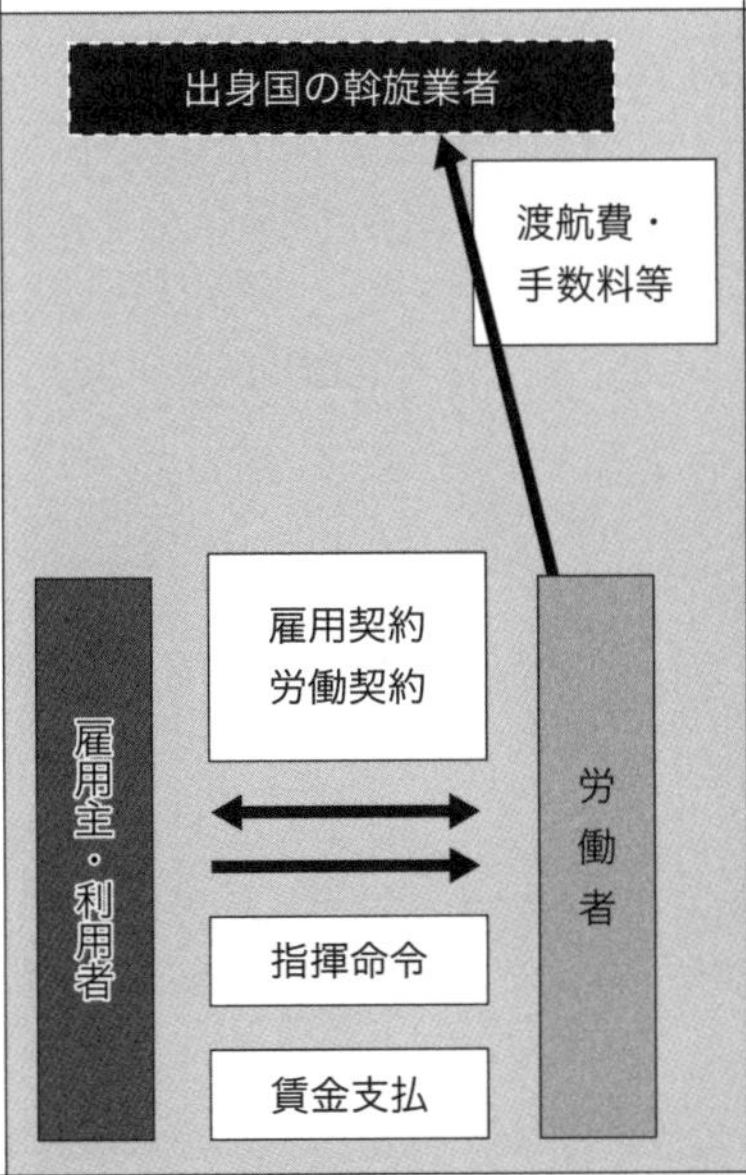	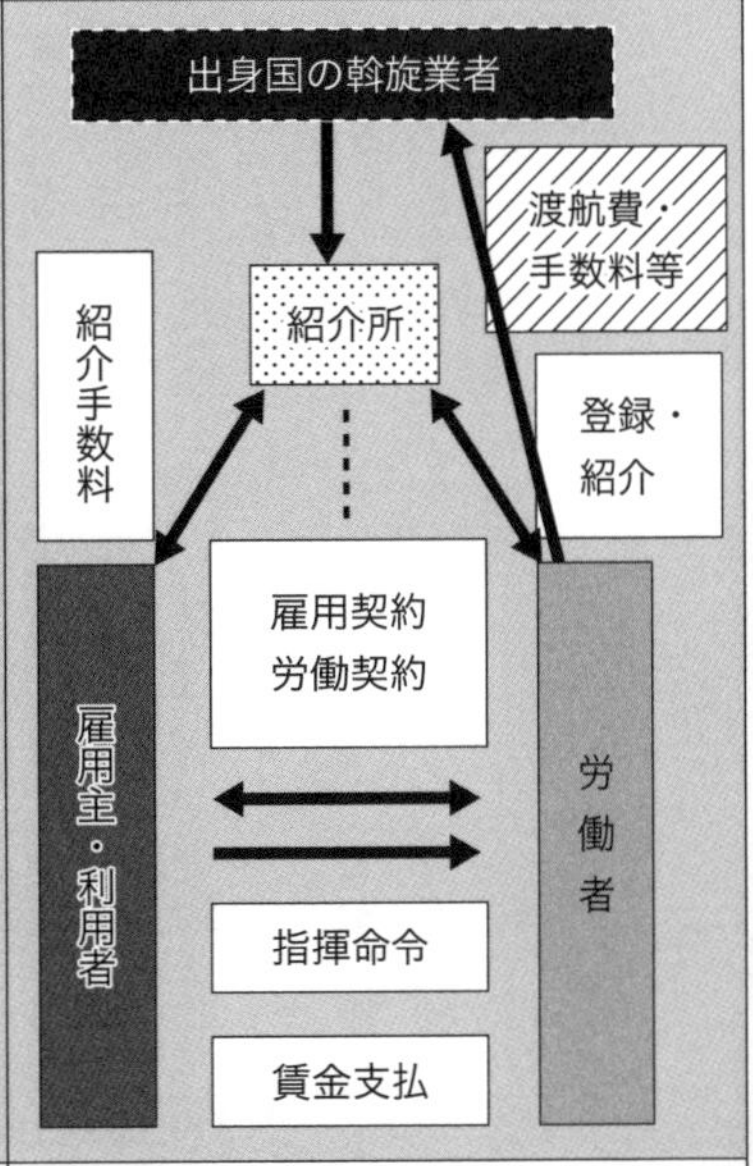
備　　考	身分による在留資格、EU などの域内での移動・就労の自由がある地域、在留資格外での就労など移住者の在留状況は多様。口コミや掲示板等での求人・求職など雇用機会も多様。個人間の契約であるため、雇用・労働契約が結ばれているかは積極的な社会的介入、賃金が社会保障費から出されているかなど届出する必要性の有無によって差が出る。家事労働者が労働法の適用除外の場合、労働者として諸権利がない状態になる。	有料と無料の紹介所があり、無料の場合公的機関の運営がある。 紹介所が雇用主側に対して、雇用契約と労働契約、労災保険などを義務づけるあるいは推奨し、安全で安定的な雇用環境を積極的に整える場合もある。 家事労働者が労働法の適用除外の場合、労働者として諸権利がない状態になる。

（出典）IMAGE 研究会資料・調査結果から筆者作成

際的な視点、労働者の権利保障の視点、移住者の人権の視点からどのような法、制度、仕組みが必要かを提起したい。

第一に、雇用関係に関わらず、家事労働者を労働基準法の適用された労働者として認め、日本政府が189条約を批准することである。同一労働でありながら、雇用形態による労働者権利保障が異なることは異常な状態であり、国内ですでに働いている日本人の家事労働者、および移住家事労働者の権利をまず保障すべきであり、正規雇用／非正規雇用等で待遇の違いから、雇用主が家事労働者間に分裂を促す分断線を創り出してはならない。

第二に、真の第三者性が保障された監督機関の設置と雇用関係以外の相談・支援の仕組みづくりである。請負業務の場合、利用者が契約書に沿って業務完了状態と認めない限り、その業務は終了せず、労働者の負荷が大きい。また、日本語要件は「日本語能力試験（JLPT）」N4程度が推奨されているが、保育に関わる業務以外は義務ではないため、現在就労している家事労働者のN4取得率は高くない。これは、「女性の活躍推進」のためというのが欺瞞であるだけでなく、日常の非常に簡易なことばしか知らない労働者が日本で就労しており、日常生活や労働において不利益をこうむっても、抗する力が非常に弱いということを意味している。実際に解雇されたケースでは、トラブル発生時と解雇手続きにおいて通訳・翻訳がないままであった。非常に弱い立場と言語能力の不利を利用された雇用・労働環境にある労働者にこそ、政策立案をした内閣府と関係省庁が関わらない第三者管理協議会とパリ原則に従った広範な権限をもつ国内人権機関の設置が必要である。

さらに、現在住居は雇用主が用意しており、住込みでもなく、自分で住居を借りる負担はないが、それゆえに雇用主に囲い込まれ、監視される可能性もある。移住者や弱者は極限のもう耐えられないという状況にならなければ、外部の相談機関に行き、駆け込むことはない。したがって、気軽な話ができる場や時間を地域やNGO、教会などが創り出しているので、その場を教える機会をつくる必要がある。

第三に、象徴的権利保障だけでなく実質的権利保障のための業界ごとの労働組合等当事者組織の形成である。家事労働者が労基法等の適用除外であり、事業主・企業ごとの労働組合が主流である日本において、家事労働者の組合はILOの労働者側の日本代表である日本労働組合総連合会にはない。特区での家事労働者は請負元事業主に雇用されるため、労基法等の適用された労働者となっているが、これは形式的権利保障であり、実行可能な権利保障制度とは言えない。労働者が自分たちの労働条件の向上およびより良い環境を創り出すために、集合的代表を形成することが不可欠であり、それが、転職や転居の自由をもった移住者としての権利獲得につながっていくのではないか。

特区事業は全国展開するための試行である。家事代行の料金が高いことから、事業開始から三年後に特区の枠を外し、法改正が行われると言われており、そのときに賃金が低く抑えられてしまう可能性もある。現在五年への延長、東京・神奈川の特区境界をなくすことなどが提案されている。パソナの調査[7]では、特区の家事労働者が良い点として挙げているのが社会保障であり、日本で継続して働きたいというものの仕事として家事代行を望んでいるかわからない。かならずしも積極的に家事労働を選んでいるわけではないことを事実として受け止めたうえで、女性と移住者に押し付ける再生産労働の分業のありかたを日本社会が抜本的に変えていく必要がある。

（付記）本論の知見は、主に二〇〇五年以降の複数の科学研究費補助金の研究プロジェクトおよび国際移動とジェンダー研究会（IMAGE研究会、伊藤るり、安里和晃、足立眞理子、稲葉奈々子、イシカワ・エウニセ・アケミ、呉泰成、大石奈々、小ヶ谷千穂、大橋史恵、越智方美、小井土彰宏、小林淳子、澤田佳世、篠崎香子、巣内尚子、徐阿貴、園部裕子、中力えり、平野恵子、宮崎理枝、森千香子）、二〇一四年からの労働組合、移住者と連帯するネットワーク、アジア女性資料センター、研究者等からなるC189勉強会、有償家事労働者ネットワークの活動等で得たものであり、有形無形の協働の知的成果によるものである。

注

（1）詳しくは、定松文 2018「新しい権力エリートの創り出す再生産領域の国際分業」『社会学評論』二七二号六八巻四号、五一四—五三〇頁において、背景等を分析しているので参照されたい。

（2）ILO, 2015, *ILO global estimates on migrant workers: Results and methodology Special focus on migrant domestic workers* [http://www.ilo.org/wcmsp5/groups/public/—dgreports/—dcomm/documents/publication/wcms_436343.pdf]

（3）『移住家事労働者とILO189号条約——組織化・権利保障・トランスナショナルな連帯』科研報告書においてILO—C189の成立過程と含意と社会学的分析に関しては伊藤るり、各国の家事労働者についての就労状況や権利、運動については、小ヶ谷千穂（フィリピン）、平野恵子（インドネシア）、巣内尚子（ベトナム）、大橋史恵（香港）、中力えり（EU）、伊藤るり（フランス）、宮崎理枝（イタリア）、篠崎香子（ドイツ）、小井土彰宏・森千香子（アメリカ）が詳述している。

（4）和田佳浦 2018「第七章 シンガポール」独立行政法人労働政策研究・研修機構 資料シリーズNo.207『諸外国における外国人材受入制度——非高度人材の位置づけ イギリス、ドイツ、フランス、アメリカ、韓国、台湾、シンガポール』二〇一八年九月三十日 [https://www.jil.go.jp/institute/siryo/2018/documents/207.pdf]（二〇一九年一月十四日取得）

（5）IDWFの代表のエリザベス・タンを含めた家事労働者運動については「移住・家事労働者の権利保障とILO189号条約の意義——組織化の現場から（上）（下）」『労働法律旬報』一八八六号・一八八七号（二〇一七年）を参照。

（6）小ヶ谷千穂 2008「移住家事労働者における『ヴァルネラビリティ』の構造と組織化の可能性——香港におけるインドネシア人家事労働者の事例」伊藤るり・足立眞理子編著『国際移動と〈連鎖するジェンダー〉——再生産領域のグローバル化』作品社、九三—一一三頁のなかで、カナダ・オンタリオ州の移住家事労働者についてのファッジ（Fudge）の論文を引用しつつ、権利保障に必要なことが論じられている。

（7）パソナ総合研究所「改正入管法」の制度運用のあり方をうらなう『国家戦略特区における外国人家事支援人材の意識調査』（2019.01.15）[https://www.pasonagroup.co.jp/news/index112.html?itemid=2619&dispmid=798]（二〇一九年一月二十日閲覧）

特定技能制度を見据えた送り出し国の動き

安里和晃

●あさと・わこう　一九七一年生。京都大学大学院文学研究科文化越境専攻准教授。著作に『労働鎖国ニッポンの崩壊』(編著、ダイヤモンド社、二〇一一年)、『親密圏の労働と国際移動』(編著、京都大学出版会、二〇一八年)『多様化する外国人介護士――混迷化する政策と試行錯誤する現場』(安里和晃・結城康弘・大崎千秋編著、ミネルヴァ書房、二〇一九年七月刊行予定)。

送り出し国の期待と非効率的な制度

在留資格「特定技能」が公表されるや否や、「新たな斡旋の機会が到来した」という期待が送り出し国で膨らんでいる。日本政府が受け入れの数値を示したのだから、その期待は大きい。ただし、現段階では送り出し国政府や送り出し機関も困惑も隠せない。例えば介護の領域では、現在二万人弱の外国人が日本の医療・福祉部門で従事しているが、これは労働市場の〇・三%に過ぎない。そのうちほとんどは日系人や結婚移民などの中長期滞在者で、それらを除くと、EPAや技能実習、留学といった在留資格での短期滞在者は〇・一%にもならない。それにもかかわらず、EPA、在留資格「介護」「技能実習」「特定技能」というように、相次いで四つも受け入れ制度が並列されるようになったからだ。これは、制度コストの面では極めて効率が悪い。受け入れ国の私たちでさえ正しい制度理解ができないのに、どうやって送り出し国の人々が正しい選択ができるであろうか。制度が複雑になればなるほど、制度の透明性は確保されず、情報の間隙をぬって搾取がおこなわれることにもっと注意が払われるべきだ。

斡旋の高コスト体制

送り出し国における実態について、簡単に記すことにしよう。以下は二〇一八年十二月から二〇一九年にかけておこなったフィリピン、インドネシア、ベトナム、ミャンマー、カンボジアに対する調査をもとにしている。

給料一カ月分（フィリピン）、二八〇〇ドル（ミャンマー）、一年で一二〇〇ドル、三年なら三六〇〇ドル（ベトナム）。これらは、技能実習制度を通じて一名を送り出す際に、労働者が送り出し機関に支払う斡旋料の国別の上限だ。大きな差があるのは、それが政府の取り組み姿勢を体現しているからである。歴史的な経緯から、フィリピンでは斡旋に関する政府と業者の利権が比較的明確に分離してきた。他方でベトナムだが、特にハノイでは斡旋業者も「国営」が多く、政府との利権が一致している。その分、どうしても労働者負担が高くなるのだ。

技能実習制度による日本での就労に関しては、前述の金額以上の斡旋料を、それぞれの送り出し国／機関が労働者に求めることはできない。これは、送り出し国による規制だ。[1] ただし技能実習機構によると、こうした制限はあくまで相手国の規制であって、日本側はこれには関知しない。あくまでも「技能実習の準備に関し本国で支払った費用の明細書」の記載事項に従って、斡旋料の額が適切かどうか検討するという。[2] 日本政府は送り出し国と協力覚書（ＭＯＣ）も締結しているが、これに法的拘束力はない。したがって相手国に協力を求めはするものの、結局のところ片務的であり、ＭＯＣが形骸化しているという指摘もある。そもそも適切な費用については日本政府も明らかにしていない。したがって、明細書は日本に入国するために労働者本人と送り出し機関が協力して便宜的に作成しているといえ、実態を明らかにするのは容易ではないだろう。

先日、聞き取り調査をおこなったカンボジアを例にとろう。[3] カンボジアには代表的な斡旋業者協会が二つあるが、一〇〇近くの斡旋業者が加入している。また日本とカンボジアは二〇一七年に、技能実習に関する協力覚書（ＭＯＣ）を締結していて、適切な送り出し機関の選定と日本側における認定、情報提供などが定められている。

送り出し機関認定の基準の一つに、「（技能実習生等から）徴収する手数料その他の費用について、算出基準を明確に定めて公表し、当該手数料その他の費用の詳細について技能実習生等に十分に理解させるために説明すること」[4] とある。しかし驚くべきことだが、カンボジアやインドネシア、中国には、日本への渡航にかかる斡旋料に関する法定が存在しない。斡旋料規制がないにもかかわらず、「算出基準を明確に定めて公表」というＭＯＣを日本と締結しているのだから、矛盾している。ＭＯＣの作成そのものが急場しのぎであったのだろう。

カンボジアの送り出し機関に対する聞き取りに戻ろう。一般的な送り出しにかかる労働者からの徴収費用は、三五〇〇ドルから五〇〇〇ドルが一般的だが、物価水準と比べると高い。それでもカンボジアで斡旋料規制ができないのは、特定の業者が強く反発し業界がまとまらないからだ。特に中国系の斡旋業者が参入していて、日本とカンボジアの橋渡しをし、双方から斡旋料を徴収している。つまり労働者は、カンボジアの斡旋業者の支払い、それに中国系の斡旋業者に対する支払い、さらに日本の受け入れ施設の礼金、これらの総額を負担することになり、これが合計五〇〇〇ドル程度になるという。

なお農村部にブローカーが入る場合には、さらにコストがかかる。首都プノンペン近郊は開発が進み、若者をリクルートするのは容易ではない。そのため、農村部でのリクルートを展開しなければならないのだが、実質的には地元の有力者らがこれを担うことになる。例えばミャンマーやベトナムでは、こうした農村ブローカーの成功報酬は一〇〇〇ドルというが、これも最終的には労働者への請求に加算される。また、近年では日本からの視察団の送り出し国詣が盛んだが、その際のさまざまな接待費用が斡旋料に付け替えられることも多い。

さて、さきほど中国系の業者がカンボジアに進出していると述べたが、それは日本の技能実習の展開と関係している。もともと技能実習制度や、その前身の外国人研修制度は、中国からの受け入れが盛んだった。ところが中国の経済発展とともに、中国からの人材供給が徐々に困難になり、他国からの受け入れを模索する必要があった。そこで中心となったのが、中国の送り出し機関であった。彼らがベトナムやカンボジアといった東南アジア諸国に着目し、現地会社とともに日本への人材供給を始めたのである。東南アジアでは華人の紐帯が強く、中国語を解する者も多い。技能実習のための斡旋ネットワークはこうして国境を超えるのだが、その展開こそが斡旋費用の高騰を招いている一つの原因である(5)。

飼いならされる制度

こうしたリクルートが構造化されると、「送り出しとはこういうものだ」という意識に、労働者のみならず送り出し機関、さらには世論まで飼い慣らされてしまう。技能実習生として来日するために必要な前職証明書、農村部におけるリクルートの手数料、中国の業者への手数料、日本語教育費用、訓練費用、接待、すべてが日本での就労に必要なコストであり、最終的には労働者が負担すべきものに見えてくる。ある送り出し機関の管理者は筆者に、「こうした諸経費がかかる一方で、コストを負担できないことによる労働者の失踪が大きな問題となっている。日本で雇用主がパスポートを預かってはどうだろうか」と提案してきた。こうした発言は、送り出し機関が現状を当然視していて、高コスト体制を正すのではなく、逃亡する労働者に責任転嫁していることを示している。こうした意識は一部の受け入れ機関も同じだ。

高額斡旋料は、来日後の借金返済にかかる心理的・肉体的負担と関係するため、日本での生活満足度に影響を及ぼす。フィリピンの技能実習生の失踪割合が少なく、ベトナムのそれが高いのは、明らかに斡旋料の多寡と関係している。よく言われる「斡旋料一〇〇万円」は珍しいことではない[6]。高コスト体制が染みついた制度が現実を規定し、一切の責任は労働者に帰される。そうした労働者を失踪者や不法就労者として犯罪者同様に扱う受け入れ国もまた、現在の高額斡旋料と低賃金を所与にした制度に飼いならされていると言わざるを得ない。

適正な斡旋料の規定と価格のコントロールは必須だ。労働者も私たち国民も、何が適正かどうかはわからないままなのだ。カンボジアの斡旋業協会ＭＡＣは筆者に、「このように高コスト化した技能実習は利権まみれであり、協会としても対応ができないほどになっている。新設される特定技能は、どうにか斡旋料規制に取り組みたい」と述べた。

特定技能と見えざる手[7]

前述のように、技能実習制度は高コスト体制となっている。他方で新設の特定技能制度は、一定程度の日本語能力とスキルを前提とするが、それは自分で身につけた上でコンピュータによる試験に合格すれば就労ができるという制度だ。これには、日本語教育や技能訓練を隠れ蓑とした事実上の斡旋料高騰を防ごうとする意図がある。そういう意味では、自由度の高い制度だ。また特定技能制度では、送り出し国の労働者が日本での求人募集に直接申し込むことができる。つまり、理論上は斡旋業者を入れる必要がなくなったのだ[8]。このように特定技能制度は、費用をかけずに日本での就労が可能となるような制度設計をしている。

ただ、送り出し国からの直接のマッチングは容易なことではない。国境をまたぎ、言語が違う中で、膨大な情報にアクセスし、適切な雇用主を選択するのは簡単なことではない。台湾は、二〇〇〇年代初期に直接雇用制度を導入して斡旋料の低減を図ろうとした。ところが、労働者が入手できる情報が完全でないと、雇用契約を結ぶのが困難であるばかりか、悪質な斡旋業者に手引きされる隙が生まれる。労働部は労働者本人だけで台湾の企業を選択するのは容易なことではないとして、特に雇用契約が二回目以上の労働者を主たるターゲットとしている。

他方、送り出し国のフィリピン政府も、直接契約ができる今回の制度を歓迎している。斡旋業者による利権化が防げて、労働者にとって最もよいと考えているからだ[9]。他方でカンボジアは、適切なリクルートを考えるうえでも、特定技能制度における政府や送り出し機関の役割について明示化するよう、日本と交渉するとしている。つまり、完全なフリーハンドには反対という立場だ。台湾政府労働部によると労働者と企業が直接マッチングを行う制度に賛成しているのはフィリピンとタイ政府であり、反対しているのがベトナムとインドネシア政府だとする[10]。

注

（1）斡旋料のほかにも、日本語教育費用や訓練費用が労働者に加算されることもよくある。日本語要件が高くなれば、そのための費用負担も大きくなる。斡旋費用を抑える代わりに、その分を日本語教育費用で徴収するといったこともよくおこなわれる。

（2）筆者による技能実習機構国際部に対する質問より。

（3）メコン移住労働者ネットワーク（ＭＭＮ）主催"Mekong Migration Network Convenes Multi-stakeholder Meeting to Discuss Challenges Arising From Labour Migration from Cambodia to Japan"を通じたもの。会議概要は以下よりアクセス可。http://www.mekongmigration.org/?p=6861

（4）覚書の別添による。覚書は以下を参照。https://www.mhlw.go.jp/file/04-Houdouhappyou-11808000-Shokugyounouryokukaihatsukyoku-Gaikokujinkenshusuishinshitsu/0000170777.pdf

（5）カンボジアにおける送り出し機関、および東京入国管理局関係者に対する聞き取りより。

（6）当然、送り出し機関により異なるが、A業者によると一〇〇万円でも大丈夫だという。

（7）二〇一九年二月現在の制度設計に基づく。

（8）こうした方法は、韓国でも二〇〇四年より導入されており、一定の国際的評価を受けている。こうして斡旋と教育を別々にすることで、透明化と低コスト化を狙っている。

（9）フィリピン大使館に対する聞き取りから（二〇一九年二月二十三日）。

（10）台湾政府労働部に対する聞き取り調査から（二〇一八年九月）。

＊　＊　＊

介護労働者の受け入れの課題

藤本伸樹

●ふじもと・のぶき　一九五五年生。一般財団法人アジア・太平洋人権情報センター研究員。著作に「フィリピンからの移住女性と人身取引」（大久保史郎・樋爪誠・吉田美喜夫編著『人の国際移動と現代日本の法――人身取引・外国人労働・入管法制』日本評論社、二〇一七年）、「JFC（ジャパニーズ・フィリピノ・チルドレン）母子の日本への移住の課題」（初瀬龍平・松田哲・戸田真紀子編著『国際関係のなかの子どもたち』晃洋書房、二〇一五年）等。

外国人労働者の受け入れに関して、介護分野はとりわけ期待値が高い。背景には、団塊の世代が七十五歳超となり、介護労働者が三八万人以上不足するという「二〇二五年問題」がある。

そうしたなか、二〇一九年四月からの在留資格「特定技能1号」の導入に伴い、介護現場で外国人が働くカテゴリーは大別すると五種類となる。介護労働者の受け入れは多様化するとともに複雑化をたどっている。

その始まりは、アベノミクス成長戦略の一環として策定された「『日本再興戦略』改訂2014」である。政策の目玉である「女性の活躍促進」の具体策として「外国人材の活用」が位置づけられ、「介護分野における外国人留学生の活躍」と「外国人技能実習制度の見直し――対象職種の拡大と実習期間を最長三年から五年へ延長」という方針が据えられた。それらが実施されてほどなく、二〇一八年に入国管理法が改定され「特定技能1号」が加わったのである。以下、並走する五つの制度による受け入れの課題を整理する。

EPA（経済連携協定）に基づく介護労働者

その先陣を切ったのはEPA（経済連携協定）に基づく介護福祉

士の候補者の受け入れである。日本との協定（条約）に基づき、相手国から候補者が来日し、介護施設で三年以上の就労を積み、国家試験を受験する。原則四年（最長五年）以内に合格すれば介護福祉士として働き続けることができ、不合格の場合は帰国を余儀なくされる。二〇〇八年のインドネシアを皮切りに、二〇〇九年にフィリピン、二〇一四年にベトナムから受け入れが始まり、二〇一八年度までに合計約四二六五人が来日している。国家試験は延べ一七二四人が受験し、九八五人が合格している。

この制度について、厚労省は、「労働力不足への対応として行うものではなく経済活動の連携強化の観点から実施するもの」と「趣旨」を掲げ、受け入れ上限を各国二年間で六〇〇人（二年に三〇〇人）に限定している。日本語による国家試験という「ハードル」の高さから、当初は受け入れ人数が低迷した。政府は、候補者に対する日本語研修や国家試験対策への支援強化など制度の改善策を次々に打ち出した。その結果、試験の合格率が向上するとともに、来日者数も増加してきている。

この制度は、政府が管轄する事業であり、受け入れ施設に多くの要件を課していることから、労働者はおおむね良好な就労環境にあるとされる。ところが、この一〇年間に数々の労働問題が起きている。民間の支援団体であるEPA看護師介護福祉士ネットワークによると、「賃金・残業代の未払い」「パワハラ」「マタハラ」「雇用契約中の解雇」「強制帰国」など労働者からさまざまな相談を受けてきたという。とりわけ、介護福祉士資格を取得するまでの候補者は、受け入れ施設を自由に替わることができないため、問題をかかえても解決できなければ耐えるか、あるいは帰国するかの選択に追い込まれる。

受け入れの調整・監督は、厚労省の外郭団体の国際厚生事業団（JICWELS）が担っている。だが、労働者の権利保護の態勢は不十分だ。EPA看護師介護福祉士ネットワークと移住者と連帯する全国ネットワークが、二〇一八年四月と五月にJICWELSおよび厚労省、法務省の担当者と協議したところ、EPA候補者（看護師と介護福祉士）をあわせて二六三九人滞在しているなか（当時）、JICWELSには各国語相談員一名と相談室長の合計四名しかいないことが判明した。相談員は看護・介護に通じているものの、労働問題は素人だという。相談態勢の整備が急務である。

介護職に就く在日外国人

フィリピンとのあいだのEPA交渉が大筋合意に至った二〇〇四年頃から在日フィリピン人女性を主対象に「ホームヘルパー2級」（現、初任者研修）の講習が全国各地で開催されるようになった。それを契機に「日本人の配偶者等」「永住者」「定住者」など職種に制限なく就労可能な在留資格をもつ在日外国人が徐々に増えていった。着実に増加しているとみられるが、人数を把握するための公式統計は存在しない。

介護施設で働くフィリピン人女性たちが、利用者から慕われ、活躍する姿を紹介する報道をしばしば目にする。一方、日本語能力などを理由に、日本人労働者よりも不利な労働条件であるようだ。

また、日本人の父親とフィリピン人の母親のもとに生まれ、父親に遺棄されフィリピンで育つJFC（ジャパニーズ・フィリピノ・チルドレン）およびその母親が、仲介業者（ブローカー）などの斡旋で渡日し、日本の介護施設で働くケースが近年増えている。来日後、彼女たちが法外な手数料の支払いを強制されたり、劣悪な労働条件で働かされるといった搾取の実態が各地で明らかになっている。

在留資格「介護」

二〇一七年九月以降、日本国内の課程二年以上の介護福祉士養成学校などを卒業し介護福祉士の資格を取得した後に介護施設で就労すると、在留資格「介護」が付与され、働き続けることが可能となった。同年末時点で、在留資格「介護」で就労するのはベトナム七人、中国四人、ネパール四人、台湾、韓国、インドネシア各一人の合計一八人に過ぎなかったのが、二〇一八年六月末現在は一七七人まで増えた。

また、介護福祉士養成機関への留学生は、『日本再考戦略』改訂二〇一四」の発表された二〇一四年度にはわずか一七人だったのに対して、二〇一八年度には一一四二人に達している。養成学校生に占める留学生の割合は一七％にまで達している。

留学生は通常、日本語学校を修了したうえで介護福祉士養成学校に進学するコースをたどる。学費として、日本語学校の一年コースで約八〇万円の入学金や授業料などが必要で、二年コースの養成学校が約二二〇万円と、合計約三〇〇万円を捻出しなければならない。日本への渡航費や日本での生活準備資金も必要だ。留学生の多くはスタート時点から多額の借金を抱えることになる。入国管理法で許可される週二八時間以内のアルバイトで、生活費をなんとか稼ぐことができたとしても借金の返済は容易でない。

労働者不足に直面する介護事業者が、これらの留学生をアルバイトとして雇用するとともに、奨学金を貸与するなどして人材確保を図っている。卒業後にその施設で五年間働けば返済免除という仕組みを設ける施設も多い。事業者に「借金」を背負うと他の施設への転籍や退職するという自由が妨げられ、強制労働につながりかねないという懸念が持ち上がっている。同時に、「貸倒れ」を心配する事業者も多い。

そうしたなか、留学生の学費や家賃の補助のプログラムを実施する自治体が増えている。また、大阪府は二〇一八年三月、留学生と事業者との間の奨学金貸与契約や労働契約のあり方などについて、悪質な取扱いの防止を目的に、「在留資格『介護』による外国人留学生受け入れガイドライン」を策定している。

厚労省は、介護福祉士を目指す外国人留学生に対する相談支援などの体制整備事業を開始し、二〇一八年度は専門学校、短期大学、大学の全国団体である公益社団法人日本介護福祉士養成施設協会に事業を委託している。

今後、留学生から介護福祉士へというコースがスムースに定着していくのだろうか。そのためには、債務に縛られることなく働き続けるための条件整備が必要である。

技能実習

二〇一七年十一月一日の「外国人の技能実習の適正な実施及び技能実習生の保護に関する法律」(技能実習法)の施行を機に、技能実習制度に介護職種が追加された。優良とされる団体・企業などに対しては、最長五年間の受け入れが可能となった。

介護はコミュニケーションを前提とする対人サービスであることから、来日時の日本語能力要件を、「基本的な日本語を理解することができる」水準である日本語能力試験「N4」程度と設定された。実習二年目に移行する時は日常の「日本語をある程度理解」できる「N3」程度が求められ、達しなければ帰国しなければならないこととされた。送り出し・受け入れの双方から「ハードルが高い」という声の中で始まったのである。

二〇一八年七月、中国から二人の女性が技能実習生の第一号として来日し、宮崎県の介護施設で働きはじめた。制度が開始されて一年経過した二〇一八年十月末現在、介護実習生としてインドネシア、中国などから四七一人が来日している。事前の高い期待とは裏腹に受け入れのペースが遅い。

既存分野の技能実習生が急増し、介護分野でも「本命視」されたベトナムは、政府じたいが介護実習生に関しては慎重姿勢をとっている。海外労働管理局は二〇一八年六月、送り出し会社を六社限定で試験的に許可するところから始めたのだ。

送り出し会社にとって、日本語学習を必要とする介護は、他の職種に比べて確実に経費がかさむ。それらは結局応募者に転嫁されることになる。ベトナム政府は、送り出し会社が技能実習生から受け取る手数料の上限を三六〇〇ドルに定めている。しかし、実際には技能実習生はそれをはるかに超える金額を支払って来日している。介護職では一層の高負担になるのではと懸念される。

介護分野の受け入れの低調なスタートのなか、日本政府は日本語能力要件の「緩和」に踏み切ったのである。日本語能力「N4」であっても、実習二年目に移行でき三年間は在留可能としたのである。二〇一八年六月に閣議決定されたいわゆる「骨太方針」に基づく対応案として盛り込み、二〇一九年二月にパブリックコメントを経て、三月から施行に踏み切ったのだ。

特定技能1号「介護」の受け入れ

二〇一九年四月から特定技能1号における介護労働者の受け入れが始まった。これまでの制度のなかで、明確に「人手不足」を理由としたのは特定技能が初めてだ。従来から、労働者不足にあえぐ介護現場の担い手として受け入れられてきたにもかかわらず、EPAは外国との経済連携の強化、在留資格「介護」は専門人材の受け入れ、技能実習は海外への技能移転が目的、といった名目が並べられてきたのである。政府は、二〇一九年度は五〇〇〇人、二〇二三年度までの五年間で最大六万人の受け入れを見込んでおり、介護分野は特定技能1号のなかで最大数となる。

受け入れの要件として、介護分野の日本語知識・技能に関する試験、および日常会話程度の日本語能力試験の合格、または日本語能力試験N4の合格を求めている。同時に、技能実習三年以上の経験者は無試験で移行することができる。技能実習二年目以降も日本語能力「N4」でよしとする要件に「緩和」されたのもうなずける。

厚生労働省は、二〇一九年四月からの一年間、特定技能「介護」の労働者の相談および受け入れ施設への巡回訪問を行う介護人材相談支援事業を実施することにし、そのため実施団体として国際厚生事業団を選定した。同事業団は、早急に相談態勢を拡充し、EPAで培った教訓を活かしていくことが求められる。

「介護人材」ではなく「人」の受け入れへ

政府は、短期間のあいだに、外国からの介護労働者の受け入れ制度の多角化を図ってきた。そこには、日本側の目先のニーズが前のめりし、介護労働者をなんとか確保し、しばらくのあいだ、あるいはずっと介護の実務につなぎ留めておきたい政府や業界の本音が透けてみえる。労働者のキャリアパスや、転職あるいは就労分野の移動などについてほとんど顧みられることはない。しかも、技能実習や特定技能1号などでは家族を同伴することができない。「労働者の受け入れ」ではなく、「介護人材の導入政策」が推進されているかのようだ。

はたして、現行制度のままで「持続可能な受け入れ」が実現するのだろうか。労働者の権利の実現を確保する観点から見直していく必要がある。

移住労働者の定住化にともなう外国人労働組合活動の変化

山口智之

やまぐち・ともゆき　一九六五年生。APFS労働組合執行委員長。独協大学中退。学生時代より様々な社会運動に参加。一九九八年より外国人支援に関わり、二〇〇七年より現職。著作に『東日本大震災と外国人移住者たち』（共著、二〇一二年、明石書店）等。

企業による労働法違反に苦しむ移住労働者の「駆け込み寺」として、私たちAPFS労働組合が東京都板橋区内に設立されたのは二〇〇七年六月のことであった。バングラデシュ、パキスタン等の南アジアやミャンマーやフィリピンといった東南アジアからの移住労働者が主な組合員であり、相談内容としては、「労災隠し」「賃金未払」が主であり、それと重複する形で「年次有給休暇未付与」や「社会保険・厚生年金未加入」というパターンが大部分であった。

しかし、二〇〇八年、リーマンショックの影響に起因する不況後は急激に「不当解雇」の相談が目立つようになった。正規雇用であれ非正規雇用であれ、移住労働者の多くは日本人労働者に先んじて解雇や雇止め、派遣切りの対象となったのである。その後二〇一一年に起きた3・11東北大震災後の「計画停電」時に営業時間短縮を余儀なくされた外食業をはじめ多くの中小・零細企業が余剰人員として移住労働者に退職を強制し、「不当解雇」の増大はピークを迎えた。二〇一〇〜一一年、当組合では組合加入者のおよそ七〜八割が「不当解雇」案件で占められるに至ったのである。数とすれば毎月四〜五件はあったであろう。しかし、その後は徐々に状況は好転し、「不当解雇」に直面する移住労働者は減少していった。昨二〇一八年の「不当解雇」の組合加入は一〇件程度に過ぎない。

減少したのは他の労働問題についても同様であった。昨年の労使紛争数は最多時の半数（月平均三件前後）となっていた。企業が一定の体力を取り戻したことや、長期滞在の移住労働者が日本社会に慣れて経営側との摩擦が減ったこと等が要因ではなかろうか。

それと反比例して増大してきたのが日常生活上の問題に関する相談であった。これは移住労働者の定住化によるところも大きいのであろう。社会生活を送る上での困難は、居住期間が長くなれば、当然それだけ増える。一例を挙げてみよう。

入院中のミャンマー人男性から同国人組合員を通じてSOSの連絡が入った。「数日前に『簡単なものだから心配ない』という説明を受けて腸の手術をしたが、それが失敗したらしく、これからもう一度大きな手術が必要らしい。こんな病院にいたら殺されてしまう！」

その医療機関は中規模であるが、ミャンマー人がよく利用しており、大きな医療事故が起こるとは思えない。とりあえずミャンマー人組合員とともに赴き医師に説明を求めた。医師は懇切丁寧にCT画像を見せながらこう告げた。

「患者さんは急性虫垂炎により来院し、病状が進んでいたため手術を行いました。ところが、他にも大腸憩室炎（大腸内の小さな窪みに細菌が繁殖し炎症を起こす）を併発していました。この二つの病気は別のものです。ご存知のように虫垂炎の手術は簡単なものです。虫垂を摘出したのでもう心配はありません。しかし大腸憩室炎の方は彼の場合、広範囲に渡っており、手術となるとそれなりに大きなものになります。ただ、この病気は抗生剤がよく効くので、薬で炎症を抑えるよう対処しています。しばらく投薬で様子を見てみましょう」

本人は同国人組合員から詳細な話を聞いてやっと落ち着いた。そして、実際その後数日で症状は治まり無事退院できたのである。このような、日本人であれば何でもないことも、言語や文化の違いにより移住労働者にとっては大問題となるケースは多々あり、そうした生活相談は増大する一方であった。

かかる事態を受け当組合では二〇一五年十一月に開催した第九回組合大会において、次のような議案が提案され可決された。

「労働相談以外の日常生活相談（子どもの教育、結婚や離婚、高齢化による健康悪化や職探し等々）が激増している現実がある。ここに明らかなのは定住化が進む移住労働者、外国人労働者に、これまでなかった類の『生活の悩み』が生まれているという事実である。私たちは外国籍住民が生活者として抱える問題にもっともっと耳を傾けていかねばならないと考える。そのためにも私たちは組合員間の連絡網を強化し、仲間たちのニーズを把握したうえで、問題解決の方途を探らねばならない。何よりも当組合員が積極的に助け合いの精神を発揮し『一人がみんなのために、みんなが一人のために』行動する相互扶助組織を目指していくべきではないだろうか」

この決議に基づき二〇一六年、当組合は組合員同士の情報交換や仕事づくりにも活用できる場として新宿区四ツ谷に事務所を移転し交通の便が良く、より広いスペースを確保したのである。

労働組合は経営側に対し労働者の権利を守るために存在する。しかし、それだけではない。一人一人の組合員が安心して生活できるよう組合員同士で助けあう組織でもある。ことに移住労働者の場合は相互扶助、共助が求められるのである。

私たちAPFS労働組合は今後も移住労働者組合員の日常生活の安寧のために努力する労働組合であり続けるであろう。

社会生活を送る上での困難は、居住期間が長くなれば、当然それだけ増える。

住民のほぼ半数が外国人という芝園団地にあるアジア系食材店。
（2016 年 3 月 25 日　提供＝鈴木江理子）

II 周回遅れの「移民国」

第三の開国を問う

【選ばれる「移民国家」への道】

藤巻秀樹

●ふじまき・ひでき（プロフィールは11頁参照）

「平成」から「令和」へ、時代は変わる。平成の三〇年間、世界は冷戦終結とグローバリズムの時代だったが、日本に目を向けると外国人受け入れが本格的に始まった時期として後世から記憶されるのではないだろうか。平成元年の一九八九年はわが国の外国人政策史上、画期的な年である。入管法が改正され、日系南米人の大量流入が始まった。その四年後には外国人技能実習制度が創設されている。そして平成最後の年である二〇一九年四月に、単純労働者受け入れに舵を切る新在留資格を導入する改正入管法が施行された。平成元年に約九八万人だった在留外国人の数は平成三十年末に約二七三万人と二・八倍に膨らんだ。人口減少、労働力不足が深刻化する中、今後は新在留資格創設がきっかけになり、外国人労働者が飛躍的に増えるだろう。「令和」の日本は本格的な「移民国家」への道を歩んでいくと思われる。

日本の「移民開国」は黒船来航による明治維新、太平洋戦争敗戦に続く第三の開国と言ってよいだろう。日本は海外から文物、文化を積極的に取り入れ、近代化・国際化を図ってきたが、人の受け入れには一貫して消極的だった。明治維新の際も先進的な科学技術、学問、法制度などを導入するため、「お雇い外国人」といわれる、今で言う「高度人材」を受け入れたが、一時的な滞在者に過ぎなかった。今回の開国は初めて「人」の受け入れに本格的に踏み出すもので、従来とは全く質の異なる開放政策である。問題なのは、それについて政府がまったく無自覚であるという点である。

移民とは何か

新在留資格創設にあたり、安倍首相は「移民政策とは異なる」と再三指摘した。これに対し、立憲民主党などの野党は「実質的な移民政策だ」と主張し、国会で論戦になった。新しい在留資格「特定技能」で受け入れる外国人労働者について、政府は「外国人材」という表現を用いている。人材とは簡単に言えば「役に立つ人物」のことで、人手不足の中、政府が何を求めているかというと、「労働力」を満たしてくれる外国人ということになる。外国人材という言葉をことさら強調し、生活者としてのイメージが漂う「移民」という言葉を封印するところに政府の意図が透けて見える。要は高度人材か単純労働者かの違いはあっても、求めているのは明治維新の際と変わらぬ「お雇い外国人」なのである。だが、それで済まないのが、移民問題の難しさである。

移民とは何か。はっきりした定義があるわけではないが、一九九七年に国連統計委員会に提出された国連事務総長報告では「通常の居住地以外の国に移動し、少なくとも一年間、当該国に居住する人のこと」としている。これでは我々がイメージする移民とは大きく異なる。ただ、期限が来れば帰国する技能実習生や留学生とは違い、「定住者」の在留資格を持つ日系南米人や永住権を取得した外国人は「移民」に限りなく近い存在だろう。だが、政府が定義する移民はきわめて限定的だ。自民党の労働力確保に関する特命委員会の報告書『共生の時代』に向けた外国人労働者受入れの基本的考え方』では、移民について「入国の時点でいわゆる永住権を有する者」と定義しており、この見解は法務省も共有しているという。

また国会での安倍首相や山下法相の答弁によると、政府は移民政策について「国民の人口に比して、一定規模の外国人を家族ごと期限を設けることなく受け入れることによって国家を維持していこうとする政策」と定義している。だが、ドイツやフランスのような欧州の移民大国も初めから移民国家を目指したわけではない。両国ともきっかけは労働力不足で、戦後の高度成長期に一時的な労働者として外国人を受け入れたものの、彼らは不況になっても帰らず、逆に家族を呼び寄せ、定住していった。移民国家を志向したのではなく、結果的に移民国家になったのである。日本も同じ道を辿る可能性は高い。一九八九年の入管法改正で流入したブラジル人などの日系南米人も出稼ぎが目的で、短期間で帰国すると見られていた。だが実際には、二〇〇八年のリーマンショック後も多くの人々が日本に留まった。在日ブラジル人人口はピーク時の約三二万人から減ったものの、現在二〇万人が日本に残り、定住している。

新在留資格「特定技能1号」は家族の帯同はできず、在留期間が五年と制限があるが、熟練した技能を身に付けることで「特定技能2号」に移行する道が開けている。「2号」は家族帯同が可能で、在留期限の更新により永住することもできる。外国人を受け入れた企業にとって、技能に習熟した人材を五年経ったからといって帰し、新人を雇うのは効率が悪い。受け入れ先の要請もあり、1号から2号へ移行する人が多くなる可能性は高い。また1号は三～五年の技能実習を終了した人なら、本人が希望すれば自動的に移行できる。通算で最大一〇年働くことが可能であるが、一〇年間も家族を帯同できないというのは人権上、問題がある。このような仕組みでは早晩、日本に来たいという人は減り、良質な人材の確保は難しくなるだろう。制度変更を迫られ、一時的な労働者と見込んでいた外国人が定住・永住し、移民化していく可能性は高いと思われる。

こうした可能性が高いにもかかわらず、政府はなぜ「移民ではない」と強弁し、入管法改正を急いだのか。その最大の理由が経済界や地方からの圧力である。出生率の低下や人口流出による過疎化に加え、若者の3K職場敬遠もあり、地方では農業、水産業などの第一次産業や建設業、中小・零細の製造業、介護などの分野で人手不足が深刻化、廃業の瀬戸際に追い込まれる事業者も珍しくない。二〇一九年に統一地方選や参院選を控え、地方や経済界の自民党支持者の基盤固めが法案の具体的中身の精査より優先されたのである。一方、「移民」という言葉を封印したのは、安倍首相のコアの支持層である保守派の懸念に配慮したためであろう。政府は新制度の詳細は法務省令で定めるとして内容を明らかにしないまま改正入管法を成立させた。準備不足と移民政策ではないという政府見解が新制度を曖昧な中身のないものにしてしまった。今回の新在留資格創設は、これまでバックドア、サイドドアから受け入れていた単純労働者を初めてフロントドアから迎え入れる画期的な政策転換であるにもかかわらず、その制度設計はきわめて中途半端なものになってしまったのである。

入管法改正の問題点

改正入管法の最大の問題点は技能実習制度を温存し、その制度を土台に新在留資格の仕組みをつくったことである。「特定技能1号」は技能試験と日本語試験の両方をクリアすることが資格を取るために必要だが、前述したように技能実習を修了した外国人はほぼ無条件で「1号」に移行できる。政府は「1号」取得者の約半分は技能実習からの移行組になると見ている。

技能実習制度の本来の目的は発展途上国の人材育成と技能移転に貢献することである。だが、実際には中小・零細企業や地方の人手不足を補う低賃金労働の仕組みとして機能してきた。雇用主のパスポート取り上げや暴力、長時間労働、残業代の未払いなど様々な問題が指摘され、国連など国際社会から「現代の奴隷労働」と批判されている。厚生労働省によると、全国の労働局などが二〇一七年に監督指導を行った五九六六カ所の実習実施者のうち、七〇・八％に当たる四二二六カ所で労働基準関係法令違反があった。劣悪な労働実態は改正入管法をめぐる国会論戦でも問題になり、二〇一七年までの八年間で事故や病気などで死亡した実習生の数が一七四人にのぼるというショッキングな数字も明らかになっている。新制度を軌道に乗せるには土台になっている技能実習制度の改善が欠かせない。

次の問題点は新制度への国の関与が不明確な点だ。政府は新しい在留資格で受け入れる外国人労働者の賃金について「日本人と同等かそれ以上でなくてはならない」としているが、受け入れ企業がその通り実行するかどうかは怪しい。技能実習生の賃金についても同じような原則を定めているが、法令違反が多いことで分かる通り、実際には守られていないケースも少なくない。また技能実習生は祖国の送り出し機関に多額の費用を支払うため数百万円もの借金を背負って来日することが一般的で、その返済のために長時間の残業を強いられるほか、ぎりぎりの生活を余儀なくされている。悪質なブローカーの介在が実習生の置かれている状況をさらに過酷にしているわけだが、国は民間任せで有効な対策を打ってこなかった。

新制度で政府は「法務省、厚生労働省などの関係機関の連携強化により、悪質なブローカーの排除を徹底する」としているが、果たして有効な具体策があるのか疑問符がつく。ブローカー排除は新制度の対象者だけでなく、技能実習生として来日する外国人も対象にしなければ意味がない。雇用許可制の導入により、外国人労働者を受け入れている韓国では国の機関が送り出し国で労働者の募集・採用に直接関わっている。日本も国が直接関与すればブローカーの介在を排除できるのではないだろうか。

また政府は新在留資格を得て働く外国人に対し、「日常生活上、職業生活上または社会生活上の支援」を実施するのは、受け入れ機関もしくは出入国在留管理庁の登録を受けた登録支援機関とし、国が責任を持って行うとは言っていない。受け入れ機関とは外国人労働者を受け入れた企業や団体のことを指す。技能実習制度では受け入れ企業の劣悪な労働環境や、実習生への人権無視の対応が問題になっている。新制度のもとで受け入れ企業の対応が劇的に変わるとはとても思えず、企業に十分な支援は望めない。

出入国在留管理庁というのは、法務省の入国管理局を庁に格上げして発足する組織で、ここに登録した機関は「特定技能」の資格を持つ外国人の生活支援を実施することができる。どういう団体・組織が登録支援機関になるのか定かではないが、技能実習制度における監理団体のような組織が想定される。監理団体は技能実習生を受け入れる窓口で、中小・零細企業に実習生を振り分けるほか、受け入れ企業の技能習得活動を管理・監督している。業界団体や商工会、協同組合などが多いが、中には中間搾取をしている悪質な団体もある。こうした団体に生活支援を望むのは難しい。

ブラジル人など日系人の受け入れでも、国は当初、民間任せで何の支援策も講じなかった。一九八九年の入管法改正で日系南米人が大量に流入し、生活習慣の違いから日本人住民との間でトラブルが発生するなど様々な問題が浮上したが、対応に乗り出したのは地方自治体とＮＰＯなど地域の市民だった。国が重い腰を上げたのは、日系人の大量失業が問題になった二〇〇八年のリーマンショック以降である。海外を見渡すと、ドイツやフランスのように公費を投入して移民に語学教育をするなど、国が全面的に関与して手厚い生活支援を実施している例も珍しくない。

改正入管法成立後の二〇一八年十二月末、政府は「外国人材の受入れ・共生のための総合的対応策」を発表した。「外国人材の適正・円滑な受入れの促進に向けた取組とともに、外国人との共生社会の実現に向けた環境整備を推進する」のが目的で、行政・生活情報の多言語化、相談体制の整備、医療・保健・福祉サービスの提供環境の整備、日本語教育の充実など外国人に対する支援や在留管理体制の強化に向けた一二六項目の政策メニューをそろえた。だが、政策の具体的な中身が不明確なものも多く、時間がない中、取り合えず各省庁が挙げてきた対策をそのまま羅列した感が否めない。政策取りまとめの中心になったのは法務省だが、同省は出入国管理業務に精通しているものの、外国人との共生政策には詳しくない。

外国人に対する生活支援や共生政策は多岐にわたるため、厚生労働省、文部科学省、総務省、経済産業省、外務省など各省庁の協力が欠かせない。政府は新たに設置する出入国在留管理庁を司令塔にして政策を実行する構えだが、本来は内閣府を中心に省庁横断的な体制を組むのが筋だろう。法務省主導の体制には「共生」より「管理」を重視する政府の思いも滲む。新制度の仕組みを子細に見ると、外国人労働者の受け入れ拡大で国は直接関与せず、民間に任せ、管理・監督する立場に回る構造が明らかだ。だが、本当に管理・監督できるのかという不安と、今回の新制度では不法就労の外国人取り締まりなど在留管理体制の強化に政策の力点が置かれるのではないかとの疑問が湧いてくる。

単純労働者を受け入れる今回の入管法改正は右寄りの安倍政権だからできたとの見方がある。穏健保守やリベラル派の政権なら、移民反対を唱える保守強硬派を抑えられないからである。それだけに新制度は保守層への配慮を強く意識した内容になっており、出入国や在留管理体制の強化や不法滞在者への対策強化が強く打ち出されている。だが、外国人政策では「管理」と「共生」のバランスが重要であることは言うまでもない。政府の言う「共生政策」とは言葉を変えれば、外国人を日本社会の一員として迎え入れる社会統合政策のことだが、それが不十分だと保守派が懸念する治安悪化にもつながりかねない。

移民反対論者は必ず、外国人が増えると犯罪が増えると主張する。だが、それは事実と違う。二〇一八年の警察白書によると、二〇〇八年に三万一二五二件だった来日外国人の検挙件数は、二〇一七年に一万七〇〇六件と半分近くに減っている。この間、在留外国人の数は約二〇%増えたにもかかわらず、外国人犯罪は激減しているのだ。外国人犯罪を減らすには貧困や差別をなくすことや外国人児童に十分な教育環境を整えること、つまり社会統合政策が重要だ。悪質なブローカーを排除することはもちろん必要だが、外国人には「管理」より「共生」の政策が大事だ。「共生」がうまく進めば、「管理」に時間を取られる必要はなくなる。

もう一つ今回の新制度で懸念されるのは、外国人労働者が大都市に集中してしまうのではないかという問題である。政府は新在留資格運用の基本方針で「大都市圏その他の特定地域に過度に集中して就労することとならないよう、必要な措置を講じるよう努める」としているが、果たして有効な具体策はあるのか。技能実習制度では実習先を変えることはできないため、賃金が安くても地方の受け入れ先にとどまるしかなかった。それでも「もっと賃金の高い事業所へ移りたい」と思う実習生の失踪が相次いだ。二〇一七年に失踪した実習生は七〇八九人、二〇一八年は九〇五二人となっている。法務省の調査によると、失踪の動機の七割弱が「低賃金」である。新制度では同じ業種内での転職が認められているため、実習を終え、特定技能1号に移行した外国人が地方より最低賃金が高い大都市圏での就労を希望する可能性は高い。そうなれば、せっかくの新制度も地方の深刻な人手不足解消には役に立たないことになる。

一九八九年の入管法改正で日系人受け入れを主導した元法務官僚の坂中英徳・移民政策研究所長は当時を振り返って「来日した日系ブラジル人は日本にいる親戚を頼って全国に散らばり、農業に従事する人もいると思っていた」と語る。この予想は見事に外れ、実際には東海地方など工場地帯に集住した。来日する外国人労働者はお金を稼ぐのが最大の目的だけに、仕事のある地域、条件の良い事業所に向かうのは自然の流れともいえる。

とはいえ、技能実習制度のように転職の自由を奪うようでは、外国人材にとって魅力ある国とはいえない。実習生の失踪の原因を辿っていくと、借金を抱え返済に追われる厳しい状況がある。借金を早く返すために、より高い賃金が得られるところを求めてしまうのだ。実習生の失踪や特定技能1号移行後の大都市への移動を防ぐためにも、悪質ブローカーの排除が必要になることは言うまでもない。その上で今後、地方は外国人労働者を惹きつけるような労働・生活環境を整えることが重要だ。技能実習を修了した人がその土地を離れがたいと思うような環境整備が必要で、企業も自治体も発想の転換が欠かせない。まさに地方の知恵が問われる時代になるだろう。

求められる社会統合政策

私はこの一〇年間、途中でジャーナリズムからアカデミズムに活動の足場を移したものの、一貫して外国人集住地域の取材、調査を続けてきた。日系ブラジル人など外国人が人口の半分近くを占めていた愛知県豊田市の保見団地から始まり、東京有数のアジア人集住地域の新大久保、外国人妻が多い新潟県南魚沼市の農村地帯、池袋北口に広がるチャイナタウン、江戸川区西葛西のインド人街、ミャンマー難民が多く、リトル・ヤンゴンと呼ばれる東京・高田馬場、最近中国人集住地域として話題になっている埼玉県の川口芝園団地、元インドシナ難民などベトナム人が多い神奈川県大和市と横浜市にまたがる、いちょう団地などを訪れ、住民の話を聞いてきた。そこで痛感したのは日本人と外国人の住民間の交流が希薄なことだ。

保見団地では、日本語が不得意な外国人児童・生徒が多く、日本の公立学校に通っても授業についていけず不就学・不登校になる子どもたちがいた。こうした子どもたちを支援する複数のNPOが存在し、熱心に活動を展開していた。活動を担っていたのは、ほとんどが周辺地域に住む主婦である。NPOの女性スタッフと外国人の子ども及びその保護者の関係は緊密だったが、それ以外に日本人と外国人の接点はなかった。強いて言えば、団地の自治体幹部と外国人住民団体の代表が交流していたが、ゴミ問題をはじめとしたトラブルに関する話し合いをするなど、自然な交流とは程遠かった。団地では日系ブラジル人のゴミの捨て方や夜間の騒音、違法駐車などを巡り、日本人住民から苦情が相次ぎ、両者間で軋轢が続いていた。ある自治会幹部が口にした「ブラジル人とは共生できない」という言葉が今も耳に残っている。

他の地域も濃淡はあるが、概して日本人住民と外国人住民の交流は乏しい。その理由は様々だが、共通する要素として言葉の問題が挙げられる。特にこの問題が深刻だったのが保見団地である。この団地に限らず、日本に住むブラジル人、ペルー人などの日系南米人は日本語が全く話せない人も珍しくない。彼らは派遣労働者として製造業で働く人が多いが、工場現場はマニュアルに沿った作業が多いため、日本語ができなくても仕事に大きな支障がないからだ。

政府は「特定技能」の在留資格を取得する外国人については日本語試験に合格することが条件としているが、日系人についてはどうするのか。新たに入国する人はもちろん、すでに定住している日系人の日本語教育についても学習機会を提供する必要があると思われる。また「特定技能」の外国人に求める日本語力は「ある程度日常会話ができ、生活に支障がない程度の日本語能力」としているだけで曖昧だ。「特定技能」に移行する前の実習生の日本語力も概して乏しいのが実態だ。実習生の日本語教育をどうするのかも今後の課題である。

保見団地は人口約七〇〇〇人の大型団地で、日本人と外国人がそれぞれ、ほぼ半数の割合で住んでいる。そこで双方が交流せず暮らしている光景は異常だ。埼玉県の川口芝園団地、神奈川県のいちょう団地も似たような状況だ。都会では日本人同士も交流しないのが当たり前になっているが、文化の違うコミュニティだけに、交流がないと不安も大きく、治安面からも好ましい状態ではない。今後、外国人が増える社会を想定すれば、双方の交流促進は不可欠で、国は外国人の日本語教育に十分な予算を組むべきであろう。

政府の「外国人材の受入れ・共生のための総合的対応策」には予算六億円で「生活のための日本語の標準的なカリキュラム等を踏まえた日本語教育の全国展開」という項目が盛り込まれた。地域における日本語教育の総合的な体制づくりなどに使われるというが、十分な対策とは思えない。地方自治体が開設する日本語教室を担っているのはほとんどが市民のボランティアである。日本語教員の資格を持っている人もいるが、中には持っていない人もいる。そもそも日本語教員の資格というのが国家資格ではなく、四年制大学の卒業者で四二〇時間の日本語教師養成講座を受講すれば誰でも取得できるという性格のものである。

私が所属する北海道教育大学函館校にも日本語教員の養成プログラムがあるが、受講者は多いものの、実際に日本語教員になる人はほとんどいない。資格を取っても就職先がないからだ。ボランティアに近い形態での仕事はあっても、それでは生活していけない。運よく日本語学校に就職する学生もいたが、一年も経たずに辞めた。留学生の多くが勉強熱心ではなく、アルバイトに精を出し、授業中は居眠りしているという有り様だからだ。週二八時間のアルバイトを認めている日本には就労目的で日本語学校に在籍する、いわゆる「出稼ぎ留学生」が増えている。彼らの中には二八時間を超えて働く者も多い。これまで単純労働者の受け入れを制限していたため、こうした抜け穴を利用して働きに来る外国人が後を絶たなかったのである。

政府は総合的対応策で「日本語教師のスキルを証明する新たな資格の整備」を掲げているが、それだけでは不十分で、日本語教員の資格を持った人が生活していけるだけの収入を得られる職を用意する必要がある。そのために学校の教員免許に新たに「日本語」を設置することを提案したい。これまで学校で外国人の子どもに日本語を教える教員になるには、「国語」や「英語」などの教員免許を取った上で日本語教員養成プログラムを受講し、日本語教師の資格を取る必要があり、学生の負担が重かった。それを一本化し、「日本語」という教員免許を設置することで、外国人児童・生徒教育に携わりたいという熱意ある学生に日本語教員への道を開くのである。

また不就学・不登校の外国人児童・生徒をなくすため、日本人同様、外国人に対しても小学校、中学校の教育を義務化することも検討課題であろう。現在でも外国人の子どもは本人や保護者が望めば公立学校で教育を受けられる。ただ、親が教育に熱心でなかったり、子どもが日本語についていけなかったりして不就学・不登校になるケースがある。教育を義務化することで学校側も真剣になるし、親や子どもの意識が変わる。教育を受けない外国人の子どもを放置することは生活保護受給者や犯罪者の予備軍を生み出すことにもなりかねず、好ましくない。

その上で国は自治体などが運営する日本語教室に十分な予算を投入し、地域の日本語教育の推進を図るべきであろう。実習生や「特定技能」の在留資格を持つ外国人を雇用する企業にも日本語教育に責任を持つことを求めたい。これまでは国が地方自治体に対応を丸投げし、自治体がわずかな予算でボランティアに頼って日本語教室を開いていたのが実態である。出稼ぎ留学生を集める悪質な日本語学校の淘汰も必要だ。

移民政策はどういう外国人を受け入れるのかという出入国管理政策と、受け入れた外国人をどう日本社会の一員として迎え入れるのかという社会統合政策が車の両輪だ。政府が求めるのは「外国人材」であり、定住・永住する「移民」ではないのだから、社会統合政策は最低限でいいという発想かもしれないが、海外を見ても明らかなように、労働力不足のため受け入れた外国人は必ず移民化するという先例がある。

ドイツは戦後の高度成長期に労働力不足が深刻化、トルコ人などを受け入れたが、ガストアルバイター（一時的な労働者）として移民とは認めなかった。だが、トルコ人労働者が定住化し、ドイツ人住民との軋轢が激化すると、自らを「移民国家」として認め、移民法を制定して社会統合政策に乗り出した。ドイツ語能力が不十分な外国人に対し、六〇〇時間のドイツ語習得コースとドイツの法秩序、歴史、文化を学ぶ四五時間のオリエンテーションコースを始めた。

主に北アフリカ諸国から外国人労働者を受け入れたフランスも彼らが移民化するのを見て、移民がフランス社会に溶け込めるように「受け入れ・統合契約」を結んで様々な政策を実施することにした。フランス語研修のほか、共和国の理念・価値、文化を教える市民教育研修、生活に必要な各種情報を提供する生活講習会などを行っている。日本も今後、手厚い社会統合政策の実施が求められている。

欠かせぬ市民の意識改革

ここまで国や自治体の政策について論じてきたが、市民レベルの取り組みも重要だ。地域の市民が文化の異なる人々との共生に理解を示さないと、外国人の受け入れは成功しないからだ。だが、これまで数多くの外国人集住地域を取材した経験から言うと、多文化共生社会の構築は簡単ではない。外国人との共生は外国人に日本語を習得させ、日本社会のルールを知ってもらい、日本社会の一員になってもらうだけではうまくいかない。日本人自身も異文化に関心を持ち、自分たちと違う生活文化や習慣に寛容になる必要がある。日本人も変わることを迫られるのである。だが、それは一朝一夕には実現しない。

今後は日本各地で外国人を生活者として受け入れる地域レベルの取り組みが必要になる。ささやかな例だが、こうした取り組みの一つとして私が所属する北海道教育大学の函館国際化プロジェクトを紹介したい。このプロジェクトは学生がフィールドワークで地域の課題解決を考える授業の一環として始まった。まず函館在住の外国人にインタビュー調査を行い、函館は外国人に住みやすい街か、住みやすい街にするためには何が必要かなど、外国人の側から地域の国際化についての意見を聴いた。それを学生が調査報告書にまとめた上で、外国人住民の声をもとに多文化共生実現のための施策を考え、函館市長に提言したのである。

学生が出した提言は①技能実習生と市民の交流会の開催②初等教育の場で外国人住民が自国の文化を語る異文化理解講座の開講――の二つである。このうち実習生と市民の交流会は市の事業として二〇一八年から始まった。地域から孤立して生活していた実習生が市民と触れ合う一方、日本人の側もこれまでその存在すら知らなかった実習生をしっかりと認識する貴重な場になった。異文化理解講座も市内の小学校で徐々に広がり始め、児童が地域の外国人と交流し、異文化への関心を広げるとともに、外国人にとっても自国の文化を発信できる格好の場になっている。手前味噌かもしれないが、こうした試みが全国で広がっていくことが日本人市民の意識を変え、地域社会としての外国人受け入れに大きな効果を挙げるのではないかと期待している。

激化するアジアの人材争奪戦

今、アジアでは韓国、台湾、香港、シンガポールなど人手不足の国・地域によって外国人材の争奪戦が激しくなっている。韓国はかつて日本の技能実習制度をモデルにした産業研修生制度を導入したが、様々な問題が浮上したため、この制度をやめた。日本に先駆け、二〇〇四年に正式に外国人の単純労働者を受け入れる「雇用許可制」の導入に踏み切った。韓国企業が自国の労働者を雇用できない場合に限り、政府から雇用許可書を受給し、外国人労働者と雇用契約を結んで受け入れる仕組みである。

受け入れ国とは二国間協定を結び、国が関与して労働者を募集するため、日本の技能実習制度のような悪質なブローカーは介在せず、外国人が借金を背負って韓国に来るということはない。また二〇〇七年には在韓外国人の人権保護と社会統合を目指す「在韓外国人処遇基本法」も制定された。日本に大勢の技能実習生がやってくるベトナムでは、日本より労働条件が良いとして韓国を選ぶ人も多いという。

人口減少社会を迎え、国の活力を維持するために外国人の受け入れは欠かせない。日本に仕事を求めてやってくる外国人には、それぞれ自分の人生がかかっている。そうした人たちを失意と絶望に追い込む国であってはならない。外国人が思う存分能力を発揮し、来てよかったと思う日本をつくらなくてはいけない。そうしなければ日本は「選ばれる国」にはなれないだろう。

残念ながら改正入管法は十分な議論もないまま、生煮えのままスタートした。だが、今からでも遅くない。新制度の問題点を洗い出し、改善を重ねていくことが重要だ。国には「移民政策ではない」となどと逃げるのではなく、今後の国の在り方についてのビジョンを明確にし、社会統合政策に重点を置いた本格的な移民政策の立案をこそ求めたい。そのためには、「第三の開国」に踏み込むという覚悟が必要である。同時に市民レベルでの多文化共生社会の構築が今後の課題である。明治維新では近代化のため、日本の旧来の制度が壊され、人々の意識は大きく変わった。「開かれた移民社会」に向け、国だけではなく、我々ひとり一人の市民の意識変革も求められている。

＊

＊

＊

外国人にシティズンシップを開く

【参政権・公務就任権・複数国籍を中心とした諸外国との比較[1]】

近藤 敦

●こんどう・あつし　一九六〇年生。名城大学法学部教授。著作に『外国人の人権と市民権』（明石書店）、『人権法』（日本評論社）、『多文化共生と人権――諸外国の「移民」と日本の「外国人」』等。

一　シティズンシップとは何か

第一に、シティズンシップは、「政治体における個人のステイタスまたは一連の権利と義務」を意味する。この場合は、「市民権」という日本語に対応することが多い。第二に、シティズンシップは、英語圏の国をはじめ、「国家の構成員資格」としての「国籍」の意味で使われる場合もある。いずれにせよ、伝統的には、シティズンシップは、国民の（市民または公民）の資格に伴う諸権利を意味することが多かった。しかし、人の国際移動が盛んであり、国際的な人権保障が進む今日、一定の外国人が参政権をはじめとするシティズンシップの多くの要素を享有する状況にある。

たとえば、EUという超国家的な政治体の誕生により、EU市民権がEU市民に認められた。地方参政権や欧州議会の参政権、居住権、外交保護権などがEU市民権の内容とされている。いわば、相互主義に基づいて、一定の諸権利を一定地域の国民相互に認め合う「互恵型」のシティズンシップといえる。

一方、スウェーデンは、北欧市民にかぎらず、すべての定住外国人に地方参政権を認めるデニズンシップ（永住市民権）の道を選び、多くの国に影響を与えている。いわば、普遍主義に基づいて、永住または一定の居住期間をもとに一定の諸権利を認める「定住型」のシティズンシップといえる。一般に、定住型は、拡大する傾向にある。

他方、イギリスでは、かつての大英帝国から独立した国々と英連邦(Commonwealth of Nations)を構成し、イギリスに滞在する英連邦市民は、すべてのレベルの参政権や公務就任権を含む英連邦市民権を保障されている。ただし、カリブ諸国を除けば、英連邦市民権をもはや保持していない国も多い(2)。一般に、伝統型は、縮小する傾向にある。

二十世紀中旬に、イギリスの社会学者T・H・マーシャルは、国民国家の閉じた体系において、市民的権利、政治的権利、社会的権利の順で、シティズンシップの展開を説明した(3)。二十世紀後半に、スウェーデンの政治学者T・ハンマーは、外国人の場合は、社会的権利のあとに政治的権利がくるという。なぜならば、社会的権利が福祉国家においては基本的なものであり、政治的権利は国家の構成員資格とより密接に関連する権利と考えられていることによる(4)。

なお、シティズンシップが、国籍をさす第二の意味では、出身国から定住国に移った移民は、帰化して定住国の国籍を取得する場合も少なくない。その際、少なからずの国が、出身国の国籍放棄を義務づけておらず、複数国籍としてのシティズンシップを保持する場合も多い。国の枠を超えたトランスナショナル・シティズンシップ(transnational citizenship)として、永住市民権やEU市民権などの一定の外国人のシティズンシップが指摘されるだけでなく、移民の複数国籍(multiple citizenship)が多くの国で承認されつつある。

本稿は、外国人の参政権、外国人の公務就任権、移民の複数国籍について諸外国と比較しながら、日本の課題を検討する。

二　外国人の参政権

何らかの形で外国人参政権を有する国は、国連加盟一九三カ国のうち、およそ三分の一(六五カ国)といわれている。その内訳は、定住型が三四カ国、互恵型が一五カ国、伝統型が一六カ国である(**表1**)。

定住型は、永住または一定の居住期間を要件として、すべての外国人に地方選挙権を認める。互恵型は、EU市民など相互主義に基づき、お互いの国の出身者だけで選挙権を認め合う。EU二八カ国のうち、互恵型は半分にすぎない。互恵型が出身国による差別の問題をはらんでいるとして、定住型に移行した国も少なくない。伝統型は、英連邦など旧植民地出身者との伝統的なつながりを根拠に認める国である。太字は、国会選挙権も認めている国である。括弧内は、一部の州や自治体などにかぎって外国人参政権を認めている場合である。アメリカでは、メリーランド州のタ

表 1　外国人の地方選挙権（65 カ国）

1　定住型（34 カ国）
スウェーデン、フィンランド、ノルウェー、デンマーク、アイスランド、**アイルランド**、オランダ、リトアニア、スロバキア、ベルギー、ルクセンブルク、エストニア、スロベニア、ハンガリー、**ニュージーランド**、韓国、**チリ**、**ウルグアイ**、コロンビア、**エクアドル**、ベネズエラ、パラグアイ、ペルー、ブルキナファソ、カーボベルデ、**マラウィ**、ウガンダ、ルワンダ、ザンビア（スイス、アメリカ、中国（香港）、イスラエル、アルゼンチン）
2　互恵型（15 カ国）
スペイン、ドイツ、フランス、イタリア、オーストリア、チェコ、キプロス、ラトビア、ポーランド、ブルガリア、ルーマニア、クロアチア、マルタ、ギリシア、ボリビア
3　伝統型（16 カ国）
イギリス、**ポルトガル**、オーストラリア、**モーリシャス**、**ブラジル**、**ガイアナ**、アンティグア・バーブーダ、ドミニカ、**グレナダ**、**ジャマイカ**、**ベリーズ**、**セントビンセント・グレナディーン**、**セントクリストファー・ネイビス**、**セントルシア**、**トリニダード・トバゴ**、**バルバドス**

出典：H. Andrès, Le droit de vote des résidents étrangers est-il une compensation à une fermeture de la nationalité ? Le bilan des expériences européennes, *Migrations société* 25: 146 (2013), pp. 103-115 および Global Citizenship Observatory（GLOBALCIT, http://globalcit.eu/、2019 年 1 月 28 日閲覧）をもとに作成。

コマ・パーク市などの一部の市町村で地方選挙権を永住者等に認めている。

三　外国人の公務就任権

外国人の人権保障状況を国際比較した調査として移民統合政策指数（Migrant Integration Policy Index: MIPEX）がある。EU二八カ国、ニュージーランド、ノルウェー、カナダ、オーストラリア、アメリカ、スイス、アイスランド、トルコ、韓国および日本の三八カ国を比較する。主として（EU諸国では、EU市民以外の）正規滞在外国人の権利保障の状況が調査される。日本は、国籍取得と政治参加の分野はかなり低く、教育と差別禁止の分野が極めて低く、家族結合、永住許可、保健医療、労働市場については、平均よりも高い評価となっている。[5]

労働市場の分野の質問項目の一つは、公務員の就労に関するものである。EC裁判所は、「公法上与えられた権力の行使への直接または間接的参加」を含む地位であり、「国家その他の行政機関における一般利益の保護」を目的とする職務への国籍要件の制約のみを認めている。[6]そこで、EU市民以外の公務就任についても、公権力の行使と一般的な国益保護の制約のみの国が第一グループである。この場合も、スウェーデンのように、地方公務員については、例外なく外国人に公務就任が認められる国もあれば、[7]

表2　（EU市民以外の）外国人の公務就任

公権力の行使と一般的な国益保護の制約のみ	アメリカ、カナダ、イギリス、スウェーデン、フィンランド、デンマーク、ノルウェー、オランダ、チェコ、マルタ、ポルトガル、スペイン、ニュージーランド、韓国、日本？
他の制約もある	ドイツ、オーストラリア、オーストリア、ベルギー、ブルガリア、クロアチア、ハンガリー、アイスランド、アイルランド、イタリア、ラトビア、ルーマニア、スイス
EU市民と同様の公務就任は国民のみである	フランス、キプロス、エストニア、ギリシア、リトアニア、ルクセンブルク、ポーランド、スロバキア、スロベニア、トルコ

出典：MIPEX, 2015（http://www.mipex.eu/、2019年1月28日閲覧）をもとに作成。

日本のように、地方公務員の管理職などには制約を課す場合もある。

日本では、公権力の行使と公の意思の形成にたずさわる公務員には制約を課す「当然の法理」と呼ばれる行政解釈と最高裁判決のいう「住民の権利義務を直接形成し、その範囲を確定するなどの公権力の行使に当たる行為を行い、若しくは普通地方公共団体の重要な施策に関する決定を行い、又はこれらに参画することを職務とするもの」は、原則として日本国民の就任が「想定」されているという「想定の法理」による制約がある。[8] この点を根拠に、第一のグループに整理したが、実は、自治体によって態様はさまざまである。二〇一六年の共同通信によるアンケート調査では、二七八自治体（二六・八%）が、管理職への任用制限なしに門戸を開放している。他方、一般事務職でも国籍要件を課す自治体が六八〇（四一・〇%）もある。[9] この点に着目すれば、日本は第二グループに整理した方がよかったかもしれない。

第二グループは、他の制約がある国である。ハンガリーは、武装警備員、野生動物の保護官、森林サービス、漁業警備などは真の公権力の行使とはいえなくても制約されている。オーストラリアの州では、国籍要件や居住要件を課すことができる点を他の制約もあると評価しているようである。

第三のグループは、契約ベースの公務員を別にして、一般に官吏はEU市民以外に門戸を閉じている国である。たしかに、国民

表3　帰化の際の従来の国籍放棄

従来の国籍放棄が不要（複数国籍に寛容）	スウェーデン、ポルトガル、ポーランド、カナダ、トルコ、ギリシア、フィンランド、イタリア、デンマーク、アメリカ、ハンガリー、アイスランド、ルクセンブルク、イギリス、フランス、ベルギー、スイス、スペイン、アイルランド、チェコ、オーストラリア、ニュージーランド、キプロス、マルタ、ルーマニア
必要だが、例外あり（複数国籍にやや寛容）	オランダ、ノルウェー、ドイツ、韓国、スロベニア、チェコ、オーストリア、ラトビア、スロバキア、ブルガリア、リトアニア、日本
従来の国籍放棄が必要（複数国籍に不寛容）	エストニア、クロアチア

出典：MIPEX, 2015 をもとに作成。

主権原理の母国であるフランスは、このタイプである。

しかし、憲法が国民主権原理を定めていても、スウェーデンのように地方公務員の国籍要件がない国もある。ドイツでも、国民主権原理は、国家機関の監督者がドイツ人であることを要求するにすぎず[10]、行政においては、国民意思の形成ではなく、その実施が重要だと考えられている[11]。

四　複数国籍

複数国籍の容認国の増大傾向を示す調査がある。在外国民が帰化などの自己の意思で定住国の国籍を取得する際に従来の国籍の自動喪失を必要としない国は、一九六〇年において、八五カ国中三三カ国（三八・八％）であったのに対し、二〇一五年において一九四カ国中一四二カ国（七三・二％）に及んでいる[12]。これは、在外国民への寛容度を示すデータといえる。

他方、在住外国人への寛容度の判定は、容易ではない。MIPEXでは、日本は、日本への帰化に際して従来の国籍放棄が原則だが、例外のある、第二グループに整理される（**表3**）。しかし、同じグループでも、例外の広さ、すなわち複数国籍の寛容度はさまざまである。たとえば、オランダは、国籍放棄ができない、オランダで生まれ育った、五年以上継続居住している未成年者、オランダ人の配偶者・パートナー、難民、国籍放棄に多額を要する、財産権放棄などの重大な不利益を被る、兵役を終えないといけない、国籍国の当局と接触できない、申請者の国をオランダが承認していない、または特別な客観的な理由がある場合には、国籍放棄が不要であり、帰化者の六三％が複数国籍を維持している。[13]また、ドイツも例外が多く、EU市民、国籍放棄が重大な不利益をもたらす、または国籍放棄が特に困難な場合には複数国籍を認め、帰化者の五〇％以上は複数国籍を認められている。[14]日本の国籍法五条二項の定める「法務大臣は、外国人がその意思にかかわらずその国籍を失うことができない場合において、日本国民との親族関係または境遇につき特別の事情があると認めるとき」という例外は極めて狭い。したがって、日本の国籍法の規定は、複数国籍の寛容度がかなり低い状況にある。[15]

五　日本の課題と展望

以上、考察したように、移民／外国人にシティズンシップを開くという点では、諸外国、とりわけ他の民主主義諸国の状況とは大きな違いがある。民主主義と人権保障の発展のために、日本の法制度は、今後、見直すべき課題が多い。

第一に、永住外国人の地方選挙権が求められる。一九九五年の最高裁判決は、国民主権原理を理由に訴えを退けたが、住民自治原理の重要性を考慮して、憲法上禁止されておらず、立法政策の問題とした。[16]一般永住者が特別永住者の二倍を超える今日、特別永住者に限定することは適当ではない。永住許可の一〇年の居住要件も、帰化の五年以下に改める必要がある。制度導入前の不安の声を考慮して、最初は地方選挙権だけを相互主義で導入することも選択肢としてはありえよう。しかし、将来的には、治者と被治者の同一性といった民主主義の理念からは、被選挙権も望ましい。また、出身国による差別取扱を禁止する平等の観点からは、定住型が好ましい。

第二に、外国人の公務就任権の拡充が望まれる。憲法の国民主権原理から、法律の根拠なしに公務員の国籍要件を導く最高裁は、ナショナリズムに偏した憲法解釈といえる。ただし、最高裁の想定の法理は、管理職を含めて外国人の公務就任を禁止するものではなく、自治体の裁量で門戸拡大は可能である。むしろ、今後の多文化共生社会には、インターカルチュラルな能力を備えた公務員の採用が望まれる。地方の管理職に加えて、消防士・民生委員・人権擁護委員・児童委員・投票立会人、国の調停委員・司法委員・参与員・その他国家機密と関わりのない国家公務員にも永住市民の任用を可能とすべきである。そもそも、日本の特別永住者のように、旧植民地の出身者で戦後も居住し続けた人は、イギリスやフランスでは国民である。日本で生まれ育った人は、アメリカやカナダのような生地主義の国では、国民としての公務就任権が認められる。

第三に、欧米諸国でみられるように、複数国籍を認める国籍法の現代化が望まれる。複数国籍を認める余地が日本の国籍法では狭い。人の国際移動と国際結婚の盛んな今日、複数国籍を認める国籍法改正も焦眉の課題である。まずは、国籍選択制度と国籍留保制度は、廃止すべきである。ついで、国内外での帰化における複数国籍防止要件も、削除すべきである。さらには、日本で育った子どもが成人になるときに届出による国籍取得を認めるべきである。

注

（1）本稿は、科研費15K03125および17H02593の助成を受けている。

（2）ポルトガル、ブラジル、カーボベルデなどの間でも、類似の旧植民地との伝統に基づく市民権がみられるが、ポルトガル語諸国共同体市民権の広がりも乏しい。

（3）T. H. Marshall, *Citizenship and Social Class* (Cambridge: Cambridge University Press, 1950), p. 10.

（4）T. Hammar, *Democracy and the Nation State* (Adelshot: Avebury, 1990), p. 54（トーマス・ハンマー『永住市民と国民国家』近藤敦監訳、明石書店、一九九九年、七八頁）.

（5）詳しくは、近藤敦『多文化共生と人権』（明石書店、二〇一九年）七五頁以下参照。

（6）J. Wouters, European Citizenship and the Case-Law of the Court of the European communities on the Free Movement of Persons. In Epaminondas A. Marias (ed.), *European Citizenship* (Maastricht: European Institute of Public Admnistration, 1994), p. 44.

（7）SOU 1999: 34: 120.

（8）最大判2005（平成十七）年一月二十六日民集五九巻一号一二八頁。

（9）鈴木江理子「共同通信外国人住民に関する全国自治体アンケートの結果分析」外国人人権法連絡会編『日本における外国人・民族的マイノリティ人権白書 二〇一七』外国人人権法連絡会、二〇一七年、九四頁。

（10）G. Schwerdtfeger, 1980, *Welche rechtlichen Vorkehrungen empfehlen sich, um die Rechtsstellung von Ausländern in der Bunderepublik Deutschland angemessen zu gestalten?* (München: C. H. Beck 1980), pp. 71-73.

（11）J. Isensee, Isensee, Öffentliche Dienst. In E. Benda et al. (eds.), *Handbuch des Verfassungsrechts der Bunderepublik Deutschlands 2nd* ed. (Berlin: W. de Gruyter, 1994), p. 1546.

（12）M. P. Vink, G.-R. De Groot and N. C. Luk, MACIMIDE Global Expatriate Dual Citizenship Dataset, doi: 10.7910/DVN/TTMZ08, Harvard Dataverse, [V2], 2015.

（13）A. Böcker and R. v. Oers, *Naturalisation Procedures for Immigrants: the Netherlands*, 2013, p. 6; R. Oers, B. Hart and K. Groenendijk, *Country Report: The Netherlands*, GLOBALCIT, 2013, pp. 18-19.

（14）K. Hailbronner and A. Farahat, *Country Report on Citizenship Law: Germany*, 2015, GLOBALCIT, p. 17.

（15）韓国の例外も広く、韓国人の配偶者として二年（婚姻後三年以上であれば一年）以上の居住、韓国に特別の功労がある、または科学・経済・文化・スポーツなどの特別な分野で非常に優れた能力を有し韓国の国益に寄与する場合には、従来の国籍放棄は不要である（国籍法六条二項および七条一項）。

（16）最判1995（平成七）年二月二十八日民集四九巻二号六三九頁。

日本に暮らす移民の社会保障とセーフティネット

高谷 幸

●たかや・さら 一九七九年生。大阪大学大学院人間科学研究科准教授。社会学・移民研究。著作に『追放と抵抗のポリティクス――戦後日本の境界と非正規移民』(ナカニシヤ出版、二〇一七年)、『移民政策とは何か――日本の現実から考える』(編著、人文書院、近刊)、『外国人労働者』から『不法滞在者』へ――一九八〇年代以降の日本における非正規滞在者をめぐるカテゴリーの変遷とその帰結」(『社会学評論』68(4)、二〇一八年)等。

はじめに

外国人技能実習生が妊娠し、帰国か中絶を迫られたケースが報道されている(「『中絶か強制帰国、どちらか選べ』妊娠の実習生は逃げた」『朝日新聞』二〇一八年十二月一日)。残念ながらこうしたケースは、これが初めてではない。過去には、妊娠を理由として強制帰国を迫られた実習生が裁判に訴え、解雇無効を勝ち取ったケースもあるが、現実には帰国したり、中絶せざるを得なかったケースも少なくないと考えられる。またそもそも、技能実習生の送り出し機関や監理団体が、妊娠を禁止しているケースもある。新聞記事のケースでも送り出し機関からの「脅し」があったことがわかっている。

このニュースが露わになったのはちょうど、「特定技能」による外国人労働者受け入れ拡大を目的とする出入国管理及び難民認定法の改定案が国会で審議される頃だった。そこで、国会でも特定技能で働く移住労働者が妊娠した場合について質疑が交わされた。法務省の説明によると、「妊娠による解雇は無効」であること、両親がともに「特定技能」の在留資格によって滞在している場合、その子どもには「在留資格「特定活動」によって在留資格を認めるということを現在想定している」という(二〇一八年十二月四日参議院法務委員会)。

しかし現実に、特定技能で受け入れた移住労働者に、妊娠・出産の権利が十分保障されるのかは疑わしい。というのも、後述するように、技能実習制度にせよ、特定技能による受け入れにせよ、移住労働者が労働市場を離れて生きることを極度に制限できる制度になっていることが問題の背景にあるからだ。本稿では、移民にたいする社会保障の歴史を振り返りつつ、現代の移住労働者にたいする社会保障の課題について論じたい。

一 社会保障とは何か

移民にたいする社会保障を論じる前に、社会保障とは何かについて簡単にまとめておこう。そもそも社会保障は、近代社会において、産業化によって生じたリスクに対応するための制度として形成されてきた。近代以前の人びとは、多くの場合、農業や牧畜などを営み、ある程度自足的な生活をしていた。しかし産業化は、こうした人びとの生活を大きく変えた。生産手段を持たない人びとは、工場などで働き、その収入で生計を立てるようになった。つまり市場で自らの労働力を売らなければ、生きていけなくなった。周知のように、これを労働力の商品化という。

とはいえ、人間は誰でも、一生市場で働くことができるわけではない。生まれた時や高齢者になってからはもちろん、怪我や病気で働けなくなることもある。また解雇による失業に直面することもあれば、妊娠や出産をする場合もある。このような、労働者が「市場で働けない状態」をリスクと捉え、そのリスクに集合的に対応するために生まれたのが社会保障制度である。またそうした制度を備え、人びとに社会サービスを提供する国は、しばしば福祉国家とよばれる。

二十世紀末以降、福祉国家研究に大きな影響を与えてきたエスピン-アンデルセンは、福祉国家の機能の一つを「脱商品化」と捉えている。この「脱商品化」とは、市場に依存することなく生活できる状態を意味する(G・エスピン-アンデルセン、1990＝2001『福祉資本主義の三つの世界』二三頁)。つまりそれは、「個人あるいは家族が市場参加の有無にかかわらず社会的に認められた一定水準の生活を維持できること」、またその程度を意味する(G・エスピン-アンデルセン、前掲書、四一頁)。

エスピン-アンデルセンは、この「脱商品化」をT・H・マーシャルが提起した社会的権利という概念の具体化として位置づけている。マーシャルは、第二次大戦直後に出版された論考で、市民権

(citizenship)を「共同社会における地位身分」と定義する（マーシャル、T・H、1993『シティズンシップと社会的階級』）。その上で、イギリスの市民権確立の歴史を跡づけながら、これを「公民的権利」「政治的権利」「社会的権利」の三つに区分した。このうち彼は、福祉国家の権利である「社会的権利」を重視したが、それは、この権利の確立によって初めて共同社会の実質的な平等が達成されると考えたからである。エスピン-アンデルセンは、このマーシャルの「社会的権利」を「脱商品化」として捉え直し、福祉国家は、社会サービスの提供によって、人びとの脱商品化を保障していると論じる。それゆえ「社会的権利」は「脱商品化」の権利ともいえるだろう。

さてマーシャルが考えた当時、「共同社会」は国民国家を意味していた。そこでは、社会的権利を含むシティズンシップは、「国民」の地位身分と一致していた。しかしその後、社会的権利は「住民」の権利として、定住外国人にも認められるようになっていく。同様に、日本でも戦後、社会的権利は「国民」から「住民」の権利へと拡大されるようになった（田中宏、2013『在日外国人』岩波新書）。次節では、この点について見てみよう。

二　戦後日本における外国人の社会保障の歴史

戦後日本における社会的権利の対象範囲の拡大は、社会保障の受給資格を日本国民に限ってきた国籍条項の削除という形で行われてきた。もともと企業等で働く人びとが加入する健康保険や年金をのぞいて、日本の社会保障制度の多くには国籍条項が設けられてきた。これに対し、一九七〇年代より在日コリアンらによる民族差別の撤廃を求める運動をきっかけに、関西のいくつかの自治体では、例外的に国籍条項が免除されるようになっていた。とはいえ法律改正は、国際条約の批准を待たねばならなかった。

すなわち日本は、ベトナム難民の受け入れをきっかけに、一九七九年に「経済的、社会的及び文化的権利に関する国際規約（社会権規約）」を批准し、また一九八一年には「難民の地位に関する条約（難民条約）」に加入した。特に難民条約は、国内に暮らす難民に対し、社会保障に関し内国民と同等の待遇を与えなければならないと定めている。そこで国内法の見直しを迫られた日本政府は、社会保障に関する法律の国籍条項を撤廃するに至った。具体的には、一九八二年に「児童手当法」「児童扶養手当法」「特別児童扶養手当法」および「国民年金法」を、続いて八六年には「国民健康保険法」を改正し、国籍条項を撤廃した[1]（田中、前掲書）。さらに、当時の出入国管理令において、ハンセン病患者、精神障害者、生活保護受給者の退去強制事由を定めていた規定も削除された。こうして日本においても、社会的権利は、国民・外国人の双方を含む住民の権利としてほぼ確立することになった。

一方で、生活保護法については事情が異なっている。生活保護については、一九四六年に制定された旧生活保護法では外国人への適用が認められていた。しかし一九五〇年に現行の生活保護法ができたとき、日本国憲法の第二五条を根拠として、法の対象を「国民」に限った。しかし当時、貧困状況におかれた外国人が少なくなかったこともあり、厚生省（当時）は、一九五四年に通知を出し、外国人にも生活保護を「準用」できるとした。ただし、この「準用」とは権利ではなく、不服申し立てなどは認められていない。にもかかわらず、前述の国際条約の批准にさいして、日本政府は生活保護法を改めることはなかった。この結果、外国人にたいする生活保護は、現在に至るまで「恩恵」としてしか認められていない。

三　「住民」からの排除

前節でみたように、不十分な点はありながらも、日本でも社会保障は「住民」の権利として認められるようになってきた。しかしその後生じたことは、外国人のうち一部を「住民」から排除することによって、社会的権利を認めない動きである。それは、以下の二つの方法に整理することができる。

第一に、「住民」の範囲を入管法の資格によって制限する動きである。周知のように、一九八〇年代以降、日本に働きに来る移民が増加するようになっていた。当時、彼・彼女らの多くは「観光」ビザなどで入国し、滞在期限が切れた後も働く非正規滞在者だった。健康保険に入れなかった彼・彼女らに医療が必要になった時は、生活保護の緊急医療で対応していた。しかし九〇年に厚生省（当時）は、「口頭指示」により、生活保護の準用の範囲を「身分にもとづく在留資格」をもつ外国人に限定した。結果として、非正規滞在者はもちろん、留学生や専門・技術分野で働く労働者も生活保護を利用できなくなった。

また九三年には、国民健康保険の加入資格も「入国時に一年以上の在留資格をもつ」者に限定され、短期滞在などの在留資格で入国し、その後、超過滞在となった者は排除されることになった。これにたいしては、非正規滞在者を原告とする複数の訴訟が提起され、その一つは最高裁まで争われた。そのさい非正規滞在者が「住民」であるかどうかが裁判の争点となり、二〇〇三年に最高裁は「在留資格を有しない外国人であっても、『住所を有する者』に該当することがあり得る」という判断を下した。つまり、国民健康保険の対象となる「住所を有する者」とは「市町村の区域内に継続的に生活の本拠を有する者をいうと解するのが相当」として、この部分の原告の主張が認められたのである。

しかしこの判決では、社会保障制度の外国人への適用にあたっては、国内に適法な居住関係を有する者のみを対象とすることに合理的な理由があるとも述べられていた。それゆえこれを受けて、厚生労働省は、在留資格のない外国人を、国民健康保険の加入から一律に除外する規定を国民健康保険施行規則に加えた（「不法滞在外国人：国保から全面排除——厚労省が明文化」『毎日新聞』二〇〇四年六月八日）。

さらに、二〇〇九年に成立した改定入管法・改定住民基本台帳法（住基法）でも、入管法による在留資格とその期限が「住民」であるかどうかの判断基準となった。すなわちここでは、「外国人住民」とは、有効な在留資格をもち、その在留期限が九〇日を超える者とされた。この改定法は、法律上はじめて外国人を「住民」と位置づけるものであり、それまでの外国人登録法が外国人を「管理」の対象としてのみみなしてきたことから考えれば、画期的なものだった。一方で、この法は、「外国人住民」を、「生活の本拠」という実態から把握するのではなく、入管法の在留資格にもとづいて規定した。こうして制度の対象を在留資格のある「適法」な外国人に絞ることによって、非正規滞在者などは制度から排除されることになった。

さて、外国人を「住民」から排除する第二の方法は、彼・彼女らの在留期限を制限し、定住化を阻むことで、「住民」として享受できる社会サービスへのアクセスを制限しようとするものである。技能実習制度や特定技能の受け入れは、まさにこの方法といえる。

もちろん技能実習生も働いている以上、健康保険や年金の加入義務があり、実際に加入している。しかし滞在期間が限定されている以上、通算で一〇年以上加入しないと受給資格を得られない年金は途中で脱退となる。このような場合、脱退一時金が支払われるものの上限は三年間に限られているため、それ以上払った場合、掛け捨てになる。上限の延長が検討されているようだが、短期就労しか認められていない移住労働者にとっても公正な仕組みを担保できるかは疑わしい（「『脱退一時金』増額」『毎日新聞』二〇一八年十二月十二日）。また技能実習生は、原則として職場移転が認められておらず、失業した場合でも次の職場が見つからなければ帰国するしかない。それゆえ雇用保険へのアクセスも多くの場合、困難である。さらに、技能実習生や特定技能一号で働く移住労働者は、家族帯同も認められていない。一方で、健康保険の被扶養者に国内居住要件を求める法改定が予定されている。これが実施されれば、技能実習生や特定技能一号労働者は、保険料の負担は、日本国籍者や家族が日本国内にいる他の移民と同等であるにもかかわらず、「扶養」を使えないという点で、不平等な取り扱いを受けることになる。さらに、冒頭の記事のように、技能実習生には、妊娠や出産の権利も実質的には保障されないことが多い。

このように、「定住」の制限は、移住労働者やその家族の「社会的権利」すなわち脱商品化の権利を認めないか、その行使を困難にする。社会的権利が住民の権利とされている今日、彼・彼女らは、「定住＝住民になること」をあらかじめ阻止されることによって、社会的権利へのアクセスから排除されるのである。こうして定住を阻止された移住労働者は、徹底して商品化された存在となる。エスピン‐アンデルセンは、十九世紀イギリスにおける自由放任型の資本主義下では、「依るべき財産もなく、必要を満たす上で頼るべき身分もないために、労働者にとって市場は一つの牢獄とな」ったこと、そこで「生き延びるためには自らが商品として行動しなければならな」かった（G・エスピン‐アンデルセン、前掲書、四〇頁）と指摘している。必要を満たすための「住民」という地位身分を認められない現代の移住労働者にとっても、市場は「一つの牢獄」となり、そこでは、徹底して自ら商品として行動するしか生き延びる方法はないといえるだろう。

四　移民のセーフティネット

前節まで、移民の位置とそこでアクセスできる社会保障について概観してきた。ただし彼・彼女らの生存を支えるセーフティネットはそうした制度に限られる訳ではない。むしろ移民研究では、移民の家族や移民ネットワークがもつセーフティネット機能に着目してきた。ここでネットワークとは、基本的には同じエスニシティや文化背景をもつ移民の人的関係性のことである。ネットワークには様々な機能があるが、その重要なものの一つが相互扶助機能である。例えば、移民たちはしばしば移住先で頼母子講を作る。あるいは彼・彼女らのなかで起業する者が現れ、一定程度集積するとエスニック・ビジネスとして成立する。日本でも、在日コリアンが開拓した焼肉、パチンコなどの自営業がそれに当たるだろう。これらは、周知のように、主流社会における就職差別が根強い時代に、同胞にとってのセーフティネット機能を果たしてきた。一方で、過去三〇年に在日人口が増加したニューカマー移民の中で、エスニック・ビジネスに従事する割合が高いのはパキスタン系やナイジェリア系男性などに限られている（樋口直人2012「日本のエスニック・ビジネスをめぐる見取り図」樋口直人編『日本のエスニック・ビジネス』世界思想社）。在日コリアンと比較すると、セーフティネットとして機能する移民ネットワークをもつニューカマー移民は限られているようにもみえる。

おわりに

すでにみたように、社会保障はもともと産業化のなかで個人が直面するリスクに対応するための制度として各国で確立されてきた。しかしその後、市場はグローバル化する一方で、社会保障制度は国民国家ごとに区分されたままである。移民とは、この市場の範囲と社会保障の範囲の矛盾を体現する存在だといえるだろう。それゆえ移民の社会保障を考えることは、グローバル化した市場におけるリスクへの対応を考えることでもある。もちろん過去一〇〇年弱にわたって整えられてきた社会保障制度を現代の市場にあわせて変革することは一朝一夕にできるものではない。しかし今、必要なことは、社会保障制度の原点に戻ることではないだろうか。つまりグローバル化した市場を念頭に、そこに参入するすべての人びとが「脱商品化」の権利を実質的に保障されるような体制を構想していくことが求められている。

注

（1）しかしこの際、経過措置が取られなかったため、国籍条項が撤廃された一九八二年に三十五歳を超えていた外国人や二十歳を超えていた外国人障害者は無年金のままになった。

＊

＊

＊

日本人にはなれない、日本人であり続けることができない

【重国籍を認めない日本】

佐々木てる

●ささき・てる　一九六八年生。青森公立大学経営経済学部地域みらい学科教授。国際社会学、地域社会論。著作に「保守化する時代と重国籍制度――ナショナル・アイデンティティから視る現代日本社会の国籍観」『エトランデュエ（2）』（東方出版、二〇一八年）、編著に『パスポート学』（北海道大学出版会、二〇一六年）、『マルチ・エスニック・ジャパニーズ――〇〇系日本人の変革力』（明石書店、二〇一六年）等。

一　はじめに

二〇一九年四月より新しい出入国管理および難民認定法も施行され、新たに「入管庁」も設立される運びとなった。二〇一八年の国会では、当然のことながら新しい法律によって日本が移民社会へ向かうことが議論されていた。日本政府はあくまでも「外国人労働者」受け入れの議論であり、今回の法案で日本が移民国家へ舵をとることは否定した。しかしながら多くの国民が感じ取っているように、数年後、数十年後を考えれば、必然的に永住者も増え、そして移民国家日本としての「現状」が進むのは間違いないだろう。そしてそれにあわせた制度設計も必要になってくるのは間違いない。すでにインターネットを含めた各種報道では、技能実習生の現状のみならず、子どもの就学、日本語学校の実態、結婚を含め様々な実態が扱われるようになっている。こうした生活全般にわたる面で、海外からの人を受け入れる体制を整えてい

くことで、最終的に見えてくるのが日本への永住、そして日本の国籍を取得するという意味での「日本人」になることである。欧米の事例を見るまでもなく、滞在が長期化すればより安定した地位が求められるし、同時に愛着もわけばその国の国民として生きていくことも考えることになるだろう。特に移民も第二、第三世代となり日本で出生する人が増えれば必然的に日本国籍を取得することの心的なハードルも低くなるであろう。その時に考えられるのが、現行の日本国籍取得の制度の在り方である。ここでは、将来的な移民社会を見据えたうえで、複数国籍の保持を認める議論が必要であることを主張していくことにする。それは人口減少対策ということはもちろんのこと、永年居住している人（日本で生まれ育った）人々が日本国籍を持っていないことの不自然さ、さらにいえばその状態が「社会不安」につながることを考えてのことである。人は安定して、安心した社会的な身分を確保した方が、生活や仕事にも集中できるのは当然のことであろう。この点からも複数の国籍を保持できる制度について考えてみたい。

二　「重国籍は違法」なのか？

日本の国籍制度を確認しておこう。近年Ｗｅｂ上などで、「重国籍は違法」といったフレーズを散見するようになった。こうしたいい加減な情報によって、実際に非難されたり、差別を受けたり、ひどい場合は学生がアルバイトの面接でそのことを理由に不採用になったなどの被害にあう人が生じている[1]。

第一に、日本は二十二歳まで「重国籍」を法律上認めている。この点は明らかである。国際的にも成人になるまでの複数国籍保持は通常となっている。第二に日本の法律では、国籍選択をする場合は、①他の国の国籍を放棄したことを証明するか、②国籍選択届をだすかどちらかを行なえばいいことになっている。①の場合、国籍は必然的に日本の国籍のみになる。②の場合、日本政府に「日本の国籍を選択した」とみなされるだけである。ただし書類提出だけでは複数の国籍を保持している状態は解消されない。あたり前であるが、日本政府に「日本の国籍を選びます」と宣言しても、他の国の国籍が消えることはないからである。

さてここでのべた①、②のどちらかの手続きを二十二歳までにとらなければ、国籍法に違反したと指摘される可能性はある。場合によっては国に催告され、日本国籍をはく奪されるケースがある。これは法律に明記されている（もっともこれは国籍法が施行されてから一度もない）。逆に言えば、①か②の手続きをとれば、たとえ複数国籍を保持している状態でも、日本の法律にはまったく違反していないといえる。ただし②の場合は、法律上は単一の国籍にするように努力する義務が残っている（国籍法第十六条）。しかし「努力」の内容は規定がない。さらに重要なのは二十二歳以後、国籍選択しないことは違法だとしているが、「複数国籍を保持していることを違法である」（傍線引用者）と、国は言っていないことである。つまり実質的に複数国籍の状態は容認されており、その数も年々増大しているのが日本の現状である。[2]

もちろんこういった現状に対し、単一国籍主義を貫くため厳しく管理し、選択させるべきだという主張もある。しかしながら世界各国が複数国籍の保持を認めている現在、相互協定で国籍を選ばせる制度を導入しない限り、複数国籍者は増大する一方であろう。むしろ、複数国籍保持を制度的に認め、どんな職種に就く場合に、国籍を選択する義務があると規定を設ける方が現実的ではないか。特に今回、海外から多くの人に日本に来てもらうことを念頭に、制度が変更されたことを考えれば、この国籍選択という制度自体も見直す必要がある。

では次に、国籍選択が問題となる、いわば単一国籍主義の弊害を、国際結婚と帰化という視点から見ていこう。

三　国際結婚を考える

まず国際結婚の事例から考えてみよう。ここでは特に国際結婚の結果、生まれた子どもの国籍はどうなるかという問題を考えてみる。日本の国際結婚の数はピーク時で二〇〇六年四万四七〇一件であった。[3] その後減少し、二〇一七年で二万一四五七件である。ここ五年の平均が二万一〇〇〇件程度であり、この傾向はしばらく続くかもしれない。国際結婚数は日本人男性と外国人女性のカップルの割合いの方が高い。このパターンの中でも、中国人女性と日本人男性の結婚件数が最多である。次に多いのがフィリピン人であり、二〇〇六年は件数が最も多かった（一万二一五〇件）。改正国籍法が施行されてからの国際結婚件数を見ると、一九八五年〜二〇一七年の総計は九二万五二五七人、すなわち約一〇〇万件程度となっている。

では重国籍児童の発生を考えてみよう。重国籍を認めているフィリピン人との婚姻件数は、一九九二年からの統計であるが約一六万三千件である。日本人とフィリピン人の間に生まれた子どもは、フィリピンの国籍を取得できる権利があるため、この夫婦の間に生まれた子ども達は重国籍である可能性が高い。一九九二年〜二〇一七年の日本の合計特殊出生率の平均をおおよそ一・四程度とすると、約二三万人程度の日比の重国籍児童が誕生していることになる。これらの人々は国籍選択をどのようにとらえているのだろうか。成人した後もフィリピンの国籍を持ち続けていいのであれば、居住地をフィリピンにして重国籍であることを公にして生きていく人も増えるかもしれない。ちなみに今後さらに増加が予想されているのがベトナム人であるが、ベトナムの国籍法では重国籍を認めてており、成人後も選択義務はない。[4] 今後出生による重国籍者は毎年一定程度増加することは予測できる。根本的な国民とは誰かを決める法律が旧態依然としているならば、人口減少対策を含めた新しい入管法は場当たり的なもので終わり、「将来の国民」を見据えたものではなくなってしまうであろう。

四 国籍選択の不合理――帰化制度をめぐる問題

国籍選択は何も出生に関わるものだけではない。日本では後天的に日本国籍を取得するためには、本国の国籍を放棄しなくてはならない。この手続きは周知のように「帰化」と呼ばれている。戦後日本の帰化者数は法務省の統計で五五万〇七一五人となっている。[5] 平成二十四年～平成二十九年の間では毎年約一万人程度帰化者がいる。またそのうちわけは、毎年韓国・朝鮮人が五〇〇〇～六〇〇〇人で、中国人が二〇〇〇～三〇〇〇人程度である。韓国・朝鮮人の大多数は旧植民地出身者およびその子孫である「特別永住者」が中心といえる。

日本で国籍を取得する場合、以前調査した結果では、「子どものため」「権利のため」といった理由が多かった。帰化の背景には日常生活における差別はもちろん、就職、結婚などで差別を受けてきたという歴史的経緯がある。そのため日本社会で不利にならないよう「子どものため」に日本国籍を取得するという気持ちがあったことが明らかにされている。しかしながら特に在日コリアンの多くは、自分の民族的出自は大切にしていきたいと思っている人が多い。そのため昔から「国籍」＝「民族の最後の砦」として、日本国籍取得を拒んできた人が多かった。また日本国籍を取得することは民族の裏切りものというレッテルを貼られた時代もあった。最近でこそ日本国籍取得も一つの道として、認識されつつあるが、もとの国籍の放棄が障害になることは多い。日本人として日本社会で生活したい、しかし出自も大切にしたい。このジレンマは現行の帰化制度では必ず生じてくる問題である。[6]

さらに帰化制度の性質上、重大な問題も生じている。例えば最近の事例では、帰化許可が下りず無国籍になってしまったケースがある。そもそも「国籍を放棄したことを証明しなければ帰化は許可がおりない」ため、もとの国籍を放棄する手続きをまず行なった。しかしながら軽微な法律違反によって最終的に帰化許可がおりなかった。そのため原国籍も失い、日本国籍もとれず無国籍状態になってしまったという。こうしたケースは現行の法制度ではすくなからず起こってしまうものである。すなわち制度の構造的な問題ともいえる。世界的には重国籍防止より、無国籍を生じさせないことの方がもっと重要な案件となっている。国際的には重大な人権侵害と捉えかねない事例といえる。日本の国籍を取得することについて、しっかりとした調査および管理は確かに必要といえるが、世界の国籍制度の現状から、そして無国籍防止という視点からも、複数国籍を認めることの必然性はますます増しているといえる。

まとめ

国籍選択、単一国籍主義の問題は、実は来日した人の国籍選択の問題だけではない。日本国籍を持っている人が、日本国籍をはく奪されてしまうケースもある。例えば、海外で仕事をするために現地の国籍を取得した。その場合国籍法では「自らの意思で外国の国籍を取得した」ということで、日本国籍が剥奪されてしまった。また海外で結婚をしたため、自動的にパートナーの国の国籍が自動的に付与された（例えばスイス）。その場合も同様に日本国籍が喪失されるというケースが生じている。これらを含め、本稿で指摘した単一国籍主義による弊害が起こるケース、可能性をまとめると以下のようになるだろう。

①出生による複数国籍状態が生じることで二十二歳までに国籍選択しなくてはならない人々。
（「外国人－日本人」のカップルで生まれた場合、および「日本人のカップル」であるが、出生地主義国で生まれた場合）
②外国籍者が日本に帰化をした時
③日本人が海外で国籍を取得した場合
（結婚による自動取得、海外での仕事の都合上、国籍を取得せざるを得ない場合）

人口減少が叫ばれるなか、「日本人になりたい」「日本人でありたい」と考えている人に対して、単一の国籍を選択させることに固執するあまり、社会的な喪失を引き起こしてはいないだろうか。海外で活躍する人。そして海外から来て活躍する人。そういった人々がどんどん制度的に日本国籍を選択できない、もしくは国籍をはく奪されるならば、まったく活力のない国になっていくだろう。そういった国家運営の視点からも移民国家を念頭においた複数国籍の保持を認めることは重要であろう。

本稿は日本学術振興会、二〇一七～二〇一九年度 基盤研究（B）「重国籍制度および重国籍者に関する学際的研究」（研究代表：佐々木てる）の成果報告の一部である。

注

（1）昨今の重国籍をめぐる言説、およびその社会的要因については、佐々木てる 2018「保守化する時代重国籍制度――ナショナル・アイデンティティから視る現代日本社会の国籍観」在日本法律家協会会報『エトランデュエ　第二号』（東方出版、二〇一八年四月、一五一―一七五頁）を参照。また近年起こっている「重国籍」をめぐるトラブル、裁判などについては二〇一八年五月に行なわれた移民政策学会のミニシンポジウム「複数国籍の是非と『国のあり方』――国籍法と実態のギャップから（於：東京大学）における、武田里子の報告を参考にしている。この内容は二〇一九年五月発行予定の『移民政策研究』（移民政策学会、明石書店）に掲載予定。

（2）国籍法における国籍選択に関しては国籍法第十四条、催告に関しては第十五条、その後の努力義務に関しては第十六条を参照してほしい。

（3）国際結婚数に関する統計は「e-Stat 人口動態調査 婚姻」（https://www.e-stat.go.jp、二〇一九年一月三十日）より引用した。

（4）海外立法情報課・遠藤聡 2009「【ベトナム】新国籍法の施行へ——在外ベトナム人の『二重国籍』」『外国の立法（2009.4）』国立国会図書館調査及び立法考査局。

（5）「帰化許可申請者数、帰化許可者数及び帰化不許可者数の推移」法務省民事局、法務省のホームページ参照（http://www.moj.go.jp/MINJI/toukei_t_minj03.html、二〇一九年一月三十日参照）。

（6）帰化に関する調査は、駒井洋・佐々木てる編 2001『日本国籍取得者の研究』筑波大学社会学研究室を参照。また帰化者の心情、国籍選択に関する苦悩などについては、佐々木てる監修 2006『在日コリアンに権利としての日本国籍を』明石書店、佐々木てる 2006『日本の国籍制度とコリア系日本人』明石書店を参照してほしい。

*

*

*

呼び寄せられる子どもたち

【「外国につながる子ども」をめぐる課題から、「家族再統合」を考える】

小ケ谷千穂

●おがや・ちほ　一九七四年生。フェリス女学院大学文学部教授。国際社会学・国際移動論。著作に『移動を生きる――フィリピン移住女性と複数のモビリティ』(有信堂高文社、二〇一六年)、『国際社会学』(共編著、有斐閣、二〇一五年)、「〈移住家事労働者〉という存在を考える――「個人的なことはグローバルである」時代において」(『理論と動態』Vol. 9、特定非営利活動法人 社会理論・動態研究所、二〇一六年)等。

一　「家族再統合」あるいは、親から「呼び寄せ」られる子どもたち

「家族再統合 family reunification」という言葉がある。日本ではあまり耳にすることは多くないが、移民研究の中では古くから使われており、子どもの権利条約第一〇条の中でも権利として定められているものだ。すなわち、「家族再統合」とは、移動する人々が離れ離れになった家族と「再」統合、すなわち移動した先で再び生活を共にする、ということを指す。

国連女性差別撤廃委員会による「女性移住労働者に関する一般勧告第二六号」(二〇〇八年)の中でも言及されるなど、[1] 人の移動が活発化する中で、その社会的権利の一つとして保障されるべきことが広く認識されている権利なのである。

日本では、「家族滞在」という限定的な在留資格で、「専門的・技術的労働者」に限定して移住者の家族帯同がこれまで認められてきた。また、初のポイント制導入となった「高度外国人人材」については、子どもだけでなく親の帯同も認められるようになった。もちろん、「定住」や「永住」の在留資格を持つ人の被扶養者である子どもも、「定住」や「永住」資格で在留している。

加えて、親の日本での国際結婚を契機に、親の母国から日本へ

と呼び寄せられる子どもたちがいる。もちろん、その呼び寄せの契機は家族によってさまざまであるが、離れて暮らしていた親と再び生活を共にする、という形で日本で生活するようになるこうした、「呼び寄せ」の子どもたちもまた、「家族再結合」を果たした子どもたちと言えるだろう。

日本では、国籍や言語状況、生育歴などが多様な子どもたちを広くカバーする概念として「外国につながる子どもたち」という言葉が使われることが多い。その中でも本稿では、「呼び寄せ」られた子どもに着目し、とりわけ学習面や言語面が着目されがちな「外国につながる子ども」を取り巻く状況を、「家族再統合」をめぐる課題として日本の文脈から考えてみたい。

なお、近年、移住先生まれの「移民第二世代」と、親世代の「移民第一世代」の間にある、いわば「外国生まれ・育ち」で、学齢期に親に呼び寄せられた子どもたちを「移民1・5世代」と名付け、第一世代とも第二世代とも異なる移動と適応の経験について着目されるようになってきている（Nagasaka and Fresnoza-Flot 2015）。本稿で取り上げる、呼び寄せられる子どもたちをとりまく状況も、「移民1・5世代」の課題として捉えなおすことができるだろう。

二 「家族再統合」の日本的文脈——国際結婚と「連れ子」

ここでは、筆者がこれまでかかわってきたフィリピン人のケースを中心に、「家族再結合」の日本的文脈、すなわち親の日本での結婚を契機とした子どもの呼び寄せ、いわゆる「連れ子」の来日が生じる背景についてみていきたい(2)。

広く知られているように、一九八〇年代からフィリピンと日本の間には、在留資格「興行」のもとでエンターティナーとして就労するフィリピンからの女性たちの移動の流れが二〇〇五年まで続いた。一九九〇年代後半からその数はさらに増え、ピーク時には年間八万人に上る女性たちが来日し、接客業に従事した。その一つの帰結として、日本人男性とフィリピン人女性の婚姻は同じく二〇〇〇年代半ばまで上昇傾向を見せた。また、エンターティナーとして働いていた女性たちの中には、フィリピンに子どもを残していた人たちもいたし、また日本人男性との間に婚姻内外それぞれで子どもを持った後も日本で働き続けていた人たちもいて、そうした母親たちは、子どもをフィリピンの自分の両親や親族に育ててもらい、そこに送金をする形で、日本で就労していた。

その後二〇〇五年に在留資格「興行」の条件が厳格化され、エンターティナーとしての来日そのものは激減する中、二〇〇〇年代に入ってかは、さまざまな形で日本で比較的安定した生活の見通しが出てきたフィリピン人女性たちが、母国から子どもを呼び寄せる、という流れが広くみられるようになってきた。長く在日フィリピン人コミュニティに寄り添ってきた鈴木健（現・川崎市ふれあい館）は以下のように述べている。

「大きくなってフィリピンから呼び寄せられたいわゆる連れ子のフィリピン籍の子どもたちがここ一〇年増加している。そもそも、フィリピン女性の来日《(ママ)》したのは、フィリピンでフィリピン男性との間に子どもができたが生活が厳しく、日本に出稼ぎにきた女性たちが多かったからだ。そうした女性たちが日本人男性と結婚し、日本での生活を築いていった。その後、日本人男性との間に子どもが生まれ、子育てが一段落ついた頃、フィリピンに残してきた子どもたちを呼び寄せる準備ができ、呼び寄せるようになったのだ」(鈴木 2010: 5)

後述するように、こうした母親の国際結婚が理由ではなく、もともと日本人の父親とフィリピン人の母親との婚姻の間に生まれていても、当時の親の生活状況や教育方針の下で幼児期はフィリピンの祖父母のもとで育てられ、小学校入学を機に日本に呼び戻される、といった子どもたちもいる。しかしながら、鈴木が概観するように、母親の再婚による「家族再統合」は、日比間の人の移動の流れを考えれば、一定程度の存在感を持っていることは間違いないだろう。

三　複数の適応を同時に強いられる子どもたち

母親の国際結婚を契機に、学齢期の途中で呼び寄せられた子どもたちは、来日直後から複数の「適応」を同時に強いられることになる。

一つは、一連の「外国につながる子ども」の課題として取り上げられるような、いわゆる日本の学校への適応である。日本語の修得度合いなどは、もちろん個々の状況によって異なるだろうが、少なくともこれまで慣れ親しんできたフィリピンでの学校文化や学習環境との大きな違いと言語の壁とに子どもたちは直面する。特に、母親の送金によってフィリピンでは私立学校など比較的恵まれた教育環境にあり、成績なども上位だったような子たちにとっては、日本の学校で、言語や習慣の違いによって勉強についていけないという、自分が置かれた境遇を受け止められない、という事態も生じる。また、日本以外の1・5世代の研究においても指摘されているように、子どもたちの来日は、ほとんどの場合、親のイニシアティブで進められており、子どもたちはフィリピンの親友たちと無理やり引き裂かれる、という経験を強いられたまま日本にやってくることが多い。こうした経験の、とりわけ思春期の子どもたちにとっての重みは計り知れない。

もう一つは、母親の再婚に伴って来日する場合には、初めて一緒に暮らすことになる日本人義父と、多くの場合母親と日本人配偶者との間に生まれた、自分よりも若年のきょうだいの存在がある。学校での、言語的・習慣的適応のむずかしさに加えて、家庭内にあっても、新たな「家族」に適応していくことが求められるのだ。

さらには、呼び寄せられる子どもたちは、これまで自分自身の母親とも一緒に暮らしていた時間が長くない場合が多い。これは、日本に限らず、「家族再統合」に際してこれまであまり指摘されてこなかった点だが、「家族再統合」がかなわなかった期間が長ければ長いほど、実の母親との間の関係をどのように再構築していくのか、という課題は大きくなると考えられる。日本人の父親とフィリピン人の母親の婚姻内に生まれた子どもであるが、小学校入学前まではフィリピンの祖父母のもとで育てられ、小学校入学を機に来日して両親と生活を始める、という形で呼び寄せられた、筆者の周囲にいる大学生の中にも、「来日した時には、母親のことも、母親とは思えなかった」と幼いながらに感じたと言う子もいる。

こうした「複数」の適応を「同時に」強いられる子どもたちが、どのように居場所を見つけ、自分の境遇を受け止め、そして学校での勉学にも励んでいけるようになるのか——。

地域でのこうした子ども・若者たちの多様な背景を理解したうえで取り組まれている居場所づくりや学習支援の場が、学校でもなく家庭でもない第三の場所として、子どもや若者に求められ、そして愛されている理由がここに見てとれる（多文化共生教育ネットワークかながわ 2018）。

四 「家族再統合」における課題から考える、「家族の帯同を認めない」ことの責任

「いわゆる単純労働者」には「家族の帯同を認めない」という日本政府の原則は、今回の新設された「特定技能1号」についても、引き続き維持されている方針である。そのことを持って、「移民政策ではない」とし、「必要な時に、必要な場所に、必要な技能を」受け入れる、という対策であることが強調されている。しかしながら、受け入れ国にとって、「社会的コスト」とみなされがちな家族の帯同は、それを禁じることによって、長期間にわたる家族の別離と、その後の関係修復のための長い時間を要するプロセスとを必然的に引き起こすことになる、という点は見逃されがちだ。技能実習で五年、そして「特定技能1号」で五年を経たのちに、仮に「特定技能2号」に資格変更ができてようやく家族の帯同が認められる、というケースになった場合、トータルで一〇年の親子の分離が理論上生じることになる。このことの責任は、いったい誰に帰せられるのであろうか。

親によって呼び寄せられ、「外国につながる子ども」として、日本の学校や地域の中で受け止められ、その中で「複数」の適応——学校、新しい家族、そして離れて暮らしてきた親との関係

——を同時に強いられる子ども・若者たちの存在は、逆説的に、「移民国ではない」と必死に言い続ける日本政府が無理やり「切り離してきた」、そしてこれからも「切り離そうと」している親子関係を想起させる。

注

（1）「女性移住労働者に関する一般勧告第二六号1）——女性差別撤廃委員会　CEDAW/C/2009/WP. 1/R　二〇〇八年十二月五日」（近江美保訳）『国際女性』No. 24, pp. 159-167. 二〇一〇年。

（2）もちろん、三浦（2015）の研究にあるように、すべての「呼び寄せられる」子ども、1・5世代の親が日本人と結婚しているわけではない。

参考文献

三浦綾希子 2015『ニューカマーの子どもと移民コミュニティ——第二世代のエスニックアイデンティティ』勁草書房。

Nagasaka Itaru and Asuncion Fresnoza-Flot eds. 2015 *Mobile Childhoods in Filipino Transnational Families: Migrant Children with Similar Roots in Different Routes*, Palgrave Macmillan.

西口里紗 2017「連れ子としての子どもの権利と在留資格」荒牧重人・榎井縁・江原裕美・小島祥美・志水宏吉・南野奈津子・宮島喬・山野良一編『外国人の子ども白書——権利・貧困・教育・文化・国籍と共生の視点から』明石書店。

鈴木健 2010「在日フィリピン人——時代によって顔を変えていくその姿」『M-net』No.133, pp. 3-5.

NPO法人多文化共生教育ネットワークかながわ　2018『多文化家族支援——外国につながる子ども白書』NPO法人多文化共生教育ネットワークかながわ

＊　＊　＊

移民と家族呼び寄せ

宮島　喬
みやじま・たかし（プロフィールは15頁参照）

認められてきた家族帯同　企業の一従業員が転勤を命じられれば、当人が既婚者なら、家族帯同での異動は当然のことであろう。家族と共に移動するには、社宅の用意や、移動費用の負担などコストがかかるが、それを企業がもつのは当然である。確かに日本では単親赴任も多い。しかしそれは、従業員側の私的事情によるもので、企業から要請されることはない。

では、なぜ外国人労働者の受け入れでは、家族帯同を認めるか否かが論議の的になるのか。ヨーロッパでは元々、認める、認めないという硬直した議論はなかった。フランスでは、イタリア人やスペイン人やポルトガル人を移住労働者として受け入れると、ほどなくして母国から妻子を呼び寄せられ、家族生活が始まったものである。キリスト教の価値観からすれば、結ばれた夫婦子どもが引き離されず、一体の生活を営むことは神の意志にかなうものである。これを規制するという考え方はなかった。だが、同時に、次のような事実も知った。マグレブやトルコからの移民の場合、家族の呼び寄せは早期に行われなかった。ヨーロッパの家族が核家族であって、成員は個人主義的に行動するのに対し、ムスリム家族では親族共同体の利益を基準に行動することが多く、出稼ぎに発つ者は、母国の家族・親族に確実に送金し、確実に帰国することの保証として、妻子を国に残したのである。だから彼らはヨーロッパの地に労働移民としてやってきても、家族呼び寄せを要求しなかった。それをよいことにしてか、それとも他の理由もあってか、トルコ人労働者受け入れのためのドイツ―トルコ間協定では当初、ヨーロッパ系労働者受け入れにはない、家族呼び寄せは認めないという条項があった。差別だとして、後に問題となる。

EC、EUの「人の自由移動」は家族の移動に寛大　その後、ECのなかで「人の自由移動」の細かな規則がさだめられていき、一九六八年には、移動する労働者の家族（配偶者と二十一歳未満の子ども）にも滞在の権利が認められるから、以後、ヨーロッパ内移民について家族呼び寄せ問題は落着、存在しないことになる。

ところが、EC外の、特に欧州外のアフリカ、中東、アジアなどの出身の外国人労働者たちが、家族の呼び寄せを要求するという事態が起きる。一九七三年の

家族が一緒に暮らせるか否かは人道上の問題であり、何らかの理由を付けてストップできるものではない。

第一次石油危機の後にヨーロッパは経済危機に見舞われ、多くの国が新規外国人労働者の受け入れをストップする。その時ヨーロッパの一国に滞在していた第三国の労働者は、「一旦帰国をすると、二度とヨーロッパには出稼ぎに来れなくなる」と考え、それならばと、今いる国に定住しようと意志を固める。

大量の定住、大量の家族呼び寄せ要求

定住となると、次には母国にいる妻子を呼び寄せようとする。人間として当然の要求であるが、各国はただちには家族に入国ビザを出さない。外国人労働者の数を削減しようという意図の下に受け入れストップをしたのに、家族の入国を認めれば、いずれ彼らも労働市場に登場するにちがいないから、と。だが、家族が一緒に暮らせるか否かは人道上の問題であり、何らかの理由を付けてストップできるものではない、という声も上がる。移民の支援団体（NGO）の動きが活発だった。労組や一般の世論もこれを応援する。その際、多くの国が批准している「ヨーロッパ人権条約」の第八条の「私的な家庭の生活は……尊重を受ける権利を有する」が、援用された。

これらが当局を動かす。こうして七〇年代後半、各国では、移民の家族帯同、または呼び寄せが認められていくのである。だが、それで決着するわけではない。ドイツの例を示すと、一九七四年、「家族形成法」という法律により、家族呼び寄せを認めたが、その新来の配偶者には就労の権利を認めず、期限付き滞在許可しか与えなかった。くわえて、呼び寄せた未成年の子には十六～十七歳になっても就労許可を与えない（七九年まで）。

呼び寄せは権利に

今日ではヨーロッパ（EU）では、家族の呼び寄せは、移民の権利として認められており、配偶者の就労制限なども原則、課されないことになっている。否、逆に、イスラーム系移民世帯では妻は働けるのに就業率が低く、男女の平等にブレーキをかけている、などと指摘されたりする。ただ、各国は、家族呼び寄せのビザ発給に際し、条件を付けることは多く、フランスでは、所得と住宅面積が一定水準を満たしていることが必要とされ、法定最低賃金（SMIG）以上の所得があること、たとえば五人家族ならば、五二～五八平米以上の面積の住宅を確保していること（幅があるのは、パリと地方など、地域の条件を考慮して）が、その条件となる。こうしたことは家族呼び寄せの権利の制限ではないか、という批判のある一方、狭い空間に家族がすし詰めで暮すことは絶対に避けるという当局側の考えもあり、それも重要ではある。

家族帯同はコストがかかる、移民の受入れにならないか、などと否定的意見がある日本だが、「人」として労働者を受入れるという大事な視点が欠けていないか。

毎年多くの人が集まる代々木公園のブラジルフェスティバル。
（2014 年 7 月 20 日　提供＝鈴木江理子）

III

「移民」たちの現在

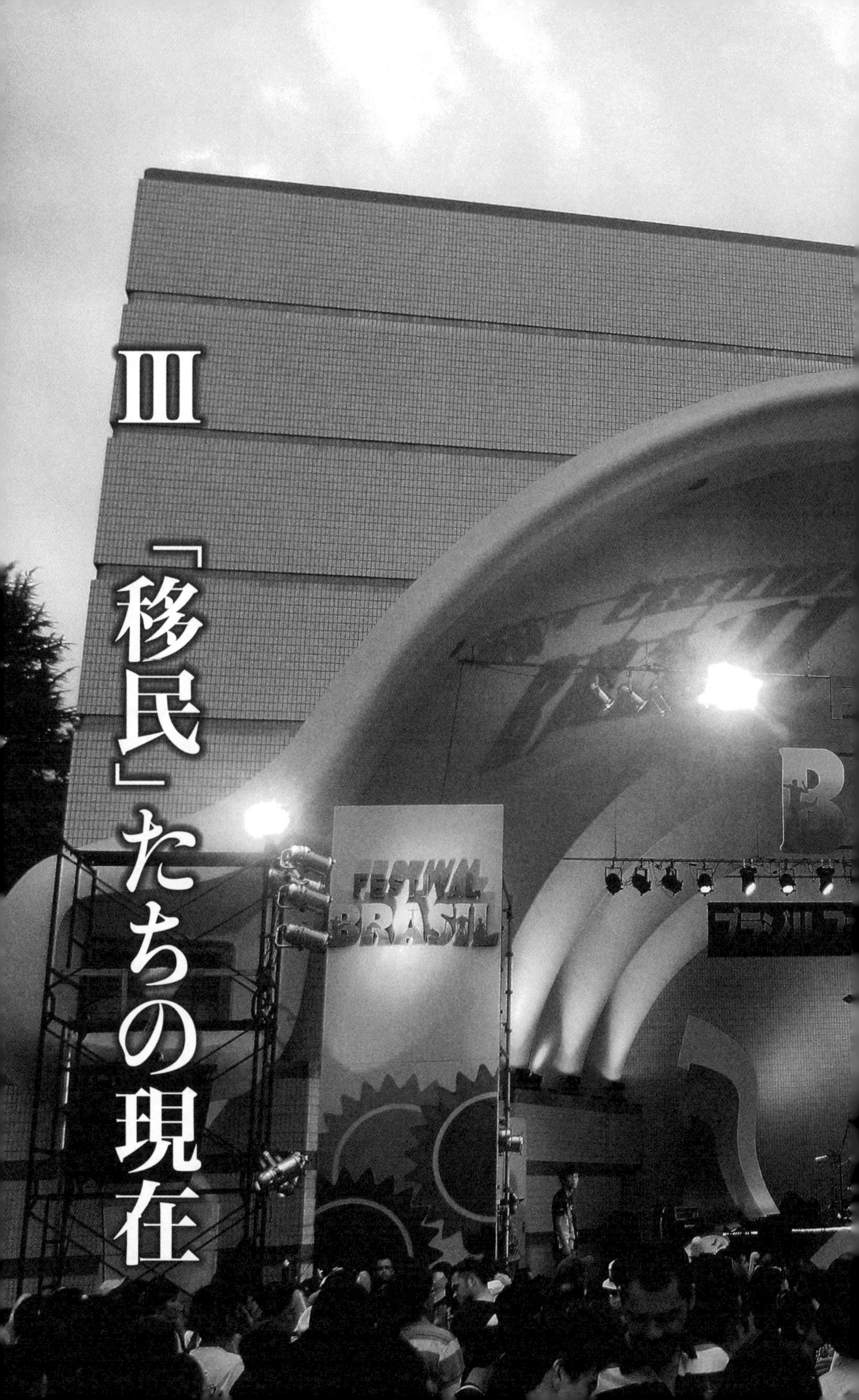

〈座談会〉

日本につながった私たちの今

――十代、二十代を駆け抜けて

移住、Uターン移住、国際結婚、在日二世・三世……今後ますます多様なかたちで〝日本につながった〟子どもたちが日本で暮らすようになるなかで、私たちはどのような社会を創っていくことができるだろうか。それぞれ異なる背景をもって日本社会で十代、二十代を経験してきた四人の「元」子どもたちを招いて、どんな風に自身の「これまで」をとらえ、どんな風に「今」を生きているのかを語りあっていただいた公開講座の記録をお届けする。（編集部）

◎主催＝社会福祉法人さぽうと21
明治学院大学「内なる国際化プロジェクト」
◎文化庁委託　平成30年度「生活者としての外国人」のための日本語教育事業　地域日本語教育実践プログラム（A）
＊後半に登場する高校生の方々は、プライバシーを考慮し、仮名（一人は国籍も伏す）としています。

温又柔（小説家）
高部心成（フォトグラファー）
谷川ハウ（映像制作会社マネージャー）
宮ヶ迫ナンシー理沙（世界の音楽を日本に紹介する仕事）

司会＝矢崎理恵（さぽうと21）

目次

自己紹介とこれまでの経験

私の日本語、私の中国語 ―――― 温又柔

「わたしの名前は導火線」

皆さんこんにちは、温と申します。今日は、元子どもの一人として登壇させてもらって、すてきな顔ぶれの三人と会えるのをとても楽しみにしていました。私たちの話に耳を傾けてくれて、何か楽しい気持ちというか、外国にルーツを持って日本で育ったことの、よい可能性をみんなで共有して帰っていけたらいいなと思っています。今回は、あいうえお順ということなので、オの私が、最初に話すことになりましたが、あいうえお順ってすごい日本語っぽくて、きょうの流れにぴったりだなと（笑）。その話も含めて、今日はまず自己紹介として自分の書いたテキストを朗読したいと思います。

（朗読「わたしの名前は導火線」次頁）

このテキストを書いたのは、ちょうど小説家としてデビューした直後のことですが、あれから何年かたってこういう場で、このテキストを読むことができて、とてもうれしい気持ちになっています。

私は小説を書いている人間なので、今日は言葉と自分のアイデンティティについて話したいと思います。

「おむすびころりん、すっとととん」

私は、この話をするときにいつも思い出す二人の恩師がいます。一人目は、私にとっての日本語を教えてくれた恩師です。

私は台湾で生まれて二、三歳のときに東京に引っ越して、そこからずっと東京で育ったんですけれども、小学校一年生になって、家の近くの普通の小学校に通い出しました。私は一九八〇年生まれなので、今から三〇年ぐらい前のことなんですが、このときに入学した教室は、地域性もあったと思うんですが、私以外は全員日本人という環境でした。もちろんコリアンルーツの方とか、もっと前の時代から日本にいて帰化した友達もいたかもしれないけれども、顔や名前を見て外国人だとわかるような友達はいなくて、ほぼ一人で外国人代表みたいな環境で、私は小学校生活を始めました。

でも私自身は、まだ小さかったので、家では台湾語をしゃべっている環境でもあったんですけども、学校で日本語の時間に先生と一緒に「あいうえお」と練習するのがとても楽しかったんです。担任のカジヤマ

わたしの名前は導火線

温又柔

わたしの名前は、温又柔。

中国語だとウェンヨウロウ。「温柔(ウェンロウ)」という言葉が中国語にはある。「おとなしくて、やさしい」という意味なのだそう。だから、「又柔（ヨウロウ）」は「温（ウェン）」という苗字と呼応させたときに最も素晴らしい響きを備える名前。でも、そんなことはわたしには関係なかった。わたしは「ウェンヨウロウ」じゃなくて「おんゆうじゅう」として育った。「ヨウロウ」だったのなら素敵な名前かもしれないけれど「ゆうじゅう」だとどことなくヘンテコ。仲良しの友だちの名前と比べても、なんだかふつうじゃない（でも、ふつうって何?・)。

それもそのはず。わたしは台北で生まれた。二歳のとき東京にやってきた。それからずっと、東京に住んでいる。両親が台湾人なのだからわたしだって台湾人なんだけど、もう長いこと東京に住んでいるし、言葉だって両親の母国語である中国語よりも、育った日本で身につけた日本語のほうがずっと、自分のものなんだって感じている。台湾ではみんなが、わたしのことを日本人みたいだっていう。日本では、仲良くなるにつれて、わたしが台湾人だってこと、友だちは忘れちゃう。そりゃ、そうよね。わたしだって、しょっちゅう忘れている。自分が台湾人だってこと。日本人ではないってこと。もちろん、わたしは台湾も大好き。祖母がいて両親が育ってわたしの生まれた土地。台湾はわたしにとって日本と同じぐらい大切な土地。それでもわたしは、自分は台湾人というよりも日本人であると感じずにはいられない。

ところがある日、「日本人とは菊の紋章のついたパスポートを持っている人たちのことだ」という人がいた。その人は、「日本語は日本人だけのものだ」ともいった。わたしは、悲しくなった、それから腹が立った、だんだんおかしくなって、とうとう、笑いだしてしまった。

日本語って、日本人だけのものじゃないわ。わたしという存在が、なによりの証拠よ。日本人の両親から生まれたわけじゃない、日本のパスポートを持っていない。でも、日本人みたいな喋り方をする、日本人みたいに笑う、日本人のような息継ぎの仕方をする。わたしの中心は日本語が占めている。日本語で生きている――

わたしの名前、温又柔。

「おんゆうじゅう」だけど「ウェンヨウロウ」。どちらもわたしの本当の名前。だけど、わたしは「おんゆうじゅう」として日本で生きてきた。ちょっと、ふつうじゃない（でも、ふつうって何?）この名前は、わたしが日本で育ってきた証。そして、導火線。日本語は日本人だけのものなんだって決めつける人たちと闘うための。そして、わたしみたいな日本人もいるんだよって謳うための。

わたしの名前、おんゆうじゅう。

この名前は、わたしが日本で育ったという証。そして、わたしがどんなふうにして日本で育ってきたかについて語りだすための導火線。覚悟していてね、いちど火が点くと炎は燃えあがるいっぽうなんだから。

●温又柔（おん・ゆうじゅう）

小説家。1980年台湾・台北生まれ。3歳から東京在住。台湾語、中国語、日本語の飛び交う家で育つ。2009年「好去好来歌」ですばる文学賞佳作を賞してデビュー。著書に『空港時光』（河出書房新社）、『台湾生まれ　日本語育ち』（白水社）など。最新刊は『「国語」から旅立って』（新曜社）。「チューゴク語がへたでニホン語がぺらぺらのタイワン人として、言葉とポジショナリティーの関わりをテーマに小説やエッセイを書いています」

先生という方が、空中黒板といって、「これから文字の練習するよ。これが『あ』だよ」みたいに示して、みんなで一文字ずつ文字を覚えていったんですね。それまでは、言葉というと、しゃべっているとどんどん流れ去るものだと思っていたのが、文字を一回覚えると、自分が発した言葉が紙の上に刻まれる。声にすると「私は今日七時に起きました」でもう終わっちゃうのに、紙に書くと自分でも読み返せるし、それを目にした人が、ああ、あの子はああいうふうに思っていたんだという、その感じがすごく楽しくて、読み書きの練習をとても楽しんだ記憶があります。

一年生なので、字の読み書きにまだ慣れてなくて、特にちっちゃい「っ」ってすごく難しいですよね。「わかった」と書くときに「っ」が抜けちゃったり。たぶん、外国にルーツがあろうとなかろうと、どの日本の子どもも同じ経験をすると思うんですけども、「っ」に慣れていなかったころの、今でも忘れられないエピソードがあります。

国語の時間に『おむすびころりん』という話を読む時間がありました。そのときに「誰が読みたい？」って先生が聞いて、当ててもらったので、私は張り切って本を読み始めました。で、一生懸命大きな声で、「おむすびころりん、すっととん」って読んだんですよ。これ、本当は「すっとんとん」と書いてあるんですよね。でもちっちゃい「っ」が読めなかったので、勝手に解釈して「すっととん」って元気よく読んじゃったんです。それに対してカジヤマ先生は、「ちょっと待って」みたいに止めはしなくて、私が全部読み終えるのを待ってから、「温さんのおむすびは、『すっととん』って落ちるんだね」という言い方をしました。どういう意味かわからなくてきょとんとしていると、先生が「でも教科書をよく見てね。おじいさんのおむすびは『すっとんとん』でしょう」と言うんですね。それで私は、慣れない「っ」に気をとられて「と」の数を間違えてたんだって思いました。

あのときにカジヤマ先生が「間違い、も

う一回最初から」と頭ごなしに止めずに、変なおむすびの響きを鳴らす人だという扱いで受け入れて、その上で訂正してくれたことがすごくありがたかったし、うれしかったんですね。はっきり記憶しているのはこのときのことなんですが、たぶんカジヤマ先生は、ほかの部分でもそういう態度だったんじゃないかなと想像しています。私以外のクラスメートたちに対しても、子どもをいきなり否定しないで、一見間違ったこととかルールに従えてない子に対しても、「あなたはそう思うんだね、でも今はこうしてほしいんだよ」って言い方をする人だったんだろうなと、後になって思います。

　これは本当にラッキーだったなと思っていて、もし最初に出会った先生が、私が外国人であるという理由でちょっと厄介者扱いしたり、面倒くさいという感じで拒絶するような方だったら、たぶん私は国語の時間に文字を覚えることも楽しくなかったし、学校生活も楽しくなかったし、今こんなふうにぺらぺら日本語をしゃべる方にも行かなかったんじゃないかな、なんて思い返したりします。

「あなたは日本語でいい」

　カジヤマ先生みたいな先生に恵まれたおかげで、私の日本語というか言葉はどんどん上達して、中学生ぐらいになると、見た目が東洋人というのもあるんですが、本当に誰が見ても日本人風になっていきました。でも名前を名乗ると日本人じゃないので、「あれ、どこの人」と言われることはあったんですけども、そのころにもう一つ、自分の中でちょっとしこりになった経験があります。

　ある日、母親と一緒に散歩していたら、向こうから友達のお母さんが歩いてきました。そのおばちゃんが、私の母親に「又柔ちゃんは、もう中国語全然しゃべらないの？」と尋ねたんです。母親は台湾の人なんですけども、外国人として日本に来て覚えた日本語なのでちょっとたどたどしいんですね。とはいえ、母はしゃべるのが好きな人だったので、そのお母さんに、結構明るい感じで「ずっと日本にいるから、又柔ちゃんは中国語だめだめ」みたいな言い方をしました。すると、そのおばちゃんが「あら、もったいないわね」と言うんです。母は、まあでも日本にいると、なかなかしゃべる機会がないから、みたいな感じで私を助けてくれました。ところが、そのおばちゃんは、さらにたたみかけるんですね。「あら、私の知り合いの家はやっぱり中国人のご家庭だけど、お父さん、お母さんすごく厳しくて、お家に帰ったら中国語しゃべらないとめっちゃ怒るのよ。だから、そこのお子さんは今でもぺらぺらよ」。それに対して母は、「あらら、じゃあ私失敗しちゃった」と言うんです。でもまあ明るく言ったので、そのおばちゃんが「そうよ、もったいないわよ。もっとやりなさいよ」と。いま思うと、ほんとに余計なお世話だなと思うんですけど（笑）。

　その場では母も別に私を責める感じでは

ありませんでした。うちの母は「日本にいるし、あなたは日本語でいいよ。大人になってしゃべりたくなったらしゃべればいいよ」ぐらいのいいかげんな人で、私もそのおかげで助かったんですけど、ただそのとき、自分は台湾人だから中国語をしゃべれないとまずいのかな、大人になったらちゃんと身に着けなきゃなって心の中で決意しました。本当は子どものときから中国語は身近だったから、そのおばちゃんに言われなくても、大人になったら勉強したいなという気持ちはすごく強かったんです。当時の私は、「今はちょっと忘れているだけで、大人になってしっかり勉強したら、日本語も中国語もできるバイリンガルになれる」と、割と軽い気持ちで夢を見ていたんですね。

うずくまって問う「自分は何人《なにじん》?」

大学生になって私は本格的に中国語を学び始めて、大学二年生のとき中国の上海に、四カ月半ぐらい語学留学に行きました。最初は、日々本場の中国語のシャワーを浴びたら、子どものときしゃべっていた言葉が自動的によみがえってくるんじゃないかなと軽い気持ちでいたんですけれども、ここにいる方はみんな想像できると思うんですが、語学習ってそんな簡単には身に着かない。シャワーみたいにその言葉を浴びたらいつの間にかぺらぺらしゃべれるなんて、あり得ない。それに、私は台湾人の子どもだったので、台湾風の中国語の記憶を引きずっていたのに、中国語を教えてくれたのがたまたま中国の方で、やはり中国の人と台湾の人の関係はすごく複雑で、その中で日本育ちの台湾人が中国語を勉強しようとするから、いろんなきしみが生まれる。

結局、「温さんは何人なの?」ということを、あらゆる言語で尋ねられるんですね。中国語や台湾語でも「あなたは日本人なの? それとも台湾人?」と言われるし、それに対して答えを出さなきゃいけないんですけど、肝心の自分がその答えを全然見つけられなくて、非常に迷子になったという時期があります。私の十代、二十代は、「駆け抜ける」どころか、うずくまっているような状況がすごく思い出されるんですね。

でも、日本に帰ってきて、今一番やらなきゃいけないことは、中国語がもっとうまくなることだと自分なりに思いました。上海ではちょっと失敗しちゃったけれど、日本で中国語をもうちょっとましにして、日本で育った台湾人としてそこそこしゃべれるぐらいのレベルに持っていけば、誰も文句言わないんじゃないかと思い詰めていた時期がありました。子どものころだったら、母親が言ったように「うちが厳しくしなかったから失敗、失敗」と親の責任にもできるんですけれども、二十代半ばになると自分の責任だという感じになってきますよね。しかも私の場合、すごくしゃべるのが好きだから、このぐらい日本語をしゃべる台湾人なら中国語も当然できるだろうという、すごく前向きな誤解をされることが多いんです。

「あなたの中国語はなかなかのもの」

前向きな誤解が、誤解じゃなくて本当になったらいいなと思ってたので、中国語学校に行って勉強し直そうと思ったんです。それで後楽園にある日中学院に申し込んで、どのレベルの講座を選ぶかという相談のために、先生の面接を受けることになりました。二十六歳ぐらいの話です。

申し込むときに、中国語を大学で第二外国語として学んだことは伝えてあります。もちろんすごく挫折したことは伏せてですが。すごく気が重かったのは、やっぱりこの名前で中国語を勉強に行くことで、なぜネイティブなのに来たのかとも思われたくないし、ネイティブじゃないならないで、なぜなのかって言われるのも嫌だったんですけど、でももう背に腹はかえられない。渋々この名前を持ちながら面接に行きました。

日中学院に行くと、応接室で安先生という男性の先生が私を待っていて、まず、中国語で「請用中文自我介紹」(中国語で自己紹介してみてください)と言いました。それはさすがに聞き取れるので、私も緊張しながら口を開いて、ふだん思っていたことを、何とか自分の知っている中国語で一生懸命話します。「私は台湾人です。私の中国語はとても下手です。私は日本人ではありません。しかし私は日本人のような、日本語なまりの中国語しか話せません。私はそれがとても恥ずかしいです。私は自分が失敗」

——そう言ったところで、「失敗」という言葉がよみがえってきたんですね。子どものときにお母さんが「失敗、失敗」って日本語で言ったやりとりの「失敗」は割と軽やかで、ちょっと面白おかしく終わったんですけども、このときは、ちょっと思い詰めた文脈で、中国語で「私は失敗(スーパイ)なのでは」と言おうとしたら、思いがけず自分の中で忘れていたショックがよみがえったんです。自分が失敗作だと認識しなきゃいけない瞬間って、結構ショックだと思います。そうしたら、すごく恥ずかしいんですけども、応接室で感情が高ぶって、言葉が続かなくなっちゃったんです。

すると安先生が、すごく穏やかな感じで「スーパイ?」っておかしそうに反応するんです。「何で『スーパイ』なんて言うんだ。むしろあなたの中国語は全然下手じゃない。なかなかのものですよ」というふうに言いました。私はすごくびっくりしました。ちっちゃいときも含めて、大学の授業でも、二十歳で語学留学に行っても、自分の中国語を褒められたことは一回もなかったんです。褒められるとしても、「日本人にしては上手だね」という言い方で、「いや、実は台湾人です」と言うと「その割には下手だね」と。だから、中国語を褒められる日が来るとは思っていなかったんですね。しかもうちの親がすごく大らかな人たちなので、私や妹がちょっと中国語をしゃべると「はい、上手、上手」ってすごく軽く言われるんですよ。だから、まともな大人から中国語を褒められたのが、実は初めてでした。

そのとき初めて、私はずっと自分の親以外の誰かに「あなたの中国語は大丈夫、堂々としゃべればいいよ」って言ってほしかったんだということにはっきり気づきました。さかのぼると「すっとととん」のときと同じで、変な日本語をしゃべっても「温さんの日本語」と認めてくれたように、中国語に対しても認めて欲しかったんだなということに気づいたんですね。

中国語と「和解」し、日本語にも向き合う

安先生が「せっかくそこそこできるんだから、あまり恥じないで、できるものを生かして頑張ってね」と言ってくれたので、急に肩の力が抜けて、台湾人だから中国語できなきゃいけないという義務感に駆られて深刻に思い詰めずに、せっかく縁があるんだから緩やかに中国語を続けようかなという気持ちに、そのときどうにかなれました。

それが二十六、七歳のころなので、あれから一〇年ぐらいたっているんですが、私は細々と中国語を勉強しています……というか、しゃべる機会があったらしゃべるし、中国語以外に台湾語をしゃべる機会もたくさん持ちたいと思っているんだけど、相変わらず上達していません。でも、「いろいろあって、全然中国語うまくいかなかったけど、でも中国語しゃべるのは好きなんだよね」と堂々と言えるぐらいまでには、自分の心を持っていけたと思っています。

実は、安先生がきっかけで日中学院に通いだし、以前よりも前向きな気持ちで中国語を学び出した頃というのは、私が自分と言葉をめぐる経験を小説にしようと試行錯誤していた時期にも重なっています。自分と中国語との関係がすごくぎこちなかったのが、中国語という自分のもう一つの母語を受け入れたことによって、日本語とも冷静に向き合えるようになって、そのおかげで私は、日本語の中に中国語や台湾語がまじる表現をする小説家になれたと自分では思っています。

そのおかげで、今日この場に呼ばれて話をさせてもらっているんですけども、私が強く言いたいのは、失敗した方が得るものは大きいんじゃないかなと。最初から人生がするするとうまく行くよりも、自分はほかの人と比べて持ってないものが多いと思う方が、それを補うために、自分にとって大切なものを探すチャンスにつながるんじゃないかなということを、ちょっと言いたいなと思って来ました。

「普通の日本人」なんて無い——高部心成

「普通」なんて無い

高部心成と申します。名前は僕が一番日本人っぽいんですけど、日本語は一番下手なので、わからないところがあったら温さんに聞いてください（笑）。

僕は、中国で生まれて十五歳までは住んでいたんですけど、中国残留邦人として十

五歳で日本に帰ってきました。——今「日本に帰る」と言ったのは、自分の血の中にどこか日本人の血が流れているので、僕はよく「日本に帰ってくる」という言葉を使うんですけど。日本に帰ってきて、そのまま日本語が何もわからない状態で大阪で普通の中学校に入りました。温さんのように言葉に対してあまり興味がなかったというか、日本語が下手なのもあって、写真とか絵のほうに興味があって勉強したんですね。その後、今は東京でカメラマンの仕事をしています。

　いま僕には中二の男の子がいます。十四、五歳で、僕が日本に来るので悩んでいた時期とちょうど同じだなと昨日ふと思って。うちの子どもは悩んでないと言ってるんだけど、僕は、日本に帰ってきて普通の中学校に入って、「自分は何人だろう」という悩みの時期がかなりありました。「アジア人」とか「世界人」とか、大きいくくりにすればぼやかされるかなと思ったりもしました。今になってすごく悩んでる友達もいるし、もしかすると自分の子どももそういう中の一人じゃないかなと思いますが、僕自身は、実は今は、自分が中国人なのかとか日本人なのかとか、何も悩んでないんです。いま国籍は日本ですし、子どももそうなってるんですけど、自分は「普通の中国人」でもないし「普通の日本人」でもない。じゃあ「普通」って何だろう、と。「普通」なんてないはずなんですよ。「普通の日本人」なんて、たぶん一人もいないんじゃないかな。

　今はどうして悩まなくなったのか。最初、中国人なのか、日本人なのかと考えたときに、国でくくられるのはおかしくないかと思ったんです。たとえば、日本国籍になれば差別がないのかというと違うし、東京のなかにだって地域性もある。そうすると、中国人、日本人、アメリカ人だとか、国や地域でくくられても、いじめや差別を解決することにならないんじゃないかと思って。

●高部心成（たかべ・しんせい）

フォトグラファー。1979年中国・ハルビン生まれ。祖母は第二次世界大戦時下、山梨県からの開拓移民。15歳で家族とともに大阪へ移住。上京後、商業カメラマンになり、東京人の妻と結婚し中学生の息子がいる。

「日本での生活はひらがなの習得から。言語センスのない僕が日本でやってこれたのは支えてくれた沢山の恩師、そして視覚表現という芸術との出会いによるものです」

人間を大事にしたい

いま僕は、日本語は下手だけど、言葉が一番大事……一番ではないかもしれないけど国より言葉が大事だと思っています。なぜなら、その言葉で文献を読んだりして、いろんな思想や考え方が言葉から入ってくるので。僕は英語は全然できないので、やっぱり自分は日本語と中国語の人だなと思っています。

そうすると、中国人か日本人かというのは、僕にとってはあまり関係ないです。もしくは、日本人、中国人とは考え方が通じるけど、英語ができないので、ヨーロッパ圏に対して、どういうふうにコミュニケーションするか、相手の発想を理解するのか、そこはちょっと課題だなと思っているんですけど。

僕は、偉そうに聞こえちゃうかもしれないけど、一番大事なのはやっぱり人間性そのものだと思ってるんですね。温さんがさっきおっしゃった最初の先生に出会ったときの感動というか、その気持ちは、僕の中にもかなり大きくあって、中学校で最初に出会った先生とは、今でもものすごくつき合わせてもらっています。日本嫌いとか中国嫌いとかは関係なくて、その先生が好きなんです。絶対裏切ることがないので。言葉や宗教よりも、人間同士がつながるのが何より強いんじゃないかなと思っています。僕も、何人《なにじん》かどうかよりも、そういう人間と人間のつながりを大事にして、今まで支えてくれた恩師や日本人に恩返ししたい。

中学校から勉強したこんな下手な日本語で、メールを一本打つにも時間がかかってしまい、会社の代表とか別の社員にチェックしてもらったりするんですが、それでも僕はいま楽しく仕事をさせてもらっている。日本人と出会って支えてもらえているということが、日本に来てよかったと思っていることで一番大きいです。中学校、高校、専門学校、就職した会社と、人生の中でのいろんな人とのつながりが、今では僕の中で一番大切です。最初は本当に、自分が何人かで悩んでいたんですけど……。

いま四十歳になって、どうやって家族、会社、社会に貢献というか、周りに恩返しできるかな、と。自分ではもっと貢献できる人間になりたいと思ってるんだけど、いくら頑張っても全然うまくできてなくて、今はそういう意味でちょっと悩んでる時期です。何人であるのかということでは悩んでいないと先ほど言いましたけど、僕にとっては、二の次の問題になってしまったというか。

相手からされたことを、どう受け止めるか

日本に帰ってきたのが十五歳で、大阪の中学校に通い始めたんですが、あまり中学校のことは覚えてないんです。悩み過ぎて忘れたのか、あるいは根本的に覚えていないのか……。嫌なこともあった気はするんです。何で日本語わからないのかとか、こんなこともわからないのか、と同級生から言われたり。でも、一瞬、嫌だなという思

いがあっても、いま考えると、相手に何をされたかというより、自分がどう受け止めたかという方に原因があるんじゃないかなと。半々だと思うんですけど。本当に嫌なやつが嫌なことをやったという場合もあったけれど、無意識でやられたことがこっちの嫌な思いになる場合も結構ある。あなたは中国人なの？　何で中国人と日本人は仲悪いの？みたいなことを、たぶん無意識でしゃべっていて、何でそんなことを聞かれないといけないのかと嫌な思いになることもある。でも、説明するほどのことでもないし。いじめとか差別の嫌な記憶は、こちらの気持ちの問題の部分がかなりあるんじゃないかなと思っているので、そういう意味で中学、高校の嫌な記憶は、僕はあまりないんです。

先生との出会い、写真との出会い

でも、人に優しくされたことはすごく覚えています。僕が写真を始めたのは、高校のときの美術の先生の影響なんです。現代アートをやってる方で、ちょっと変態な先生なんですけど（笑）。当時僕は日本語がもっと下手で、同級生ともそんなにコミュニケーションとれなかったんですが、その先生には、下手な日本語でも何か通じる気がした。その先生と一緒に絵を描く時間は、すごく意思疎通できるというか、楽しい時間が生まれた。先生の影響もあって、その後、写真を始めたんですが、今でもときどき二人でご飯行くような関係です。そういう先生たちとのつながりはすごく鮮明に覚えていて、何より大事にしていきたい財産です。

うちの子どももそうですけど、今いろんなバックグラウンドを持っている方が、これから日本で社会に入って勉強して働く高校生や大学生の人に対して、僕の経験談としては、自分が何人かというよりは、人間のつながりを大事にしてほしい。みんな大事にしてると思うんですけど、それが何より普遍的で、一番大事じゃないかと思います。

――もう高校生のときに仕事として写真をやっていきたいと決められたんですか。

当時は単純に絵が好きで、写真が好きというだけで、写真家とかカメラマンという仕事のことはそんなに考えていませんでした。逆に今は、会社でも勉強してる感じです。

大阪の写真学校で勉強して、就職するときに、一人でフリーランスとして自分の作品を撮って発表していくのがいいのか、あるいは商業カメラマンとしてやっていくのか悩みましたけど、それは写真をやる人は国籍関係なくみんな悩むようなことです。それで、商業カメラマンを選んだのは、そのほうが経済的にもうかるから。そうじゃないと、子どもを養えないから（笑）。

くくられることへの違和感

――今日のプロフィールで、「妻は「東京人」」と書かれていますね。

妻は普通の日本人ですけど、そこで「普通の日本人」と書くのもちょっと違和感があって。僕も日本人なんですけど、みたいな。最初に国や地域にくくられるのに違和感があると言いましたけれど、それもあって「東京人」と書いちゃいました。

　何で日本人を選んだのかとよくよく聞かれるんです。中国にルーツを持つ人は、やっぱり同じ中国人と結婚するんじゃないかと。高部というのは僕のおばあちゃんの名字なんですけど、「日本人の奥様と結婚したから高部なんですね」とか。

「愛を持って接する」という生き方

温　今日は、国と国の間で悩んでいる経験を踏まえて話してくださいという御依頼だったんですけども、私たち自身も決してここがゴール地点じゃなくて、小説家としてどう書いていきたいか、映像としてどうつくっていきたいか、それぞれ悩んでいる。それぞれまだ人生の過程にあるんですよね。だから、中国と日本の両方のルーツを持つ自分が、日本社会とか写真の世界に対して何ができるかっていう高部さんのお話が、同じ表現者としてすごく切実に伝わってきました。

高部　そういう自分の生き方を写真で表現するのは難しいですけど、たぶんどこかに出てしまうかな、出たらいいなと思っています。出しちゃいけないところもあるんですが。でも生き方としては、言葉は恥ずかしいけど、社会のみんなに愛を持って接すること。まず自分の子どもに対して見せるわけじゃないですけど、影響を与えたらいいなと思っています。国とか宗教とか地域とかでくくられるのが、本当にくだらないと感じるんです。特にこれからのインターネットの世界ではそういう必要がなくなりそう。日本のブランドであっても、メイドインチャイナとかベトナムとか結構あるし、結局「日本製」って何なのか、日本とは何なのか。それよりもっと大事なものが、人間そのものの中にあるんじゃないかなと思っています。

故郷を撮るということ

高部　今日は自分の写真集を持ってきました。二〇〇〇年から二〇〇三年、自分は何人だろうと悩んでる時期に、自分の生まれた村を数回渡っていって撮った写真で、賞をもらって写真集になったんですけど、よかったら見てください。僕が生まれた村で、そこに僕のルーツがあることが何より大事なので、これが中国なのかという目線で見ると、ちょっと違うかもしれません。今の中国には、こういうところは逆に少なくなったりしているので。

谷川　この写真に写っている、生まれ育った村というのは、高部さんにとってどういう存在なんでしょうか。

高部　十五歳で離れてから、最初に撮りに行ったときにはもう二十一歳ぐらいでした。中学校から二十歳を過ぎるまでのこの時間は、ただの六年間ではなくて、当時の僕にとってはかなり時間が経ってしまったような記憶だった。もう村の様子も忘れていたことが多くて。久しぶりにこの村に行って、ああ、こんな村だったんだ、もし日本に来なかったら僕もこの中の一員だったんじゃないかな……と、昔の自分を探しながら撮っていた写真なんです。その写真を村の人たちに見せても、「ここに写っているのはこの村なの?」みたいな質問をされたりするんですけど、きれいに写っているのでもなく、より汚く写っているのでもない。写真の面白いのはそこなんですが、同じものが写っていても、僕の記憶の中の村の要素が結構大きかったんです。リアルな村ではないんですね。絵を描いたわけではないんですけど、僕の記憶の中の、映画のワンシーンのようなものが多かったかもしれない。写っている子どもも、もしかして昔の僕の目線で撮ってしまったかな。

谷川 それは、懐かしいとか、帰ってきたといった感じだったのか、それとも日本に帰ってから六年経って戻ってきて、自分の出身の村だけどちょっと違和感があったりとか、どうでしたか。

高部 そのときに、人間にとって何が幸せなのかと思ったんです。この村には車もないし、パソコンや携帯電話もやっと普及し始めるところでした。日本には地下鉄もテレビもパソコンも携帯も全部あって、すごく便利です。でも人間は、こういう何もないところでも、幸せのぐあいは変わらないんじゃないかなと思ったんです。日本と比べて、田舎っぽくていいなという「上から目線」とかでも何でもなく。もちろん村の人たちにも、車が欲しいとか、もっといい家が欲しいとか、お金がいっぱい欲しいとか、日本をうらやましいと思っている人がいるんです。でも、日本で、豊かではないけど、それらを持ってる人間から見ても、ほんとうの幸せはそこじゃないんじゃないかなと。人間の幸せは、物質的なものじゃなくて、この土地だったり川だったり空気だったり、もっとあるんじゃないかと。それが一番感じた気持ちだったんです。懐かしいというよりは、幻のようでした、その村は。

温 たぶん今おっしゃってることって、高部さん御自身の故郷の村じゃなくても感じ取れる素材になると思うんです。でも、そのままずっと同じところに暮らしていたらそのような発想を持てなかった。個人的に激動の六年間を過ごした後に、あえて自分が住んでいたところに行って故郷を見直したときに、それが見えた。深く自分とつながっている場所として、複雑な懐かしさもあるし、他人の場所にも見えるし、でも完全に自分の場所ではないとも言い切れないというところなのかなって。それは私にとっての台湾もそうですし、恐らくこれからのお二人の話にも出てくると思いますけども、自分にとってのもう一つのルーツの場所というのは、現実的な意味ではどちらかといえば異国のような場所でありつつ、でも自分の中では記憶の中の幻の母国というか、一つのファンタジーとして存在し続ける場所という感じで。その話を四人で今日もっとできたらなって。ハウさんの質問が鋭くて触発されてしまいました(笑)。

「存在の心もとなさ」に揺れて――谷川ハウ

「ここに自分の居場所はない」

谷川ハウ、もともとの名前はグェンティ・ホンハウと申します。よろしくお願いします。お二人の話を伺いながら共感することが本当に多くて、「あれ、これは自分の話かな?」と錯覚するくらいに、なぜこんなに同じ感覚に至るのだろうと、とても興味深く伺いました。

自分の十代、二十代を思い返してみると、とにかくずっと自分の「存在の心もとなさ」に揺れ動き続けていた時期だったと思います。それはすごく息苦しかったんですけど、揺れ動いていたから、その運動で人生を前に進むことができて、今があるという実感もあります。

私の両親はベトナム戦争終結後、難民として船でベトナム国外に逃げて、日本の船に助けられたこともあり、日本に来ました。

私は五人姉妹の末っ子で、上の姉三人はベトナムで生まれたのですが、四番目の姉と私は日本で生まれて、栃木の田舎で育ちました。一九八〇年代、私が育った場所は本当に田舎で、外国の人に会ったこともないような人が多いところでした。物心ついた三歳くらいの頃には、自分が名乗った途端に相手の表情が変わってしまうことを肌でひりひりと感じながら育ちました。小学校のときは、両親が授業参観に来て、学校内でベトナム語で話しかけてくるのが本当に恥ずかしくて、「学校で話さないで!」と言って、両親を悲しませたこともありました。

両親に聞くと、私は小さい頃は家でベトナム語を話していたようなのですが、幼稚園に行くようになってから全く話さなくなってしまったそうです。たぶんこれも、三歳くらいの頃かと思いますが、他のベトナムの人と会うときに、両親が「ほら、ベトナム語で挨拶しなさい」と言って、無理やりベトナム語をしゃべらせようとしてくるのが、ものすごく嫌で、逆に「絶対しゃべらない」と抵抗していた記憶があります。

幼いながら周りの人の目線をものすごく感じていて、いかに自分のベトナム人的要素を捨て去るか、隠すかみたいなところばかり考えていました。たしか九歳のとき、学校でクラスメートに「国に帰れ」と言われたことがあって。「日本で生まれ育って、この場所以外知らないのに、いったい自分はどこに行けばいいの」ととても悲しくなったことがありました。「ここに自分の居場所はない」と、いつも心のどこかで感じながら、十代を過ごしていたように思います。

「その子は日本人だから」

先ほど高部さんのお話のなかで、故郷の話が出ましたが、幼い私にとっても、両親の祖国ベトナムは、行ったことも実感もない、空想の世界という感覚だったのですが、両親から話は聞いていたので、日本に居場所がない外国人であった私は、「自分の居場所はそこにあるのかな」とぼんやり思っていました。

ですが、それが根底から覆される出来事が十五歳、中学三年生のときに起こりました。親戚に会いに、初めて家族でベトナムに行けることになったのです。私は、ワクワクしながら飛行機に乗って、両親が生まれた町にやってきました。空港に迎えに来てくれた親戚の人たちは、初めて会う人たちなのですが、どこか父や母に似ていて、やはり彼らは私の親戚で、ここに自分のルーツがあるんだと、自分の気持ちが高まっていくのを感じていました。けれど当時私は、両親が家でベトナム語を話していたので、言葉を聞きとることはできたのですが、自分から話すことは拒否してきたので、すでにベトナム語を話すことができなくなっていました。親戚の話している内容はほとんどわかるんですが、それに応えることができない。なので、親戚の人も、最初は「よく来たね」と迎えてくれても、「この子はベトナム語わからないんだ」と思って、そこからは少し距離を置くようになる。あけすけに物を言う人が多いので、私の顔を見て「おまえはもう日本人の子どもだ」と言われたり……。ちょうど思春期の多感な時期だったので、すごく傷つきました。言葉がわかるだけに、余計につらかったんですね。

そんななか、私にとって、すごく重要な、原体験といえる、忘れられない出来事が起きました。初めてのベトナム旅行で傷ついていた十五歳の私が、両親の故郷の街の浜辺を散歩していたときのことです。きれいな海の景色だけが、自分を慰めてくれているような気分で、私は浜辺に座ってただ海を眺めていたんです。そうしたら物売りのおばさんが私に近づいてきて、「うちはこんなに苦しくて、子どもも病気で、夫も仕事がなくて……だからガムを買ってくれ」と切々と私にベトナム語で訴えてきました。

●谷川ハウ（たにかわ・はう）

映像制作会社マネージャー。1985年生まれ。ベトナム難民の両親のもと、日本で生まれ育つ。大学で国際社会、大学院で教育人間学を学ぶ。番組のディレクターとして就職、現在は番組を海外に展開する仕事にあたる。「幼い頃はベトナムと日本の間で葛藤していましたが、高校生のときにベトナムで半年間生活したことで、大事な気づきを得ました。今は自分の境遇、存在をできるだけ楽しみながら、人との繋がりの延長線上で、予想外に展開していく人生を楽しんでいます」

その人はもちろん私を日本人の観光客だと思っていたのでしょうが……。私は、「物売りに絡まれて迷惑だ」という感覚はなく、「うん、うん、私はベトナム語わかるよ、あなたの言っていることがちゃんとわかるんだよ」という気持ちで話を聞いていたんです。

そうしたらその様子を見た母が、私を助けようとして、後ろのほうから、「その子は日本人だから、言ってもわからないよ」と大きな声で言ったんです。その母の言葉が聞こえた瞬間、私はもう頭の中がパニックになって、自分でもわけがわからなくなって波打ち際に駆け出して、しゃがみこんで、海に向かって「わーん」と泣き出してしまったんです。自分の世界がガラガラと音を立てて崩れていくような感覚があって、自分の足元がパカッと割れて、暗い穴にどこまで落ちていくような気がしました。泣き続けた私はその日の夜、熱を出しました。

今考えると、これはいわゆる「アイデンティティ・クライシス」と呼ばれるものだったのだと思います。ベトナムにも自分の居場所はないと感じ始めていた私には、物売りのおばさんのベトナム語を理解できるということがあのとき唯一慰めだった。それだけが、自分と世界をか細く繋げていたんです。その繋がりを母の言葉が断ってしまった。一番自分の気持ちや状況を理解してくれていると思っていた母の言葉だったからこそ、私にとってはトドメになってしまったんです。もうどこにも自分の居場所はないと悟ってしまったんですね。でもその事実は十五歳の自分にとって、あまりにも恐ろしいものでした。だから、「このことについてはこれ以上考えちゃいけない」と思い、私は慌てて、あの暗い穴に蓋をしました。もう日本に戻って何事もなかったように過ごせばいい。そうやって生きていこうと、あのとき思ったのです。

もう一度、「暗い穴」に向き合う

そうして、高校に進学し、学校生活をそれなりに送っていたんですが、あるときこのままじゃいけないと思わされた出来事がありました。十七歳のときに、いろんな国の人が集う多国籍の集まりに参加して、私はベトナムグループに割り振られました。チームのほとんどの人はベトナムで育って、十代後半あるいは大人になってから日本に来た人ばかりだったので、皆さんが当然のようにベトナム語を話す中で、その輪のなかに入れない私って何なんだろうと、ものすごい疎外感を感じました。

その集まりの最後に、グループ発表をすることになって、いま考えるとひどいなと思うんですけど、その発表者になぜか私が指名されて、しかもベトナム語で発表することになったんです。ベトナム語は読み書きもできないので、しょうがないから書いてもらったものに片仮名を振って、一晩中練習して、すごく緊張しながらたどたどしいベトナム語で発表しました。でも、ベトナムの人にベトナム語下手だねと言われるならまだしも、日本の人に「ベトナム語勉強した方がいいね」と言われるぐらい散々な発表になってしまった。恥ずかしいやら情けないやらで、今の自分のこの姿から目を逸らして生きていったら、自分はだめになると思いました。初めてのベトナムで見たあの暗い穴に、もう一度向き合わないといけない、と思ったんです。

それが高校二年生の夏だったのですが、その年の十一月に、私は高校を半年間休学して、一人でベトナムに語学留学に行きました。よく思い切ったなというか、今から考えると相当追い詰められていたんだなと思うんですけど、そのときはその道しか考えられなかった。なので、一人でベトナムに行って、親戚の家に居候して、昼はベトナム語の家庭教師に来ていただいて、夜は夜間学校に通う日々を半年過ごしました。それで読み書きは少しできるようになって、話すことも多少できるようになったんです。その半年間は、楽しいこともたくさんあったんですが、やはり苦しいことの方が多かったですね。

「国」より大切なもの

ただ、その半年間のおかげで、わかったことがありました。留学する前は、ベトナムに行ってベトナム語を勉強して、それなりにベトナム人っぽくなれば、自分は日本にもベトナムにも根を生やして、しなやかに人生を歩いていけるんじゃないかと、そんな期待を持っていました。だけどそんなにうまくいくわけはないんです。言葉だってたった半年じゃネイティブみたいに話せるようにはならないし、結局どうしたって自分は「なんちゃってベトナム人」のまま。そして、「ベトナムに根づきたい」と思っていたけれども、「ベトナムに根づく」という言葉自体成り立たないということに気づきました。先ほどの高部さんのお話と同じなんですが、「ベトナム」って何？　それってどこに根づくわけ？　と。ベトナムにもいろんな地域があって、全く考え方の違ういろんな人がいて、食文化も様々、言語だって多様で、とても一言でくくることなんてできないんです。そして、翻って、それは日本も同じだということにも気づきました。いろんな出自の人がいて、日本語にもいろんな訛りがあって、いろんな歴史があって、一人一人、一つ一つ違う。そこに「所属する」ことを考えても無駄だなと。国というものに所属したり、国という後ろ盾がなかったりしても、私はこの十八年間生きてきたじゃないか。じゃあ何が私を生かしてきたんだろうと思ったら、やっぱり人だと思いました。それだったら私にもある。国や所属する場所はなかったけれど、自分を支えてくれた人、助けてくれた人、自分を知ろうとずっと仲良くしてくれた人はいるじゃないか。それを大事にすれば、国なんて実体のないものにとらわれなくていいんだって。

ベトナムに戻って自分が怖いと思った暗い穴をもう一度のぞいて、克服とまではいかないけれど、もうあのときほど恐ろしいとは思わなくなったんですね。

「あかつきの村」のサン君のこと

そんな私が大学生になって、「あかつきの村」という場所に通うようになりました。日本に来たベトナム難民の中で、日本での生活で心を病んで働けなくなった人、身寄りのない人がグループ生活を送っている施設です。なぜそこに通うようになったかというと、ここに生活しているのは統合失調症などいろいろな心の病を抱えている方たちなんですが、その一人一人のこれまでの生き様を聞く中で、なぜか自分と重ねてしまって、とても他人事とは思えなくなってしまったんです。

例えばサン君という特に病気の重い統合失調症の男性がいたのですが、彼が日本に来たきっかけは、浜辺で昼寝をしていたときに、難民として逃げようとしている人の船をたまたま目撃してしまったことだったんです。当時非合法に国外に脱出しようとしたのが見つかると政治犯として捕らえられるような情勢だったので、バレるのを恐れた人々はサン君も一緒に船に乗せて国を出てしまった。家族に別れを告げることさえできないまま、全く望まずに、突然難民になってしまったんです。日本に来たあとも彼は一人ぼっちで、最初の頃は働きながら家族に仕送りをしていたみたいですが、職場での差別や言葉のわからない異国の地での孤独な生活に苦しんで、働くことができなくなり、精神病院に入院しました。当時、精神病院に入院すると、家族などの同意がないと退院できなかったようで、身寄りのない難民は入院したらそのまま出てこられなくなってしまう。それを知った「あかつきの村」の方がサンくんを引き受けることになって、彼は「あかつきの村」で生活を始めました。

そんな彼が、ある時やっとベトナムに帰れることになった。ベトナムの家族のもとに帰ったとき、父親が最初に言った言葉は「どうして仕送りを送ってこなかったんだ」というものでした。そして病を抱えた彼を、家族は受け入れることができず、ベトナムでも病院に入れられてしまった。それを知った「あかつきの村」の人が彼を迎えにいって、日本にもう一度連れ戻しました。そこから、彼の症状はさらにひどくなり、飲食を拒否して、お風呂にも入らず、排泄は垂れ流し……、彼は自分自身を、生きることを、拒んでしまったんです。

望まずに日本に来て、難民として孤独な生活を送り、やっとベトナムに戻って再会した家族からも拒否され、本当にどこにも居場所がなくなってしまった……このサン君の話を聞きながら、私は、世界が崩れて足元にパカッと暗い穴が開いたあの自分の経験をもう一度思い出していました。もちろん同じと言ったらおこがましいのですが、でも私はなぜか自分と重ねてしまって、他人事ではなくなってしまったのです。

それで、大学四年間、「あかつきの村」に通い、サン君のことや人と人の関係性とか、人が人を支えるってどういうことだろうみたいなことを卒業論文で書いてから、大学院の修士課程に進学して、そういうことをもっと言語化できるようになりたいと思って、そのまま博士課程へと進みました。

映像の力

ただ、論文執筆や学会発表などをしながら、私がやりたかったのはこういうことだったのかなと、違和感を持ち始めました。なにか小難しいことを一部の人に向けて書いて、それでよいのだろうかと。そう思っていたときに、今日午前中に上映された『無国籍～ワタシの国はどこですか』というドキュメンタリーの取材を受けたことを思い出しました。取材を受けたのは二十三歳のときで、「あかつきの村」を訪問するところも取材していただきました。内容に関してはいろいろ思うこともあるのですが、あの番組を見た方の反応を直に感じるなかで、「映像ってすごいな」と思うようになったんです。「あかつきの村」のことって、言葉ではうまく伝えるのが難しいんですが、映像は、そこで生活するベトナムのおじさんたちのたたずまいとか、背中とか、表情とかで、言葉にできないことまで伝えてしまうんだな、と。もしかしたら、つくり手の意図を超えたところまで、映像は伝えてしまうのではないかなと思わされました。

それで、大学の博士課程を終えてから、今の映像の制作と展開を行う会社に就職しました。最初の二年半は番組制作のディレクターとして働きました。当時は東日本大震災からすぐだったので、一年間宮城県で過ごして取材をしました。今は番組を海外に展開する仕事をしています。海外向けの番組を開発して、その広報を行ったり、ベトナムの担当でもあるので、ベトナムのテレビ局の人に会ってプレゼンして日本の番組を配給する仕事をしています。

支えてくれる存在が居場所になる

「存在の心もとなさ」から話を始めましたが、三十三歳になった今、どう感じているかというと、実はこのことに全く悩まなくなったんです。本当に不思議なんですが、十代、二十代はそのことばかり考えていたのに、三十代になって全然悩まなくなった。仕事が忙しいというのもあるのですが、実は、「何だ、そんなことか」と思われるかもしれませんが、結婚して家族を持ったということがすごく大きいんです。人生のパートナーに恵まれ、子どもが生まれて、本当に自分と寄り添って、苦しみも喜びも分かち合ってくれるかけがえのない存在が現れた。これ以上に自分を必要とし、肯定してくれる存在、支えてくれる存在、自分の居場所ってないんじゃないかと思うんです。それって当たり前なことではなく、奇跡みたいにありがたいことで。私の場合は、夫と息子という存在が、私の往年の悩みを吹き飛ばしてしまったわけです。

「いびつさ」は誰にでもある？

ただ、「存在の心もとなさ」はなくなったんですけど、自分は「なんていびつな存在なんだろう」という違和感のようなものはどうしても残ってしまう。仕事でベトナムの人とやりとりするときもそうです。最初は「私、ベトナム人なんです！」と言って関係に入りこんでいく。それによって、相手も関心を持ってくれるし、スムーズに仕事が進むことも多いのですが、蓋を開けてみると言葉が片言だったり、「ベトナム人」とは言い切れない部分が徐々に露呈してくるわけです。高校生のときに、「国」でくるから悩むんだと、自分なりの答えを出したのに、結局今は〝ベトナム人になりすまして〟スムーズに仕事を進めようとする自分がいるわけです。しかも、ベトナム人にもなり切れず、今もベトナム語を勉強していますが、なかなか上達しない。いつまでたっても、なんて自分はいびつな存在なんだろうと、たまに嫌気が差すことがあります。

ルーツを大事にするとか、ルーツを抱えて生きるとか簡単に言うけれど、十代、二十代を思い返してみると、私にとってそれは苦しいことでした。それは今も同じかもしれません。その一方で、自分はものすごくルーツに囚われて生きているところもあって。ルーツを大事にすることと、ルーツに囚われること。それは不自由さや息苦しさと裏表に存在するんです。正直、全てを忘れて、ルーツを捨て去って、自由に生きていけたらどんなに楽だろうと思うことがあります。

先程、温さんと話したときに、「自分の存在をいびつに感じる」と話したら、「私たちはそういうのが見えやすいだけで、いわゆる外国にルーツがある人でなくても、実は存在の心もとなさとかいびつさって持ってるんじゃないですか」とおっしゃってたんですよ。みなさん、持ってるんでしょうか？　だとしたら、ぜひみなさんのお話を伺いたいです。そんな気持ちで、今日は自分のことをお話しいたしました。

自分の言葉で自分を語る――宮ヶ迫ナンシー理沙

目立たないようにしていた小中高時代

宮ヶ迫ナンシー理沙と申します。これまでの自分をどのように捉え、どのように今生きているかというお題だったのでした。最近人前でお話しすることはあまりなかったのですが、今日は、温さん、高部さん、ハウさんとご一緒できるということでお引き受けすることにしました。

私は、おじいちゃんとおばあちゃんが一九五〇年代に日本からブラジルに移民で渡ったんです。母は五歳、父は九歳のときに移民船で家族とブラジルへ渡り、ブラジルで育ちました。二人とも家族間の会話は日本語で、日系のコミュニティで育っているので、父と母が結婚して私が生まれても、家族の間では日本語という環境でした。九歳まで普通のブラジルの学校で勉強していましたが、ブラジルの学校は半日制だったので、週に三日、半日は日本語学校で日本人の先生から日本語を習っていました。

日本には一九九一年、九歳のときに来た

のですが、そのとき会話に困っていじめに遭うとか、勉強に困る経験はしていません。それに、目立たないようにする大人の配慮があったのだと思いますが、小学校に入学するときに「ナンシー」という片仮名の名前は伏せて、「宮ヶ迫理沙」という名前で入学したんですね。だから、見た目は「日本人」だし、会話は普通にできるし、ブラジルのことをそんなに表立って語ることもないし、小学校、中学校までは私がブラジルから来たということを同級生は知っていましたが、高校に進学してメンバーが変わると、もう誰も知らないし、特に知らせる理由もないという状況でした。私にとって高校生ぐらいまで暗黒というか、あまり楽しい思い出がなかった時代です。ブラジルの思い出も含めいろいろ気兼ねなく話せた、今でもつき合いのある親友と呼べる友達は高校時代に一人だけできましたが、とびっきり苦しいことも楽しいこともなく、特に思い出はありません。

●宮ヶ迫ナンシー理沙
（みやがさこ・なんしーりさ）

会社員（世界の音楽を日本に紹介する仕事）。1982年ブラジル・リオデジャネイロ生まれ。日系移民の家族のもとブラジルで生まれ育ち、9歳で両親とともに日本に来る。以来ずっと日本で教育を受ける。「20代は、ブラジルという一方のふるさとを追い求めて、揺らぎながら過ごしたと思います。仲間を追い求めた時期でもありました。W杯とオリンピックの重要な時期にブラジルで過ごし、現在は、続けてきたことに少し自信をもって生きることができていますが、『架け橋になる』って簡単ではないと痛感しているところです」

仲間を求め始めた大学時代

転機が訪れたのは大学生のときでした。そのときまでブラジル国籍で生きていたので、大学に入って学生証をつくるときに、身分証明書が外国人登録証明書、通称「外登」と呼ばれるものでした。その身分証明書に、通称名で漢字の名前は登録されていなかったんです。だから、名簿に出る名前が「ミヤガサコ・ナンシー・リサ」ってものすごく長い片仮名の名前になってしまい、周りの人から「どこの人ですか？」と急に聞かれるようになって、その度に説明をしなければならない状況にさらされてしまったわけです。

　それから急にブラジルが私のなかで鮮明に意識化されたんですけど、ブラジルって、もちろんそれまでも何となく頭の中にはあったんです。大学に進学するときもポルトガル語科のある大学を志望したのですが、うまくいかなくて、第二外国語にスペイン語すらない大学に進学してしまったので、ポルトガル語を勉強する環境に身を置くことができませんでした。だけど、大学生になってそういう状況になってから、ブラジルの仲間をすごく追い求め始めたんですね。移民などの勉強を自分でも少し始めたころ、日本では九〇年に入管法が変わって、たくさんの南米の人たちが日本に働きに来るようになったということも知って。インターネットもそのころから使えるようになったので、神奈川県の鶴見区にたくさんのブラジル人、南米の人たちが住んでいることがわかって、大学二年生ぐらいのころから通い始めたんです。

鶴見には、日本で生まれ育って、ポルトガル語を親とのコミュニケーションでなかなか使えない小学生ぐらいの子どもたちがポルトガル語やスペイン語を勉強しに来る母語教室がありました。私も勉強するつもりだったんですけど、自分がその子たちにポルトガル語のアルファベットを教えるボランティアをすることになって。皆さんおっしゃったのと同じで、ポルトガル語を耳では聞けるんだけど、話せないんです。だって、それまでほとんど話してこなかったから。言葉というのは使っていないと話せなくなるのです。でも、小学生の子どもたちに日本語を使ってアルファベットを教えることから始めて、ポルトガル語を独学するようになりました。

ブラジルとの再会

それで、ブラジルに行きたいという気持ちはやはりすごく強かったですね。二十代のころ、みんな旅をすると思いますし、それはすごく大事なことだなっていま振り返って思います。ああいう旅というか、さまよいというか、そういう道をたどってなかったら、自分はこれでいいのだという自信のようなものは得られなかっただろうと思います。

大学生のときの先生が、私がブラジルにかかわりを求めていることも知っていて、海外に派遣するインターンシッププログラムがあるので、自分でどこか行ける場所を交渉して応募してみたらと背中を押してくれました。それでブラジルで半年間、ファヴェーラという貧困地域で教育活動を行うNGOで働きました。当時はポルトガル語に全く自信がなかったのですが、ブラジルの人たちはとてもオープンで、日本人のボランティアがそのとき八人ぐらいいましたが、「ボン・ヂーア」とか「ボア・タルヂ」とか一言挨拶をしただけで「もう大丈夫」と言って、全然お構いなくしゃべってくるんですね。だから文字どおりポルトガル語のシャワーを浴びて半年間過ごせました。そのとき、彼らが「ブラジル生まれでブラジル人なのにポルトガル語ができないのか」とネガティブにとらえることなく、一言しゃべっただけで受け入れてくれ、おかげで伸びやかに半年間を過ごすことができたのがすごくうれしかったことです。

『シティ・オブ・ゴッド』というブラジルの映画を御存じでしょうか。私が高校生ぐらいのときに日本の映画館でブラジル映画が上映されると聞いて、普通の映画館でブラジル映画が上映されるなんて珍しいことだったので楽しみに観に行ったら、その映画がとても暴力的で、「私が知っているブラジルと全然違う」というショックを受けたんです。でも、日本で見るブラジルってそういうイメージなんだな、とも思いました。自分がブラジル人として自己紹介をしたときにも、ブラジルは危なくないのかという質問をよくされるので。自分がブラジルで過ごした子ども時代の九年間って、人々の愛に包まれて幼少期を過ごした、いい思い出しかないんです。だから自分の記憶にあるブラジルと、日本で語られ、テレビなどで描かれるブラジルが全く異なることにもすごくショックを受けました。

ファヴェーラと聞いて、父も母も心配したようですが、長いこと教育活動を続けてきた組織で、日本から来たボランティアがその経験を本に書いていたこともあって少し安心したようでした。

ブラジルは一九八〇年代まで軍事政権だったんですが、市民活動がとても活発なんです。HIVに感染した人たちが、健康であることは憲法に書かれた自分たちの権利なのだと訴え、エイズ治療を公立病院で、無料で受けられる権利を獲得したりしたことで有名です。二〇〇五年にNGOの活動現場で過ごし、そういう活発な現場を間近で経験し、日本に二〇〇六年に戻ってきました。

「取材対象」から「発信者」へ

ちょうどそのころ、「外国籍の子どもたち」みたいなことがようやくメディアで取り上げられるようになったころでした。言葉ができなくて、学校の勉強についていけず教育の場からドロップアウトしていく子どもたちとか。週刊誌などでも、外国人労働者の子どものことなどが、センセーショナルに報じられ始めたのが二〇〇六年ごろかなという気がします。それを目にしたときに、人ごとに思えず、子どもたちや幼い世代がどういう流れのなかで、どういう状況に置かれているのかをもっと知らなければいけないのではと思って、神奈川県で活動をしているいろいろなところに顔を出すようになったんですね。

そういうふうに報じられ始めていたころだったので、取材の依頼がよくいろいろな人をたどってきました。それから、八〇～九〇年代に子どもだった人たちが二〇〇〇年代初頭には二十代ぐらいになっていて、大学に進学した世代にロールモデルとして語ってほしいというのが、そのころ流行っていたと思うんです。このテーマが注目されているうれしさの半面、どんどん誰かの取材対象にされていくことへの違和感も徐々に感じ始めました。

それで、自分たちも当事者意識を持って何かしないといけないんじゃないかという気持ちでいたときに、鶴見で活動していた時代からお世話になっていた人が背中を押してくれました。そのとき私は積極的に仲間を追い求めていて、私と同じように幼いころ日本に来て、日本で育ったような人たちと、とにかく語り合いたいという気持ちが強かったので、新聞やインターネットで見つけた人に自分からコンタクトをとったりして、仲間を集めていました。そうして「マルチカルチャーチルドレンの会」という名前で自主的な合宿を、二〇〇六年くらいから始めました。

最初はブラジルの仲間を追い求めていたんですが、私の育った神奈川県は、いろんなルーツを持った人たちがいるんです。いちょう団地（横浜市・大和市）には難民をルーツとする人たちがいっぱいいるし、中南米の人たちもたくさんいて、とても多様だったんですね。だから、ペルーとかボリビアとかイランとか台湾とか、いろんなルーツの人たちが集まって、合宿をして夜通し語り合いました。一日のイベントでは語り尽くせないことを、とにかく合宿で語り尽くしたいという気持ちで、合宿を二〇一二年ぐらいまで続けてやりました。

そのなかで、誰かに取材対象にされるのではなくて、自分たちの言葉で自分たちを語ることが必要だと思って、その合宿でみんなが語り合っていることを記録にとることになりました。そうして『Roots of many colors』というドキュメンタリーを制作するに至りました。

自分たちを知って欲しい

それは一〇年も前の話なんですが、いまだにそのときのメッセージが通用するとは、なんだか前進できていないような気分になって悲しくなります。もうこの映画は、役目を果たしたのではないかと思っていました。それに続く誰かが出てきてほしいと心の底から思います。

そもそもは、自己紹介をして、ブラジル出身だと言うと、「ハーフ？　英語しゃべれんの？」と言われ、「おじいちゃんとおばあちゃんが戦後にブラジルに移民してて……」という説明を毎回毎回しなければいけない。高校生ぐらいのときまでは、どうして私が説明しなきゃいけないんだ」という苛立ちがありました。日本人なのに、日本の歴史も知らないのか、と。大学生ぐらいからもう少し大人の対応ができるようになって、自分たちの言葉で語ることをしなきゃいけないのだと思うようになりました。

この映画ができたのが二〇〇八年で、日本からブラジルへの移民が始まってから百周年の年でした。経済の動きに影響されて、ブラジルや南米諸国から日本に急激に人が来るようになってから、もう三〇年たちました。でもその前から中東、アジア、いろんなところからいろんな人たちが日本に来ていたはずです。「なぜ私たちは日本にいるのか、ちゃんと自分たちのことをわかってほしい。社会の一員として認められなかったけど、成長した私たちはここに生きている」というのが映画のメッセージです。認められてこなかったというのは、一般的に自分たちのような存在が認知されておらず毎回説明が必要であったこととか、学びの場から排除されてしまうケースがあるなど、さまざまな出来事をみてきて感じていたことです。

そのころ、実はものすごくいろんなこと

に携わっていて、ミクシィなどＳＮＳが普及し始めたころだったので、「ミックスルーツ」という活動をしている関西の人たちとも知り合いました。自分たちのような「純日本人」ではない、日本において存在感やストーリーを知られなければならない私たちをもっと知ってほしいと、表現活動をしている人たちが寄り集まって、「Shake Forward!」という音楽イベントをやったりもしました。それが二〇〇八年にＮＨＫでドキュメンタリー化をされて、YouTubeで今でも見られます。そのときに参加したのが、ブラジルと日本の人たちが集まってできた「天才'sＭＣｓ」、ペルーからきたラテン侍を名乗る三人組「Los Kalibres」、もう解散してしまったけども、在日コリアンの「ＫＰ」というデュオ、あとガーナ出身のお母さんと日本人のお父さんとの間に生まれて、日本には八歳ぐらいのときに来た現在YANO BROTHERSという兄弟のメンバーが中心にやっていた「BLENDZ」というグループ、それからアイヌをルーツに持って音楽活動をしていた「AINU REBELS」。そんな音楽イベントの運営に携わったりしていて、どうやって全てをこなしていたのか自分でも不思議なんですけど、そのときはとにかく、表現をするというか、自分たちの存在を日本の人たちに知ってもらわなければならないみたいな気持ちが強かったのかなと思います。

自分たちが主体になることの大事さ

大学を卒業して、日本では珍しい形態の株式会社社立の学校、いわゆる普通の学校には行けない人たちが通えるような通信制の学校で働いていたんですが、もう少し教育の制度について勉強しないと通用しないと思って、その後、大学院に進みました。

大学院に進むときに「さぽうと21」に出会い、また夏季研修会などですごくいろんな人たちに出会いました。今いろいろなサポート、支援がいろいろな地域で行われていて、たとえば外国人集住地域においては学校の先生が中心となって交流会などの場を仕立て上げていくんですが、それらは参加者が主体性を持って自分たちで動かしていくような場所にしていかないと、そこから発展するものがないのではないかということを問題意識と感じています。交流会だとか、集まる場所に、テーマだとかやり方だとかを周りの大人が用意して、すべてお膳立てをされたところに子どもたちが参加するみたいな仕組みは変わっていってほしい。映画ができたときに、同じようなことがもっともっといろんなところで発生していくのを期待していたし、今は一〇年前の現状じゃなくてもう一歩新しい姿を描いた、新しいものを期待しているんですけど……。そんな気持ちで今は過ごしています。

お互いの話を聞いて

ルーツに囚われる?

谷川　自分のルーツを背負うとか、大事にするとかってよく言うし、自分もそのことをすごく十代、二十代考えてきたし、だからこそ今があるというのもよくわかっている。そしてそうやって生きていくしかなかった。ただ、私は五人姉妹なんですけど、そんなにベトナムにかかわろうとしているのって私ぐらいで、実は姉たちは、別にベトナム語ができなくても、そんなに気にせずに楽しそうに生きていて。私も、結婚して、日本国籍になって、名前も谷川になったし、もうルーツのことなんて気にせず忘れて生きていった方が楽なんじゃないの、って正直思うんですよ。でも常に揺れてはいて。ルーツを大事にするとか抱えて生きるというけど、自分で自分の首を絞めているだけなんじゃないのかなって思うときがあります。

でも、自分から飛び込んでいっちゃうんですよね……。これも不思議なんですが。さっさと逃げれば楽なのに、わざわざ仕事でベトナムの担当なんてしなければ、いびつな自分と向き合わなくて済むのに。別にそれをしなくたって生活できるのだから。それでも自分から飛び込んでしまう。いったい何でなんでしょう。

温　今の問いは、私にはすごく響くんですね。私が表現者としての問いのようにも響くんですね。私が小説を書きたいと相談に行ったら、私の恩師である川村湊さんが、あなたはもっと本を読みなさいと色々薦めてくれて、その頃に読んだもので、どの作家か名前は忘れちゃったんだけど「国の不幸は文学の幸福だ」と言っている韓国の作家がいた。八〇年代の韓国ではそういう言い方がよくされていたんですよね。それに対して同時代の日本の作家が「自分たちは不幸が足りない」という反応があったりして。私はそういう言い方には猛烈な反発を覚える。それはあなたが日本人で、しかも男だからなんじゃないの、と。日本にいて、表現活動のために「不幸が足りない」とのたまえるのは、あなたが既得権益にどっぷり浸ってるからなんじゃないの、と。もっといえばそういう人に限って、おれもマイノリティーだったらもっと表現の種があったのに、と本気で許しがたいことを言う(笑)。でも、今、ハウさんがおっしゃったように、マイノリティーだからこそ表現しないではいられない、みたいな部分も確かにある。表現欲求みたいなものと境遇と、どっちが先かみたいな非常にデリケートな話になるんですが。少なくとも私は、自分の中の複雑な部分に目覚めたからこそ、小説を書きたい、自分の表現がしたい、という気持ちがより強化されました。簡単に解決させるのではなく、解決することの難しさをそのまま書きたいというような。逆にそういうのは実社会においては、幸福に生きる上ではちょっと厄介というか、さっさと乗り越えたほうがよかったりする。お三方もおっしゃっていたように、みんな国際人でいい、それぞれのルーツを楽しく抱きかかえて、下手であっても台湾人なら中国語をしゃべればいいし、ベトナム系のルーツだったら、ベトナム人に比べたらベトナム語が下手かもしれないけど、日本人よりも上手なパターンもあるんだから、自分の武器にして、生かせばいいじゃんということを生活面、人生においては言いたいんですよ。もっと楽になっていいよ、と。ただ、表現のことを考えると、そういうふうにどんどん過去を置き去りにしないで、痛かった部分とか、揺れている部分とか、そういうものが存在していたことを将来に刻むために、あえて自分の一番痛い過去とか、自分のブラックホールとか、自分の揺らぎに対して、あまり簡単に乗り越えたと言いたくないという意地もどこかにありますね。

　こういう悩みを抱えていると、私が台湾人で日本育ちだからかなってたまに思うときがあるんですけど、きょうだいを見ると全然違うんですよね。私も妹が一人いるんですが、妹は私のようにはこだわっていないし、そもそも悩まなかった。中国語が全然しゃべれなくても「だって私、日本人だもん。あっ、ほんとは台湾人だった」みたいな（笑）。何できょうだいのなかで自分はこういうテーマにからめとられているんだろうと考えると、私の場合は、いわゆる普通の日本人が書けない素材を自分に授けられたという意識がすごくあるので、その素材に対してもっと向き合いたい願望と、でもその素材を「外国にルーツのある自分が苦しんできたんだ」ということに固定したくない。非常にアンビバレントというか、解放はされたいんだけど、表現の燃料にはしたいという揺らぎがありますね。ちょっとずるいかもしれないけど、一旦それが今の私の答えです。

気づいてしまったら悩むしかない

高部　僕も写真学校の卒業作品で自分の故郷を撮影することにしたときに、最初にそういう発想はありました。僕の悩みであり、深く物事を考えられる素材の一つであって、それは作品にした方がいいかなというちょっとずるい気持ちと、でも自分をさらけ出すものでもあるので、あまり出したくないと、そういう矛盾があったわけです。でも、写真を撮っている最中には、もう悩まなくなっていました。誰にどういう

少なくともわたしは、自分の中の複雑な部分に目覚めたからこそ、小説を書きたい、自分の表現がしたい、という気持ちがより強化されました。（温）

ふうに見せるかよりは、自分がどういうふうに撮りたいのかというのが強くなってしまったんですね。撮った後どう編集して、どう見せるのかというのはその後の話で、撮っている最中は、撮ることだけの幸せでした。それは悩みとは違うんですけど。

僕は姉が二人いるんですけど、うちの一番上の姉も悩まないですね。でも逆に、気づいたらもう終わりだよなと思っていて。もう悩むしかなくて、自分の中で解決していくしかないという。逃げようとか、捨てようとか、ほかの人みたいに悩まなくていいやというふうにはできないです。でも、悩んでない人たちが、その分楽になっているということはない。僕たちと違う分野で別の悩みを抱えている。トータルではみんな同じじゃないかなという気がするんです。

「架け橋」は簡単じゃない

宮ヶ迫　私は実はこの歳になって、揺らぎの中にはいるんです。父と母は日本に我が家と呼べる場所、いわゆる実家がないんですね。父方はブラジルにお墓があって、母方はおじいちゃんとおばあちゃんが日本に健在なんですけど、今後どうなるかわからないんで、将来どこで老後を過ごすのか決まってないという状況に差し掛かってきて。私自身もどうなるんだろうと。

谷川 同じです。

宮ヶ迫 大学院を修了したすぐ後に、やっぱりブラジルで生活がしたいと強く思って、ちょうどワールドカップが行われている前の年だったんですが、とりあえず行ってみようと思って、サンパウロの邦字新聞社に飛び込んで、ちょっと仕事をさせてもらい、その後運よく日本から取材に来たジャーナリストたちのコーディネーターの仕事をさせてもらいました。そのときにブラジル社会を見つめる経験をして、そこからブラジル社会のことをもっと知らなくちゃと思って現在に至ります。いまは世界の音楽を日本に紹介する雑誌編集部、また海外アーティストを招聘し日本に紹介する仕事をしているんですけど、雑誌にはブラジル社会をテーマにした連載の企画をしたりしています。

日本のブラジル音楽ファンってものすごい知識が深いんですよ。世界の他の地域の音楽もそうですけど。だから自分の知らないブラジルのことを日本の人からいっぱい教えてもらって、ブラジルとの新たな出会いをさせてもらっていて、それが面白いんです。

谷川 でも自己紹介で「架け橋になるのって難しい」みたいに書いていましたね。お仕事としてはまさにそういう「架け橋」のお仕事だと思うんですけど。

宮ヶ迫 いや、バックグラウンドが複数あると、それだけで「架け橋になれるね」と人にいわれがちですが、そんな簡単じゃないですよね。この間、温さんが、「真ん中」なんだ、自分はどっちでもないんだって改めて主張していたのを読んで、本当にそうと思いました。

谷川 比喩だというのはわかるけど、でも「橋」って、「架ける」ってなに⁉（笑）そういうことを言う人も、実際にはよくわかってないんじゃないかな。

高部 ハーフなのかダブルなのかとか、いろんな発想があって、僕自身はハーフでもいいやと思った時期があるんだけど、両方わかるのでダブルだという。でも僕はダブルじゃない、どっちでもないなとすごい悩んでた時期もあって。簡単に架け橋にはなれないという思いがあるんですけど、でも両方の気持ちがわかるところもある。

温 架け橋になれって言われるけど、橋が欲しいのはこっちだと。誰か私に道筋をつくってよという感じで。

バックグラウンドが複数あると、それだけで「架け橋になれるね」と人にいわれがちですが、そんな簡単じゃないですよね。（宮ヶ迫）

架け橋にもいろんな種類があるという認識を、私たちの世代が最初にアピールしたら、次の世代がもっといろんな架け橋になれるような準備になっていくんじゃないか。（温）

谷川　わかる！

温　さっき理沙さんがおっしゃったように、「どちらでもある」と「どちらでもない」の間を揺れている。日本人か台湾人かで揺れてるというよりは、日本人でもあって台湾人でもあるというすごく前向きな気持ちと、日本人でもないし台湾人でもないというネガティブな気持ちの間で揺れてるので、いつもアップダウンが激しいんですよね。

谷川　私はどっちかというと、完全にネガティブです。プレッシャーがありませんか？　「架け橋になれる」、「つなぐことができる」と、すごく言われるし、昔からそういう期待を背負って、それに応えなきゃと思ってきた自分もいて。今の仕事は、いわば完全に架け橋の仕事なんですよ。日本の番組をベトナムのテレビ局に営業して、放送してもらうことで、ベトナムの人に日本を理解してもらうことにもつながるし、興味を持って日本に来てもらうことにもつながるかもしれない。でも自分は「周囲の期待に応えられている！」とは全く思わなくて。苦しいし、架け橋になれているのかな、と。なんか私、めんどくさいですね……（笑）。

温　でも、たぶん理沙さんやハウさんの場合は、今いる立場で、対象と対象をつなげたいという前向きな気持ちになれるなら、それはもう、ある種の橋なんです。橋にもいろんな種類があるじゃないですか。私も中学生ぐらいの頃、「あなたは台湾人だから台湾と日本の架け橋になってね」とよく言われました。当時も違和感があったのですが、今思うとそれは、こういうときに言われる架け橋って、要するに褒めてくれる校長先生とか誰か偉い人たちを喜ばすための台湾と日本を紹介しなきゃいけないってことなんですよね。でも私が喜んで紹介したい台湾や日本は、たぶんそういうお偉いさんが喜ぶものじゃない。そうやって、望まれる橋になりきれたら、それこそあちこちで優遇されるだろうし、お金も儲かったりしてね（笑）。でも、私はそういう橋にはなりたくなかった。むしろ、偉い人同士がお互いに気持ちよくなるための台湾や日本なんかとは絶対関わりたくない。勝手にしろって感じ。いや、むしろ、あなたたちにとっての日本と台湾はどちらもインチキだって積極的に言いたいぐらい。もしかしたら、こういうことを主張するのも、ある意味では架け橋の役割かもしれないですね。どっちも見えるから、どっちも違うって言えるのも。だからこそ、架け橋にもいろんな種類があるという認識を、私たちの世代が最初にアピールしたら、次の世代がもっといろんな架け橋になれるような準備になっていくんじゃないかなと今ちょっと思いました。

高部　そのとおりだと思う。お二人はたぶん何かの架け橋になってるんですよ。でも、その目標が高過ぎる。

温　そう、目標が高過ぎる。

自分の身をさらせる場の必要性

高部　僕は中学、高校の頃、中国引き揚げ者としてはどうだったのかとか、大変だったかとか、新聞とかに結構取材されたりしました。東京で就職してからは、そういう活動をあまりやってないですけど。でも僕自身は、外国ルーツの子に関わるいろんなボランティアの方の会のチャンスがあったんですけど、僕の中国出身の友達の子どもたち、今の中学生、高校生たちは、そういう会に参加するチャンスが僕より少なくなってるような気がするんです。その子たちが、いま何に悩んでるのか、普通に日本の社会に入っているのかと質問しても、みんなわからないというか、あまり悩んでない。でも僕から見ると、今は全然悩まなくていいけれど、いつか悩むんじゃないかなと思って。いつか悩むときにあまり深い傷にならないように、何か予防注射的な対策ができたらいいなと思ってたんです。でも、理沙さんはすごい、自分から発信しようとしていたんですね。

宮ヶ迫　仲間が欲しかったんですよ。でも、不思議なことに、鶴見の教室で子どもたちにスペイン語を教えていたペルー出身の友人とある日しゃべっていて、実は同じ中学校の出身だったということが発覚して。彼女とは学年がひとつしか違わなかったので、同じ時期に同じ学校に通っていたのですが、中学生のときは、私には全くその意識はなかったんだろうと思います。大学生ぐらい、十八歳から二十歳ぐらいのときに自分から仲間を求めていったんですね。

高部　僕から見ると、内側から発信してほしいなと思っていて、僕はそういう人じゃなかったので、そういう意味で理沙さんはすごいなと。でもこれから、そういう世代の人たちが結構多いから、どうなるのか心配するところがあります。

宮ヶ迫　全く同じく、自分からそういうふうに動いていく人がもって出てきて欲しい。だって、もう三〇年たったんですよ。その、元子どもだった今の大人ってたくさんいるでしょ？　もっと存在感があってよいと思うのです。

温　理沙さんのお話で重要なのは、主体的に自分の身をさらせる場が、身近にアクセスできるような環境を整えてあげるべきだなと思って。大人がみんなお膳立てして、多文化共生、よくできましたみたいな感じで終わっちゃうんじゃなくて、本当にども

今は全然悩まなくていいけれど、いつか悩むんじゃないかなと思って。いつか悩むときにあまり深い傷にならないように、何か予防注射的な対策ができたらいい。（高部）

りながら。今日の四人に共通してるなと思ったのが、中高時代は暗い（笑）。思い出したくないし、思い出さないために忘れたみたいな。特に日本社会って同調圧力がすさまじくて、その同調圧力にさらされるのって、日本の普通の子たちもすごいきついと思うんですよ。私自身は、台湾人であることで、ほかの人と違うというラベルがわかりやすかったから、最初からほかの子と自分は違うということを認識した上で、高部さんと同じように、ほかの人から違うと思われたときにどう対応して楽しむかみたいな方にスイッチできたと思うんです。でも、自分が「普通」と思い込んでいる子たちの方が、実は普通でいられるぎりぎりの状態で、すごくいびつなんじゃないかなと私は思ってて。もちろんいろんな人がいるから、外国ルーツでも全然気にしないで生きていける人もいるし、感受性の問題もすごく大きいと思うんですね。自分自身について悩む、抱え込むという時点で感受性が豊かである証拠でしょう。感受性が鋭い上に境遇の問題も重なってくると、より悩みは深くなる。「普通の日本人」じゃない、でも自分の親の故国に戻っても何か断ち切られてしまう子たちが、子どもから大人になろうとするときに、自分の言葉や、言葉に限らず自分の絵でも、自分の写真でも、何か堂々と「私は私」と思えるチャンスが、もっと社会にたくさんあればいいのにと思います。そういう意味では、たとえばハウさんのやっているテレビのお仕事を通して、ああ、自分みたいな仲間が日本にもいっぱいいるんだと思えることが、一滴どこかに垂れるだけでも、十分な架け橋の仕事になってるんじゃないかなと思います。理沙さんはまさに本当にそういう場をどんどん積極的につくっていってくださる人なので、広報を頑張りましょうよ、と。

日本につながった高校生たちに答えて

ミャンマー語を勉強しない

――今の高校生や大学生とかは悩みを抱えてないんじゃないかというお話がありましたが、高校生が何人か来ていますので、聞きたいことか、感じたことを言っていただければ。

アウン（仮名）　いま高校三年生、十八歳のアウンといいます。中学一年生のときに日本に来て、二年生のときから、日本で生まれたミャンマーの子どもとか、ミャンマーに行く日本人にミャンマー語を教えるボランティアをしています。

ただ、日本で生まれたミャンマーの子どもたちはミャンマー語を学ぶという意欲が本当にない。「なぜミャンマー語を勉強しなきゃいけないんですか」「ミャンマー語を勉強しても何の得にもならないのに」と言われて、それがすごくつらくて。自分が大切にしている国の、大切にしている言葉なのに、何でそう思うんだろう。そういう子は両親ともミャンマー人なので、将来ミャンマーに帰って、つらい思いをするんじゃないかなとも思っています。

それから、今の時代の私たちは、昔の、今日お話しされたような人たちの時代と比べて、大変さは軽くなったんじゃないかと思います。そういう人たちがいたから私たちは今そこまで困ることがなくて、整った環境で勉強も生活もできるようになっていると思うんです。恵まれ過ぎていて、自分の国とか国籍とかを忘れている人も中にはいるので、それをどうにかしたいと思っています。もうちょっとアドバイスをいただければと思いました。

社会が優しくなれば

エミリ（仮名）　こんにちは。○○人のエミリです。五年前に日本に来た高校生です。

今、自分で「○○人」と言ったんですけど、確かに書類上は完全にそうなんですが、五年間日本の学校に通い、日本で生活してきて、私は日本人のようになってしまって、両親との距離が生まれてしまったところがあるんです。家族や親戚と母語をしゃべると、「日本人がすごく上手に自分たちの言語をしゃべっているように聞こえる」と言われて、何がネイティブなのかなって思ったり。ふだんの生活でも文化とか考え方が違うところがたくさんある。確かに居場所がないと感じることがあって、すごく共感できました。

もう一つは、この世界は優しさが足りな過ぎるというところに、関心が深まりました。本当に優しさがない世界だと思います。もうちょっとみんなが優しい目で他人を見れば、そこまで深い傷がつかないんじゃないか。私もいろんなところでかなり深い傷がついてます。

もう一つ言いたいのは、私も中学校は全く楽しくなくて、今も楽しくないんです。そういう過去があるからこそいろんな人を元気づける力が出たりとか、自分も強くなれる部分があるなと思ったんですが、やはりずっと消えない傷が心に刻まれていて、そこが切ないなとも思います。

もう一つ、「普通って何」という部分にすごく動揺させられました。普通というものに自分がすごく振り回されてたんだな、と。お話を聞いて、最初は、本当は普通なんてないんだなって思ったんですけど、同調圧力にすごく負けちゃうので、そうすると同調圧力にすごく振り回されてしまう。だから、「普通って何」という部分を、みんなにもっと広めてほしい。人はみんな顔も違うし、宗教も違うし、国も違うし、そこに振り回されちゃだめだと思ったんです。

あと一つ、「あなたはそう思うんだね、でも本当はこうだよ」って先生に言われたという温さんのお話がすごくいいな、温かいなと思いました。私が間違えたりすると、最初からやり直しって言われるので。

最後にひとつ、さっき高部さんが、何をされたかではなく、それを自分がどう受け止めるかが原因だよと言ったじゃないですか。私が思ったのは、何かをされてしまっ

言語を学ぶ喜びというのは、経済効果だけではないはず。「稼ぐ」という意味では全然役に立たなそうな言語でも、学ぶこと自体の喜びって絶対にある。（温）

たときに、精神的に強い人は気にしなかったり、どうでもいいとか思える力があるんですけど、敏感な人はすごく深いところまで来るんですよ。私はそういう過酷な過去に耐える力がある人を本当に心から尊敬し、すごいなと思うし、私もそういう人間になれるように頑張りたいんですけど……。ありがとうございました。

グエン（仮名） 僕はグエンといって、ベトナムにルーツがある高校二年生です。前のお二人と違うのは、僕は日本生まれのベトナム人で、ハウさんと同じで両親がベトナム戦争から逃げて船で日本まで来た難民なんです。四人のお話を聞くとすごく自分と重なる部分があって共感していたんですが、皆さんの中学や高校のときは暗かったというのを聞いて、逆にその暗い中で、自分が外国にルーツがあるということでプラスになった面があったらぜひ教えてほしいです。

言葉は「経済効果」のためのものじゃない

温 先にどうしても一つだけ。言語を学ぶのに「役に立つ」とか「役に立たない」とか考えるのは、日本社会の悪影響ですよ。英語をやるのは就職に役立つからとか、言語を経済的な基準で序列づける態度っていうのは、今の日本の消費社会のせいだと私は思っています。もちろん英語ができれば世界が広がって友達もできるし、私も英語ができたらもっといろんな人に会えるのにと思います。だから言語を学ぶ喜びというのは、そういう経済効果だけではないはず。ベトナム語でもミャンマー語でも台湾語でも、「稼ぐ」という意味では全然役に立たなそうな言語でも、学ぶこと自体の喜びって絶対にある。アウンさんが向き合っているミャンマーの子どもたちだけでなく、普通の子どもたちって、日本語で勉強するときも勉強の楽しみを知らないじゃないですか。だから自分がすごく楽しそうにやっている姿をさらしていくと、だんだんみんな自分もしゃべってみようかなって思うんじゃないかな。

居場所の大事さ

谷川 ミャンマー語を子どもたちに教えているけれど、勉強する気になってくれない……というお話、すごくよくわかります。私は小学校のときに、ベトナム人の一世の大人たちが作ったベトナム語を学ぶ場に通っていたことがあります。その学校自体あまり続かなかったんですが、私はそのとき、日本語だとグェン・ティ・ホン・ハウという、ただ長いだけで何の意味もない、へんてこりんな自分の名前が、ベトナム語だと Nguyễn Thị Hồng Hào と一つ一つ意味のある響きになることを知り、すごく嬉しかったのを覚えています。だから、もしかしたらその子たちも、そういったことを感じているかもしれません。でも、言葉に対する複雑な気持ちって、両親との関係や自分の境遇に対する理解とも重なっているんですよね。親からのプレッシャーや期待をどう受け取るか、そのなかで自分は日本でどう生きていきたいかとか。それがミャンマー語を話したいか話したくないか、話すか話さないかという感情や選択と密接に絡まっている。だから、それぞれのタイミングが来ないと、その葛藤や選択に向き合って、言葉を学ぶ気持ちには、なかなかなれないんじゃないかな。それには、その子自身のタイミングがあって、その子が親との関係に何らかの折り合いをつけるとか、その子が社会の中でどう生きていきたいかを考え始めたりしないと、周りの人がどうにかできることでもないのかなと。

ただ、言葉を教える場所自体はものすごく大事で、言葉そのものだけでなく、例えば親との関係が複雑なこととか、学校生活でのモヤモヤとか、うまく言えないことを、必要なタイミングで話せる場があるかないか、あるいは本人が口に出さなくても、そっと見守ってくれる大人が近くにいるかどうか、それだけで全然違うんです。

思い出すと、私にもやっぱりそういう場所や存在がありました。自分の存在とか境遇をひたすら説明しないとわかってもらえない状況の中で、ここでは説明しなくてもみんなわかっている、理解してくれている、そういう場所があるというだけで全然違うんですよ。だからアウンさんも、そういう場所をつくる役割なんだと思って、悲しまないでください。たぶん、子どもたちの気持ち、わかるよね。だから、「勉強したくない」とか、「何の意味があるの」という言葉も、気持ちも、そのまま受け止めてあげてください。

アウン　ありがとうございます。確かにそうかもしれないと思いました。私も弟も、日本に来て、中途半端な日本語と中途半端なミャンマー語で、複雑な気持ちで日本にいます。学校から手紙が来ても、親に見せてもどうせわからないから、見せようとも思ってなかったりした。だからその子たちにもそういうことがあるんだろうと言われて、確かにそうだなって思います。でも、その子たちの親が温さんのお母さんみたいな人で、だからそういう気持ちになってしまったのかもしれないとも思います。今日はいいお話を聞けてよかったなって思います。

高部　教えることを大事に思っているからこそ焦りもあると思うんですけど、その

ここでは説明しなくてもみんなわかっている、理解してくれている、そういう場所があるというだけで全然違うんですよ。（谷川）

日本で育った人たちが、日本でこんな風に出身国やルーツのある国が親しまれているんだわと発見して、私のように新たな出会い方もしてほしいなと思います。（宮ヶ迫）

子たちが「何で勉強しないといけないの」というのは、素直な気持ちなんだよね。その子は、将来的に勉強する必要が出てくるかもしれないし、出てこないかもしれないけれど、ちょっと時間を延ばして見守ってあげて。

多様性を楽しめるように

アウン そうなんですけど、その子たちに詳しく理由を聞いたら、ミャンマーという国自体が、世界にそこまで進出してないから必要性を感じてないとみんな言っていて。

宮ヶ迫 最近、ミャンマーの音楽のCDや映画をつくって、ミャンマーの文化を一生懸命日本に伝えようとしている日本の人たちと出会いました。今の職場ですごく感じるのは、日本の社会において、テレビなどマスメディアから流れてくる海外の音楽は英語圏のものばかりで、私たちが受け取れる文化の種類って、自分から意識をもって取りにいかないと入ってこない情報だなと。たとえばミャンマーやブラジルのすごくニッチな音楽とか文化を好んで求めて楽しんでいる人たちもいるんです。日本の中に、もっといろんな文化圏のものを広めていく作業は、日本における多様性を楽しみめの一つとして受け入れられるようになるための、一つの方法なんじゃないか、そういう使命があるんだってこじつけて考えています。日本で育った人たちが、日本でこんな風に出身国やルーツのある国が親しまれているんだわと発見して、私のように新たな出会い方もしてほしいなと思います。

温 エミリさんのお話、ありがとうございました。すごくチャーミングな、この国で生きて、本当に自分の目でみて、自分の感情を確かめようという人の言葉を感じて感動しました。

たぶん今回この場にいる全員で受け止めなきゃいけないのは、彼女の言う「優しさがない」という部分だと思うんですよね。何でいま日本には優しさが足りないんだろう。例えば、東京で生活してると、普通に電車に乗っていて、混んでるときに、隣にいる人にすごく殺気立ってしまう瞬間って誰でも体験していると思うんです。この優しさのなさの一つの大きな理由は、余裕のなさなんじゃないかな、と。日本人自身が、役に立つか、立たないかというすごく限られた基準だけで自分を判断している状況がずっと続いているんじゃないかなと、私はいつも不安に思っています。人に優しくできない人が、自分と全然違う人を見つけて憂さばらしのために叩くみたいなことが許されてきてしまった数年間があると思って。あまり具体的に言いたくないけど、ヘイトスピーチとか反外国人的な雰囲気がどんどん高まってるのは、日本人自身にすごく余裕がなくなってきてるからなんじゃないかなって、私はよく思っています。

だから、今日お話を聞きながら、ブラジル、ベトナム、ハルビン、台北みたいに、地域に区分しなくてもいいけど、それぞれ全然違う人生を過ごしてきた人の話って、単純に楽しいなとか面白いなと。知らなかったことを知るときの喜びって、たぶん誰もが求めているんじゃないかと思うんです。そういう機会が今の日本にすごく少なくて、そのせいでどんどん均一社会というか同調圧力が高まっていて、高まると異なる者に対して余裕がなくなるから、すごく悪循環な気がします。普通じゃなくても楽しい、そもそも普通なんてないっていうことを、それを言いやすい立場にある私たちがどんどんアピールしていければいいと思います。

それから、中高時代はすごく暗かったという話ですが、人にどう思われるかということに自分自身がとらわれていると、なかなか伸びやかに過ごせないと思うんです。どう思われたって私は私だ、みたいなチャンスを一回つかんじゃうと開き直れるようなところがあるから、いま中高生の方は、自分のユニークさこそが個性だ、叩く人はいるけど、叩かれる部分こそが自分のユニークさだというぐらいの、強さというか生きる術を、どの段階でつかむかが大事なんじゃないかなと思っています。

この国って、そうでもしないと、すごく息が詰まる。私もふだんは、それこそ、さっき言ったように数分間混んでる電車に乗っただけで絶望的な気持ちになったりする。でもときどきこうして、あ、自分はひとりではない、自分の不安やいきどおりは、こんなふうにだれかと分かち合えるんだ、と思えるだけでも、すごく楽になれるし、ふだん生きてゆくうえで、大丈夫、きっと大丈夫、と思えるエネルギーになるんですよね。

エミリ　ありがとうございます。日本の学校に通っていると、こういう全然違う顔をしていたり、宗教があったりすると、どうしても自分を隠そうとするところがあって。他人に嫌われたくない、あの人はみんなと違うから省いちゃおうとか思われたくないし。「私は私でいいや」と思ってしまった場合は、寂しさも生まれるんですよね。寂しさが生まれてしまうと、同調圧力にやられているときよりもさらにつらいところがあるから、難しいなと思ってお話を聞きました。

温　たった一人でも友達ができれば、わけのわからないやつらに好かれることなんか要らないと思える時期が必ず来ます。とはいえ私も、中学生のときは誰にも嫌われたくなかった。自分の気持ちを後回しにしてでも、周囲の顔色をうかがっていた。さみしいもんね、ひとりぼっちは。今思うと、そこまでして何となくつきあってた同級生たちとはもう全然連絡とってない（笑）。さみしいと思う自分も含めての、私は私、でいいと思う。自分のことを自分自身が軽

社会は優しくないというけれど、優しくないのは当然なんです。全員優しいのは、逆に気持ち悪い。誰か一人だけでも自分に優しい人がいれば、それでいい。（高部）

んじゃなければ。うまく言えなくてすみません。

高部　いま僕は三十九歳で、年齢のせいかもしれないけど、若いころは、いろんな大人からの優しさに受け身だったんです。今は、還元しないといけないという意識がちょっとだけ出てきたんだけど。そうなってみて思うのは、みんな社会は優しくないというけれど、優しくないのは当然なんです。全員優しいのは、逆に気持ち悪い。そんな天国はなくて、その中で誰か一人だけでも自分に優しい人がいれば、それでいいんじゃないかと思う。一人だけでもすごいことです。僕の場合は、さっき言った先生が優しくしてくれました。そういう人たちが記憶の中に存在すれば、ほかの嫌なやつのことでも、結構忘れられるというか。

温　そうだね、日本に限らない。

高部　ちょっと冷たいかもしれないけど、それが現実だと思っています。

強くならなくていい

谷川　本当にすごくよくわかります。ただ、なぜ日本にいるのかが自明じゃない私たちが、何かを発信すると、あっという間に叩いてくる人、やっぱりいますよね。安全なところにいる人たちが、安全じゃないところにいる私たちをすぐ叩く。今でこそ、そんなに気にしなくなりましたが、それが怖かった時期もありました。さっき、強くなりたいとエミリちゃんが言っていたんだけど、私自身、ぜんぜん強くない。ちょっとしたことでも気にするし、すぐ傷つくし。でも私は、感受性や、傷つきやすさを持った人のほうが好きです。何を言われても全然平気な鋼みたいな人より、共感できるし、友達になりたいと思う。だから、傷ついてしまう自分を、弱いとか強いとか、そういう基準で考える必要はなくて、自分の感性を大事にしてほしい。嫌なことを言われたら傷つくんだから、傷ついちゃう自分は弱いなんて思う必要は全くなくて、逆にそういう経験があると、自分は絶対それを人にしたくないと思うし、誰かの話を聞いたときにすごく共感できるようになる。すてきなかわいらしい女の子だなと思ってエミリちゃんの話を聞いていたので、本当にそのままでいてほしいです。強くならなくていいと思います。

暗い中高時代のプラスになった点については……、「こういう境遇だったから自分はこんなふうにプラスになった」みたいな発信って、私はあまり積極的にしたくないんです。実際そういう面もあるんだけど、「そうでなければいけない」と次の世代が感じたら嫌で。別にプラスにならなくてもいい。気持ちはわかるんだけど、わかるからこそ逆に、プラスにしないといけないとは思ってほしくない気持ちはすごくあります。
　でも、いいか悪いかは別にして、生きる術みたいなのは身に着きます。例えば名前とか境遇で人をカテゴライズしたり、ラベリングしたりする関係性に入ってしまうと、もうそこから抜け出せなくなるから、いかにそこに入らずに相手の懐に飛び込むか、とか。そういう関係性になってしまえば、相手もこっちを簡単に切れなくなる。私を傷つけるような言葉を簡単に言ったりできなくなる。私が傷ついて悲しいと思うときに、相手も、ああ、傷つけてしまってごめん、自分もつらい、と思ってもらえるような「丸腰の関係」をいかにつくるかというところは長けてしまったと思います。それは、そうじゃないと生きてこられなかったからなんですよね。でもそれが生きる術になって今がある。今モヤモヤしていることは全く無駄じゃないし、絶対に自分の人生の原動力になると思うけど、周りを気にして、これをポジティブに発信しないといけないとか、プラスになったとか役に立つというふうに力まなくていいんだよということは、伝えたいです。

宮ヶ迫　今おっしゃったとおりで、何かをロールモデルにするのじゃなくて、それぞれがそれぞれの道を歩んでいくしかないので、その中で「普通」というものにとらわれずに、途中から開き直れたかなというところはあります。
　それとさっきエミリちゃんが言ってた優しさの部分は、すごく響きましたね。いま、違う意見を持っている人との対話とか議論をすることが、本当に難しいと思う。それは日本だけじゃなくて、今日はブラジルでは大統領選挙の決選投票だったんですけど、多様性をうたってきた国が政治的な志向で真っ二つに割れている。何が起きてるんだろうって、すごく怖いんですよ。友達同士でも政治的な志向の違いで絶交したり、家族間でも亀裂が生じたりして、違う意見を持つ人との議論が全く成立しない。異なる意見も聞けるような人でありたいなと思っています。

温　最後に一言だけ処世術を言いたいんですけど、過去に自分に意地悪してきた人とか、優しくなかった人たちへの最大の復讐方法が私にはありまして、それは「現在を上機嫌に生きること」なんです。今の私がめっちゃ楽しかったら、そういう人たちがたぶんみんな悔しがるだろうなという気持ちで生きています。

——今日はどうもありがとうございました。

（二〇一八年十月二十八日
於：明治学院大学　白金キャンパス）

傷ついてしまう自分を、弱いとか強いとか、そういう基準で考える必要はなくて、自分の感性を大事にしてほしい。（谷川）

ブラジル
【在日ブラジル人コミュニティの三〇周年を迎えて】

リリアン テルミ ハタノ

りりあん・てるみ・はたの 一九六七年生。近畿大学総合社会学部准教授。多文化共生論、在日外国人教育研究、母語（継承語）研究。著作に『マイノリティの名前はどのように扱われているのか』（ひつじ書房、二〇〇九年）等。

在日ブラジル人一世として二五年間日本で暮らしてきた経験と、その内の二〇年間にわたり週一度で取り組んだ活動(1)を通して見えてきたいくつかの課題について考えたい。特に外国籍の子どもの教育権が保障されない現状がこのまま継続すれば危惧されることを日本社会に問題提起しておきたい。

全ての子どもに教育権保障を 厳格な外国人管理とは対照的に、未だに文部科学省の「学校基本調査」には国籍別、年齢別の統計が無く、外国籍の義務教育年齢である子どもたちの現状把握ができない。三重県で起きた虐待による幼児死亡事件がきっかけとなり、就学不明とされる外国人の子どもの実態が話題になったが、国はその状況を黙認し続けている。公式な外国籍の高校進学率のデータも存在しないが、他の外国人生徒と比較してブラジル人は特に低い。高等教育に進学する一・五世や二世が増加しているが、中退生は少なくない。受け入れ体制が全くなかった時代に来日し、自主努力と家族のサポート、理解ある教員との出会いというようないくつかの「運」に恵まれ、継続的に教育を受けられたことで、大学、専門学校、大学院等に進学できた「サバイバー世代」はいるが、そんなに多くはない。キャリア選択が可能な一・五世や二世の先駆者たちが注目を浴びてきてはいるが、その世代の全人口から言えば、まだ例外的な存在といえる。他の多くの若者にも教育権の保障を確かなものにするためには、実態把握が必要だ。

ブラジルにおいて、日系人が一種のモデルマイノリティとされているが、同じ日系人とその家族が来日し、その後どういう運命を辿ったのかを単純比較することは難しい。多様な移民受け入れ社会で戦争も挟んだ一一〇年の日本人移民史と、日本における三〇年の在日ブラジル人史の違いは歴然としている。しかし、共通するのは家族のために一生懸命労働し、定住していくのは同じである。ただ、子どもが直面する教育環境には著しい違いがある。例えば、ブラジルでは「適正な」年齢に教育を継続できなかった若者たちには複数のリスタートのチャンスが保障されている。一方、日本では年齢が重視され、その適正な時期や機会を逃すとなかなかやり直しが効かない厳しい社会である。学校教育における学齢超過者の扱いがそのよい例であろう。

多様な子どもたちに出会ってきたが、いくつか思い出深い出来事を紹介したい。教員が同級生の前で外国人生徒だけの鞄をチェックする等、常に差別的で犯罪者のような扱いの経験をもつある子どもは学校を辞め、十三歳から工場労働を始めた。家族を経済的に支え、早くから税金も納めている同じような若者は少なくない。十代で妊娠した少女が宗教上の理由で中絶せず、親になることを選択し、学校には退学を迫られた。学校へ行かず健全とは言えない「仲間」と出会い、犯罪や薬物に手を出してしまう若者もいる。中毒になってしまうとなかなか生き直すチャンスも無く、重い罰を負わされた結果、学校ではなく少年院で初めてまともに日本語が上達するという皮肉な現状も見た。学校から遠ざかり、負の連鎖に陥る前に何とかするためには教育の機会をしっかりと保障する他は無い。ヨーロッパで大きな社会問題となっている移民二世や三世が被っている深刻な差別と失業の問題は日本も無関係では済まされない。

継承語（母語）の奨励と多言語能力に適正な評価を　継承語（母語）教室での活動を通じて感じるのは、ニューカマーであっても、外国にルーツがある子どもたちはモノリンガルになっていくと同時に、日本名しか名乗れない傾向は過去の政策とあまり変わらないようだ。母語は家族との繋がりとアイデンティティ形成には欠かせない。学習機会にさえ恵まれれば本来失わないで済んだはずの母語を、高額の学生ローンを組んでまで高等教育でそれを取り戻そうとする状況にはもどかしさを覚える。最近は日本語も母語も十分に話せないと表面的な一言語話者の独断で、北米では死語となったセミリンガル、若しくはダブルリミテッドという二重にマイナスのラベルを子どもたちに背負わせるのは問題だ。

多文化共生が市民権を得る前から地域の学校、役場などにおいて通訳や相談員として多言語を話す専門的な技能と豊富な経験を持つ貴重な人材が多数活躍している。その多くは女性で、多言語情報も無かった時代から地域のかなめとなる重要な役割を果たしてきた。しかし、そのほとんどは半年、若しくは一年契約の臨時職員や嘱託で、時給は平均一五〇〇円で、収入は月額一五万や二〇万程度である。多言語能力を身につけるには多大な努力が必要だが、その成果に見合った適正な評価と保障がされているとは言えない。すでに定年退職する年齢になり、その豊富な経験は、極めて専門的な職業として次世代に引き継がれないままで終わらせてしまっていいのであろうか。

負の連鎖に陥る前に何とかするためには教育の機会をしっかりと保障する他は無い。

注

（1）平日の放課後、子どもが継承語や母語を学ぶ教室での指導等。

ネパール
【定住化を支える在日ネパール人組織】

田中雅子

たなか・まさこ　一九六七年生。上智大学教授。国際協力論、南アジア地域研究。著作に『ネパールの人身売買サバイバーの当事者団体から学ぶ──家族、社会からの排除を越えて』(上智大学出版、二〇一七年)等。

「コックさんでしょ？　どこのカレー屋さん？」自己紹介するなり、こう聞かれたと苦笑するネパール人男性は少なくない。在日ネパール人が一万人程度だった二〇〇八年頃は、コックに与えられる「技能」資格での在留者が全体の三〇％を占めていたため「ネパール人と言えばカレー屋のコック」というイメージが定着した。しかし、この十年間で在日ネパール人社会は様変わりした。

二〇一八年末の法務省在留外国人統計では、ネパール人は六番目に多く八万八九五一人登録されている。在留資格で見ると、三三％が「留学」、二九％が「家族滞在」、一五％がコックを含む「技能」、一〇％が「技術・人文知識・国際業務」、八％が永住者や日本人の配偶者など「身分又は地位に基づく在留資格」である。「技能実習」は二五七人と少ない。

様変わりの第一は、コックに代わって留学生が多数派になったことである。東日本大震災後、東アジアからの留学生の減少を受けて、日本語学校がネパールで学生募集をしたことが背景にある。第二は、コックや「技術・人文知識・国際業務」資格の会社員らが配偶者や子どもを呼び寄せたため「家族滞在」が増えたことである。その結果、女性の割合が三割から四割に増え、二十歳代の若者が全体の半数を占めるようになった。留学生同士が日本で出会って結婚し、出産する例も増えており、二十歳未満が一万人近くいる。呼び寄せで来日した妻や十代の子どもたちは、ホテルのベッドメーキングや弁当工場で働き、コックより稼ぎが多いことも珍しくない。

来日後、公立の小中学校や夜間学級、地域の学習支援教室で学び、高校や大学に進学した子どももいれば、日本語ができないため受け入れてもらえる学校が見つからず、「ネパールで学業を続けたかった」と語りながらアルバイトに励む子どももいる。二〇一三年に開校したエベレスト・インターナショナル・スクール・ジャパンは英語を教授言語とする学校である。ネパール政府のカリキュラムに沿った教育を提供し、帰国の可能性がある子どもの受け皿として機能している。

ネパールから見た日本は、男性の出稼ぎ先から、家族ぐるみで定住する国へと変化しつつあると言えよう。

地域で見ると、三分の一が東京に集中

している。以下、愛知、千葉、福岡、神奈川、埼玉、群馬、栃木、沖縄と続く。集住地域のレストランは、スパイスなど食材の販売や送金窓口の機能も果たしている。

　在日ネパール人組織は多様である。世界七八カ国に展開する海外在住ネパール人協会の日本支部、民族やカーストなどアイデンティティを守るための組織、出身地ごとに結成された同郷人組織、学生やエンジニアなど職業別組織、ネパール人と日本人の相互交流を目的とした団体のほか、集住地域では相互扶助組織が結成されている。出自以外に、二〇〇六年まで十年間続いたマオイスト紛争時の政治的な立ち位置、来日時期、日本での仕事など、彼らを隔てる要素も多く、同国出身だからと言って簡単に繋がれるわけではないが、これらの組織は一定のセイフティネットの役割を果たしている。

　群馬県の相互扶助組織である在日ネパール人サーザ福祉協会は、病気の治療や帰国の費用が賄えない人のための寄付集めや、日本語ができない仲間のための役所や病院への同行、宗教行事やスポーツ大会、ネパールから招聘した歌手によるコンサートなど親睦を深める活動を行っている。地元の清掃活動や祭りにも参加して日本人との距離を縮めようとしている。自治体との関係も良好で、防災訓練で炊き出しを行ったり、地域のイベントでメンバーが民族舞踊を披露したりしている。ネパール大地震後は街頭で募金活動を行い、被災地に物資を届けた。トランスナショナルな移民の組織として会員の相互扶助だけに留まらない役割を果たしている。しかし、医療や教育、就労やドメスティック・バイオレンスなどの問題に取り組むには、日本の制度や社会資源を使いこなす必要があり、専門職との連携が課題である。

　在日ネパール人が少ない頃に来日したリーダーは、生き抜くために日本語を学び、日本人だけでなくバングラデシュやブラジル出身者などの力も借りながら住まいや仕事を探した。しかし、現在、学校や職場にネパール人が複数おり、食材も簡単に手に入る。ネパール人の増加はネパール語だけで暮らせる空間を創出し、日本のホスト社会と交わらない平行社会を生み出してしまうことが懸念される。

　ネパールは、入管法改定によって「特定技能」の資格で人材を送り出す国のひとつに入った。どのような人たちがこの資格で来日するのだろうか。二〇一九年がネパールから日本への人の移動の歴史の転換点になることは相違ない。在日ネパール人組織が問題を抱え込まぬよう、受け入れ側である日本の自治体や支援団体が、彼らの役割と限界を知ってうまく連携する必要がある。それが、医療や教育など移住者の定住化に必要なサービスを届け、平行社会をつくり出さないためにできることではないだろうか。

在日ネパール人組織が問題を抱え込まぬよう、彼らの役割と限界を知って連携する必要がある。

ベトナム

【外国人技能実習生の保護の充実を求める】

斉藤善久

さいとう・よしひさ　一九七〇年生。神戸大学大学院国際協力研究科准教授。アジア労働法。著作に『ベトナムの労働法と労働組合』（明石書店、二〇〇七年）等。

統計はもとより、生活実感として、国内に在住するベトナム人が増えている。私が暮らす神戸市は特にその傾向が顕著で、出勤の道すがら、ベトナムの若者を見かけない日がないほどである。

しかし、一括りに「ベトナム人」と言ってもその背景は様々である。たとえば、いわゆるボート・ピープルとして来日した人々やその家族とドイモイ後のニュー・カマー、同じ労働者であってもいわゆる高度人材・エンジニアと技能実習生、また同じ留学生であっても国費、私費、そしてもっぱら就労を目的とするいわゆる「偽装留学生」まで多岐にわたる。そのような違いは母国での出身階層（共産党との関係、本人や両親の地位、富裕度など）により強く規定され、相互に交流がない場合の多いことはもとより、それぞれの生活実態を知らず、関心も持たないまま、相互に警戒したり偏見や反感を抱いたりしている場合も少なくない。

このため、同様の背景や生活状況にあるベトナム人同胞とはFacebookなどを通じて地域を越えて交流するが、これを異にする人々とはたとえ近隣に在住していてもあまり交流しないという現象が普遍的に見受けられる。地域レベルのベトナム人コミュニティーがなかなか形成されにくい原因の一つと言える。

また、ベトナム人に限らず、困難な状況にある外国人ほど、日本社会の中で一般の日本人（およびその他の外国人）の目に触れにくくなる傾向がある。たとえばアジアの発展途上国からの留学生のアルバイト事情について見ると、日本語の達者な者は接客業などで同僚や客など多様な日本人と接する機会を得るが、そうでない者はバックヤードの勤務となり、さらに経済的に苦しい者は深夜の工場勤務などを掛け持ちしてアルバイトの上限規制（週二八時間）にも違反せざるを得ず、いわゆるブラックな職場に当たっても労基署などに訴え出ることができないという悪循環に陥りがちである。

さらに外国人技能実習生について見ると、在留資格が特定の受入れ企業・農家などにおける「実習」と紐づけられており、ほとんどの場合その宿舎も実習先が準備するため、職場の敷地内に居住する場合などは特に、在留期間を通じて近隣の住民やコミュニティーなどから断絶された生活を送ることになりがちである

（また、そもそも外国人技能実習生に依存する産業の多くが地方や辺鄙な地域に多く存在しているという事情もある）。違法な雇用実態（時間、賃金、職種）やセクハラなどの問題のある職場であればあるほど、技能実習生の外出は制限され、部外者との会話や挨拶が禁止されるケースさえある。また技能実習生の側も、転職や転居の自由を有しない制度構造のもとで、当該職場が違反行為などで摘発されれば自らの職を失うこととなりかねず、またセクハラなどの事実が公になれば母国の家庭やコミュニティーに戻れなくなるという文化的・社会的な背景もあって、率先してそのような職場の「秘密」を守ろうとする場合が少なくない。とりわけベトナムからの技能実習生は、来日に際して現地のブローカーへの支払いなどのために多額の借金を抱えている場合が大半であり、そのような借金の存在が、事実上、ブラックな職場を告発させず、かつ逃げ出さないための足枷として機能していると同時に、ある一線を越えた場合にはむしろ彼・彼女らをいわゆる「失踪」に追い込む要因ともなっている。

　昨今、外国人技能実習生についてこの「失踪」の問題が大きく取りざたされ、特にベトナム人に多く発生していることが指摘されている。その原因の一つは、上述した来日に際しての借金の存在（この点は、退学処分などに際して姿を消す留学生についても同様）や転職・転居にかかる制約にあるが、いま一つの原因は、そこまで追い込まれた技能実習生を行政が適切にケアないしサポートしていないことに求められる。たとえば、外国人技能実習法（二〇一七年十一月施行）のもとで新設された外国人技能実習機構が保護を必要とする技能実習生に確実にシェルターを提供し、速やかに新しい「実習」先を手配していれば、いわゆる「失踪」事案の大半はそもそも発生しなかったと思われる。来日時に受入れ企業の適格性などについて十分な審査を行わず、問題発生時に上記のような支援もせずして「失踪」とそれにともなう不法残留や不法就労を厳しく取り締まる現状は、入管行政によるマッチ・ポンプに他ならない。

　もっとも、改正入管法の成立（二〇一八年十二月）にともなう国会での議論を受けて、入管や外国人技能実習機構が従前よりも能動的に外国人技能実習生の保護に乗り出すようになってきたことは付記しておきたい。母国での経験から行政機関などに多くを期待せず、不合理な取り扱いを受けても耐え忍んでやり過ごそうとしがちなベトナム人技能実習生たちのためにも、入管や外国人技能実習機構には外国人労働者保護の前例とノウハウを着実に積み上げてもらいたいものである。

技能実習生に確実にシェルターを提供し、速やかに新しい「実習」先を手配していれば……

フィリピン

【「生活者」としての問題にどう取り組むか】

原めぐみ

はら・めぐみ　一九八六年生。和歌山工業高等専門学校総合教育科。著作に「親密性の労働を担う「JFC」」『国際移動と親密圏――ケア・結婚・セックス』（京都大学学術出版会、二〇一八年）等。

世界中どこへ行っても働くフィリピン人に出会う。初めて訪れた場所で、聞きなれたフィリピン語が聞こえてくるととても安心する。話しかけると親切に色々なことを教えてくれる。どんな仕事をしているか、滞在年数はどのくらいか、家族はどこに住んでいるのか。そんな身の上話の中に、その国が求めている移民の姿が浮かび上がる。

例えば、私がドーハで出会った男性四人組は、エンジニアとして単身で移住し、建設現場で働いていた。一時的な出稼ぎのつもりでカタールへ来たそうだが、建設ラッシュに沸く中、契約期間の延長が続いている。フィリピンの家族に送金し、子どもたちはどんどん成長しているのだと語った。香港で話した四十代の女性は二〇年以上、家事労働者として香港の雇い主のアパートに住み込みで働いている。休日には外国人労働者のための労働組合活動にも参加しているそうだ。マーシャル諸島のクワジェリン環礁にある高校では、若いフィリピン人の先生たちが教鞭を執っていた。四年制大学がないマーシャル諸島では、教員や看護師、医師など、専門職の担い手が少ない。英語が話せるフィリピン人は、教育現場や医療現場で重宝されている。

日本に暮らすフィリピン人はどうだろうか。

かつて、日本におけるフィリピン人のイメージは、歌手やダンサーとして働く「エンターテイナー」一色であっただろう。マルコス政権当時、経済成長に伸び悩むフィリピンでは、外貨獲得を目的に国民を海外に「輸出」する政策を推進していた。労働力となる若者が、移民受入国のニーズに合わせて、研修を受けたり、資格を取ったりして、渡航する。当時の日本のニーズは、仕事に疲れた日本人男性を癒したり、楽しませたりする若くて煌びやかな女性たちだった。一九八〇年から二〇〇五年にかけて、のべ百万人以上のフィリピン人女性が歌や踊りのレッスンを受け、オーディションに合格し、合法的に在留資格「興行」を取得し、日本で働いた。

その後、フィリピン人の様相は、短期滞在型から定住型へと移行した。二〇一八年六月現在、日本に住むフィリピン国籍者は約二六万七千人であり、国籍別では中国、韓国、ベトナムに次いで第四番目に多い。統計から分析できる在日フィリピン人の特徴は三点ある。女性が七〇%以上を占めること、約七〇%が「永住者」や「定住者」の在留資格を持つこと、そして日本人との婚姻数が多いことだ。婚姻件数は、一九九二年から二〇一七年の二五年でのべ一六万六千組を数え、その九八%以上がフィリピン人女性と日本人男性との婚姻である。

　現在の在日フィリピン人の多数派は、仕事のために一時的に日本に住んでいる「外国人労働者」ではない。日本人の配偶者や子どもがいる「生活者」として地域社会に暮らしている。そのため、日本人と同じように家族関係、子育て、就労など、生活全般に関わる問題を抱えることになる。夫婦間の経済格差や支配的関係の中で生まれるDVなどを理由に離婚に至る者も多い。また、外国人であること、女性であることによって、安定した職につきにくく、経済的・社会的に弱者となる。

　さらに、親世代が背負う民族差別、性差別、貧困の三重苦は、子ども世代にも影響を及ぼす。フィリピンにルーツをもつ子どもが、学校でいじめ被害を受けたり、経済的理由から進学が阻まれたりしている。

　第一世代の女性たちの高齢化も目前に迫っている。集住地域では、病気の予防や社会保障に関する勉強会を開催するなど、女性たちが自助グループを組織している好事例もあるが、日本社会の構成員として生きるフィリピン人の老い、そして第二世代の教育保証をどう制度的に支えることができるか、考える時期にきている。

　今後、在日フィリピン人の全体像はますます捉えにくくなることだろう。すでに一九九三年から外国人技能実習制度により技能実習生が、二〇〇八年から二国間経済連携協定に基づき、看護師・外国人介護福祉士（候補生含む）がフィリピンからも多数来日している。加えて二〇一九年四月からは新たに「外国人材」の受入れが始まる。日本政府は二〇一九年三月にいち早くフィリピン雇用労働省と協力覚書を結び、新制度導入に意気込む。

　ただし、「真のグローバル人材」として、フィリピン人は世界中に飛び立っていることを考えると、その人材を惹きつけるだけの魅力が今の日本社会にあるか疑問である。日本の労働力不足解消のために外国人材を使おうとする自己満足的な政策ではなく、すでに長年、日本で生活する在日フィリピン人の声に耳を傾け、いかに安心して日本で暮らすことができるのかを考えることが必要である。

「真のグローバル人材」として、フィリピン人は世界中に飛び立っている。

ビルマ（ミャンマー）

【民政移管と変容するコミュニティ】

人見泰弘

ひとみ・やすひろ　一九八〇年生。武蔵大学社会学部社会学科。国際社会学。著作に『難民問題と人権理念の危機――国民国家体制の矛盾』（編著、明石書店、二〇一七年）等。

はじめに――ビルマ（ミャンマー）人の若者が増えたわけ　東京都新宿区高田馬場。滞日ビルマ（ミャンマー）人が集うリトル・ヤンゴンとして知られるこの街には、ビルマ雑貨店やビルマ料理店が何軒も集まっている。ビルマが「アジア最後のフロンティア」として注目されて以降、ビルマに関心を持ち訪れた人も多いだろう。そうしたなかビルマ料理店に入ってみると、若いビルマ人がとくに増えた印象を抱くようになった。なぜ若者が増えたと感じられたのだろう。

ビルマ民政移管という社会変動　実際、しばらく八〇〇〇人台で推移してきた滞日ビルマ人の人口は、二〇一四年に一万人を超え、三年後の二〇一六年には二万人を超えるほどに急増している。こうした背景には、ビルマの民政移管という大きな社会変化があった。長く軍政が続いたビルマは、政治的抑圧や経済の低迷を受けて多くの人々が難民や移民として海外に流出した歴史を持つ。しかし二〇一一年、当時のティンセイン政権が民政化の道を歩み始めたことで、欧米各国の経済制裁緩和や日系企業を含む外国資本による経済投資の活性化などがみられ、ビルマは高い経済成長率を記録。市民生活も大きく変わり始めた。二〇一六年には半世紀ぶりに文民政権が樹立されるなど、二〇一一年の民政移管はビルマの政治・経済・社会構造を大きく変える分岐点となったのである。それは同時に、日本へ向かうビルマ人の流れをも大きく変えることになった。

滞日ビルマ系コミュニティの姿――労働者・学生・難民　滞日ビルマ人の全体像を、民政移管前後で比べてみよう。法務省『在留外国人統計』をみると、民政移管直前の二〇一〇年から二〇一七年にかけて、滞日ビルマ人は八五七七人から二万三〇四四人へと実に三倍近く増加している。在留資格に着目すると、それが技能実習生と留学生の増加によるものだったことがわかる。技能実習生は一四一人（二〇一〇年）から六一四四人（二〇一七年）と大幅に増加した[1]。留学生は民政移管前の一六八四人と比べて五七五三人（二〇一七年）と三倍以上も増加している。いずれも若者が多く、先述したように若いビルマ人が急激に増えたと感じさせたのである。従来、滞日ビルマ系コミュニティには軍政による政治的迫害から逃れた難民や難民申請者が数多く含まれていたが（多くは「定住者」「永住者」「特定活動」の在留資格で滞在している）、ビルマ系コミュニティは労働者・学生・難民と異なる移住背景を持つ人々が混在するコミュニティへと様相が変わってきたのである(2)。

新たな経済成長の柱？――ビルマ側の海外就労政策の強化　滞日ビルマ人の増加は今後も続きそうである。実際二〇一六年の文民政権以降、ビルマ政府は海外就労政策を強化し、現在はタイ、マレーシア、韓国、シンガポール、日本、中東地域に移民労働者を送り出している。海外移民労働者は二〇一七年に一六万一八九七人、二〇一八年一月～八月のみで一五万六一八人となった（Eleven Media 'Remitances by Myanmar migrant workers hit over $1428 m. 2018.12.18）。報道によると、二〇一六年四月から二〇一八年八月までに移民労働者による正規ルートでの海外送金は約一四億ドルにのぼった。これは二〇一六―二〇一七年度GDPの〇・八一%、二〇一七―二〇一八年度GDPの一・〇六%を占め、国家経済への影響はしだいに大きくなっている。とりわけ若年層の海外熱は高まっており、最大都市ヤンゴン市に限らず各地で日本語学校や送り出し機関が林立し、多くの若者が技能実習生や留学生として将来渡日するべく準備を進めている。フィリピンやインドネシアといった近隣のASEAN諸国と同じように、ビルマもまた海外への労働力輸出国へと変貌しつつある。

まとめ　ビルマ人の若者、技能実習生・留学生の増加は、大きく様変わりするビルマの今を映し出すものであった。ビルマ側の移民送り出し圧力は強く、来日するビルマ人は今後も増え続けるとみられる。一方、海外就労が広まるなか、ビルマ側では海外で働く自国民労働者の人権保護も大きな関心を集めている。現在外国人材の受け入れ拡大が議論されているが、受け入れる日本側の対応も問われることになるだろう。すでに長く日本に定住した先輩のビルマ人たちが、来日間もない同胞の仕事や生活の相談にのることも増えてきた。日緬間の国際移動が広まりつつあるなか、今後のビルマ系コミュニティはどう変わっていくのか。ビルマ側の動向を捉えつつ、注視する必要があるだろう。

注

（1）技能実習は、技能実習1号イ・ロ及び2号イ・ロの総数。

（2）民政移管に伴い、祖国ビルマへの帰国を選ぶ人々もいる。滞日ビルマ系難民の帰国をめぐっては、人見泰弘「滞日ビルマ系難民と祖国の民政化――帰還・残留・分離の家族戦略」人見泰弘編『移民・ディアスポラ研究　第6号　難民問題と人権理念の危機――国民国家体制の矛盾』（明石書店、二〇一七年、二七一―二九〇）に詳しい。

ビルマ人の若者、技能実習生・留学生の増加は、大きく様変わりするビルマの今を映し出す。

中国・台湾

【在日外国人で最大のグループの現在】

石川朝子

いしかわ・ともこ　一九八〇年生。帝京大学。教育社会学。著作に「中華学校」（『日本の外国人学校　トランスナショナリティをめぐる教育政策の課題』明石書店、二〇一四年）等。

二〇一八年現在、在日中国人の総数は短期滞在者を含むと九三万人を超えており、過去最多を記録している。在日中国人は、在日外国人の中でも最大のグループである。しかし、在日中国人と一口では形容できないほど、それぞれが有する移民の背景や生活の物語は多様化してきている。

今一度確認しておきたいことは、最大グループと雖も、彼らはいわゆるマイノリティとして社会から位置付けられているのであり、国際社会の政治経済動向や日中関係にも一定程度左右されていることに変わりない。

これまでの在日中国人の歴史を踏まえた上で、引き続き、増加し続けると予想される中国人コミュニティの今後について考えてみたい。すなわち、これまで日本がどのように彼らを受け入れてきたのか、または排除してきたか。在日中国人に限らず他の外国人に対する、社会の寛容性や多文化社会へ開かれている程度を示すことにもつながるであろう。

さて、在日中国人について言及する際、華僑華人研究との接続について考える必要があるだろう。日本華僑の歴史は、一八五八年に修好通商条約を結んだ一六〇年前に遡る。これまで日本では、政治・経済・文化・教育など多方面から研究がなされ、かなりの蓄積がみられる。

「華」は中華の「華」であり、中国にルーツがあるという意味である。また、「僑」は「仮住まい」を意味している。また、居住国の国籍を有する人を「華人」と区別する。日本華僑は大きく二つの集団に分けられる。一九七二年の日中国交正常化を境に、それまでに来日した老華僑とそれ以降に来た新華僑である。老華僑は、日本の地を仮住まいとし、送金をすることで故郷に錦を飾る（「落葉帰根」＝落ちた葉が根に帰る）ことを目的とした。しかし、現在世代交代を経て、現地に定着し貢献することを重視する「落地生根」型（＝定住先で根を生やす）に変容したと言われる。大陸系や台湾系と称される老華僑たちは、血縁・地縁・業縁などを通じて独自のネットワークを形成し、ホスト社会の中で相互扶助を行いながら、経済社会的に豊かな文化を築いてきた。一方で、就職差別など排除の対象とされたことから、華僑の親は自らの子どもに医者や弁護士などの手に職を求めた。現在、老華僑は四世・五世世代を迎えている。

一九七二年の改革・開放後に、多くの「新華僑」が来日することとなる。日本の「留学生受け入れ十万人計画」を背景として、留学生が大学や大学院で専門知識を身につけて就職し、定住するようになった。高い学歴と専門性から、ビジネスやハイテク産業、大学などでの教育に携わる研究者として活躍することも多い。永住者ビザ保有者が年々増加していることからも、定住化傾向が顕著である。このほか、留学や企業活動のために来日する以外にも、引き揚げ残留日本人の家族や日本人の配偶者として定住する人も多い。さらに、外国人技能実習制度を利用して在留する人々も多数いる。つまり、在日中国人社会は細分化・高度化・多様化している。

近年では新華僑の増加や再移民の華人による新たなコミュニティの形成など、チャイナタウンのあり方そのものが変容している。最近では、東京池袋に新華僑が経営する商店が集まり、「池袋チャイナタウン」が出現している。また、埼玉県川口市西川口駅周辺に「ネオ中華街」と称される一角が出現している。同郷会などの地縁組織を重要視していた老華僑に比べて、新華僑は様々な地域出身者でコミュニティを形成している。一方で、これらの集住地域に対するヘイトスピーチは止むことはなく、地元住民の間で確執も見られている。

ここまで、老華僑や新華僑の来日背景や構成、経済活動やコミュニティ形成について言及してきたが、目先を変えて子どもの教育についてみてみよう。代表的な教育機関として中華学校がある。これまで中華学校は、日中関係や世界情勢に翻弄されながらも、華僑華人の子どもたちの母語とアイデンティティについて学び考える場を保障し続けてきた。日本で初めに創立された横浜山手中華学校は二〇一八年に一二〇周年を迎えた。日本に五校ある中華学校（大陸系二校・台湾系三校）は、いわゆる「一条校」ではないため、日本政府からの助成金が無いなど多くの制約が課されている。一方、新華僑の子どもたちの多くは公立学校で学んでおり、クラスの半分以上を占める小学校も存在する。来日直後の子どもたちは、学力や日本語習得に課題を有し、高校進学率にも影響が出ている。行政の取り組みやボランティア団体による活動は手厚くなってはきているが、対処療法的な取り組みではなく、彼らのキャリア形成を視野に入れた支援が一層必要である。

今後、在日中国人数は更に増加し、定住化傾向となる見通しである。また、一九九〇年代に留学生として来日した新華僑が還暦を迎え、一方老華僑二世は高齢化している。他の移民と同様、社会経済文化的に二極分化していくことも予想され、社会福祉の充実や子どもたちの教育など、政府が取り組むべき課題は多い。

在日中国人社会は細分化・高度化・多様化している。

在日朝鮮人

【朝鮮学校をめぐる「闘争の歴史」から】

山本かほり

やまもと・かおり　一九六五年生。愛知県立大学教育社会福祉学部教授。社会学。著作に「排外主義の中の朝鮮学校」（『移民政策研究』九号、二〇一七年）等。

「開かれた移民社会へ」という本号のテーマで、在日朝鮮人について語ることに違和感がぬぐえない。なぜか？　まずは在日朝鮮人を「移民」として考えていいのだろうかと思うからである。

他の在日外国人（実質的な「移民」）とは異なり、在日朝鮮人は「日本の植民地支配の結果、日本に住むことになった朝鮮人とその子孫」である。朝鮮半島から日本に渡ってきた人たちの中には「自発的」に職を求めて来日したり、また、先に日本に来ていた家族に呼び寄せられて来た人もいる。したがって、広義には「移民」と言えるかもしれない。しかし、かれらの「自発性」の裏には、日本の植民地支配が強く影響している。

また、戦争の激化による日本の労働力不足を補うために、徴用や強制連行で来日した人もいる。かれらの多くが、日本の敗戦後、朝鮮に帰ったと言われているが、それでも、一部は日本に残った。かれらやその子孫を「移民」と呼ぶことには抵抗があろう。このような在日朝鮮人の歴史性は、日本における「外国人施策」ひいては「移民政策」を展望するにあたっては、決して無視できない。

さらに、在日朝鮮人と日本人がどう「開かれた」関係をつくり、それを政策につなげていくのか？　そのためには日本が朝鮮半島との歴史に向き合う必要があるが、日本は、今なお継続する「植民地主義」の克服を自らの「課題」として認識すらしていない。そして、このことは在日朝鮮人に対する差別的な処遇にあらわれている。

問題は山積しているが、本稿では特に、朝鮮学校をめぐる問題に焦点をあてることにしたい。なぜならば、在日朝鮮人に対する日本政府の態度が朝鮮学校への施策に如実に表れているからである。

朝鮮学校は植民地支配からの解放後、奪われた言語、歴史、文化を取り戻そうと日本にいた朝鮮人たちが作った「国語講習所」を起源とする在日朝鮮人のための学校である。一九四八年のGHQによる「学校閉鎖令」にはじまり、現在に至るまで様々な困難があり続けた。多くの弾圧や差別を乗り越えてきた学校の歴史は「闘争の歴史」であると言っても過言ではない。

朝鮮学校は、困難を乗り越えつつ、戦後七〇年以上にわたって、在日朝鮮人の子どもたちに朝鮮語、朝鮮の歴史、文化を教え、朝鮮人を育ててきた。同じ背景をもった朝鮮人たちに囲まれ、子どもたちは「朝鮮人であること」を自明のこととして成長する。これは日本の公教育では難しい。日本の学校は、朝鮮人の子どもが自分のルーツを肯定し、アイデンティティ形成をしていく場にはなっていないからだ。朝鮮学校は、在日朝鮮人の子どもたちにとって、そしてそれを支える在日朝鮮人たちにとって、大事な場所であり続けてきた。

さて、朝鮮学校に対する様々な差別的な制度・政策は一九七〇年頃からある程度の解決が進んだ。七〇～八〇年代にかけて、各自治体は朝鮮学校を各種学校認可し、不十分ながら補助金を出してきた。そして、その後、JRの通学定期適用、部活動の公式大会の参加資格や国立大学の受験資格の獲得など二〇〇〇年代の初めまでには、朝鮮学校の権利が一定程度進展していった。

しかしながら、その権利が大きく後退するのは二〇一〇年のことである。「高校無償化」制度から、日本政府は、各種学校認可をうけた外国人学校の中で唯一朝鮮学校だけを排除した。また、無償化排除を契機に、朝鮮学校への補助金を停止する自治体が相次いだ。二〇一八年度では、朝鮮学校がある二八都道府県のうち、一二しか補助金を出していない。

その理由に、国は、朝鮮学校が朝鮮民主主義人民共和国（朝鮮）および朝鮮との関係が深い在日本朝鮮人総聯合会（総聯）との密接な関係をもつことをあげる。国が排除を決めた時、拉致問題等、朝鮮との外交問題を理由にした。朝鮮学校に税金を投入することは「国民の理解が得られない」としたのである。「北朝鮮」を前にして、「教育と外交・政治は別」という大原則が簡単に崩れてしまったのである。また、在日朝鮮人が、朝鮮半島にある二つの国家のうち、どちらと関係を持とうとも、また、どのような教育を行おうとも、それは、在日朝鮮人たちが自ら決める権利であるはずである。現在、東京、愛知、大阪、広島、九州の五つの朝鮮高校が無償化適用を求めて裁判で争っているが、いずれも厳しい闘いを強いられている。

日本にまん延する「北朝鮮嫌悪」感情にのるようにして、朝鮮学校に対する差別を国家が堂々と行う。このことは、現在、インターネット上で問題になっているヘイトスピーチ等のヘイトクライムにつながっていくことが指摘されている。

「開かれた移民社会」を考える際、朝鮮半島に対する歴史をどう清算するかという問題は決して無視できない。また、朝鮮学校が在日朝鮮人の子どもたちに果たしてきた役割を考えると、今後増えるだろう外国にルーツを持つ子どもたちの教育の選択肢としての外国人学校の制度保障も考えていく必要があろう。

在日朝鮮人の歴史性は、日本における「外国人施策」「移民政策」を展望するにあたって無視できない。

日本語を母語としない子どもたちへの学習指導の様子。
（提供＝NPO法人青少年自立援助センター　定住外国人子弟支援事業部）

IV

日本語教育と母語継承

「共生」のカギ握る日本語教育

【言葉がつなぐ人と社会】

石原　進

●いしはら・すすむ　（プロフィールは13頁）

はじめに

東京都内の街角やターミナルで、中国語をはじめ韓国語や英語、ベトナム語などが飛び交っている。ローカル線の静かな温泉宿にも外国人が詰めかけるようになった。二〇一八年の訪日外国人は年間累計で初めて三千万人を超えた。中長期に滞在する在留外国人数は約二六四万人（二〇一八年六月末）と過去最高を更新した。

政府はその年の暮れの臨時国会で、外国人労働者の受け入れ拡大を図るための出入国管理・難民認定法（入管法）改正案を成立させた。この先、外国人労働者を大幅に増やす政治決断をしたわけだ。

人口減少が避けて通れない日本は、外国人労働者受け入れ拡大によって新たな課題を抱え込むかも知れない。外国人のための教育、雇用、社会福祉などの施策を含め、彼らの生活環境に配慮した対応策を考えなければならない。

そのために彼らとどうコミュニケーションをとり、向き合うのか。政府は「共生社会」を構築する方針だというが、「共生」のカギを握るのは日本語教育ではないか。言葉を抜きには意思疎通ができない。異文化交流を深めるためにも、日本語教育は最も重要な施策だ。

日本語教育を進めるのにあたって、必要なのは法的な枠組だ。政府が手を付けていなかった日本語教育推進の法制化を超党派の議員連盟が進めている。法律を整備することで、持続可能な日本語教育の仕組みができるはずだ。

日本語教育に求められるのは、言葉の学習にとどまらない。言葉は文化でもある。日本のマナーや習慣に通じ、日本社会への理解を深めてもらわなければならない。

一方、日本人の側には、多文化、異文化をきちんと受容することが求められる。そのためのツールとして注目されるのが「やさしい日本語」だ。これは、わかりやすい日本語を外国人に学習してもらい、同時に日本人が簡単な日本語を外国人に使うことでコミュケーションを図る。多少の気配りがあれば、誰でも話せるのが「やさしい日本語」だ。

多言語の通訳や翻訳アプリも幅広く活用される時代になるだろう。ただ、片言でも日本語で交流することが共生社会の第一歩になるのではないか。

大学への進学を目指す留学生はともかく、急増している非漢字圏の就労外国人に漢字が多く読み書き中心の「難しい日本語」を押し付けても、日本語の能力が高まるとは思えない。日本語教育の在り方自体を見直すべきではないか。新たな時代には、新たな日本語教育が必要である。

生活者としての外国人

「日本語と字がわからないので、とても困っています。ベーシックから勉強したいです。スピーキングも勉強したい。日本語ができない、字も読めないから仕事で差別されています」

「二年間Bクラスで勉強してきました。N2、N1に受かるまで勉強を続けたい。N2に受かったらビルマ（ミャンマー）に帰って日本で学んだことを生かして働きたい」

日本語の学習に対する強い意欲と熱い想いがひしひしと伝わって来る。これは、日本語教室に通う在日ミャンマー人の「声」だ。日本語教室を開いているのはNPO法人PEACE。東京とその周辺の在日ミャンマー人の相互支援の団体である。

ミャンマーは多民族国家だ。PEACEには、カチン族やカレン族、シャン族など十を超える少数民族出身の人たちが集まる。母国の公用語はミャンマー語だが、民族によって言語が異なる。ミャンマー語が通じない民族もあるという。しかし、日本では片言の日本語が共通語だ。母国では少数民族と政府軍との武力衝突が続いている。時には銃撃戦の情報が在日ミャンマー人社会に飛び込み、緊張が走る。

日本語教室は、新宿区のJR高田馬場駅に近い公民館などで毎週日曜日の夜に開かれる。高田馬場には在日ミャンマー人が集住する。ミャンマー料理店が繁盛し、通訳を常駐させたミャンマー人向けの医院も開業している。高田馬場は「リトル・ヤンゴン」と呼ばれる。

日本語教室は、初心者のAクラスから、よりレベルの高いB、Cの三つのクラスがある。生徒はほとんどが主婦。飲食店などの仕事をしている人が多い。平日の夜だとほとんどの人が日本語教室に参加できない。だから日曜日の夜に教室を開く。家族団らんの時間帯にもかかわらず、公民館に駆け付ける。

二〇一八年度は各クラス十六人でスタートしたが、仕事や家の都合で参加できなくなった人もいる。A、Bの両クラスは半減、最上級のCクラスはほぼ全員が一年間頑張った。冒頭の声にあるように、みんな少しでも日本語のレベルを上げ、仕事上のキャリアアップにつなげたいと考える。自分や家族のために熱心に勉強する。

PEACEが日本語教室を始めたのは二〇一四年のこと。教えているのは日本語学校から派遣された三人の正規の日本語教師。文化庁の助成金を受けているからできる教室だ。

PEACEの代表理事のマリップ・センブさんはカチン族出身。ヤンゴン大学を卒業後、強権的な軍事政権を嫌って来日、すでに日本での生活は二十年を過ぎた。同じミャンマー人の夫との間には娘が四人。長女は昨年四月、国立大学に入学した。日本語とミャンマー語に加え英語も話す高度人材のタマゴだ。母親をサポートし、PEACEの活動を支える。

PEACEの日本語教育プログラムは、文化庁の「『生活者としての外国人』のための日本語教育事業」の一つだ。在留外国人に「日常生活を営む上で必要な日本語を習得できるよう、各地の優れた取り組みを支援すること」を目的としている。ただ、PEACEのように外国人が主体的に運営する日本語教室はごくわずかだ。

文化庁の担当者は「PEACEの取り組みはニーズに応える専門性の高い授業であるため脱落者も少数にとどまり、学習成果も上がっている」と高く評価する。

「生活者としての外国人」という考えを政府の施策に取り入れたのは、外国人労働者問題関係省庁連絡会議だ。この連絡会議は、法務省、外務省、厚生労働省、警察庁などの局長級の担当者で構成し、二〇〇六年十二月に「『生活者としての外国人』のための総合的対応策」の文書をまとめた。

政府は今回の入管法改正にあたり、「外国人材受入れ・共生のための総合的対応策」を閣議了承したが、十二年前の「生活者としての外国人」の文書をたたき台にして、新たな「総合的対応策」を作成した。

在留外国人（外国人登録者数）は一九八〇年代後半から右肩上がりで増えた。中国人、ブラジル人、フィリピン人などニューカマーが日本にやってきた。二〇〇五年には在留外国人は二〇〇万人を突破。定住化が急テンポで進んだ。

このため総務省は二〇〇六年三月、地方自治体が外国人受け入れに関する指針とする「多文化共生プラン」を策定。このプランに基づき、宮城県が多文化共生条例を策定したのをはじめ、各地の自治体が共生のための指針や計画を策定した。そうした中で「生活者としての外国人」が生まれた。

ＰＥＡＣＥの日本語教室は、「生活者としての外国人」向けの日本語教育のモデルケースといえる。しかし、政府のこの事業の助成対象は全国で三十九団体（二〇一八年実績）。予算はわずか四千六百万円（前年の八千五百万円からほぼ半減）だ。万単位で存在する各地の日本語教室の助成措置としては余りにも頼りない。

外国人労働者の受け入れ拡大で、これから日本語教育の需要が大幅に増える。地方自治体による地域の日本語教育の体制整備とともに、ＮＰＯや外国人の自助組織の先進的な取り組みへの支援が不可欠だ。ボランティア任せでなく国が責任を持ち日本語教育を拡充する必要がある。

日本語教育に距離を置く文科省

在留外国人の急増で日本語教育がクローズアップされているが、政府が昔から重視してきたのは国語教育だ。国語教育と日本語教育は何がどう違うのか。国語教育は近代化を模索する明治政府にとっては国策だった。日本語のローマ字化や漢字の全廃論なども論議された。戦後は国語審議会が設置され、仮名遣いや当用漢字の在り方などの検討を重ねてきた。もちろん日本人のための国語教育である。

一方、日本語教育は日本語を母語としない人たちのための外国語教育だ。文化審議会国語分科会に日本語教育小委員会が設置されたのは二〇〇〇年七月のこと。日系人を「定住者」として受け入れを始めてから、十年の歳月がたっていた。

先に触れた文化庁の「生活者としての外国人」の日本語教育事業が始まったのは二〇〇七年のことだが、では、なぜ文化庁が日本語教育に取り組むのか。

文部科学省組織令は、文化庁国語課が担う所掌事務について、「国語教育」などとともに「外国人に対する日本語教育に関すること（外交政策に係るもの及び初等中等局及び高等教育局に属するものを除く）」と記している。

注目すべきはカッコ内の記述だ。これを読む限り、国語課の守備範囲は、海外や学校現場での日本語教育を除くものになる。「外交政策に係る」日本語教育は外務省・国際交流基金が担当。文科省の初等中等局と高等教育局の組織令には「日本語教育」の文字は見当たらない。国語課はあるのに日本語課は存在しない。国語課に日本語教育の専門職の担当者を配置し、申し訳程度の予算を付けているのが実情だ。

文科省が日本語教育に正面から向き合わない理由は、おおよそ見当がつく。一つは憲法二六条の条項。憲法は「すべての国民」が「ひとしく教育を受ける権利を有する」としているわけだが、文科省は、外国人は「国民」でないので基本的には義務教育の対象外だという解釈だ。

また、留学生が学ぶ日本語学校の存在も、文科省を日本語教育から遠ざけているのではないか。文科省は日本語学校を「日本語教育機関」と呼ぶ。学校教育法一条で定められた「学校」ではないからだ。専修学校（専門学校）や各種学校の日本語学校も、学校教育法には規定されていても、「一条校」ではない。

日本語学校は株式会社立が全体の六～七割を占める。株式会社立だと株主への利益を追求し、教育よりビジネスが優先されかねない。そんな見方がまだ根強い。すでに三十年の歴史を持ち、教育内容も立派な日本語学校も少なくないが、文部科学省としては一貫してその管理・監督には腰を引いてきた。

文科省に代わって、日本語学校を実質的に〝管理〟しているのは、法務省入国管理局だ。日本語学校を設立するには、法務省の「告示」という〝認可〟が必要となる。「留学」を認める在留資格認定証明書も法務省が交付する。留学生の資格外活動（週二八時間以内のアルバイト）の申請先も法務省だ。

だが、法務省は留学生の「適正な在留管理」には責務を負うものの、「日本語教育の質」に知見を持っているわけではない。文化庁も日本語学校の運営状況フォローまではとても手が回らない。留学生の受け入れについて、政府は日本語教育という肝心な部分をあいまいにしながら、「留学生三十万人計画」のゴールを目指してきたのだ。

課題山積の日本語学校

日本語学校は一九八三年に中曽根政権が「留学生十万人計画」を打ち出したのを機に、雨後の竹の子のように林立した。当時、設立基準はあってないようなものだった。

日本語学校の「負のイメージ」を広げたのは、一九八八年に上海で起きた騒動だ。中国の改革・開放政策、日本の留学生受け入れ政策に悪質なブローカーと日本語学校が目を付けた。ビルの一室に数個の机を並べただけの日本語学校が横行した。

このため法務省が就学ビザの発給を差し止めた。入学許可証をもらって学費を払ったのに中国の若者は日本に行けなくなった。怒りの抗議のデモが上海領事館の周りを取り囲んだ。日中関係に汚点を残した上海事件である。

この事件を受けて文部省も動かざるを得なかった。「日本語教育施設の運営に関する基準」を作成し、制度の立て直しに着手した。外部に民間の日本語教育振興協会（日振協）を発足させ、日本語学校の審査、認定を行う仕組みをつくった。日振協は財団法人化され、表向き一応の態勢が整った。

ところが、民主党政権時代の二〇一〇年にこの仕組みが行政刷新会議の事業仕分けの俎上にのぼった。日振協は法的根拠がないことなどを理由に「事業の廃止」が決定をされた。会費を払ってきた日本語学校から「日振協に騙された」との声が上がり、約四〇〇あった会員校は激減してしまう。曲がりなりにも日振協の旗のもとにまとまっていた日本語学校が分裂状態に陥った。新たな業界団体が発足し、日振協が行っていた学校運営のチェック体制が宙に浮いてしまう。

とはいっても、日本語学校を抜きにしては留学生政策そのものが成り立たないのも事実。大学、大学院などに進学する留学生の七割が日本語学校で日本語を習得する。日本語学校が機能しなくなったら、それこそ留学生に依存する専門学校、大学は〝連鎖倒産〟の憂き目にあうのだ。

その日本語学校に大きな異変が起きている。かつては中国、韓国、台湾の漢字圏の留学生が九割以上を占めていた。ところが、最近はベトナム、ネパール、ミャンマーなど東南アジアの学生が急増。トップを独走してきた中国をベトナムが追い越そうとしている。

非漢字圏の東南アジアの留学生の増加で懸念されるのが日本語能力を低下だ。非漢字圏の留学生が二年間の日本語教育で、日本語能力試験のN２に合格するのは至難の業だという。日本語学校の学生の日本語力が下がれば、大学などの留学生の質の低下を招く。

また、進学より日本で大好きなアニメの勉強をしたいという留学生も増えている。日本語学校側は、そうした時代の変化に気づかない政府に不信を募らせるのだ。

日本の留学生受け入れ制度は、もともとアルバイトができることが一つの「売り」でもある。日本との経済格差が大きい東南アジアの留学生にとってアルバイトは魅力だ。ところが、日本語学習をそっちのけにし、働くことを目的とする留学生が増えてきた。留学ビザで「労働者」を受け入れる不埒な日本語学校が現れては、入管当局も黙って見過ごすわけにはいかない。

一方で、留学生の労働力を頼りにする飲食店や弁当販売業、配送業などの企業が増えていることも事実なのだ。深刻な人手不足に悩む業界にとっては、留学生はなくてはならない貴重な戦力となっている。

そうしたゆがんだ留学生の受け入れが広がる中、入管当局に摘発される日本語学校や専門学校が後を絶たない。そのことが日本語学校の負のイメージを増幅させている。

教育とは縁遠い業界から日本語学校の経営に転じるケースも増えている。日本語学校は約七〇〇校と十年前の二倍近い数に膨らんだ。しかも、複数ある業界団体にさえ加盟していない学校が少なくない。日本語学校は非常勤の日本語教師が多く、教師の生活は不安定だ。

日本語学校をめぐる課題は山積している。政府がその難題に目をそむけることができない時代がやってきた。

日本語教育推進を法制化へ

超党派の日本語教育推進議員連盟の発足も、日本語学校の問題と無縁ではない。旗振り役の中川正春衆院議員は、民主党政権時代に文科副大臣と文科大臣を歴任したが、自身が預かり知らない間に、日振協が事業仕分けの対象になった。そのあおりで日本語学校の業界団体の亀裂が深まった。

「何とかできないものか」。分裂した日本語学校の業界団体からヒアリングしたうえで、夜間中学問題などでつながりのある自民党の馳浩元文科大臣に議連発足を呼びかけた。

議連の設立総会が開かれたのは二〇一六年十一月。結成当初、会員は四十五人。元官房長官で文科大臣経験者でもある河村建夫氏が会長に就任した。中川氏は会長代行、馳氏が事務局長のポストに就いた。中規模ながら河村氏ら文科大臣経験者が六人、衆院議長経験者二人を擁する重厚な布陣の議連だ。

十回に上る総会で議論したあと、二〇一八年年十二月の第十一回総会で、日本語教育推進法案（日本語教育の推進に関する法律案）が正式に承認された。日本語議連の立法チーム（座長・中川氏）が衆院法制局のアドバイスを受け、関係省庁の担当者の意見を聞きながら作成した法案だ。

成立すれば、今後の日本語教育の行方を左右する重要な法律となる。四章二十八条で構成されている法案の骨格を紹介したい。

第一章の「目的」では「多様な文化を尊重した活力ある共生社会の実現に資するとともに、諸外国との交流の促進並びに友好関係の維持及び発展に寄与する」としている。日本語教育を推進することによって、「共生社会の実現」と「諸外国と交流促進・友好関係の維持・発展」を目指すわけだ。

そのために日本語教育の推進を国と地方公共団体の「責務」として位置づけ、また外国人を雇用する事業者にも「努力する責務」を課した。

第二章の「基本方針等」では、国と地方公共団体にそれぞれ「日本語教育推進基本方針」の策定を求めた。基本方針を閣議決定することで、日本語教育の推進を政府の方針として担保できる。また、五年ごとに見直しをするための条項を設け、時代の変化に応じて方針を軌道修正できるようにした。

第三章の「基本的施策」では、取り組むべき課題を挙げた。まずは国内で進める施策の対象として、外国人児童生徒、外国人留学生、就労外国人、難民、地域の外国人を列挙した。海外における外国人、在留邦人の子どもの日本語教育の機会の充実も規定した。さらに日本語教育の水準の維持向上に向けて、日本語教師の資格の検討や教育課程の指針作り、日本語能力を評価するための「水準の明確化」も求めた。

第四章では国と地方公共団体に対し「日本語教育推進会議」と「日本語教育専門家会議」の設置規定を設けた。政府は関係省庁の担当者による「推進会議」で連絡調整を密にしながら具体的な施策を策定する。その原案の作成を日本語教育の研究者らで構成する「専門家会議」に依頼する仕組みだ。

専門家を招いて開いた議連のヒアリングでは、各界から様々な意見や提言が出された。第二回総会で日本語教育学会の伊東佑郎会長（当時）は日本語教師の国家資格について「そのことによってその職をめざそうという人が出てくると同時に（教育の）質の向上が図られるだろう」と述べ、その実現に期待感を示した。また、国際交流基金日本語国際センターの西原鈴子センター長はドイツやオランダの例を挙げながら、労働ビザの取得条件として語学能力を盛り込むとともに、学習機会も国が保証するよう提案した。

第四回総会には、静岡県と横浜市、愛知県豊橋市の幹部が呼ばれた。静岡県は多文化共生条例を制定し、国際都市の横浜市は外国人に多言語による広報をする一方で、行政用語を「やさしい日本語」に置き換える取り組みを行っている。また、豊橋市は二〇一七年一月に日系人などが多く住む市や町でつくる「外国人集住都市会議」の座長都市として会議を主催したのを踏まえ、佐原光一市長（当時）が「国策として日本語教育が必要だということは各首長さんから出た言葉だ」と述べた。

各界代表の声に耳を傾け、関係省庁の担当者からも意見聴取を行ったうえで、練り上げられたのが日本語教育推進法案だ。

日本語教育はどう変わるのか

日本語教育推進法が成立したら、日本語教育をめぐる状況はどのように変わるのか。まずは、国が責任をもって日本語教育推進の基本方針や各種の施策をつくるわけだから、政府内で文科省や外務省に政策立案などに責任を持つ部署が法的に明確にされるはずだ。

関係省庁の担当者による日本語教育推進会議や有識者で構成する日本語教育専門家会議が発足し、日本語教育の推進に向けた具体的な施策の検討、その実施の方策が議論される。日本語教育推進基本方針の原案は文科、外務両省が中心となって作成し、閣議決定されるはずだ。

日本語教育推進法は、日本語教育を進めるための幹線道路の設計図のようなものだ。それに基づいて国道や市道が作られる。法律ができれば、予算の確保も可能になり、日本語教育のインフラ整備は大きく前進するとみられる。

一方、政府が入管法改正に併せて策定した「外国人材の受入れ・共生のための総合的対応策」は、「生活者としての外国人に対する支援」として「日本語教育の充実、日本語教育機関の適正な管理及び質の向上」を掲げた。

具体的には①五十万人の外国人が居住しながら日本語教室の開設されていない地域に日本語教室を整備する②日本語教室の設置が困難な地域の外国人にはインターネットを活用した学習教材を開発、提供をする③日本語教師の養成、研修を行い、日本語教師のスキルを証明する新たな資格を整備する④日本語学校の入学者の選考や在籍管理を徹底し、国内外の悪質な仲介業者を排除する仕組みを構築する——などの取り組みを盛り込んだ。

ただ、総合的対応策からは政府がどこまで本気で日本語教育に取り組むかは見えてこない。日本語教室の現場を預かる市町村などにはピンとこないのではないか。

日本語議連の活動は立法府、一方、総合的対応策の策定や事業の実施は行政府の案件だ。三権分立の建前からすれば、別の機関の取り組みではあるのだが、「日本語教育推進」という目指す方向は同じで、施策も重なる部分が少なくない。

柴山昌彦文科大臣は、入閣前は日本語議連のメンバーだった。議連の事務局長の馳氏は問題意識を共有する先輩議員だ。柴山文科大臣は日本語教師の公的な資格の創設を検討する考えを示したほか、省内に「外国人受け入れ・共生のための教育推進検討チーム」を設置した。検討チームの座長の浮島智子文科副大臣も日本語議連の元メンバーだ。

日本語教育推進法案の作成、政府の「総合的対応策」のとりまとめに関わった関係省庁の担当官も、日本語教育というキーワードでつながっている。

「やさしい日本語」の可能性

言語には、学習言語と生活言語がある。日本語教育の場合、学習言語は外国人留学生が学び、生活言語は地域の外国人や就労外国人、技能実習生、難民などが学習するということだろう。学習言語は「読み・書き」を重視し、生活言語はコミュケーション手段としての「話す・聞く」がより重要になる。

生活言語を「やさしい日本語」に置き換えてみると、日本語の多様な側面が見えてくる。「やさしい日本語」とは、普通に使う日本語より簡単で外国人にも分かりやすい日本語のことを言う。話を短く切り、敬語は使わない。

国立国語研究所が定住外国人の母語以外の理解できる言語を調査したところ、「日本語は六二・六％で英語は四四％」だった。一年以上日本に滞在した外国人なら八割が「やさしい日本語」を理解できるという。

東京都内で二〇一六年十二月に「やさしい日本語の可能性」をテーマにしたパネルディスカッションが開かれた。主催したのは東京都などで構成する「二〇二〇年オリンピック・パラリンピック大会に向けた多言語対応協議会」。交通機関やターミナルなどの案内表示や標識の多言語対応の強化を目指す組織だ。

パネルディスカッションは「多言語対応・ＩＣＴ化推進フォーラム」というイベントのひとコマだったが、「やさしい日本語」を多言語の一つとして扱ったことが注目を集めた。

パネリストとして四人の「やさしい日本語」の専門家が登場した。防災・減災を目的とした研究者の弘前大の佐藤和之教授、多文化共生社会との関係を研究する一橋大の庵功雄教授、やさしい行政用語をめざす横浜市の担当者、「やさしい日本語ツーリズム研究会」の吉開章事務局長だ。

一九九五年一月の阪神大震災では多くの外国人が被災したが、情報伝達が出来なかったため死傷者の比率が日本人を大きく上回った。こうした事態を受けて非常時の情報を外国人に伝達するための手段として「やさしい日本語」の研究が始まった。

パネルディスカッションで様々な「やさしい日本語」の活用例が紹介され、その多様な活用法に日本語に対する認識を新たにした人も多かっただろう。

多言語対応やＩＣＴ化の進展ぶりもめざましいが、「やさしい日本語」もまたスポーツの祭典を待たずして進化しているようだ。

「やさしい日本語」の看板を掲げる地域の「日本語教室」が急増している。順天堂大学では医療現場で「やさしい日本語」を使い、外国人患者とのコミュニケーションをよりスムーズにしようと医師、看護師、医学生らが勉強会を開いている。外国人との向き合い方をコント仕立てで伝える「やさしい日本語劇団」が名古屋で結成されたという。

「やさしい日本語」は、大手のマスメディアの世界にも広がりつつある。ＮＨＫはインターネットサイトに「NEWS WEB EASY」を開設している。ニュースの漢字にルビをつけ、サイトをこう紹介する。

「やさしい日本語《にほんご》で書《か》いたニュース」で、「外国人《がいこくじん》の皆《みな》さんや、小学生《しょうがくせい》、中学生《ちゅうがくせい》の皆さんにわかりやすくニュースを伝えます」

「災害《さいがい》に気《き》をつけて」として「地震《じしん》」「津波《つなみ》」「竜巻《たつまき》・雷《かみなり》」などの注意点も挙げている。防災・減災のための「やさしい日本語」を念頭の置きつつ、日々のニュースもわかりやすい表現で掲載している。

九州のブロック紙である西日本新聞は二〇一八年十一月に、自社のサイトに「やさしい西日本新聞」の掲載を始めた。「やさしい日本語」を使い、地元のニュースを日本語が苦手な外国人にも分かりやすく報じている。

「やさしい西日本新聞」のサイト開設のきっかけを作ったのは、「新移民時代」と題した連載記事だ。二〇一六年十二月から始めた大型のキャンペーン企画で、早稲田ジャーナリズム大賞を受賞した。深刻な人手不足と労働者として働く出稼ぎ留学生や技能実習生の実態を克明に追った連載は単行本にもなり、政府の外国人労働者受け入れ拡大の方針決定を主導した菅義偉官房長官に大きな影響を与えたと言われる。

「やさしい西本新聞」は、人口知能（AI）で記事を自動翻訳し、記者だけでなく日本語教師や在留外国人にも呼びかけて「翻訳」の精度を高めているという。ここで注目すべきは、AIの自動翻訳と「やさしい日本語」の親和性だ。自動翻訳の技術は急速に進んでいるが、よりシンプルな「やさしい日本語」を使えば、翻訳の精度が高まるのだ。

もう一つ触れておきたいのが、手話の話だ。最近ではテレビのニュースなどにも手話が登場するが、聴覚障害者にとっては、手話こそが自分たちの言語であり、日本語は「第二言語」だ。だとすると、ボキャブラリーが少なくて済む「やさしい日本語」は手話と通常の日本語のバイパスの役割を果たす「優しい日本語」だ。

新時代に新たな日本語教育を

二〇一九年。平成の時代が終わり、新たな時代の幕開けの年である。平成の始まりに日系人を定住者として受け入れる入管法改正あり、最後の年に外国人労働者の受け入れ拡大があった。

平成の三十年間で在留外国人（外国人登録者数）は、ざっと二・五倍に増えた。日本に暮らす外国人が二百万の大台を超えたころ、政府は外国人を「生活者」として位置付けた。「生活者としての外国人」。留学生、技能実習生、難民、永住者、定住者……。日本で暮らせば、日本人と同じ生活者だという。その考え方には共感できる。

安倍政権は国会答弁で再三、「移民政策と異なる」と述べた。日本がこれから受け入れるのは「移民」でなく「生活者としての外国人」という意味か。だとしたら、必要なのは「生活者のための日本語」だ。

日本語には、ひらがな、カタカナ、漢字がある。漢字には音訓の読みがあって、熟語まである。学習言語としては難解だ。しかし、生活言語としての「やさしい日本語」なら、六割の定住外国人が理解できるという。日本語は、聞く話す言葉としてはそれほど難解ではない。

中国は孔子学院、韓国は世宗学堂を海外につくり、自国の言葉を戦略的に広めている。中国や韓国の真似をしろ、というつもりはないが、日系人社会の日本文化を支えてきた邦字紙が相次ぎ廃刊に追い込まれている現状を政府は直視すべきだ。

国際交流基金は海外の日本語学習者を三百六十五万人（二〇一五年）と発表している。これは外国の教育機関の日本語学習者を積み重ねた数字だ。その後、電通と国際交流基金が漢字圏の韓国、台湾、香港でウェブ調査したところ、ネットを通じた独学や過去に勉強した人も含めると、二〇一五年調査の十倍の日本語学習者がいることがわかった。世界には数千万人の「ゆるい日本語学習者」がいるとの推測が成り立つ。

政府が戦略的に日本語の普及を図れば、「海外の日本語人口」を一億人に増やすことも可能ではないか。日本には海外で人気のアニメもゲームもある。日本の人口減少は不可避だが、海外の日本語人口を増やすことはできるはずだ。

母語としての日本語を自分たちの子どもに継承したい、という海外の在留邦人の母親たちの熱い想いもある。議員連盟が日本語教育推進法案を作成した際、母語の継承に取り組む女性たちが法案に母語継承をもっと色濃く打ち出してほしいと海を越えて陳情に訪れ、ウェブを通じた署名活動も展開した。この活動は、日本国内での外国人の母語継承にも強いメッセージとなった。

海外に目を向けたついでにドイツの言語政策に触れておきたい。移民には六百時間のドイツ語教育を課しドイツの文化や慣習も学ばせている。にもかかわらず移民、難民問題が政治問題化し、メルケル政権の継続を困難にした。原因は二〇一五年のシリア難民の大量流入だけではない。戦後間もないころから受け入れた外国人を労働力としてしか扱ってこなかったツケが回ってきた。ドイツが移民受け入れに本腰を入れたのは二〇〇〇年代に入ってからだ。対応の遅れが社会不安と政治的混乱を引き起こしている。

菅官房長官は「外国人材に日本を選んでもらえるようにしなければならない」と語っている。政府は「総合的対応策」に百二十六もの施策をそろえたが、環境整備の大きな柱は日本語教育のはずだ。日本人と外国人がわだかまりなく暮らせる「選ばれる共生社会」ができるとすれば、「やさしい日本語」の普及が大きな力になるに違いない。

＊　＊　＊

移民の子どもへの言語教育とは

【日本語教育のあり方を問う】

川上郁雄

●かわかみ・いくお　早稲田大学大学院日本語教育研究科教授、博士（文学）。日本語教育学、文化人類学。著作に『移民の子どもたちの言語教育——オーストラリアの英語学校で学ぶ子どもたち』（オセアニア出版社、二〇〇一年）、編著に『私も「移動する子ども」だった——異なる言語の間で育った子どもたちのライフストーリー』（くろしお出版、二〇一〇年）、『「移動する子ども」という記憶と力——ことばとアイデンティティ』（くろしお出版、二〇一三年）等。

一　移民の子どもへの言語教育と政治

「外国人材」受け入れについて新たな在留資格が創設され、これらの「外国人材」への日本語教育についても議論され始めているが、日本語を学ぶ子どもの日本語教育については依然十分な施策は実施されていない。なぜか。

欧米の移民受け入れ国においても成人移民に対するホスト国の国家語教育（たとえば、カナダ、アメリカ、オーストラリアなどにおける第二言語としての英語教育）では、成人移民への言語教育の後に、子どもの言語教育が実施されるようになった。その理由は、社会で働く成人移民への言語教育が先で、子どもは放っておいてもすぐに新しい言語を習得するだろうという大人（政策立案者や政治家など）の思惑があったからである。

現実には、移民の子どもへの第二言語教育が学力保障に直結することが指摘され、国際的な課題となっている（ＯＥＣＤ編、2017）。

しかし、移民の子どもへの言語教育は常に財政問題と表裏をなしている。たとえば、移民の子どもの母語と第二言語の英語を使ったバイリンガル教育は予算の無駄で効果がないと主張するアメリカの教育省の主張に対して、カナダのバイリンガル教育で有名なジム・カミンズらは真っ向から反対し、移民の子どもの母語教育と第二言語教育としての英語教育は、子どもの学力保障に必要であることを論じている（Cummins & Swain, 1986: 80）。

移民の子どもへの言語教育は経済が悪化すると予算が削られ、自国民の子どもの教育問題が優先的に議論される傾向は世界中で見られる。移民の子どもの教育問題は、移民に選挙権がない場合、政治家にとって集票につながらないテーマであろうし、ナショナリズムが台頭する流れの中では無視されかねないテーマでもあろう。では、日本はどうか。「移民政策」もなければ、移民への「言語教育政策」もないままである。したがって、移民の子どもへの言語教育は、政治的課題の俎上にも上がりにくい。

二 「日本語指導が必要な」子どもとは誰か

移民の子どもの最大の特徴は、幼少期より複数言語環境で成長することである。端的に言えば、家庭内の言語と家庭外の言語が異なる環境で子どもが育つということである。たとえば、日本の場合、戦後、家庭内で朝鮮語や中国語を使用し、家庭外で日本語に触れながら成長した子どもたちがいた。また一九八〇年代以降、インドシナ難民や中国帰国者の子どもも複数言語環境で成長した。それらの子どもへの日本語教育が注目されだしたのは、一九九〇年の出入国管理及び難民認定法の改定後であった。「日系人」と呼ばれるブラジル国籍やペルー国籍の子どもたちが学校現場に増加し、文部省（当時）がこれらの子どもの実態把握に取り組んだ。それが「日本語指導が必要な外国人児童生徒の受入状況等に関する調査」である。

この約三〇年間で、これらの子どもは増加しているだけではなく、多様化している。この調査を引き継いでいる文部科学省の調査では、これらの子どもは「日本語指導が必要な児童生徒」と総称され、「外国人」がつけられていない。その理由は、様々な理由（親の国際結婚、帰国生など）により日本国籍者で「日本語指導が必要な」子どもが含まれているからである。これらの日本国籍を持つ「日本語指導が必要な子ども」の存在が、二〇一四年から始まる、日本語指導における「特別の教育課程」化を推進した。それまで学外のボランティア団体等に頼っていた日本語指導を、教員免許を持つ教員が義務教育における正規の教育課程の一環として日本語指導を行う仕組みが、法的に認められたのだ。

ただし、ここで注目する点は、日本語指導が正規の教育課程に位置付けられたことではない。むしろ、この政策転換が進められた背景に日本国籍を持つ「日本語指導が必要な子ども」の増加があった点である。「日本語指導が必要な外国人児童生徒」がいくら増加しても政策転換は進まなかったが、日本国籍者の子どもを教員免許のないボランティアに任せることは国民教育とは言えないとして、政策転換が進んだのだ。「移民の子ども」への教育理念が前進したわけではない。

三　子どもへの日本語教育の議論が進まない理由

そもそも移民政策は「移民受入れ政策」や「在留資格創設」だけを意味しない。むしろ、国の将来像を見据え、入国移民の生活をどのように支えるかを含む総合的な政策でなければならない。したがって、「移民受入れ先進国」における移民政策は、入国移民に対する言語教育政策も含めて実施されている。日本の場合、政府が外国人材は「移民」ではないとし、言語教育政策を含む総合的な移民政策の議論が進んでいない。その議論の基本は、「外国人材」という非日本国籍者の処遇や管理をどうするかという点である。前述の子どもの日本語教育の「特別の教育課程」化を進めたのが日本国籍者の子どもの存在であったのは、非日本国籍者の処遇を考える「移民政策」議論の筋道からいえば、皮肉な結果であった。つまり、これらの子どもへの日本語教育の議論はほとんど進んでおらず、政治的に無視されているのである。

しかし、日本語が十分に使えない子どもたちへの日本語教育のあり方を、早く日本語が話せるようにすれば良いという教育実践論へ限定することも危険である。これまでも日本語教育実践に対する批判があった。たとえば「日本語至上主義」批判（日本人に同化するだけの教育という批判）、「母語教育重視」（子どものエスニック・アイデンティティを維持・発展させるために日本語より母語教育を進めるべきだという批判）の考えが示された。両者は日本語教育に対する同根の批判だ。ただし、これらの批判は国籍や言語、エスニシティなどの固定的な枠組みを超えた実践論へ発展しなかった。その原因の一つは、これらの日本語教育批判の実践論に「ことばの力」とは何かという議論（川上、2015）や、子どもの生の個別性、動態性、複合性を踏まえた「ことばの教育」をどう構築するかという視点がないからである。また、日本語教育批判を受ける日本語教育側においても、批判を乗り越える議論が少なかった。その点は今なお、子どもの日本語教育の大きな課題なのである。

四　「日本語指導が必要な」子どもという議論を超える視点

「ことばの力」とは何かという課題が実践の中で深まらない背景に、「日本語指導が必要な」子どもという視点からの脱却ができていないことがある。その要因の一つが、文部科学省が行う「日本語指導が必要な児童生徒の受入状況等に関する調査」である。この調査で数えられる「日本語指導が必要な児童生徒」は主に「日常会話ができても、学年相当の学習言語が不足し、学習活動への参加に支障が生じており、日本語指導が必要な児童生徒」と文部科学省のＨＰで説明されている。学問的にも存在が証明されてい

小学校の国際学級での授業（文字指導）（三重県鈴鹿市立玉垣小学校）

ない「学習言語」という語（バトラー後藤、2011）を使用している以外にも、調査方法として、「日本語指導が必要かどうか」の判断を曖昧なまま学校現場の教員や管理職に委ねている点に最大の欠陥がある。具体的に言えば、A校で「日本語指導が必要な」子どもと判断された子どもが、B校に転校したら「日本語指導が必要」な子どもと判断されないことも起こりうる。さらに、予算の関係で、学校内に「日本語指導が必要な」子どもが多いと、学校側から教育委員会へ「加配」という教員増を求めたり、補助教員の予算を請求したりすることが生じるため、予算に限りがある教育委員会としては学校現場の「日本語指導が必要な」子どもの数を抑えようと働くことがある。ここでも、「日本語指導が必要な」子どもの教育は政治的（財政的）判断により規定されているのである。

文部科学省が使用する「日本語指導が必要な児童生徒」というタームは、約三〇年間ほとんど変化なく使用されてきた。当初、このタームは、これらの子どもに日本語指導が必要であるという社会的な認識を学校行政や地域に浸透させ、この現象が社会的課題であると考える意識を高めるのに役立った側面はあろう。しかし、同時に、これらの子どもへの「ことばの教育」の議論と実践が日本語の側面だけに限定される結果になったことも否めない。

これらの子どもの最大の特徴は日本語ができる／できないにあるのではない。むしろ、幼少期より複数言語環境で成長することにある。

幼少期より複数言語環境で成長することは、複数言語を通じて他者と繋がる体験／繋がらない体験を日常的に多様に経験することを意味する。そこで育成されるのが欧州で議論されている複言語複文化能力（Coste, *et al*, 1997）である。多言語多文化主義は社会の中の多言語・多文化状況を想定し、多様性を社会の豊かさと発展に活かそうとする考え方であるが、複言語複文化主義は個人の中にある個別的で動態的で複合的な能力を捉えようとする考え方である。この考えに立てば、人は、大人であれ子どもであれ、多様な言語資源が不均質だが全体としてまとまりのある複合的な能力（Coste, *et al*, 1997: 11）を有していると捉えることになる。日本語や何語と峻別する言語観ではなく、多様な言語資源から成る複合的なものとして「ことば」と表すと、幼少期より複数言語環境で成長する子どもの複合的な能力を捉えることから子どもの「ことばの教育」が始まると考えるべきであろう。つまり、これらの子どもの「ことばの教育」は日本語の習得に限定できるものではないのだ。

五　「移動とことば」の世界を生きる教育へ

いま必要なのは、幼少期より複数言語環境で成長する子どもの個別的で動態的で複合的な「ことば」を捉え、総合的な「ことばの教育」を行う専門的な教員を育成し、教育委員会や学校へ配置することである。その専門的教員とは、単に日本語を効率的に教える日本語教師ではなく、子どもが複数言語環境に生きることを理解し、多様な言語資源を活用して日々のコミュニケーション活動を行い、「移動する子ども」（川上、2011）という経験と記憶と向き合いながら成長する子どもの生を捉えられる教員をいう。それは、日本語教育と母語教育のような二分法的捉え方や自国民教育の視点を超え、「移動とことば」（川上他編、2018）の動態的な世界を生きる複合的なアイデンティティを育てる教育を目指すことを意味する。

参考文献

バトラー後藤裕子（2011）『学習言語とは何か――教科学習に必要な言語の能力』三省堂

Coste, D., Moore, D. & Zarate, J. (1997) *Plurilingual and Pluricultural competence.* Language Policy Division, Strasbourg. (www.coe.int/lang)

Cummins, J. & Swain, M. (1986) *Bilingualism in Education: Aspects of theory, research and practice.* Addison Wesley Longman Inc. New York.

川上郁雄（2011）『「移動する子どもたち」のことばの教育学』くろしお出版

川上郁雄（2015）「「ことばの力」とは何かという課題」『日本語学』vol. 34-12, pp. 56-64.

川上郁雄・三宅和子・岩﨑典子編（2018）『移動とことば』くろしお出版

文部科学省HP　http://www.mext.go.jp/b_menu/houdou/29/06/1386753.htm（二〇一九年一月二十二日閲覧）

ＯＥＣＤ編（布川あゆみ監訳）（2017）『移民の子どもと学校-統合を支える教育政策』明石書店

移民への言語教育を重視するヨーロッパ

宮島 喬

●みやじま・たかし（プロフィールは15頁参照）

外国人労働者と言葉の問題

移民、すなわち外国生まれの人口がそれぞれ八〇〇万人、一一〇〇万人に達する、今や「移民国」と呼ばれるにふさわしいフランスとドイツ。過去半世紀来（フランスの場合には過去一世紀来）、移民への言語教育については、軽視されていたり、時に必要に迫られて施策の試行錯誤が行われたり、とかなりジグザグがあった。過去に移民、または外国人労働者の受け入れの際、ホスト国の言語（フランス語またはドイツ語）の習得の機会を与えてきたか、という問いには、然り、という答えはあまり聞かれない。

ドイツ（西ドイツ）では、久しく最多の外国人労働者グループだったトルコ人の場合、言語的困難はきわめて大きく、新規入国者はもとより、滞在二、三年を経ても、通訳の手を借りずに職場やその他の生活領域でドイツ人側とコミュニケーションするのはむずかしかった。それでいて、その受け入れの始まる一九六一年の時点での二国間協定では、ドイツ語の研修を必須とするような取り決めは盛り込まれなかったようだ。たぶん、就労期間を短期に限り、帰国・交替させる、いわゆるローテーションシステムがとられていたからであろう。

フランスの事情は少しちがう。戦後の早い時期に迎えられた隣国のイタリア、スペイン、ベルギーなどの労働者には、同じ言語、または同じラテン系の言語の話者だということで、ほとんど言語的ケアはされなかった。数カ月もすれば、彼らはイタリア語アクセントやスペイン語アクセントながら何とかフランス語をあやつり、日常の、また職場の用を弁じるようになる。やがてアルジェリア、モロッコ、チュニジアからやって来る労働者たちは、フランス語の学習の暇もあらばこそ、すぐに翌日にも、職場に立たされることが多かった。フランスの旧植民地や旧保護国出身なので、小中学校でも多少フランス語を学び、なにかとフランス語に接する機会はあったので、言葉に問題のない労働者とみなされたのだ(ちなみに、イギリスも同様で、アイリッシュは別としても、インド、パキスタン、バングラデシュ系などは旧植民地《コモンウェルス》出身者で、英語を使える人々との想定があった)。要するに、言葉は移民たちの慣れ、努力、才覚によって、必要なら通訳によって「なんとかしていく」ものという楽観主義もあったようである。

外国人、移民の出自の多様化——言語教育の必要

しかし状況は変わる。

グローバリゼーションが進むなか、移民の出自もより多様化し、非西欧世界からの難民の流れも、この多様化に拍車をかける。フランスでは、非フランコフォン(非フランス語圏)の定住外国人がじわじわと増えてきて、トルコ人、ポーランド人、中国人、スリランカ人などが、労働市場やその他の生活圏に入ってくる。この多様化は、フランス語を教授するきちんとした制度を必要とするようになる。ドイツでは、難民の出身国(地域)の多様化にくわえ、この国の前々世紀からの特徴である東方からのダイバーシティが、第一波としてはベルリンの壁の崩壊(一九八九年)と多数のアウスシードラー(東欧やロシアに移住・定着したドイツ系の人々)の入国によってもたらされ、次いで二〇〇四年のEUの東方拡大によって東欧からの移住者が増え、いっそう強められる。ドイツ語教授の必要がそれだけ強まるのであるが、この国はその組織力によってドイツ語とドイツに関する知識を教授する何百という教室を運営する経験を積んでいた。

一方、かれらの労働現場も変わってくる。反復的な半熟練労働から、マニュアルを読みながらシステムを理解し制御、調整を行う専門労働へ、とシフトし、適応しなければならなくなって、言語能力の不十分さに気づく移民労働者が出てくる。「自分のフランス語力では、マニュアルが理解できない!」九〇年代に調査を行ってみると、旧植民地出身であるアルジェリア人の男子にも〈新聞を読むのが困難〉と答える者が三六%、「テレビニュースの理解が困難」とする者が一六%に上ることがわかった(宮島喬『現代ヨーロッパと移民問題の原点』明石書店、二〇一六年、一三二頁)。

ドイツでは、教育と職業訓練と数々の試験を通して職業資格を獲得するシステムがあり、熟練労働者となるのにドイツ語能力はさらに欠かせない。義務教育を修了したが、職業訓練システムに参加しない者は一九九九年には、ドイツ人で二四％だったが、トルコ系で七一％、旧ユーゴスラビア系で五八％、ギリシャ系で六九％に上ったという数字がある（Alba, Schmidt, Wasmer (eds), *Germans or Foreigners?*, Palgrave, 2003, p. 49）。ドイツ語の習得は、底辺の不熟練労働者から脱する第一歩だと観念される。

外国人・移民の定住化が進み、家族呼び寄せも一挙に増える。もはや一時滞在者ではなく、家族共々そこに生きていく以上、妻、母も日常の生活圏で用を足し、社会参加ができ、子どもの教育もサポートできる言語力をもたねばならない。トルコ人の妻、母たちがドイツ語ができないため仕事に就かず、子どもの教育にも積極的な関与をしないのは問題だ、という批判も起こる。自治体で開かれている市民学校や、キリスト教系のカリタス会など支援団体の開いているドイツ語教室に通えばよいのだが、トルコ人たちはあまり足を向けない。学校的な学習の場に慣れていないこともあろう。そこで、たとえば、ベルリン市は、そうした移民女性にドイツ語を学ばせる機会を与えようと工夫し、外国人の集住している地区で、小学校や保育所に毎日子どもを送ってくる母親に勧めて、子どもが保育、授業を受けている間、学校に留まり別室でドイツ語入門の教室に参加させたりしていた。

移民の「統合」を政策の一環として

ドイツ政府も、定住の度を強める外国人について、「わが国で継続的に生きていく外国人はわが国の経済的、社会的、法的システムのなかに統合されねばならず、またできるかぎり広い範囲で平等なパートナーとしてドイツ連邦共和国の社会生活に参加する機会が与えられるであろう」と声明する（The Federal Ministry of Interior, *Survey of the Policy and Law concerning Foreigners in the Federal Republic of Germany*, 1998）。統合法、さらに新統合法（二〇〇五年）を成立させ、移民たちへのドイツ語教育、ドイツ社会の統合理念、民主主義、市民の権利・義務などを教える「統合コース」を設けた。従来、統合施策はそれぞれの州や都市で行われていたが（ベルリン市の例は先に示した）、これは国（連邦政府）が中心になって行うもので、そのための大きな予算措置も講じられた。

フランスの場合、移民の統合の必要はもう少し政治的意味合いをおびて論じられた。おそらく、二〇〇五年のパリ郊外で起こった移民の若者の「暴動」など移民第二世代やイスラーム移民の行動などに懸念をいだき、共和国的な統合を強めようとしたシラク政権、サルコジ内相らが、フランス語、及びフランスの社会、制度、統合理念の教育を重視したと思われる。二〇〇三年に成立した「受け入れ・統合契約」の法は、新規受け入れの外国人で、長期滞在が予定される者に、その署名と履行をもとめるものだったが、その後実際にフランス語教育、市民教育が開始され、受講が義務的なものになっていく。

国が予算と人員を傾注して言語教育、市民教育を

言語教育の面だけを取り出してみたい。おどろくのは両国の力の入れようである・ドイツでは、先ほども述べたように長期滞在が予定される新規外国人を対象とするが、すでに居住する移民・外国人も受講できるとする。時間はなんと六六〇時間とされる。もちろん、あらかじめ面接等によって、本人の既習得度を確かめてからコース、時間などを決めていくから、長短はある。それにしても、六六〇時間といえば、仮に一日六時間として、四カ月から五カ月は受講に通わなければならない。仕事の都合、家庭の都合でそんなに通えない、という者もいるだろうが、言語の習得は、間隔を置かず、集中的に行わなければ効果が上がらないのは鉄則でもある。修了後には、言語能力が確実に上がったかを問う認定（試験も含む）も行われている。

フランスの場合、同じく長期の滞在が予定されている移民・外国人が対象で、最大で二〇〇時間だから、ドイツより少ないが、今後、もっと増やさねばならないとされ、最大四〇〇時間まで増やされたが、二〇一六年「共和国的統合契約」に名称変更され、時間数も最大二〇〇時間にもどされた。

修了した者には、国家による認定が行われ、資格証が与えられる。ドイツの場合若干の受講料が徴収されるが、フランスでは無料である。受講している者の合計数は、二〇一三年をとると、ドイツで一一万七千人余、フランスでは受講者でなく、受け入れ・統合契約の署名者であるが、一〇万九千人余となっている。

学ぶ側の移民たちからすると、義務化されるのを負担と感じる向きもあるが、無料もしくはごく廉価で言語の習得ができるのを、好機と喜ぶ者もいる。講座に熱心に通って、コミュニケーション力、読み書きが一応の水準に到達し、求人に応募して介護の仕事やホテル従業員に採用されたという話も聞く。

日本では、入国し何らかの活動に携わろうとする外国人に日本語習得の機会を提供する主力は、民間の日本語学校であって、教育内容やスタッフの問題もあろうが、とにかく高い授業料を支払わねばならない。国が大きな力を傾注しているか否かが決定的な違いを生んでいる。

国の関与する言語教育、市民教育には微妙な問題も

ただ、移民への言語教育、市民教育には、国が関与する場合には微妙な問題も生じる。

言語教育と市民教育を受講し、修了し証明書を与えられ、これ

が公的な性格をもち、当人が色々と有利な扱いを受けることになり、裏を返せば、受講しなかったり、修了しなかった者は、厳しい扱い、差別に出会うことになる。たとえば、在留資格の更新や変更、国籍の取得の申請の際に、この証明がないと不利になるといわれる。国が大きな費用を投じて行う政策である以上、目に見える成果を示して、事業を継続させなければならないからである。ドイツでは、市民教育の成果を試すかのような出題が「帰化テスト」（ドイツへの帰化を申請する外国人に課される）のなかであり、そういう使われ方もある。

言語を教えるということは、単にテクニカルにコミュニケーション用具を与えることを意味しない。言語とは文化であり、意味・価値のノリモノでもある。まして市民教育の言語はしばしば価値ベクトルをもっている。教えられるフランス語やドイツ語の語彙やセンテンスには、移民たちの抵抗を呼ぶものもある。フランスで「共和国的」な民主主義のあり方を説くのに、「ライシテ」（政治と宗教の分離）を強調し、イスラームのスカーフを被ることへの批判に単純に行ってしまえば、たぶんムスリム移民の受講者は反発を示し、講義を進めることもむずかしくなるかもしれない。教える側も教材や主題を選ぶのに、注意をしなければならないのである。日本がこれから力を入れていかねばならない外国人・移民への日本語教育、市民教育も、留意しなければならないことであろう。

＊

＊

＊

新時代海外移住者の日本語継承

【日本語教育推進法案に対する署名運動から】

カルダー淑子

●かるだー・としこ　一九四五年生。ジョンズホプキンス大学国際関係高等大学院講師、母語継承語バイリンガル教育学会・海外継承日本語部会代表。継承語教育、教育行政学。著作に「アメリカの補習校における新世代の母語教育」『国際移動と教育――東アジアと欧米諸国の国際移民をめぐる現状と課題』（江原裕美編、明石書店、二〇一一年）等。

日本語教育推進法案の原案が二〇一八年の夏に公開された時、海外の日本語教育関係者から強い疑問の声が上がった。超党派の日本語教育推進議員連盟が作成した原案に「日本にルーツを持って海外に永住する子供たちの母語教育に対する支援」が盛り込まれていないことがその原因だった。在外の日本語教師の会を基点に文言の追加を求める署名運動(1)が広がり、二週間ほどの間に二〇〇〇筆近い署名が集まり、東京の日本語議連に届けられた。運動は主要議員を動かし、国会に上程される最終版には海外の要望に沿った文言が盛り込まれることになった。この署名活動に参加した人の在住地は、北米、アジア、欧州、オーストラリアと多岐にわたり、その職業も研究者、自営業者、技術者、医者、弁護士、国際結婚家庭の母親と多様である。署名に添えられた意見は四六〇通を超えたが、そこには海外にあって我が子に日本語を残す苦労を語る声が続き、政策関係者の注意を喚起するものだった。

「日本にルーツを持って海外に永住する人」といえば、戦前に渡航した、いわゆる日系人の後継世代がまず浮かぶだろう。しかし近年はこれとは異なる新しい流れの海外移住者が世界各地に増加している。戦後の高度成長期に企業駐在員や研究員などとして海外に赴任し、独立して現地に残った人、起業した人、国際結婚の日本女性など、幅広い分野にわたる人々である。外務省「海外在留邦人統計調査」によると、海外に在住する日本人の総数は過去三〇年にわたって増加の一途をたどり、二〇一八年時点で、帰国予定のある「長期滞在者」が八六万八千人、生活の本拠を現地に移した「永住者」が四八万四千人を数える。[2] このどちらもが日本国籍の保持者であり、総数では長期滞在者が永住者を上回るが、在留届を出さない人、外国籍を取った人を考慮すると、日本を出自として海外に永住していく人の数はこの統計をはるかに超えると考えられる。本項ではこのような戦後世代の新しい海外永住者に目を向け、その子供達の母語の教育がどこで、どのように行われているかを概括し、政策支援のあり方を考える。

移住者の母語教育とは

外国に移住した人々が次世代に母国の言語を伝える教育を継承語教育という。母語の継承がとりわけ重視されるのは、移住した親世代（一世）と子世代（二世）の間であり、家庭における母語の使用は、出身国で育った親世代と移住地の学校教育を受けて育つ子世代とをつなぐ掛け替えのない絆とされる。やがて子どもが学齢期に入ると、現地校に通うかたわら、週末や課外の継承語教育施設で読み書きを含む知的にも高度な母語教育を行うことが望ましいとされ、その指導法では、母語の使われない社会で育つ子世代の言語力や価値観、アイデンティティに配慮をし、現地の主流言語による学校教育をも視野に入れて行うことが有効とされる。このように継承語教育とは多言語環境で育つ子供の特性に配慮を払う教育であり、その意味で単言語社会を基盤にする国語教育とは異なるものとされる。[3]

母語継承の願いは戦前の日系人にも強く、苦労の末に学校を立ち上げた記録が各地に残っているが、北米では第二次大戦によって全ての日本語学校が閉鎖を余儀なくされ、日本語の継承は困難な時代を迎えた。国策移民の時代が終わった後、戦後の個人渡航者によって世界各地で新しく始まった日本語継承のための教育は、戦前の日系人の教育とは異なる流れを作るものであり、特に近年は、グローバル化の進む社会にあって、複数の言語を使う子供の利点を考え、新しい視点で母語の継承を求める移住者家庭も増えている。本項で対象とするのはこのような戦後移住者の母語継承である。

継承語の教育機関は世界各地に様々なかたちで存在するが、戦後の日本から親と共に移住した子世代の母語教育の場になったのは、（1）週末開校の日本語補習校、（2）現地の公教育の中で行われる多言語多文化教育の一環としての日本語教育、（3）親たちが自力で立ち上げ、運営する小規模な日本語教室や幼児教室に大別される。（1）は英語圏を中心として各地に開校されている日本政府認可の補習校であり、同様の形態を持つ未認可の中小規模の週末の学校も含まれる。（2）はオーストラリアやカナダなど多文化共生教育を掲げる国や自治体の政策に基づく母語教育で、移民の持ち込む多様な言語文化を市民の共有財産と捉える発想による。カリキュラム作成も教師の資格も現地の規制に基づいて決められる。（3）は、既存の施設のない地域に移住した親たちが自力で立ち上げる小規模な日本語学校や親子教室で、近年は近隣に既存の学校がありながら独自の教育観で新しい施設を作る親も増えている。

上記の中でも、日本出自の永住者の子どもを多数受け入れてきたのは政府認可・未認可の補習校である。補習校とは、企業駐在員の子供が帰国後に国内の学校に円滑に適応することを目的に一九六〇年代から世界各地に開校されてきた国内準拠の教育施設で、建前は民営だが、検定教科書を使う国語の授業を基本とし、条件を満たした認可補習校には本省から校長が派遣され、教師の給与や校舎の借用料にも一定の補助金が出る[4]。駐在員の子どものための学校には他に全日制の日本人学校があるが、英語圏で特に多数の補習校が開校されてきた背景には、週日の現地校を通して強い国際言語である英語を習得させ、週末の補習校で日本語の保持伸長をはかるという親たちの期待があった。二〇一八年現在で世界各地に二二四校の認可補習校があり、およそ二万七千人の小・中学生が在籍する[5]。

この国内準拠の補習校に、一九八〇年代から現地永住の生徒の増加が目立ち始め、日本経済の悪化による海外駐在員の減少とあいまって、正確な数は把握しにくいものの、現在は補習校生徒の過半数が現地永住者とみられるまでになっている。米国では補習校生徒の六―八割が永住予定者とみられ、帰国生が永住生を上回る補習校はデトロイトなど日系企業の多い地域の少数に過ぎない。アジアやヨーロッパの非英語圏では、駐在員の子供の多くが全日制の日本人学校に通うため、補習校は小規模校が多く、永住予定生徒の割合がさらに高くなる。日本の教育を受けて海外に移住した親や教師にとって、補習校とは何より信頼に足る「権威」であり、自分自身が受けた学校教育に即して教えやすく、馴染みやすいという理由がその背景にある[6]。

しかし、対象が戦後の移住者とはいえ、補習校をベースとする永住者の教育には問題もあった。上記のように、継承語教育の指導には母語の使われない社会で暮らす生徒の言語力やアイデンティティへの配慮が必須とされるが、帰国受験を予定する駐在員子女のための補習校ではこうした指導法は困難であり、現地の学校では良好な成績の生徒でも、日本語力の「弱さ」を理由に「二流市民」とみられることも多く、補習校の指導法が現地の長い子供に不向きだという問題は長年にわたって指摘されてきた。さらに、こうした指導方針の「よじれ」に加えて、本国政府による支援のあり方も運営上の問題とされてきた。認可補習校の教師の給与や校舎の借用料には本省から一定の補助金が出されるが、算定基準には帰国予定の生徒数が使われ、現地永住予定者の子供は同じ屋根の下にあっても、基本的に支援の対象とは算定されない。国費で支援を行うのは、日本に戻る「在外子女」のみであり、海外に生活拠点を移した者、日本国籍を持たない者は支援の埒外におくという原則がそこにあった(7)。

このような文科省の姿勢は近年の「グローバル人材育成」という日本政府の方針もあって一定の転換を遂げ、二〇一三年の「海外における日本語の普及促進に関する有識者懇談会」では「補習校における国語教育・継承語教育、外国語としての日本語教育を一体のものとして捉える」という試案が示され(8)、時間の経過の中で、多様な背景の生徒が在籍する補習校は「グローバル人材育成拠点」の一つと位置づけられるまでになった。しかし、実際に予算のついた新規事業を見ると、対象の多くは帰国予定者が多数を占める全日制の日本人学校であり、永住者が増加の一途をたどる補習校への支援はわずかにすぎない(9)。しかもこうした事業の対象は文科省認可の日本人学校・補習校に限られており、グラスルーツの親たちが自力で開設した未認可の日本語教室や幼児教室などには助成事業の情報さえも入らない。このような小規模の学校は所在地の総領事館の目にもとまりにくく、総数が掴みにくいものではあるが、政府の側もこれを把握するための努力は払ってこなかったのである。

こうした小規模施設の現場を見ると、親の支払う授業料以外の収入源に乏しく、校舎の借用から教師の確保、教材や図書の整備まで、ほぼすべてが保護者のボランティア精神で行なわれているのが実情である。中でも、在外の子供の教育に知見を持つ教師の確保は最大の困難とされ、地域の大学の日本語教師の支援を受けられる場合もあるが、そうした支援もないまま、親が教師を務める日本語教室なども多く、小学校の低学年まではどうにかクラスを持ちこたえられるものの、高学年からは継続が困難になる学校も少なくない。こうした未認可校は近隣の補習校の派遣校長などが行う地域単位の教員研修に声をかけられることも少なく、指導法を向上させる機会も限られている。今回の署名運動に立ち上がった人々には、このような施設に我が子を通わせる親や教師、運営担当者が多く含まれていた。

日本語継承の新しい動き

こうした中で、近年の継承日本語教育の現場には静かな変化も起こりつつある。継承語教育やバイリンガル教育の理念が北米やオーストラリアを起点に親や教師の間に少しずつ広がり、二〇〇〇年代の初頭から、国内準拠の補習校教育とは異なる永住者のための学校やコースの立ち上げが見られるようになったことである。この背景には国際結婚家庭の増加があり、さらに戦後移住者の子世代が親になり、孫世代にあたる三世が幼児教育から学齢期にさしかかったという世代の変化もある。国際結婚家庭の母親は我が子の母語教育には国内準拠よりも現地校寄りの教育を求める傾向が強く、移住者二世は在住地の学校教育を受けて育ったという背景を持つ。こうした親たちが立ち上げた新しい理念の学校として、米国では首都ワシントンの補習校から独立した日本語継承センターの設立があり、さらに認可補習校の中に継承語コースを開設したニュージャージー州のプリンストン日本語学校、幼児教室を独自の指導法で継承語の学校に成長させたニューヨークのブルックリン日本語学園などがある。同じブルックリンでは、現地の教育委員会に働きかけて公立小学校に日本語で教科を教えるイマージョン・プログラムを設立させた母親グループもある。日本人在住者の多いニューヨーク地域には一九六〇年代から現在までに一五校ほどの日本人学校、補習校、私営の日本語学校が開校されてきたが、その中でも、二〇〇〇年代以降に開設された学校やコースのすべてが国内準拠の補習校とは別の指導法を方針としていることは注目すべきだろう(10)。

一方、中国・韓国・台湾などのアジア諸国は日本とは地理的にも文化的にも近いとされ、永住者の子供の教育には今も国内準拠の傾向が強いとされるが、ここでも親たちの立ち上げた小規模な日本語教室のネットワークが各地に作られている。韓国では大型の日本人学校はあるものの、文科省認可の補習校は首都のソウルにも存在せず、歴史的経緯もあって従来から継承日本語教育の声を上げにくかったと言われるが、二〇一〇年代になって韓国継承日本語教育研究会が作られ、日韓の双方に足場を持って育つ子供のために、両国の歴史を踏まえた独自の教材開発を行なっている(11)。また中国の大都市でも、歴史的経緯に加えて現地の強い教育熱があり、日本語の継承には苦労が絶えなかったと言われるが、近年は母親たちが立ち上げた日本語教室が認可補習校に成長している。明記すべきことは、認可校になった例も含め、小規模な学校や日本語教室のほぼ全てが現地に根を下ろした国際結婚家庭の母親や教師の自助努力で立ち上げられ、支えられてきたことであり、指導法の習得から教室の運営にいたる困難は、その土地ならではの苦労を含むものであった。

戦前から終戦直後にかけて国策移民として海を渡った日系人の後継世代の日本語教育には今も国際協力機構（ＪＩＣＡ）を通して支援が行なわれており、認可補習校の駐在員の子どもには海外子女教育振興財団を通した文科省の支援があり、日本に戻れば「帰国子女」としての認知も受ける。また、日系企業に就職が期待されるアジア諸国の外国人学習者には外務省の傘下にある国際交流基金が日本語教育を行っており、海外の大学や高校の日本語コースにも同基金の支援がある。しかし、戦後の日本から海外に渡航し、永住の道を選んだ移住者子女の母語継承については、文科省・外務省のいずれの支援対象にもならず、行政の谷間に置かれてきた。日本人でありながら帰国をしない、日本を出自としながら国籍を持たないといった個人の選択は、従来の日本政府のシナリオにはなかったものであり、これが新世代の移住者の母語教育を政策の対象外に追いやっていたと考えられる。

移住者次世代の本当の価値とは

日本語教育推進法案の署名運動では、在外で子育てをする親や教師から多くの意見が寄せられたが、それを貫くものは「多言語多文化の海外で育つ我が子こそ本当のグローバル人材」という強い自負である。国内で「在外子女」というと「日本社会への適応力に欠ける」「心の居場所のない」などと、とかく負の評価がつきまとうが、これは日本を視座の中心にした見方というべきだろう。在住地と日本の狭間に落ち込んで心理面・言語面で悩む子供の問題は、特に家族の根拠地が定まらない場合に起こりがちであり、注意が必要である。しかし、海外にあって在住地に根をおろすと腹を括った家庭では、この問題は避けられる傾向にある。事実、永住予定の家庭で成長する子供たちの現地語の力は強く、現地の優良な大学に進学する者が少なくない。一例だが、米国東海岸の主要八補習校の高校生の日英語力を比較した筆者の調査では、アメリカ生まれか学齢期以前に渡米し、永住を予定する生徒の英語力の平均値は、家庭における日本語の使用いかんにかかわらず、同年齢の全米平均を上回っており、小学校低学年で渡米した子供でも着実に英語力を伸ばしているものが多い。一方、日本語力は在外年数や生活環境によって個人差が大きくなるが[12]、永住予定者の場合には補習校への通学年数も長くなる傾向にあり、幼児教育から高校年齢までを補習校に通い続けた生徒の多くは、読み書きを含めた一定の日本語力を持っている。このようにして継承語教育を受け、アメリカに根を下ろした若い世代の中には、シアトルやシリコンバレーの有力な企業に参加する者、弁護士や会計士の資格を持ち、投資銀行に籍を置く者、優良な学校で教育に従事する者、アーチストとして独立した者、NGOのリーダーとして環境破壊と戦う者など、それぞれの道を着実に歩いている若者が多い。結婚をし、幼い三世の日本語教育に熱心な戦後移住者の二世も増えている。日本を出自とする親世代の教育水準の高さと地道な努力が、困難の多い在住地の二言語による家族の基盤を支えてきたのである。

日本出自の次世代の言語力の総合的な強さは、英語圏のみならずドイツやフランスなどのヨーロッパ諸国でも実感されており、現地の複言語主義の教育の結果、日本語も含めて三言語を繰る生徒も少なくない。アジアのシンガポール、香港、中国の大都市圏の学校では英語教育の水準が高いこともあり、大学以後の進路には、在住地、日本、英語圏へと選択肢を持つ者もある。激しい競争社会の現地に永住するよりは、英語圏の大学に進学し、現地と日本、さらにはより広い世界を視野に入れた将来の設計を考える者も増加の傾向にある。近年のアジア諸国の学生に見られる「国境を越えて進学し、生活の場所を選び取っていく」逞しさを持つ者が、日本を出自とする若い世代にも育っていることが分かる。

それではこのような在外で育った若者やその親たちは日本との関係をどう捉えているのだろうか。注目すべきは、彼らの多くが日本への帰国や日系企業への就職を必ずしも願ってはいないということである。日本を親の国として育った次世代には、その魅力だけでなく、日本社会の「限界」も見えるのであり、日本企業に就職しても外国育ちでは意思決定ラインから外される、責任ある地位に進みにくいといった問題を見越している者は少なくない。この傾向は親世代にも共通するのであり、筆者が会った在外の親の多くは、我が子が日本との架け橋として「輝く」ことが出来るとしたら、それは国内で働くよりも海外にあってこそだと言う。多言語多文化の環境で育った者は、柔軟な発想を持ち、批判的思考力にもすぐれていると言われるが、こうした若者は、国内で「潰される」よりも、海外の多文化社会で働く方が真価が発揮できる。その過程を通して、いずれ日本の国際化にも貢献できれば、それが本望だというのである。

このような在外の親や子の意見を、国内社会はどう受け止めるべきか、今こそ考える時だろう。日本にルーツを持って外国に移り住んだ親世代は、移住者として在住国の社会に食い込み、生活の基盤を築いた経験を持つ。子世代は現地の学校教育の中で育ち、現地の言葉に加えてその国の価値観を理解し、さらには日本の文化をも内面化している。国内で暮らしていては持ち得なかったこのような知見こそ、移民時代を迎え、本当の意味の多文化共生を迫られる今の日本が何よりも必要とするものではないか。さらには、在外の困難な環境にあって我が子に日本語を残そうとする親世代の自助努力を支援し、日本にルーツを持つ若い世代をこれ以上「向こう側」に追いやらない努力こそ、本当の意味で日本の国益にかなうことだろう。

高度人材が国境を越えて移動する時代にあって、近年のアメリカでは、大学院を含む高い教育を受けたアジア諸国の若者が高度人材ビザを獲得し、米国と母国を往復しながら多様な分野のリーダーシップを取るまでになっている。[13] このような人材に見合う日本出自の若い世代を求めるとしたら、多言語多文化の環境を生きてきた即戦力のある戦後渡航者の次世代がまずあげられるはずだ。日本政府が早急にすべきことは、これまで現地の親たちに任せてきた母語教育の支援の強化であり、学習者の在住予定や国籍の枠を取り払い、幼児教育を含むグラスルーツの教育施設の援助に立ち上がることである。その過程では、海外に永住する人々の知見に耳を傾け、ニーズに配慮し、共に支援策を探るべきだ。その支援策は国内からトップダウンで発信される「日本型教育」ではなく、多言語を使う子供の心と言葉の発達に留意し、多様性を尊重する現地の教育を視野に入れた、知的にも高度な内容であるべきだ。このような海外在住者への母語支援の経験は、今その必要性が叫ばれている、国内に数多く在住する外国にルーツを持つ子供たちの母語支援にも繋がっていくはずである。さらにこうした母語教育支援の先には、出身国と在住国という二つの「祖国」を持って生きる人々の重国籍を認め、経済活動や文化活動への障壁を減らすという道もある。日本を出自として海外に永住する人々の経験を謙虚に聞き、多言語多文化の子どもに支援の目を向けるこのような政策こそ、移民社会を迎える日本にとって何よりの貢献になるはずである。

注

(1) 母語継承語バイリンガル教育学会の海外継承日本語部会が、発起人一一名の連名で部員に呼びかけたオンラインの署名活動。全米日本語教育学会継承語特別部会など世界各地の教師会と連携し、二〇一八年十月半ばの開始から月末までに一八〇〇通を超える署名が集まり、日本語教育推進議員連盟や国際交流基金に届けられた。最終版の法案に要請が盛り込まれることが明らかになった十二月初旬までに約二〇〇〇筆を超える署名が集まった。

(2) 外務省「海外在留法人調査統計」平成三十年版。

(3) 継承語教育の理念や指導法については、中島和子（編著）(2010)『マルチリンガル教育への招待——言語資源としての外国人・日本人年少者』(ひつじ書房) などを参照。

(4) 補習校の目的と発展については、海外子女教育史編纂委員会 (1991)『海外子女教育史』(海外子女教育振興財団刊行) に詳細な記述がある。

(5) 海外子女教育振興財団『月刊海外子女教育』二〇一九年一月号「在外教育施設在籍者数」。

(6) カルダー淑子 (2011)「アメリカの補習校における新世代の母語教育」江原裕美（編著）『国際移動と教育——東アジアと欧米諸国の国際移民をめぐる現状と課題』明石書店。

(7) 補習授業校に対する政府援助要件は「在籍児童生徒数（永住者・外国籍のみの者を除く）が五名以上」とあり、原則として永住者・外国籍の者は支援対象から外される（「総務省行政評価局 (2015)「グローバル人材育成に資する海外子女・帰国子女等教育に関する実態調査　結果報告書」より)。

(8) 外務省広報「海外における日本語の普及促進に関する有識者懇談会」第四回会合（二〇一三年六月十七日）における文科省の神代浩国際教育課長（当時）の報告が、文科省が補習校における継承語教育に正式に言及した最初とされる。https://www.mofa.go.jp/mofaj/gaiko/page5_000197.html

(9) 二〇一七年に海外子女教育振興財団が文科省の委託事業として開始した五カ年計画の「在外教育施設の高度グローバル人材育成拠点事業」では、拠点に選ばれた五件の教育施設の四件が日本人学校であり、補習校は一件で、実施責任者は全て派遣校長となっている。

(10) カルダー淑子「米国北東部における新しい日本語教育施設の課題——ニューヨークを事例に政策支援の方法を探る」全米日本語教育学会二〇一八年大会発表資料。

(11) 櫻井恵子「韓国における継承日本語教育の現状と課題——韓国継承日本語教育研究会の活動を通じて」母語継承語バイリンガル教育研究会海外継承日本語部会二〇一七年例会発表資料。

(12) Mori, Y., & Calder, T. (2013). Bilingual Vocabulary Knowledge and Arrival Age Among Japanese Heritage Language Students at Hoshuukoo. *Foreign Language Annals*, Vol. 46, Iss. 2, 290-310.

(13) Brookings Institute (2017). *Recent Foreign Born Counters Trump's Immigration Stereotypes. Oct. 2.*

外国ルーツの子どもが多く通う大久保幼稚園の多言語掲示板。
（2016 年 8 月 5 日　提供＝鈴木江理子）

夏休みラジオ体操
期間：7月21日（木）～
土・日除く 8月3日（水）
時間：午前 6時15分～
会場：大久保小学校 体育館
問合せ：大久保小学校まで
新宿区ラジオ体操連盟 （公財）新宿未来創造財団スポーツ課
园报
"大家一起" 真快乐
おしらせ
大久保図書館カレンダー
園だより

V 教育

移民第二世代をめぐる教育機会の不平等

【下降移動や貧困リスクとその可能性】

竹ノ下弘久

●たけのした・ひろひさ　一九七一年生。慶應義塾大学法学部政治学科教授。社会階層論、計量社会学。著作に『仕事と不平等の社会学』（弘文堂、二〇一三年）、『勉強と居場所』（共著、勁草書房、二〇一三年）、"Labour market flexibilisation and the disadvantages of immigrant employment: Japanese-Brazilian immigrants in Japan" (*Journal of Ethnic and Migration Studies* 39(7), 2013) 等。

様々な国や地域間の相互依存と越境的な人の移動が増大する中、多くの社会では、海外出身の移民、移住者の受け入れがますます盛んなものとなっている。北米や欧州など、これまでにも大規模な移民受け入れを経験してきた地域では、多くの移民研究者、政府、国際機関、移民に関わるNGOなどは、移民とマジョリティとの間に横たわる経済的な格差、不平等とその是正に大きな関心を払ってきた。とりわけ、移民第一世代が国際的な移動を経て、移住先社会においてどのような経済的な不利に直面するのか、移民第一世代が経験する不利が、移民第二世代の教育達成や職業達成にどのような不利をもたらすのか、世代間での不利の継承は数世代を経ても続くのか。こうした問いにもとづき、多くの研究が行われてきた。本稿では、移民受け入れで先行する、欧米を中心に展開してきた移民をめぐる格差・不平等問題についての理論と考え方を整理し、近年の日本の移民（外国人）のおかれている格差・不平等・階層移動をめぐる動向について考察する。

分節化された同化理論と移民の子どもの教育達成

階層研究の立場から、移民や移民第二世代の教育達成、職業達成を統一的に捉える視点として、「分節化された同化理論」

(Segmented Assimilation Theory) がある。他方で、分節化された同化理論に対し、古典的な同化理論という考え方がある。古典的な同化理論は、様々な異なる国からやってきた移民が、滞在年数や世代を経るにつれ、移住先社会へと同化、適応し、最終的には白人を中心とする中流階級へと統合されていくと考える。また、同化・適応の過程を、単線的で一方向的なものと考えている。

対照的に、分節化された同化理論は、移民がたどる同化・適応過程を、単線的で一方向的なものとはせず、移民の同化過程を多様なものと考え、その異質性を説明しようと試みる (Zhou 1997)。たとえば、高度な教育達成とそれに依拠した専門知識を持つ移民は、移住当初から中流階級へと参入し、古典的な同化理論の説明からは逸脱する。他方で、非熟練の労働市場に組み込まれた移民は、アメリカ社会での滞在年数が長期化し、世代を経ても、社会経済的な上昇移動が困難であるばかりか、高校を中退し、長期間の失業を経験し、永続的な貧困状態におちいるなど、親の職業的地位よりも下降移動を経験する。さらに、移民集団の中には、出身国から持ち込んだ文化的規範を維持し、民族的な紐帯やつながりといったエスニック・コミュニティに依拠することで、社会経済的な上昇移動を可能とする。分節化された同化理論は、アメリカ社会が階層的にも分断されていることを前提とし、移民の移住先社会への編入様式と同化の経路の多様性を明らかにする (Portes and Zhou 1993)。

その上で、移民の子どもたちの教育達成は、どのような家族的背景に左右されるのだろうか。ポルテスらは、親自身の人的資本と社会経済的地位、家族構造、親世代が経験した編入様式に着目する。社会経済的地位の高い親は、子どもたちに地位達成に重要な多くの情報を収集する能力に長け、多くの所得により、子どもたちにより高い教育を提供することができる。家族構造では、離婚率が高く、国家の再分配機能の弱いアメリカでは、二人の生物学的両親のもとで育てられること自体が、子どもの教育達成において有利な状況となり、一人親家族のもとで育つ子どもは、様々な不利な状況に直面する。編入様式は、三つの移民受け入れの文脈 (Context of reception) から構成される。①政府の移民受け入れのあり方、②社会、とりわけ労働市場における受け入れの文脈、③エスニック・コミュニティの有無やその機能である (Portes and Rumbaut 2006)。

移民と第二世代の文化変容と親子関係

移民の親世代の社会経済的地位、家族構造、親自身をとりまく編入様式は、親子関係のあり方に影響を及ぼす。ポルテスらは、親子間でのホスト社会における文化変容 (acculturation) の違いに着目する。たとえば、アメリカ生まれの移民の子どもたちは、小さいころから家庭外でアメリカの文化、言語の環境にさらされ、親たちよりも早くにホスト社会の言語や生活習慣を身につける。親たちは、子どもの文化適応のスピードについていけず、親が移住先の生活の多くの局面で子どもたちに依存するとき、親子の役割の逆転（Role reversal）が起こる。その結果親たちは、子どもへの権威を失い、子どもたちが、薬物の使用、犯罪への関与といった逸脱行動を起こしても、子どもたちの行動を十分に統制することができなくなる。このような親子間の文化変容のパターンを、非一致的文化変容（Dissonant acculturation）と呼ぶ。非一致的文化変容の場合、子どもは、親が出身国で身につけた言語や文化を身につけておらず、親子間のコミュニケーションが困難となり、世代間での対立、葛藤が生じやすい。

他方で、子どもたちと同様のペースで、アメリカ社会の言語、生活習慣を身に着けることができる親たちもいる。その場合、親たちは、子どもたちが学校で直面する困難や、進路選択にアドバイスをし、必要な情報を提供することもできる。そして親は子どもに対する権威を維持し、子どもの行為を統制することができる。こうした世代間の文化変容のパターンをポルテスらは、一致的文化変容（Consonant acculturation）と呼び、親の高い学歴や職業的地位がそれらを可能にする。

三つ目の文化変容のパターンとして、選択的文化変容（Selective acculturation）があり、家族が十分な規模をもつエスニック・コミュニティに居住するときに成立する。地域社会での生活がエスニック・コミュニティの中で完結する度合いが高いほど、移民やかれらの子どもたちは、出身国から持ち込んだ言語や文化を維持しながら生活することができる。子どもたちは、親の話す母語を学び使用する機会が地域社会の中にあるため、親とも母語を用いて会話することができる。そうした地域社会の状況は、親の子どもに対する権威を保持し、子どもの行為を統制することを可能にする（Portes and Rumbaut 2001）。

このように、移民の子どもたちの教育達成を考えるとき、家族的背景、なかでも親子関係に注目することは非常に重要である。そして、親子の文化変容のパターンは、親自身の学歴や職業といった社会経済的地位とエスニック・コミュニティによって左右される。他方で、移民の第二世代が、アメリカ社会で教育を受け、成人へと移行していくとき、様々な障害が待ち受ける。人種差別、脱工業化とグローバル化に伴う格差の増大によって、移民の子どもたちが親の階層的地位から脱し、社会経済的な上昇を遂げることは容易ではない。ポルテスらは、差別や格差の増大といった障壁を乗り越える上で、家族や移民コミュニティが果たす役割の重要性を強調する。

教育システムと移民の子どもの教育達成

移民の子どもの教育達成は、ミクロな次元での家族的背景や親子関係だけではなく、マクロな次元での移住先社会における教育システムのあり方にも、大きく左右される（Silberman *et al.* 2007）。

教育制度の中でも、移民の子どもの教育達成に影響する要因として、次の点が指摘されている。第一に、初等教育の開始時期が遅いほど、学校が子どもの教育に関わり始める時期が遅くなり、家族的背景が子どもの教育を左右する度合いが高まる。階層構造の下層に組み込まれた移民家族のもとで育つ子どもは、家族の中に、社会で必要な言語や知識を学ぶ機会に乏しく、小学校に入学後の学習に著しい不利をもたらす。

第二に、初等教育から中等教育への移行や選抜の時期が早く、中等教育段階の階層性が大きいほど、移民の子どもたちは、教育達成で不利な状況に直面する。中等教育機関は、おおむね普通科と職業科に大別できるが、大学入学が一部の課程（たとえば、普通科）にのみ認められている教育制度ほど、教育システムの階層性は高い。トルコ系移民の子どもたちの高等教育進学率が著しく低いドイツでは、十歳のときに、中等教育への移行において普通科と職業科のいずれに進学するか決めなければならない。ドイツでは、職業科の中等教育機関を選択した場合、大学への進学が制度的に認められておらず、十歳時点での教育選択が、後の教育のキャリアを大きく左右する。普通科に進学しても、成績が低いと落第し、その学校を卒業できないかもしれない。学業成績に困難を抱える移民の子どもたちは、普通科に進級して落第するリスクを冒すより、失敗するリスクは低く、確実に職業と密着した技能を学べる職業系の中等教育の学校に進学するほうが、現実的な選択である（Crul and Schneider 2010）。こうした選抜制度の状況が、移民の子どもたちの教育機会の不平等を大きく形成する。

日本に居住する移民の子どもたちをめぐる状況

日本に居住する移民の子どもたち（第二世代）の教育達成を考えるためには、親たち（第一世代）が、日本の階層構造にどのように組み込まれているのかを考察する必要がある。中南米諸国出身の日系人とその家族の場合、一九九〇年代以降の雇用関係の非正規化が進展する中、親たちは派遣・請負といった間接雇用の労働市場へと組み込まれた。間接雇用の場合、企業は必要がなくなれば、容易に人員調節が可能となり、日系人の第一世代は、景気の調整弁として活用された。労働者は間接雇用の場合、失業のリスクを抱え、能力開発の機会からも排除される。静岡県内のデータを用いて、父親の雇用形態と子どもの高校進学との関係を分析したところ、フルタイムの直接雇用と比べて、間接雇用に従事する父親を持つ子どものほうが、高校進学の確率が低いことが明らかになった（Takenoshita *et al.* 2014）。

つぎに、日本に住む移民の親子関係について考えてみよう。移民の親世代が、将来的な出身国への帰国を念頭におくとき、貯蓄や海外送金は重要な要素である。手取り所得を増やすために、かれらは、企業の求めに応じて長時間労働や残業を積極的に引き受ける。しかし、その結果、親は長時間自宅を不在にし、子どもと一緒に過ごす時間を持てず、子どもの教育に十分に関与できなくなる。長時間労働は、日本語学習のための十分な時間の確保も困難にする。親が、日本語の読み書きができないと、子どもたちの学校での学習や進路の相談に乗ることができない。他方で子どもたちは、親からの十分な支援を得られないが、日本の公立学校に通うことで、親よりも速い速度で日本語を習得する。

実際、こうした状況は、親子間の役割の逆転をもたらす。地域の町内会・自治会の会合に子どもが親の代わりに参加する、親が病院に行くとき子どもが親の通訳をする、様々な日本語での手続きに関わる文書を子どもが親に代わって作成する、などである。子どもたちは、早い時期から大人になることを求められ、早くに学校をやめ、労働市場へと参入していく（竹ノ下 2005）。静岡県内のデータを用いた統計分析の結果も、親の日本語能力が低いと子どもの高校進学の確率も低いという、質的調査の結果を裏づけるものとなった（Takenoshita *et al.* 2014）。

最後に、日本の教育システムのあり方が、移民の子どもたちの教育達成にどう関わるかを考える。先に論じたように、初等教育から中等教育における移行のあり方と、中等教育の階層性は、社会全般の教育機会の不平等や移民の子どもたちの教育機会を左右する。日本では、小学校の六年間と中学校の三年間が義務教育とされ、その後も学業を継続する場合、高校進学に際し選抜試験が課され、試験の合格者だけが進学することができる。そして、入学難易度、生徒の学力、卒業後の進路が学校によって異なり、高校間である種の格差構造が存在する。高校間の学力格差の構造は、高校生のその後の学業や進路を大きく水路づけており、高校進学における選抜試験は、その後の生徒たちの教育と職業に対し重要な位置を占めている。

その上で、日本の移民の子どもたちの教育達成の状況を概観しよう。国勢調査データを用いた報告によれば、二〇〇〇年では、日本人の子どもの高校進学率が九七％であるのに対し、中国人の子どもでは八六％、フィリピン人では六〇％、ブラジル人では四二％であった。二〇一〇年の結果では、日本人が九六％であるのに対し、中国で八八％、フィリピンで八六％、ブラジルで七六％と、二〇〇〇年の結果と比較すると、フィリピンとブラジルで高校進学率に大幅な増加が認められる（是川 2012, 2017）。とはいえ、日本人では九五％以上が高校に進学するなかで、移民の子どもたちは、最近でも高校進学に不利な状況にある。生徒たちの進学先の高校については、国勢調査では把握することはできないが、全日制の公立高校への進学は、学力試験が課されることから移民の子どもたちの進学に一定の不利をもたらし、選抜性の低い定時制高校などが、日本語能力や学力に問題を抱える移民の子どもたちの受け皿となってきた。選抜性の低い私立高校は、学費の負担が可能な親であれば、子どもを通わせることもできるが、経済的に不安定で貧困な状況におかれると、子どもを学費の高い私立の学校に通わせることは難しいだろう。

本論は、移民の子どもたちの教育機会の問題を、欧米の研究が提起する理論枠組みにもとづいて検討してきた。移民第二世代の教育達成とその不平等をめぐる考え方は、社会階層論が提起する論点や枠組みと多くの点を共有する。本論が強調するように、越境的な移動を経た移民が、移住先社会の階層構造のどの部分に組み込まれるかは、移民の子どもたちの教育達成を大きく左右する。家族が保持する階層的資源に加え、マクロな教育システムの動向は、社会全体の教育機会の不平等だけでなく、移民の子どもたちの教育達成の不利にも大きく結びつく。移民や外国人を射程に入れて、社会の格差や不平等に向き合い、それをどう是正していくかは、今後の私たちに課せられた重要な課題であるだろう。

（注）本論は、竹ノ下（2014）の内容をベースに、作成した。

参考文献

Crul, M., and J. Schneider. 2010. "Comparative integration context theory: participation and belonging in new diverse European cities." *Ethnic and Racial Studies* 33(7): 1249-68.

是川 夕 2012「日本における外国人の定住化についての社会階層論による分析——職業達成と世代間移動に焦点をあてて」『内閣府経済社会総合研究所ディスカッション・ペーパー』二八三号。

是川 夕 2017「移民第二世代の教育達成に見る階層的地位の世代間変動——平成二十二年度国勢調査個票データを用いた分析」『国立社会保障・人口問題研究所ワーキング・ペーパーシリーズ（J）』No. 16。

Portes, A., and M. Zhou. 1993. "The New Second-Generation - Segmented Assimilation and Its Variants." *Annals of the American Academy of Political and Social Science* 530: 74-96.

Silberman, R., R. Alba, and I. Fournier. 2007. "Segmented assimilation in France? Discrimination in the labour market against the second generation." *Ethnic and Racial Studies* 30(1): 1-27.

竹ノ下弘久 2005「『不登校』『不就学』をめぐる意味世界——学校世界は子どもたちにどう経験されているか」宮島喬・太田晴雄編『外国人の子どもと日本の教育』東京大学出版会：195-209。

竹ノ下弘久 2014「グローバルな越境移動と子どもの教育——日本に居住する国際移民の事例から」渡辺秀樹・竹ノ下弘久編『越境する家族社会学』学文社：119-138。

Takenoshita, H., Y. Chitose, S. Ikegami, and E. A. Ishikawa. 2014. "Segmented assimilation, transnationalism, and educational attainment of Brazilian immigrant children in Japan." *International Migration* 52(2): 84-99.

Zhou, M. 1997. "Segmented assimilation: Issues, controversies, and recent research on the new second generation." *International Migration Review* 31(4): 975-1008.

「不就学」をいかに解消するか
【外国人の子どもと学校教育】

小島祥美

●こじま・よしみ　一九七三年生。愛知淑徳大学交流文化学部准教授。教育社会学、外国人教育。著作に『外国人の就学と不就学——社会で「見えない」子どもたち』（大阪大学出版会、二〇一六年）、『外国人の子ども白書』（編・共著、明石書店、二〇一七年）、「〈ジモト〉をつくる外国人教育——不就学ゼロをめざして」（『世界』岩波書店、二〇一八年）等。

一　はじめに

二〇一九年四月から、外国人労働者の受け入れを拡大する出入国管理及び難民認定法（以下「入管法」と略す）および法務省設置法の一部を改正する法律が施行する。この法案成立までの間、「これによって、外国人の教育環境はどのように変化するか」と、多くのメディアから質問を受けた。だが、筆者の回答は簡単である。「何も変わりません」の一言だ。

なぜならば、この法案成立に伴って、教育にかかわる法律は何も改正されていないからである。つまり、依然として国は、日本の公教育では外国人を就学義務の対象としない。この姿勢は一切変わっていない。就学義務は親が子どもを学校に通わせる義務であるが、子どもの立場からすれば、就学義務の確立によって、自らが教育を受ける権利が制度的に保障されることになる。

現在の日本における外国人の教育をめぐる争点の多くは、第二次世界大戦直後の在日コリアンの教育をめぐるダイナミックな動きのなかで形成されたものである。だが本稿では、歴史的な経過は省略し、今後も拡大するだろう現在の日本に暮らす外国人の不就学問題に焦点を絞る。その理由は、近年の外国人の教育にかかわる数々の問題は、八〇年代のバブル景気による労働力不足に起因する。この対策で一九八九年に入管法の一部が改正されることで、日系人の日本での就労が自由化され、家族とともに日本で暮らす南米出身の外国人が急増した。その結果、日本の公教育において日本語指導が必要な外国人児童生徒が激増し、各地で「問題視」されるようになった。したがって、二〇一九年四月以降は各地でこの「問題視」が再来するとも考えられる。

二　外国人の不就学問題とは

外国人の不就学問題を考えるにあたって重要なのは、改正入管法施行の翌一九九一年一月に開催された日韓外相会談である。そこで、日韓法的地位協定に基づく協議の結果に関する覚書が交換されたことから、文部省初等中等教育局長は同月三十日付で通達（文初高第六九号）を出す。そのなかで、「在日韓国人以外の日本国に居住する日本国籍を有しない者」も在日コリアンに「準じた取り扱いとする」と明文化された。これは、サンフランシスコ講和条約に基づく在日コリアンに対する就学の解釈、すなわち日本の学校への就学義務は負わないという解釈が、「在日コリアン以外の外国人」についてもそのまま運用されることを意味する。

よって、外国人の就学扱いは、在日コリアンに限定されるものでも、九〇年以降に増加したニューカマーに限定されるものでもなく、すべての国籍の外国人が同様の扱いであると解釈できる。その証拠に、文部省初等中等教育局長等を歴任した鈴木勲氏は、編著『逐条学校教育法』で「外国人（日本国籍を有しない者）に対する義務教育の実施については、憲法上及び学校基本法上要請されておらず、本条についても、外国人には及ばないものと解されている。したがって、日本国内に居住する者であっても、その者が外国人である限り、その子を小・中学校等に就学させる義務は生じない」と解説する。そうした立場は、安倍晋三首相の国会答弁でも「いずれにせよ、義務教育については、外国人の子弟の方々が義務教育を希望されれば、当然、日本国民と同じようにその機会を現在保障している、このように承知をしている次第であります」とある（二〇〇六年十二月十三日、衆議院・教育基本法に関する特別委員会にて）。つまり、国は実際には外国人の就学を「恩恵的」な形でしか許可しておらず、親あるいは保護者が就学手続きをしないかぎり、その子どもは不就学の状態におかれてしまうのである。

では日本国内にどのくらいの不就学の外国人が実在するのか、という疑問が沸いてくる。だが、国はこれまでに外国人の就学調査を行ったことはない。外国人の就学状況については実態すらいまだわからないままに放置されている。ようやく二〇一九年度に、初めて全国の実態調査に乗り出す方針を固めたところだ（『毎日新聞』二〇一九年三月五日朝刊）。

確かに、文部科学省が行った二〇一七年度の学校基本調査に、外国人児童生徒数を記した項目は存在する。しかし、この数は、学校に通うすべての外国人の実態を示したものではない。そもそも学校基本調査の対象にならない子どもが大勢いる。第一に、同調査は学校教育法が規定する学校や市町村教育委員会を対象としているため、日本の普通教育の制度上は「正規の学校」(一条校)として認められない外国人学校の就学者は、最初から除外されている。第二に、同調査では、就学免除者、就学猶予者、一年以上の居住不明者、学齢児童生徒死亡者の四項目別で不就学学齢児童生徒調査を実施しているものの、その対象からわざわざ外国人が除外されている(二〇一八年度の調査票の補注1にも、「除外する」旨が記載されている)。要するに、日本の学校に通っている外国人児童生徒数は一応把握しているものの、どこにどのような国籍の児童生徒がいるのかもわからない状態であり、一条校に通っていない外国人に関してはそもそも調査もされていないのである。外国人児童生徒に対する特別な施策は必要ない、という国の考え方の表れであろう。

外国人の子どもにとって、自分たちが所属する民族集団の教育を選ぶべきか、それとも生活している日本の公教育を選ぶべきか。個人の国籍選択の場合も同様だが、外国籍者の本人や保護者にとっては、家族や親族内の意見の違いもあり、こうした選択は容易に下せるものではない。教育とアイデンティティは人間の尊厳にかかわるものである以上、その選択肢は十分に開かれていることが望ましい。外国人の子どもは、現実に日本の学校に通う者もいれば、外国人学校に通う者もいる。だが問題は、それが熟慮のもとで選択されるのではなく、状況によって強いられるケースが多いことである。

国籍を問わずすべての外国人にも「恩恵」として日本の公立学校に通う道が開かれている。しかし、日本語がわからずに授業についていけなかったり、文化的な協調行動を求める圧力のもとで自分が親から受け継いだ文化に誇りをもてなくなったりする子どもも多い。その結果、大きな心理的ストレスを抱えたまま通学するどころか、通学を諦めてしまう結果になる子どもさえいる。このような子どもに外国人学校は安全を提供するが、各種学校ないし私塾と見なされて政府や自治体から十分な補助金が得られていない。そのため、結果的に学費が高騰したり、設備や教育内容が貧弱になったり、遠方からの通学費が負担になったりして、ここでも通学を諦めざるをえない子どもがいる。不就学は、両方の学校装置からはじき飛ばされた結果なのである。

かつて筆者は、この不就学の子どもの存在を社会での「見える」化し、解決をめざした研究に取り組んだことがある(小島祥美『外国人の就学と不就学——社会で「見えない」子どもたち』大阪大学出版会)。二〇〇三年四月から二〇〇五年三月までの二年間、岐阜県可児市をパイロット地域とし、行政と民間団体と協働して就学実態を把握する調査を行った。調査対象者の国籍を限定せず、可児市で外

表　就学実態調査の結果

（単位：人）

（基本情報の基準日）		1回目（2003年4月1日）		2回目（2003年9月1日）		3回目（2004年9月1日）	
日本の学校＊1		120	42.4%	125	39.3%	142	38.4%
外国人学校＊2		74	26.1	83	26.1	100	27.0
不就学		12	4.2	23	7.2	25	6.8
不詳＊3	小　計	77	27.2	87	27.4	103	27.8
	別人居住	37		49		49	
	転居	21		12		4	
	帰国（一時帰国を含む）	13		17		39	
	不在・不明	5		7		10	
	調査拒否	1		2		1	
計		283	100.0＊4	318	100.0	370	100.0

＊1　一条校の可児市立小中学校、私立中学校、養護学校を示す。
＊2　日本の大学の入学資格を有するとされているインターナショナルスクール、ブラジル教育省の認可校、各種学校認可を得る朝鮮学校を示す。
＊3　居住が確認できなかった調査対象者と調査拒否者については就学実態を把握することは不可能なため、就学実態を「不詳」とした。
＊4　四捨五入により上記項目の合計は100.0%にならない。

国人登録する学齢期（日本の小一から中三まで）のすべての外国人を対象とし、すべての対象者の家庭を訪問した。

計三回の調査の結果、外国人の就学形態は多様であることが明らかになった（表）。不就学には、ブラジル、フィリピン、韓国・朝鮮、インド籍の子どもが含まれており、限られた国籍の課題ではないことが明らかになった。つまり、過去の歴史的経過を無視して就学義務の対象を日本国籍者にし、その就学の「学校」をも限定したことが、国籍を問わない多くの不就学を生み出していたのである。そして、不就学の問題が児童労働にもつながっていることも明らかになった。日本の法律では十五歳以下の子どもを雇用することを禁じているなか、学齢期の外国人の子どもが日本で学校に行かず、就労していたのである。その後、岐阜労働基準監督署が岐阜県内の人材派遣会社に立ち入り調査を行い、その実態は「十五歳以下一二人を雇用」という見出しで、東海地域では大きく報道された（『中日新聞』二〇〇六年十二月三十日朝刊）。

加えて、外国人学校に通う子どもの比率はいずれも約三割を占めており、外国人学校は外国人の子どもたちにとって大切な学び舎であることもわかった。

三　増加する外国人の就学不明と不就学の子どもたち

これまでに、全国規模による外国人の不就学の実態を明らかにした信頼できる調査はない。だが、最近の共同通信社および毎日新聞による独自の調査と取材によって、各自治体で学校に通っているか確認できない就学不明の人数から、共同通信社では「義務教育年齢で住民票がある全国の外国籍の子ども約一〇万人のうち約一万人に関し、自治体が就学の有無を調査していない」（『西日本新聞』二〇一六年二月二十一日朝刊）、毎日新聞社では「日本に住民登録し、小中学校の就学年齢にある外国籍の子どもの少なくとも約二割にあたる約一万六千人が、学校に通っているか確認できない」（『毎日新聞』二〇一九年一月七日朝刊）ことを報道した。これらの就学不明とされる子どもの中には、不就学のまま放置されている子どもが相当数含まれるだろう。

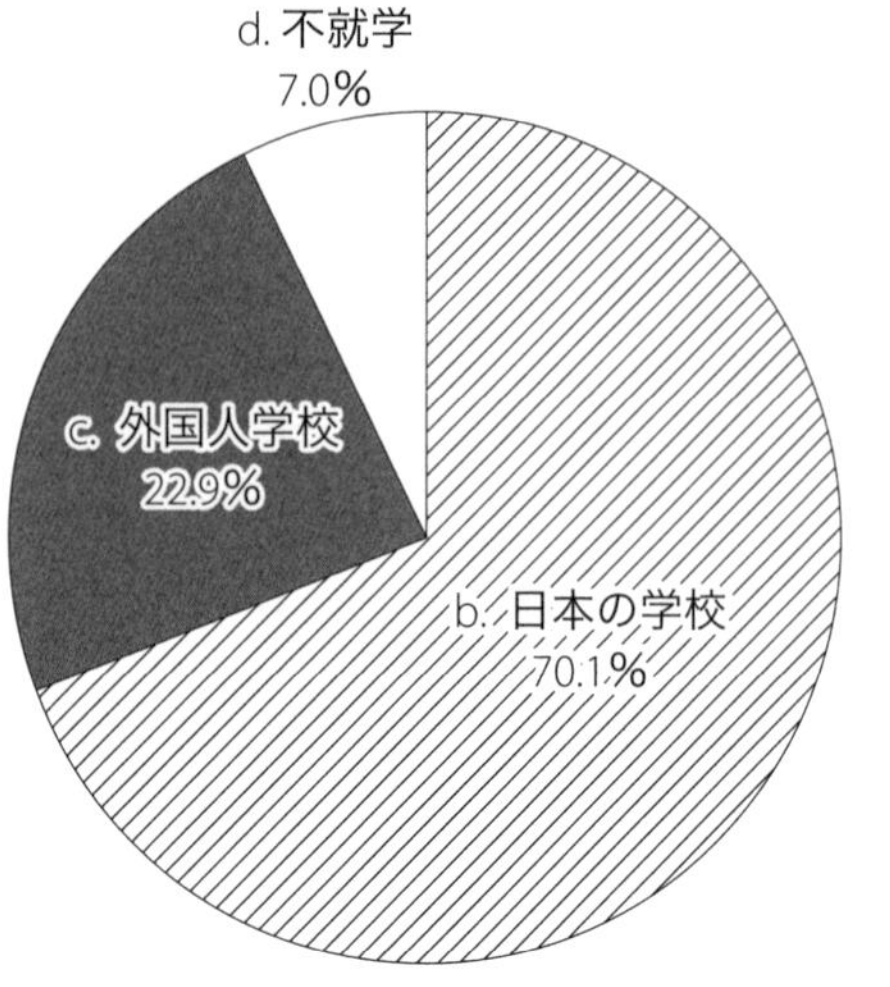

図　不就学の推計

　よって、ここで国が発表する各種調査データから、外国人の不就学者数を推計したい。義務教育年齢相当の外国人総数については、学校基本調査は毎年五月一日現在で実施されているため、最も近い二〇一八年六月末現在で法務省の在留外国人統計を用いると、小一から中三に相当する六歳から十四歳までの合計数は、一二万八六五五人（a）になる。前述の十八年度の学校基本調査によると、国公私立小学校（五万九七四七人）と中学校（二万三九六三人）、中等教育学校（前期課程一一九人）、義務教育学校（三二六人）、特別支援学校（小学部四二二人、中学部一七七人）とする日本の学校での外国人児童生徒数は八万四七五三人（b）、各種学校の認可を得ている外国人学校の合計から高卒以上を入学資格とする課程の生徒数を除いた人数が二万七六三二人（c）であることから、その合計の一〇万四四八五人（b＋c）が、国が「就学者」とする数である。よって、総数（a）からこの数を引いた八四八〇人が不就学者と推定される。それは、全体の七・〇％を占める（図）。この比率は、前述の可児市での調査結果とほぼ等しいことから、可児市での調査結果は普遍化できるといえるだろう。

この由々しき事態は、外国人住民が増加すれば、確実に増加すると考えられる。とりわけ、二〇一〇年国勢調査では、在学したことのない人又は小学校を中途退学した未就学の外国人は七九四八人も実在する。よって、今後はこの数も増加するだろう。

四 「誰ひとり取り残さない」世界の実現のために

文部科学省の調査によると、日本語指導が必要な児童生徒数は増加し、最新の二〇一六年度の四万三九四七人（外国籍の児童生徒数三万四三三五人、日本国籍の児童生徒数九六一二人）は過去最多を記録した。この調査は、前述の一九八九年の入管法改正によって、公教育において日本語指導が必要な外国人児童生徒が激増したことで開始した調査だ。よって、二〇一九年四月の改正入管法の施行によって、日本語指導が必要な外国人児童生徒も確実に増加すると考えられる。そして、従来よりも多国籍化した学校現場になるのではないだろうか。そうした対応が各地で求められるようになるのかもしれない。

この三〇年のなかで、外国人児童生徒の学力向上をめざして取り組んできた自治体や学校が数多く存在する。これらの実践では、外国人の子どもも日本人の子どもも共に成長する教育を育んでいることが明らかになっている（小島祥美「〈ジモト〉をつくる外国人教育――不就学ゼロをめざして」『世界』二〇一八年十二月号）。

今後の外国人児童生徒の増加によって、こうした実践が広がることを望む一方で、筆者が恐れていることがある。それは、各地域の特徴で育まれた豊かな実践が、制度の効率化という一側面だけで統一されることである。地域社会での実践方法について、ある手法だけが推進され、法整備などによって全国で一斉に実施されることはふさわしくない。これまでの各地の教育実践は、国が何の方策もないままに自治体や学校任せにした「無責任さ」から生まれた、自治体や学校の創造力が生み出し育んだ数々の実践である。よって、多様な教育の試みを認めることが、教育を進化させることにつながると考える。

確かに、外国人の不就学問題は、就学義務がないとする法解釈に起因するものであった。その姿勢の是正や、制度設計は当然必要として、しかし、全てを日本の公教育に一元的に包摂してしまえばよいわけではない。なぜならば、現在国内にはブラジル学校、朝鮮学校のほか、百年以上の歴史を持つ中華学校などのナショナルスクール、そしてインターナショナルスクールで構成される外国人学校が、全国に約百十数校存在するからだ。設立の経緯や規模はさまざまだが、いずれも外国人の子どもにとって大切な学び舎であるのは、前述した可児市での調査からも明らかである。「学校」を日本の学校に限定することはふさわしくない。

グローバル化が進む今日において、子どものときの国籍が必ずしも生涯ずっと同じであるとは限らない。日本での義務教育年齢

学校保健安全法の対象外の外国人学校では、健診を一度も受けたことのない子どももいる。そのため、自らで健診を行う学校もある。（ブラジル学校にて、筆者撮影）

期に、たまたま日本国籍を有していなかった者を社会から排除する必要性がどこにあるのだろうか。「世界第四位の隠れ移民大国」（『文藝春秋』二〇一八年十一月号）の日本という現実のなか、不就学の外国人の子どもを放っておくことは、今後の日本社会に大きな影響を与えることは誰もが予測できることである。日本が批准する国際人権規約でも、子どもの権利条約でも、「初等教育の義務化」がうたわれている。また、国際社会での共通目標として二〇一五年九月に採択された持続可能な開発目標（SDGs）の理念は、「誰ひとり取り残さない」世界の実現である。よって、日本に暮らすすべての人に対して国際社会に恥じない姿勢と覚悟をもって、持続可能な社会を担っていく市民を育てることが、日本政府として果たすべき責務であるといえよう。外国人の子どもたちを不就学にさせないために、従来のように自治体任せにせず、国が統一の指標をつくるべき時期にきている。

日本に暮らす外国人の子どもたちは、自然発生的に増加したわけではない。人による判断でその増加が始まったことであるからこそ、人による判断で国際社会には恥じない教育政策をすぐにはじめてほしい。

移民第二世代の大学進学

稲葉奈々子・樋口直人

●いなば・ななこ　一九六八年埼玉生まれ。上智大学総合グローバル学部教授。社会学。著書に『国境を越える』（青弓社）等。
●ひぐち・なおと　一九六九年神奈川生まれ。徳島大学総合科学部准教授。社会学。著編書に『日本型排外主義』（名古屋大学出版会）、『顔の見えない定住化』（名古屋大学出版会）等。

再生産される階層

『遺産相続者たち』。これは、フランスの社会学者ブルデューとパスロンが一九六四年に出版した本のタイトルである。この本のなかで、上級管理職の子どもが大学進学する確率は、労働者の子どもの八〇倍であることが示された。それから半世紀を経た現在も、上級管理職の子どもの八七％が大学進学するのに対して、労働者の子どもは四五％にとどまっている。近代の自由な社会では、誰もが望めば高等教育に進学できるし、職業も自由に選択できるはずだが、実際にはエリートという身分は親から子どもへと再生産されていた。

高学歴化と経済成長の続いた日本では、「遺産相続者たち」の命題は、どこかよその国のことと思われていた。しかしそれから三〇年以上たった二〇〇〇年に、佐藤俊樹が『不平等社会日本』を上梓し、日本でも、戦後かつてないまで拡大した格差に警鐘を鳴らした。

努力すれば誰にでも等しくチャンスがあるのか

具体的に見てみよう。たとえば東京大学に通う学生の父親は、約二九%が管理職、三三%が専門・技術職（うち教育職が約一〇%）、母親は無職つまり専業主婦がもっとも多く約四〇%となっている。[1]全国では、管理職の割合は二・七%、専門・技術職は一五・九%（国勢調査）であるから、東大生の親の階層はとびぬけて高い。とはいえ、日本における「遺産相続者たち」という命題は、上述の『不平等社会日本』がすでに示しており、これ自体は驚くべき発見ではない。

近年指摘されるようになってきたのは、「遺産」が階級や人種、ジェンダーによって不平等に配分されているという問題である。これは外国の話ではない。在日外国人の場合、親の職業は工場労働に集中している。二〇一〇年時点で日本人なら一四%だが、ブラジル人の六五%、ペルー人の六二%、ベトナム人の六八%、フィリピン人の四五%が工場労働に従事している。[2]これらの国籍の管理職比率は、いずれも〇・〇〜〇・三%にとどまる。先ほどの命題が正しいならば、工場で働く外国人の親を持つ子どもが東大に進学することはきわめて難しいことになる。実際、二〇一〇年国勢調査データをみると、フィリピン、ペルー、ブラジル国籍については、大きな学歴差が存在する。日本籍では四%たらずの中学卒比率が、ブラジル籍では三分の一に達している。日本籍では四五%が大学に進学し、高等教育全体の進学者は約三分の二に達しているが、フィリピン、ブラジル、ペルー籍ではそれぞれ一〇〜二〇%前後にすぎない。

冒頭にあげたフランスの場合も、国立人口統計研究所の二〇〇八年の調査では、いかなる学業修了資格も持たない者の割合は、全体で一七%なのに対し、移民出身者では三九%になる。外国籍中学生の親の七一%は労働者であるのに対し、フランス人では三九%でしかない。

誰もが高等教育に進学したいと思っているわけではないし、その必要もないだろう。しかし、自分が所属する階級や人種、ジェンダーによって、期待される役割は不平等に割り振られる。筆者らがインタビューした移民二世の若者たちのなかには、高校の学費だけでなく、家族の生活費の一部も自分のアルバイトで担っていたという人も少なくなかった。なかには、高校の制服を買うことができず、しばらく中学の制服で通っていたという若者もいた。親が長時間労働で不在のため、妹や弟の面倒を見ることは当然、家事全般を担当している若者もめずらしくない。専業主婦の母が生活を切り盛りしてくれて、アルバイトをせずに勉強に専念できる高校生と、受験において平等とは言い難い。不利な立場に置かれている集団に対して、高等教育への門を意図的に開く制度をつくらないかぎり、移民出身者は社会の底辺に固定化されてしまう。

「遺産相続者たち」の国のアファーマティブ・アクション

フランスでも日本と同じように、これまでは万人を同じ入試で選抜することが平等と思われてきたがゆえに、現実の不平等は放置されてきた。しかし、これほどまでに不平等の存在が明らかなのに、教育は機会の平等を保障しているとして、旧態依然とした入試を続けることが許されるのだろうか。このような疑問を呈して、フランスのエリート養成大学グランゼコールのひとつであるパリ政治学院は、二〇〇一年に移民出身の貧困層が多い高校に対する特別枠設置を決定した(3)。

改革を推進したデコワン学長は以下のように述べている(4)。「グランゼコールは優秀な学生がいる大学という評判に甘んじて、社会的亀裂の拡大に無関心でいいのか。確かに、たったひとつのグランゼコールに社会的亀裂を修復することはできない。しかし、それが何もやらない理由になるだろうか」。「グランゼコールは、平等の原則に基づいた選抜を行い、フランスで、もっとも面白く、給料が高く、価値のある職業への王道であるがゆえに、社会的亀裂に無関心であることは許されない」。それなら選抜なしで入学できる大学に入ればよい、という反論に対して、「権力者は、グランゼコール修了者しか雇わない」と断言する。グランゼコールが民主化されない限り、高級官僚も、企業の管理職も社長も一部の者しかなれない。

パリ政治学院の特別入試枠は、初回の二〇〇一年に七校からはじまり、二〇一三年には一八の学区にわたる一〇〇の協定校にまで広がった。一〇年間で九九八人が合格し、特別枠は合格者全体の八・五%にのぼる。合格者の五〇～七〇%の親は、失業者であるか労働者あるいは被雇用者となっている。導入後の一〇年で、労働者の子どもは一・五%から四・五%に、被雇用者の子どもは二%から七・五%に増えた。合格者の三分の二は親のどちらかが外国生まれ（その約八割はアフリカ）であり、特別入試の趣旨に合致した合格者となっている。

制度導入時には、在校生と親の八割は特別措置に反対で、それも人種差別的な理由がほとんどだった。「郊外のガラの悪いアラブ人や黒人の子どもをパリ政治学院にお情けで入学させるのか、入学させてもついていけないだろう」というような中傷があったという。

しかし卒業生についてのデータをみると、二〇〇六年～二〇一一年に特別枠で入学した学生のうち、二七%は進学、六三%は就職しており、いずれの割合とも、全国でディプローム（大学修了資格）を取得した同年代の学生よりも高い。就職者の半数以上が月収二五〇〇ユーロ以上で、これも同じ学歴で比較すると、全国平均よりも三〇〇ユーロ高い（全国の給与収入の中央値は一五〇〇ユーロ）。これは何を示すのか。特別枠入学者は、下駄をはかせてもらっても実力が足りなくてついていけない、という見方は偏見にもとづく予断でしかなかった。要するに、特別枠で入学した学生は力を持て余していたのであり、適切な場が与えられれば実力を発揮できるわけである。

日本の現状

翻って日本の現状をみるならば、現在の大学において、グローバルな多様性を保障するとされる制度は、「留学生入試」か「帰国生入試」しかない。間隙を縫って入学してきた移民二世の若者たちは、そのどちらにも属さないがゆえに、不可視の存在とされてしまう。それどころか、外国にルーツがあることが強みとして生かされるような教育も行われていない。

筆者らの調査によるアルゼンチン系とペルー人系の若者七九人のデータを分析すると、大学・短大入学者三五名のうち二三名が特別入試を経ていた。[5] 一般入試ではなく、「自助努力」で探し当てた推薦入試や編入学といった特別入試を利用した結果として進学への道が開かれたものである。だが、現在の進学格差を是正するには、フランスのような「アファーマティブ・アクション」が必要であり、日本でもそうした試みが始まっている。宇都宮大学国際学部では、二〇一六年度に国立大学で初めて「外国人生徒入試」を開始した。[6] もともと国際学部には移民二世の学生が継続的に進学しており、彼ら・彼女らを積極的にメンバーとして迎え入れる体制をつくるべく、入試が導入されている。

さいごに

だが、ここで移民二世は壁に突き当たる。入学偏差値が高い大学ほど学科試験による入試に固執しており、なかでも国立上位校は頑ななまでに一般入試にこだわる。パリ政治学院のデコワンは、社会学者デュベの言葉を引用して「機会の平等が実現しないのは、社会が不平等だからだけではなく、学校というゲームが有利な人にとって、より有利にできているからだ」という。

この言葉は、まさに日本の国立上位校にあてはまる。これらの大学は、学力試験を信奉する一方で、特権階級向きのサービスとして帰国生入試を連綿と実施してきた。つまり、ただでさえ特権階級に有利にできている入試というゲームを、さらに有利にする措置だけは実行してきた。今問われているのは、そのベクトルを少しだけ逆に向けること、特権階級に属する側が、学校というゲームのルールの不公平を認めて、改善に着手できるかである。

注

（1）東京大学学生委員会学生生活調査WG二〇一七年（第六七回）『学生生活実態調査報告書』。

（2）二〇一〇年国勢調査にもとづく（髙谷幸・大曲由起子・樋口直人・鍛治致・稲葉奈々子「二〇一〇年国勢調査にみる在日外国人の仕事」『岡山大学大学院社会文化科学研究科紀要』三九号、二〇一五年）。

（3）稲葉奈々子「結果の平等に向けて――学歴社会フランスの試み」『人文コミュニケーション学科論集』一八号、二〇一五年。

（4）Richard Descoings, *Sciences Po: De La Courneuve à Shanghai*, Les Presses de Sciences Po, 2007.

（5）樋口直人・稲葉奈々子「間隙を縫う――ニューカマー第二世代の大学進学」『社会学評論』六八巻四号、二〇一八年。

（6）田巻松雄『未来を拓くあなたへ――「共に生きる社会」を考えるための一〇章』下野新聞社、二〇一七年。

＊　＊　＊

ブラジル人の子どもの学習支援を通して みえてきたこと

山野上麻衣

●やまのうえ・まい　一九八一年生。一橋大学大学院社会学研究科博士後期課程・日本学術振興会特別研究員（DC）。教育社会学。著作に「ニューカマー外国人の子どもたちをめぐる環境の変遷——経済危機後の変動期に焦点化して」（『多言語多文化-実践と研究』Vol. 7、二〇一五年）、「不就学からの再出発——ブラジル人の子どもたちの経験から」（『〈教育と社会〉研究』第二五号、二〇一五年）。

一　はじめに——学習支援の場が有する性質とは

「学習支援」は幅広い目的と内容を含む。一方の極には、学校教育の要請に従い、子どもたちを学校の勉強についていかせるための支援がある。他方の極には子どもたちの実情から出発する支援や、「学習支援」を冠する場で展開されている雑多とも見える活動がある。現実の実践はこの両極のあいだのグラデーションのどこかに位置づくと考えられるが、学校教育からの自律性が高いほど、学校とは異なる角度から子どもや家族の姿を見ることにつながると言えるだろう。

前提として、筆者が二〇〇〇年代半ばに働いていた「カナリーニョ教室」について少し補足しておく[1]。カナリーニョ教室は不就学対策事業として立ち上げられた。それゆえに、困難な事情を抱えた子どもやその家族と関わることが多く、教室を拠点としながらも事業の両輪としてケースワークに取り組み、その他、外からは雑多に見えたであろう多彩な活動も行っていた。子どもや家族がどのような困難を抱え、何を考えているかという点に関するスタッフ間の理解を支えていたのは、半数を占めるブラジル人スタッフたちであった。ブラジル人の側からは物事がどのように見えるのか、自分にはいかにそれが見えていないのかを日々思い知らされていた。不就学の子どもたちと出会い、アプローチし、教室へと呼び込み、子どもと家族の居場所や多様な関係性を広げていく、ブラジル人スタッフを中心とした活動は、コミュニティを作ることでもあった。以下で記述していく内容は、このような足場から見えてきたことである。

学校の外の学習支援の場では、支援者を多く配置し、それぞれが別の学習に取り組むことが多い。ざわざわした中でも子どもたちは集中して取り組んでいる。

（写真提供：NPO 法人トルシーダ）

二　絡まりあう困難と、その単純化について

まずは、これまで子どもたちの教育の困難や不安定化の要因がどのように語られてきたかを確認する。[2] 第一に、教育制度の問題として、外国籍の子どもが義務教育の対象ではないこと。第二に、日本の学校のあり方の問題であり、(a)同化主義的な日本の学校文化、学校におけるいじめや差別の問題と、(b)日本語指導や支援体制の不足の二点に整理できる。第三に、保護者の就労状況や貧困など、社会構造の問題がある。第一、第二の点は言い尽くされてきているため、ここではブラジル人（定住者資格を有する日系南米人）の文脈で指摘されてきた問題について概観したうえで、それがどのように子どもの困難として現れるのかを見ていくこととする。

労働市場や移民ネットワークに焦点を当てる研究群からは、ブラジル側の斡旋業者と日本の派遣会社が結びついた「越境する雇用システム」[3]の存在と、その帰結としての「顔の見えない定住化」[4]が指摘されてきた。景気の調整弁を担う柔軟な労働力として日本社会に挿入され、生活を派遣会社に丸抱えされ、結果として地域社会との接点がない。いつ、どこの工場で働かせるかは概ね派遣会社側の裁量であり、雇用と住居がセットであることも多く、頻繁な転居につながりやすく、仕事を失うと住むところまで失う。不就学状態に陥る契機として、来日もあるが、保護者の失業や転

居も多い。

極端な例をあげると、保護者が仕事を求めてやむをえず転々とするために住居地が定まらないので学校に通えないという、学校教育システムを媒介としない不就学もある。だが多くの場合は、「学校に行っても居場所がないし、誰かが赤ちゃん（弟妹）みなきゃいけないし、私が家にいればお母さんも助かるし……」と、学校における困難や疎外感と、生活の不安定さや家族の利用可能な資源の少なさが絡まり合いながら、学校から遠ざかっていく。「日本語がわからずつらくて学校を辞めた」と語る若者でも、歩んできた道をともに振り返ると、契機や背景には保護者の失業やそれによる転居、生活困窮に伴う家庭内不和などがあることが多い。

学校への適応のみを自明の目的とする学習支援の場からは、背後にひそむこのような困難は概して見えにくい。あるいは、学習支援の目的や提供できる内容と順接的な方向で、子どもたちの困難を「日本語がわからないからだ」「授業についていけないからだ」と単純化したくなる。しかし「とにかく九九を覚えさせなければ」「今日の宿題を終わらせなければ」と必死になってしまうと、子どもたちの学習以外の困難は見えなくなり、離れていく子どももいるだろう。

学習以外の問題の対処やそれを踏まえた問題の分析・発信まで踏み込める力のある場や組織は少なく、学習支援をしたいという人にそれを求めるのは酷であるとも言える。それでも、背景にどのような問題があるのか、子どもや家族に関わる人には理解を共有してほしいと願う。そうでなければ、やっと慣れてきた地での生活を捨て、他県の工場へ子どもを連れて移るしかない親の苦悩が、「教育に関心のない親」「無責任・無計画な親」との理解にかき消されてしまう。学習支援の場を離れた子どもは「やる気がない」と見なされてしまう。意図的であれ無意識であれ、ある種の「選別」がかかる場において、子どもたち・家族の困難はいっそう不可視化されてしまう。

三　「教育の失敗」を当事者はどのように見ているのか

少し別の角度からも検討したい。ブラジル人の側は「教育の失敗」をどのように見ているのだろうか。とくに中学生の不就学[5]をめぐっては、親がこのように語るときがある。「自分は（小学校）四年生までしか学校に行っていないが、こうしてきちんと家族を養っている」「勉強は、本人がしたくなったときにまたすればいい[6]」。

そのような語りをより深く理解するようになったのは、ブラジルに帰国した若者たちの調査でサンパウロを訪れる機会を得てからだった[7]。現地では、日本で子ども・若者時代を過ごしながら日本では高校に通わず、あるいは中退した人びとが、三十代、四十代で働きながら、具体的な目標をもって夜間に大学に通っていた。調べてみると、ブラジルでは大学の課程の六割が夜間に開講されており、大学は必要なときに働きながら通うものと見なされていることがわかった[8]。

ブラジル社会も変化してきており、とくに「基礎教育（一〜九年生）は子どものうちに」との政策的流れは近年急速に強まっている。しかし現在の親世代が子どもだったころには、そうでもなかったということでもある。教育思想家パウロ・フレイレの存在に象徴されるようにブラジルは成人教育がさかんな地であるが、成人教育の学校を見て回ると、いかに多様な学びの機会が多く提供されているのかもわかる。一本しかないレールの上を走る列車にしがみつかなければならないのが日本だとすれば、ブラジルでは途中下車も可能であるし、別の路線の駅から再度乗ることもできるイメージなのである。

学校の勉強に困難を抱える子どもほど、「できないこと」ばかりをやらせてはいけない。外に出ると、子どもたちはいつもと異なる表情を見せる。（写真提供：NPO 法人トルシーダ）

日本ではある時点での「教育の失敗」が「人生の失敗」へとつながると見なされているが、ブラジルではそうではない。教育制度のありようも異なれば、「年齢相応の生き方」の規範も異なり、結果として日本では逸脱と見なされるものがブラジルではそうではない。格差やそれを背景とした治安の悪さなど、ブラジル社会が抱える問題は深いが、生き方のバリエーションは日本よりも豊かであると言える[9]。日本で育ち大学卒業後にブラジルに「帰国」し、ポルトガル語に苦労した時期もある若者は、「日本では、やり直しが効かないから」、もう日本には戻らないとの決意を語った。

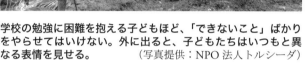

四　おわりに

「帰国すればよい」とか「ならば日本では学校に行かなくてよい」と言っているのではない。「帰ればよい」という考えは、人を受け入れた社会の相応の責任を放棄させる。また、日本で育ち、これからもずっと日本で暮らし続けたいと願う人がいることも忘れてはならない。ここで強調したかったのは、二つ（以上）の社会を見て生きている人びとに関わるときに、日本社会のみを前提とした考えを押しつけてもうまくいかないことがあること、当事者はなぜ、何を考えているのかに思いをはせない限り、切り捨てにつながり得るということである。目の前に現れる多様な問題群のうち、見えやすいもの、解決できそうなことから戦略的に取り組むことも必要だが、実践的にも研究のうえでも、当事者は何を考えているのかという点も含め、全体像を見通す努力が必要である。

支援の場においてはある種の雑多さがあると冒頭で述べた。そのような雑多さは、声にならない当事者のニーズや、日本社会の要請と当事者の考えの齟齬に向き合うことから生じる場合も多いのではないか。そのような雑多さのなかに、社会を変えていくためのヒントがあるのではないか。希望を見失わず、当事者や支援者とともに考え続けていきたい。

注

（1）詳細は、山野上麻衣・林嵜和彦（2007）「浜松市における外国人の教育問題と協働——カナリーニョ教室における不就学対策より」矢野泉編著『多文化共生と生涯学習』明石書店、141-186。

（2）包括的に論じたものとして宮島喬（2014）『外国人の子どもの教育』東京大学出版会。

（3）丹野清人（2007）『越境する雇用システム』東京大学出版会。

（4）梶田孝道・丹野清人・樋口直人（2005）『顔の見えない定住化』名古屋大学出版会。

（5）外国籍の子どもは義務教育の対象ではないため、「退学届」が存在する。保護者は「また戻ればいい」と署名してしまうことがあるが、一度退学すると義務教育年齢の間であっても復学は容易ではないことが多い。

（6）親の学歴の低さが直ちに教育期待を低下させると言いたいわけではない。「親は高校（大学）に行けなかったので、子どもは高校（大学）に行かせたい」との語りも頻繁に聞かれ、結果として日本であれブラジルであれ、親よりも高い学歴を得ている人も少なくない。

（7）調査プロジェクトについては、以下を参照。ハヤシザキカズヒコ・山ノ内裕子・山本晃輔（2013）「トランスマイグラントとしての日系ブラジル人——ブラジルに戻った人びとの教育戦略に着目して」志水宏吉他編『往還する人々の教育戦略』明石書店、206-267。筆者は二〇一六年度から調査に参加している。

（8）Instituto Nacional de Estudos e Pesquisas Educacionais Anísio Teixeira, MEC, Resumo Técnico, Censo da Educação Superior 2016. ただし、経済的に豊かな層では高校を出てすぐに大学に入り学業に専念するのが当然という雰囲気があるようである。

（9）ただしブラジルに帰りさえすればすべてうまく行くわけではないことはないことは添えておく。私たちの調査結果を見る限りでは、ポルトガル語があまりできないことは帰国後の就学や就業を困難にする一つの要因ではあるが、それが単独で長期的な困難に結びつくとは限らない。他方で、まだ一般化が可能な段階ではないが、たとえば帰国する地域における就業機会、ブラジルの日系コミュニティが蓄積してきた多様な資源やネットワークにアクセス可能かどうかなどの要因が一定程度状況を左右するようにも思われる。さらには、ブラジルで一定程度の学歴や就業上の地位を確保したのちにも状況に応じて日本に戻ることを選択する若者たちもおり、どちらかひとつの社会でうまくいく可能性があればそれでよいという話ではない。

外国人の子どもと在留資格

丸山由紀

●まるやま・ゆき　一九六八年生。弁護士。著作に『外国人事件ビギナーズ』（外国人ローヤリングネットワーク編、現代人文社、二〇一四年）、『外国人の法律相談〈改訂版〉』（東京弁護士会外国人の権利に関する委員会編、学陽書房、二〇一八年）（いずれも共著）等。

日本に労働者として来日する外国人が増加することは、必然的に、家族を持つ生活者としての営みが日本で行われることを意味する。しかし、これまでの入管政策の中では、このことは真剣に検討されてこなかった。その結果、日本で就労する親とともに暮らすために来日し、日本で就学する外国人の若者たちに、日本で自らの進路を選択する権利が保障されないという事態が起こっている。

「家族滞在」という在留資格

出入国管理及び難民認定法（以下「入管法」）に規定される在留資格は、別表第一と別表第二に大別される。別表第一の在留資格は、「留学」や就労を目的とする「技術・人文知識・特定活動」「経営・管理」「企業内転勤」、それに「技能実習」など、外国人の日本における活動内容に着目するものであり、別表第二の在留資格は「永住者」「日本人の配偶者等」など、外国人の身分や地位に着目するものである。別表第二の在留資格は日本で行うことができる就労活動に制限がない一方、別表第一の在留資格は、当該在留資格で予定されている就労活動のみが許されているものと、就労が原則として禁止されているものがあり、何らかの形で日本における就労に制限がある。この制限に違反することを「資格外活動」といい、場合によっては刑事罰や退去強制の対象となる。

就労を目的とする在留資格で在留する外国人の配偶者や子といった家族は、その多くが、「家族滞在」という在留資格で日本に在留している。「家族滞在」は、日本で就労等を行う外国人（入管の用語では「本体者」という）に「扶養されること」を目的とする在留資格であり、雇用されて賃金を得ることや、事業を行って報酬を得ることは原則として許されていない。ただし、入管で「資格外活動許可」を得れば、週二八時間までの就労をすることができる。つまり、「家族滞在」で在留する外国人は、アルバイトをすることは可能だが、フルタイムで就労して日本で経済的自立をすることは予定されていない。入管法は、「家族滞在」で在留する配偶者や子どもの日本への在留を、あくまで「本体者」が在留する間の一時的なもの、「本体者」の在留資格に依存するものにすぎないと位置づけている（「家族滞在」の在留資格の英訳“Dependent”は、この点をよりストレートに表現している）。

「家族滞在」の在留資格をつくるにあたって、立法者が想定していたのは、二〜三年程度の一時的な日本赴任に帯同する家族だったのかもしれない。しかし、実際には、「家族滞在」で在留する子どもたちの多くは、日本の学校で学び、日本を生活の基盤としている。そして、社会に出るにあたって、フルタイムの仕事について経済的に自立することができない、自分の適性に合った進路を選択することができない、という問題に直面することになる。外国につながる生徒への指導に熱心な教師や学習支援に取り組むNGOなど、外国籍の生徒への教育に関わる関係者の間では、かなり前から、在留資格「家族滞在」の生徒に対する進路指導の難しさが深刻な問題として認識されてきた。

近年、就労のために日本に在留する外国人の増加に伴い、「家族滞在」で在留する子どもの数も大幅に増加している。二〇〇七年末には「家族滞在」で在留する外国人は九万八一六七人だったが、二〇一七年末には一六万六五六一人に増加しており、そのうち約半数が親の扶養を受ける子どもであると考えられる。これに伴って、「家族滞在」の若者への進路選択の保障は、ますます深刻な問題となってきたのである。

「家族滞在」から就職する方法

「家族滞在」で在留する若者が日本でフルタイムの就職をする方法としては、まず、「本体者」である親とともに永住許可を得るという方法がある。永住許可を得れば、在留資格は、就労制限のない「永住者」となる。しかし、「本体者」である親が永住許可を受けるためには、原則として一〇年以上の日本への在留歴が必要とされる（「永住許可に関するガイドライン」参照）。また、継続的に安定した収入を得ていること、税金や社会保険を滞納せずに支払っていること等も求められ、親の生活が安定していない場合には、なかなか許可されない。

親とともに永住許可を受けることができない場合の選択肢としては、子ども自身が就労を目的とする在留資格を得ることも考えられる。しかし、別表第一に規定されている就労資格は、政府が「専門的・技術的分野での就労」と位置づける在留資格であり、法務省令によって学歴や職歴等の基準が定められている。例えば、会社員として働く外国人の多くが有する「技術・人文知識・国際業務」は、専門的な知識や技術、または外国の文化に基盤を有する思考もしくは感受性を要する業務に従事することが予定される在留資格であり、大学または専門学校を卒業して学位を得るか、一定の実務経験を有することが必要とされている。日本で中学や高校を卒業した外国人の若者が、すぐに得ることのできる在留資格はほとんどない。

就労資格の基準を満たすための方法として考えられるのは、大学や専門学校を卒業して学位を取得することである。しかし、進学のためには学力や日本語能力に加え、学費をまかなう経済力も必要となり、誰にでも可能な選択肢ではない。学費については、日本人の学生でも奨学金を利用することが多いが（独立行政法人日本学生支援機構が二〇一八年三月に発表した「平成二十八年度　学生生活調査結果」によれば、大学（昼間部）の学生の四八・九%が何らかの奨学金を受給していた）、日本学生支援機構は、外国籍の学生の奨学金の利用を「永住者」など別表第二の在留資格を持つ者と特別永住者に限定しており、「家族滞在」の学生は利用することができない。

また、別表第一に規定されている在留資格は、生徒が自分の適性に応じて選ぶ職種のすべてが網羅されているわけではない。生徒が希望しても、それに応じた在留資格が用意されていない職種もある。例えば、理容師や美容師などがそうである。また、調理師については、外国の料理を扱う場合に「技能」の在留資格が認められ得るが、外国の料理について一〇年以上の実務経験が必要とされており、日本で調理師専門学校を卒業しても在留資格が得られない。「技能」で来日した料理人の子が、親と同様に料理人になりたいと考えても、在留資格は得られないのである。

このように、「家族滞在」の生徒が日本でフルタイムの就労が可能な在留資格を得るためのハードルは高く、その結果、就職も進学もできない若者が発生してしまうことが問題になってきた。関係者が要請を行った結果、法務省もようやくこの問題を認識し、二〇一五年一月、日本で義務教育の大半を修了し、日本の高校を卒業した者については、無制限の就労が認められる「定住者」への変更を認めるという内容の通知を出した（平成二十七年一月二十日付法務省入国管理局入国在留課長通知・法務省管在第三五七号）。高校を卒業した若者に就労への道が開かれたことは一歩前進ではあったが、「日本で義務教育の大半を修了」という要件では、小学校高学年や中学生で来日した生徒は対象外になってしまい、救済される範囲が非常に狭かった。

そこで、関係者がさらに粘り強く要請を続けた結果、法務省は、二〇一八年二月に新たな通知を発した。その内容は、①小学四年生までに来日し、日本の小学校及び中学校で義務教育を修了し、日本の高校を卒業または卒業見込みの者で、就職先が決定または内定している場合には「定住者」を、②また、中学三年生までに来日し、日本の中学校で義務教育を修了し、日本の高校を卒業または卒業見込みの者で、就職先が決定または内定している場合には、扶養者である親との同居継続を条件として「特定活動」の在留資格により就労を認めるというものである（平成三十年二月二十六日付法務省入国管理局入国在留課長通知・法務省管在第一三七五号及び平成三十年二月二十七日付同一三六四号）。この内容は、文部科学省を通して各高等学校へ通知されたほか、法務省入国管理局のＨＰにも掲載された。

残された課題

二〇一八年三月の通知により、「家族滞在」の若者の就職の可能性は相当程度広がったが、残された課題はまだまだ多い。

まず、「定住者」や「特定活動」への在留資格変更許可の対象から漏れてしまう若者の存在である。具体的には、高校を卒業していないケースや、中学卒業後に来日したケースである。日本人の子どもの高校進学率が毎年一〇〇％に近いのと比較すると、外国人の子どもの高校進学率はかなり低い。外国人の集住する地域において、以前よりも改善して八〇％台になったという調査もあるが、依然として日本人よりも低い。また、外国から来た生徒を対象とする入試特別枠や入試における特別措置については都道府県によるばらつきが大きく、外国からきた生徒が高校入試を突破するハードルも地域によって異なると聞く。外国につながる子どもの高校進学を支援するための全国的な措置をとるとともに、「日本で義務教育と高校を卒業」という要件を満たさない若者にも就労可能な在留資格を得るための途を開くという、両面からの対策が必要である。

また平成三十年通知に基づく「特定活動」は、扶養者との同居が条件となっているが、いずれ親から自立していく若者が、どのような条件のもとに扶養者との同居がなくとも在留が可能になるかも、現時点では判明していない。

なお、二〇一九年四月一日から始まる新たな在留資格「特定技能」は、日本語や各分野の技能の試験に合格すれば就労が可能となる。今後、「家族滞在」から「特定技能」に変更して就労する若者も出てくるかもしれない。しかし、「特定技能1号」は、日本在留は通算五年まで、家族の帯同もできないという制限の多い在留資格である。「特定技能2号」は日本在留に制限がなく、家族帯同も可能だが、現時点で2号への移行が可能なのは建設と造船の二業種のみである。「特定技能」は、日本を生活基盤とする若者には向いていない。

日本で育った外国人の若者は、日本語や日本の生活習慣を理解し、日本と出身国の架け橋となりうる貴重な人材である。また、何よりも、ひとりひとりの若者が自分の適性に応じた進路を選択し、社会で自立していく途が確保されることは、人権保障の問題である。子どもの在留資格の問題は、親の付属物としてではなく、いずれ日本社会において自立していく存在としてとらえた上で考えなければならない。

＊

＊

＊

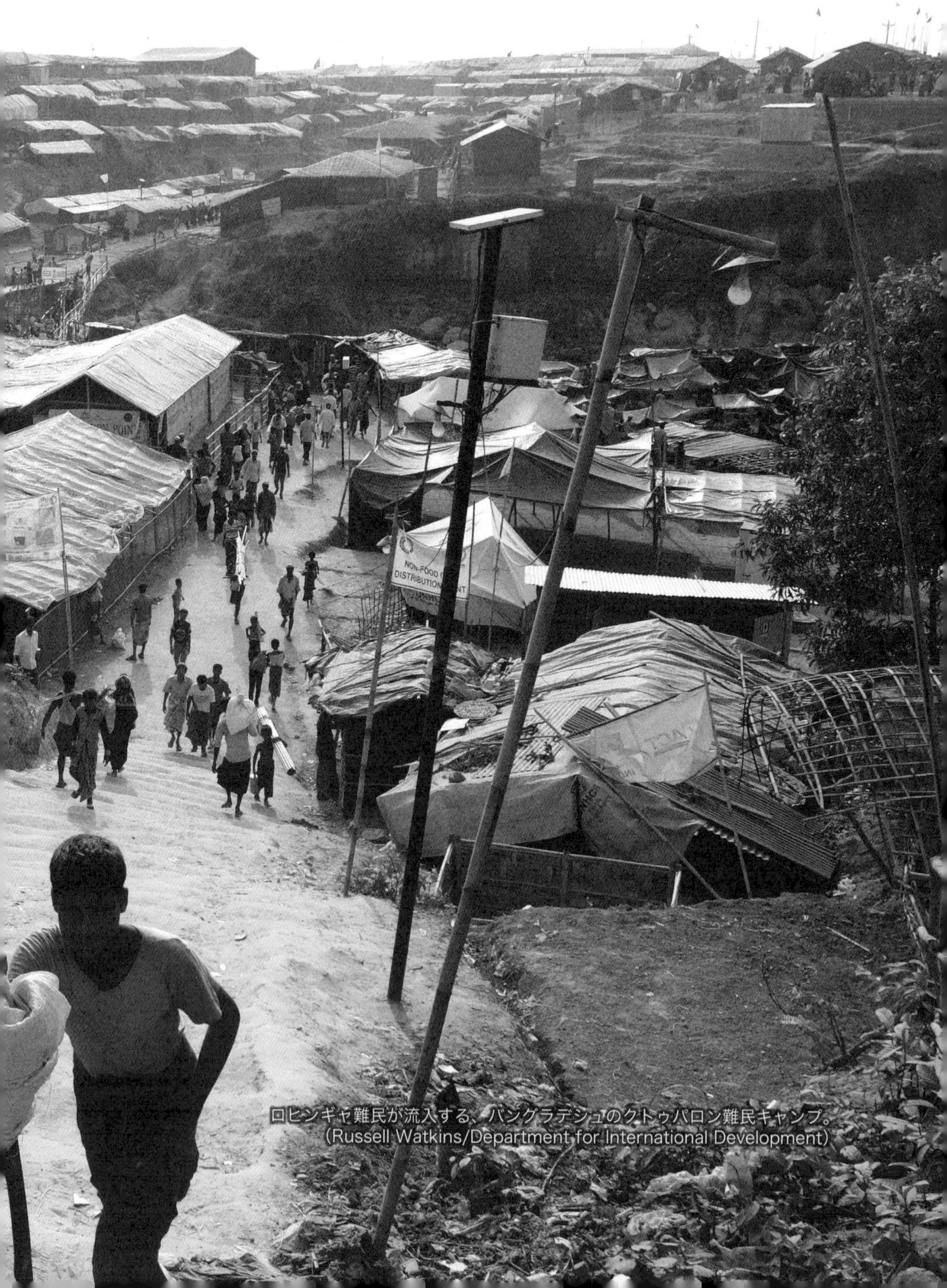

ロヒンギャ難民が流入する、バングラデシュのクトゥパロン難民キャンプ。
（Russell Watkins/Department for International Development）

Ⅵ 難民にどう向き合うか

日本の難民認定制度をめぐる近時の動向と課題

関 聡介

●せき・そうすけ　一九六六年東京都生まれ、埼玉県育ち。弁護士（東京弁護士会）。共編著書に、『難民認定実務マニュアル』『コンメンタール出入国管理及び難民認定法2012』『外国人刑事弁護マニュアル』（現代人文社）等。

日本の難民認定の制度概要と実績

日本の難民認定制度は、日本の難民条約（一九五一年条約及び一九六七年議定書）への加入に伴って一九八二年に新設され、以後三七年間以上にわたる運用が、法務省入国管理局の所管の下で行われてきた。

制度は、①一九八二年一月一日から運用開始され、②二〇〇五年五月十六日施行の入管法改正により一度大きな制度全体の見直しが行われた。さらに③行政不服審査法（以下「行審法」）の抜本改正に伴って二〇一六年四月一日から行政不服審査手続（以下「二次手続」と表記）につき、一定程度の見直しが施行されている。そのことも踏まえつつ、本稿では、この約三七年間を三つの期に便宜上分け、①一九八二〜二〇〇五年を「第Ⅰ期」、②二〇〇六〜二〇一五年を「第Ⅱ期」、③二〇一六年〜本稿執筆段階までを「第Ⅲ期」と、以下称することとしたい。

第Ⅰ・Ⅱ・Ⅲ期を通じた制度の実績は、**図表1**の通りである。

制度発足初期に、それ以前の一九七〇年代から受入れが続いていたインドシナ難民がある程度まとまった人数として認定されたことを除けば、認定数は一貫して非常に低い数値に止まっている。

図表1　日本の難民認定申請事案の処理状況（1982年1月1日の制度発足時～2018年12月31日まで）

年別	一次手続				二次（不服審査）				（参考）
	認定（人）	不認定（人）	処理数（認定＋不認定）（人）	認定率（認定÷処理数）（%）	認容（難民認定）（人）	棄却・却下（不認定）（人）	処理数（認容＋棄却・却下）（人）	認容率（認容÷処理数）（%）	人道配慮による在留（人）
1982～1985年（4年間計）	171	359	530	32.26	0	40	40	0.00	0
1986～1990年（5年間計）	25	156	181	13.81	0	100	100	0.00	0
1991～1995年（5年間計）	12	159	171	7.02	1	101	102	0.98	24
1996～2000年（5年間計）	52	731	783	6.64	4	340	344	1.16	128
2001～2005年（5年間計）	84	1,368	1,442	5.83	27	844	871	3.10	229
第Ⅰ期（1982～2005）合計	344	2,773	3,107	11.07	32	1,425	1,457	2.20	381
2006～2010年（5年間計）	147	4,665	4,812	3.05	54	1,165	1,219	4.43	1,365
2011年	7	2,002	2,009	0.35	14	635	649	2.16	248
2012年	5	2,083	2,088	0.24	13	790	803	1.62	112
2013年	3	2,499	2,502	0.12	3	921	924	0.32	151
2014年	6	2,906	2,912	0.21	5	1,171	1,176	0.43	110
2015年	19	3,411	3,430	0.55	8	1,763	1,771	0.45	79
2011～2015年（5年間計）	40	12,901	12,941	0.31	43	5,280	5,323	0.81	700
第Ⅱ期（2006～2015）合計	187	17,566	17,753	1.05	97	6,445	6,542	1.48	2,065
2016年	26	7,492	7,518	0.35	2	2,112	2,114	0.09	97
2017年	19	9,736	9,755	0.19	1	3,084	3,085	0.03	45
2018年	38	10,541	10,579	0.36	4	6,013	6,017	0.07	40
第Ⅲ期（2016～2018）合計	83	27,769	27,852	0.30	7	11,209	11,216	0.06	182
第Ⅰ～Ⅲ期　総合計	614	48,108	48,712	1.26	136	19,079	19,215	0.71	2,628

※法務省プレスリリース「平成〇年における難民認定者数について」の各年版の情報を総合して作成。
※人道配慮による在留は、難民不認定とされた者（異議や審査請求につき理由なしとされた者も含む）のうち、人道配慮することとされた者の数であり、在留特別許可のほかに「定住者」「特定活動」などの中長期在留資格への在留資格変更許可数などが含まれる。
※この表の表示数に加え、法務省は、「定住難民」（閣議了解により1970年代以降受け入れた「インドシナ難民」とその呼び寄せ家族、及び、閣議了解により2010年以降受け入れた「第三国定住難民」＝タイやマレーシアの難民キャンプ等で一時庇護を受けたミャンマー難民等）を、庇護数として計上している（1982～2018年の37年間合計11,493人）。ただし、定住難民として受け入れ後に難民認定を受けた当事者は統計上重複計上されている。

日本の三七年間（＝一万三五一四日間）の総合計認定数は七五〇人であるところ、これはドイツの一〜二日分程度の認定数に過ぎない[1]。それだけで、多くの説明は要しないであろう。

なお、近時、法務省は、①「定住難民」数（閣議了解により、一九七〇年代以降に難民キャンプ等から受け入れた「インドシナ難民」や二〇一〇年以降に受け入れた「第三国定住難民」等を総称）や、②「人道配慮」数（難民不認定としたものの、中長期の在留資格の付与だけは行った当事者）を③難民「認定」数に加算し、この①＋②＋③を「庇護数」等として表示するようになっている。しかし、これらを全て合計しても、三七年間の総合計庇護数は一万四八七一件（一年あたり四〇二人）に止まる。とりわけ、第Ⅲ期の二〇一六年以降三年間の合計庇護数は、三四一人（一年あたり一一四人）に過ぎない[2]。

以上に述べたような三七年間にわたる難民認定制度の状況と課題については、既に様々な形で取りまとめされているので[3]、本稿では二〇一六年以降の「第Ⅲ期」を中心にその動向を分析することとしたい。

1　運用「見直し」「更なる見直し」

第Ⅲ期の特筆すべき状況としては、まずは難民認定申請数の急増とそれに対する当局の急進的な対応が挙げられよう。

前掲**図表1**のとおり、第Ⅱ期の後半（二〇一一年ころ）以降、難民申請数は前年比五割増し前後で増加を続け、二〇一〇年に年間一二〇二件だった申請数は、第Ⅲ期に入った二〇一六年には一万〇九〇一件もの数に達した。

この申請急増現象を受けて、法務省は、①二〇一五年九月に「難民認定制度の運用の見直し」（以下「見直し」）を、②二〇一八年一月には「難民認定制度の運用の更なる見直し」（以下「更なる見直し」）を、矢継ぎ早に実施した。これには、二〇一〇年三月に始まった難民申請者の地位安定化施策[4]を文字どおり見直して申請者の地位と待遇を大きく切り下げする内容と、申請案件をA・B・C・Dの四類型[5]に振り分けて審査手続に差違を設ける内容とが、含まれている。

その後、二〇一八年八月から九月にかけて、法務省は、同年上半期において前年同期比で難民申請数が約三五％減少したことを公表し、「更なる見直し」による難民認定制度の濫用・誤用防止の成果という観点からこれを強調した[6]。

確かに、「見直し」「更なる見直し」により相当程度の申請抑制効果は生じていると思われるものの、①そのうち濫用・誤用の抑制がどの程度の割合であるのかは不明であること、②他方、真に庇護を必要とする当事者に申請控え等が生じているのではないかという懸念は、払拭されていないこと、③少なくとも濫用・誤用者ではない申請者までが、第Ⅱ期後半よりも相対的により不安定な地位に置かれるようになってしまったこと、④案件振分けが不

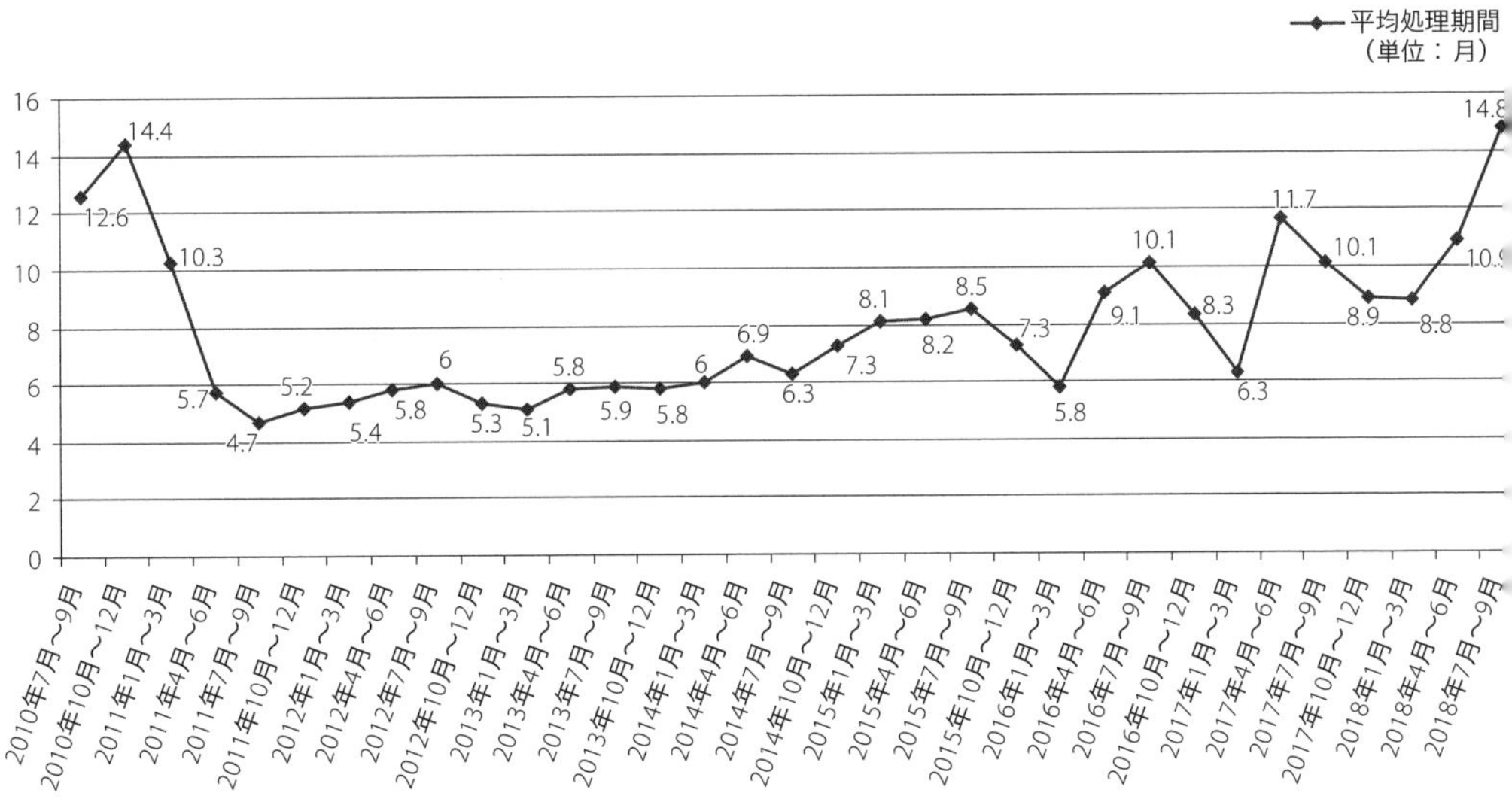

図表2　一次手続の平均処理期間の推移

認定方向へと著しく偏っており(7)、公平性や正確性に疑問を持たざるを得ないこと(8)、といった問題点が山積している。

2　一次手続の標準処理期間達成状況

かねてより審査に長期間を要する点が問題視されてきた難民認定制度であるが、近時の案件処理速度についてはどうであろうか。

まず、一次手続については、二〇一〇年七月より「標準処理期間」が導入され、原則として申請後六カ月間で処理することとなった。この達成状況は随時法務省のサイトで公表されているが(9)、これによると、二〇一一～一三年度は平均処理期間が六カ月を下回るようになったものの、その後、第Ⅲ期に向けて再び長期化傾向が進み、二〇一八年度第1四半期は三三三日、第2四半期は四四九日と、ついに一年を大幅に上回る状況となってしまっている。申請数急増と無縁ではない現象と認められるが、標準処理期間を定めた以上は、その不遵守が速やかに解消されなければならない。

他方、二次手続については、標準処理期間すら定められないままとなっており、実際にも、三～四年間を要する案件が相当数存在することが常態化している。極めて深刻な事態である。

3　新・行審法の施行と二次手続

その二次手続との関係では、行審法が五〇年ぶりに大改正され、二〇一六年四月一日に施行されたことが新しい動きとして挙げられる。難民認定手続においても、この施行日以降（≒第Ⅲ期）に原処分がなされた案件については、新法が適用されるようになった。

行審法改正の基本コンセプトは、①手続の公正性の向上、②手続の使いやすさの向上、③国民（当事者）の救済手段の充実・拡大とされていた[10]。

行審法そのものは、難民認定（二次）手続を適用対象としているものの、行審法改正にあたって同時に制定された関連法整備法において、難民認定手続関係においては、読替規定が多数置かれた[11]。その結果、手続名称こそ、旧法の「異議申立て」から「審査請求」に変更されたものの、右記①②③の行審法改正の目玉部分を実質的に骨抜きにする読替規定が多数用意されたことにより、難民手続に関しては、第Ⅱ期の制度設計が実質的に温存される結果となっている。

また、第Ⅱ期からは、外部有識者である難民審査参与員が関与して意見を述べることによって、同じ法務大臣が二次手続の判断を行いつつも一定程度の第三者的チェックが働く仕組みが導入されていたが、二〇一三年以降は、この難民審査参与員の認定意見すらも法務大臣が無視して棄却の判断を強行する案件が目立っており、前述の行審法改正コンセプトの骨抜きと相まって、難民二次手続の無力化が回復不能なまでに進行しているように思われる。

そのことは、二次手続における認容率（難民認定率）が、第Ⅲ期の二〇一七年には僅か〇・〇三%にまで低落していることに、まずもって象徴されている。この認容率は、第Ⅱ期初めの五年間（二〇〇六〜二〇一〇年）は四・四三%であったのであるから、わずか七年間で一〇〇分の一未満に急落したことになるのである。

4　在留特別許可率の低落と入管収容の長期化

退去強制事由がある事案においても、人権上・人道上その他在留を特別に許可すべき事情がある場合には、在留特別許可がなされることがある。もともと入管法五〇条にその定めが置かれているが、法改正により、第Ⅱ期以降、難民認定申請を行った当事者については、入管法六一条の二の二による在留特別許可が新たに設定され、専らこちらの条文において判断がなされるようになった[12]。

入管法五〇条の判断対象となり得る退去強制手続の処理状況については、政府統計が公開されている。これによると、一九九〇年代までは在留特別許可率[13]は九〇%程度の高率であったが、その

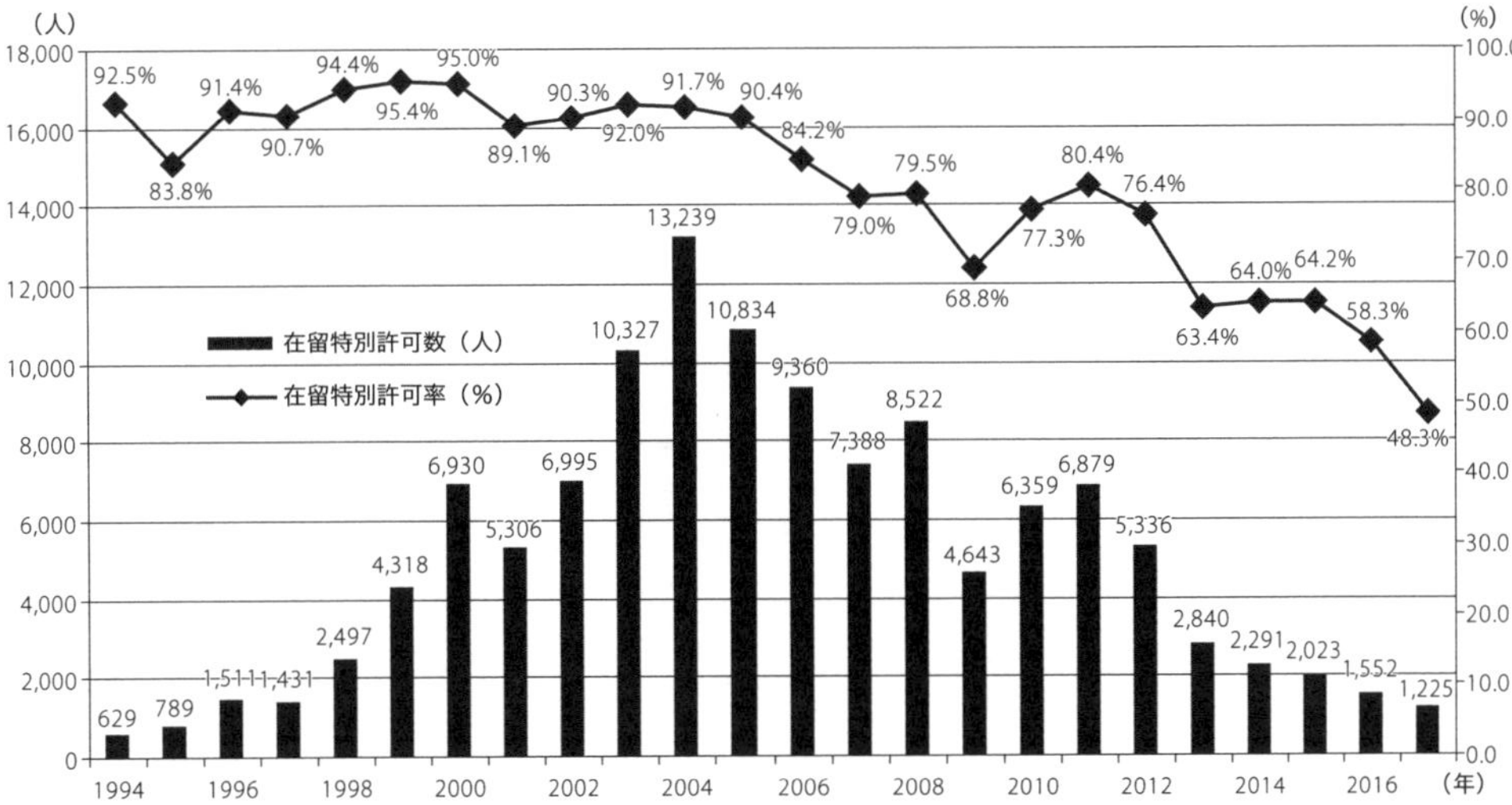

図表3　在留特別許可数及び許可率の推移

後急落し、民主党政権期に一度持ち直したものの、第Ⅲ期は五〇%すら割り込む事態となっている。

入管法六一条の二の二の判断がなされる事案の在留特別許可率については、直接これを確認する政府統計が見受けられないものの、**図表1**の「人道配慮」の件数から見ても、やはり許可率が急落傾向にあることは間違いなかろう。

このような在留特別許可率の急落と重なるように、近時は入管収容の長期化傾向も顕著になっている。

「見直し」「更なる見直し」によって、難民申請者や再申請者の置かれる地位と状況は厳しさを増しており、その結果として在留資格を取得・維持することができず、収容に至る事案が増加していることが認められる。あわせて、仮放免許可についても許可率が下がるとともに、仮放免の条件違反を理由とする取消し（更新拒絶）・再収容が実務上頻発するようになったことから、[14] 近時は収容の長期化傾向もまた顕著になっている。

このように、「見直し」「更なる見直し」による申請者の地位の脆弱化、在留特別許可率の急落、仮放免許可率の急落、入管収容日数の急増という多重的な逆風に、難民申請者が晒されている、というのが第Ⅲ期の状況である。

そして、新たな「外国人労働者受入れ」政策に突入

本稿執筆時現在、難民申請者が前述のような逆風にあえいでいる一方で、日本政府は、二〇一九年四月施行の新しい外国人労働者受入れ制度の施行に向けた準備を進めている。とはいえ、あまりにも拙速な立法と、極端に間近な施行であったために、施行一カ月前に至っても未だに関連省令の全貌すら明らかとなっていないという混乱状態が生じた。

そのような混乱状態の中にあって、難民認定手続は相対的に目立たない存在になりつつあるものの、実際には、「更なる見直し」の運用本格化や、二〇一六年四月以降に原処分が行われた新行審法適用案件がようやく相当割合を占めるようになること、そして、出入国在留管理庁新設に伴う、難民（一次・二次）手続の担当部署の割り付けなど、実務上の影響が大きいテーマが多数存在し、目が離せない状況にある。

これ以下はないほどに極端に低くなった認定率が今後どうなって行くかも含めて、制度全体を当面厳しく注視し続ける必要があろう。

注

（1）ドイツの年間難民認定数が、近年も、年間一〇～四〇万人で推移していることを踏まえた計算である。

（2）本稿校正段階で発表された法務省プレスリリース「平成30年における難民認定者数等について」（二〇一九年三月二十七日）による。

（3）この関連の拙稿として、関聡介「日本の難民認定制度の現状と課題」（自由と正義五三巻八号六八―七九頁、二〇〇二年）、同「続・日本の難民認定制度の現状と課題」（難民研究ジャーナル二号二一―三三頁、二〇一二年）がある。本シリーズとしては、石川えり「難民認定「六人」の衝撃――難民の社会排除という実態」（『別冊 環⑳』三二一―三二五頁、二〇一四年）が挙げられる。

（4）「短期滞在」等の状態で難民申請した場合に、「特定活動」六カ月に変更許可した上で、難民審査中（一次＋二次）は期間更新許可を続けるとともに、申請から六カ月経過後からは就労資格を併せて付与することを骨格とする取扱い。それ以前は「短期滞在」九〇日間の更新を繰り返すのみで就労が一切認められなかったことと比較すれば、申請者の地位を大きく改善する効果をもたらした。

（5）「A案件：難民条約上の難民である可能性が高い案件、又は、本国が内戦状況にあることにより人道上の配慮を要する案件」「B案件：難民条約上の迫害事由に明らかに該当しない事情を主張している案件※」「C案件：再申請である場合に、正当な理由なく前回と同様の主張を繰り返している案件※」「D案件：上記以外の案件」「※　人道配慮の必要性を検討する必要がある場合はD案件とする」（第七次出入国管理政策懇談会第一二回会合（二〇一八年九月二十九日）配付資料4「難民認定制度の運用の更なる見直し後の状況について」二頁・六頁より引用）。

（6）法務省プレスリリース「難民認定制度の運用の更なる見直し後の状況について」（二〇一八年八月三十一日）、前掲・会合「配付資料4」。なお、最新のプレスリリース（前掲注2）によれば、二〇一八年の通年の申請数は前年比約四七％の減少となったという。

（7）二〇一七年は、A案件一四件（〇・一％）、B案件六一二八件（三一・

二%）、C案件五一八件（二一・六%）、D案件一万二九六九件（六六・一%）となっていて、A案件への分類の少なさが際立っている。前掲・会合「配布資料4」六頁。最新のプレスリリース（前掲注2）によれば、二〇一八年は、A案件〇・三%、B案件一七・四%、C案件四・六%、D案件七七・七%という振分け結果であり、A案件が極端に少ない点に目立った改善は見られない。

(8) 案件振分けの「適正性」を検証する趣旨で、法務省は、①二〇一五年九月から二〇一六年六月までに審査が終了した案件、②二〇一六年七月から同年一二月までに審査が終了した案件につき、それぞれ有識者会議による検証を実施した。その検証結果において複数の問題点の指摘がなされたが、具体的な改善対応がなされた証跡が窺われない上に、二〇一七年以降の審査終了案件の検証は理由なく中断されたままである（法務省サイト「難民認定制度運用の見直し状況に関する検証結果について」http://www.moj.go.jp/nyuukokukanri/kouhou/nyuukokukanri08_00041.html)。

(9) 法務省サイト「難民認定審査の処理期間の公表について」(http://www.moj.go.jp/nyuukokukanri/kouhou/nyuukokukanri03_00029.html)。

(10) 総務省「行政不服審査法関連3法の概要」(http://www.soumu.go.jp/main_content/000297540.pdf) 参照。

(11) 行政不服審査法の施行に伴う関係法律の整備等に関する法律（平成二十六年法律第六九号）七五条参照。

(12) 難民申請者については、専ら入管法六一条の二の二の在留特別許可の適否が判断対象となり、同法五〇条の適用がないことについては、入管法六一条の二の六第四項に定めがある。なお、既に退去強制令書発付済みの当事者について、在留特別許可されるべき事情が発生した場合等においては、実務上は「再審情願」という制度が長年定着しており、管轄地方入管局の審判部門にその申立てを行うと審査が行われ、一定割合で、職権により退去強制令書が撤回されて在留特別許可がなされている。ところが、一度でも難民申請を行ったことのある当事者については、たとえ日本人と婚姻したこと等を主たる理由とする場合であっても、再審情願は一切受け付けない実務となっており、再度の難民申請をさせて難民手続内で再審事由の実質的判断を行う取扱いとなっている。これが、難民再申請数の水増し要因となっていることは否めない。

(13) 在留特別許可「率」は、各年の在留特別許可数÷裁決数として算出している。**図表3**は、拙稿「非正規滞在者の権利」（近藤敦編『外国人の人権へのアプローチ』明石書店、二〇一五年）収録のグラフを、アップデートしたものである。それぞれの「数」は、法務省「出入国管理統計」による。

(14) 仮放免に関しては入管法五四条に定めがあり、「収容令書若しくは退去強制令書の発付を受けて収容されている者……は、法務省令で定める手続により、入国者収容所長又は主任審査官に対し……仮放免を請求することができる」とされる。また、特別放免として、入管法五二条六項は、退令収容されている者につき「退去強制を受ける者を送還することができないことが明らかになったときは、住居及び行動範囲の制限、呼出に対する出頭の義務その他必要と認める条件を附して、その者を放免することができる」と定めている。ところが、後者の特別放免は入管実務上死文化されており、前者の仮放免についても、許可要件の厳格化が推進され、入管法五四条が予定する許可要件を明らかに逸脱するような要件加重が強行されている状況にある（情報公開によって一部開示されている「被退去強制令書発付者に対する仮放免措置に係る適切な運用と動静監視強化の更なる徹底について（指示）」（法務省入国管理局長、二〇一八年二月二十八日法務省管警第四三号）参照。

庇護を求めて、今、日本に生きる人々

石川美絵子

●いしかわ・みえこ　一九六二年生。社会福祉法人 日本国際社会事業団（ISSJ）常務理事。著作に「難民の定住支援の心構え」『難民の地域定住支援ガイドブック』（共著、公益財団法人笹川平和財団、二〇一六年）、「養子縁組と移民・難民支援における国際ソーシャルワークの役割」『世界の社会福祉年鑑2018〈二〇一九年度版〉18集』（共著、旬報社、二〇一八年）等。

迫害から逃れた難民が無事に庇護国に到着しても、多くの課題に直面する。文化の違い、生活困窮、差別、入管局とのやり取りの難しさなどである。ある難民は、日本に来てから認定までの間が人生で最も辛かったと言っていた。難民申請者として生きることは、それほど苛酷である。

アメリカの調査研究で、正規滞在・非正規滞在移民および難民二〇人に調査し、移住後のストレッサ（ストレスの要因）をまとめたものがある。[1] この研究によると、ストレッサはおよそ次のように分類される。

●異文化適応のストレス

⬇変化したこと：言語、天候、地理、入手できる食料と味、買い物の手順、教育・雇用システム、家の構造と管理、交通、法制度、識字能力があると思われること、個人に期待される衛生管理レベル、郵便物の量と目的

⬇子ども：（子どもの）安全、異文化適応、通訳や文化的仲介者としての役割、文化的価値の喪失

⬇差別：ヘイトクライム、社会の中で反移民的態度を発見すること、人種主義、雇用の差別

⬇個人的経験：新しい言語の習得能力、新しい文化への適応

能力、故郷に残した家族や友人の心配・連絡、「残された」人々への罪悪感、配偶者や子どもとの分離、社会的地位の喪失、ストレスや変化にうまく対応できていないという感覚

●リソースに関するストレス

➡足りないもの：資金、住居、健康保険、計画的に支出する能力、クレジットカード、適応のための適切な支援、多言語による情報、通訳、入管手続に関する支援

●雇用／教育に関するストレス

➡失業または半失業状態、長時間労働または仕事のかけもち、苛酷な雇用環境、教育か仕事かの「選択」を迫られること

●ジェンダーに関するストレス

➡性別役割の変化、家庭内暴力、

これは、筆者が知る限り日本で暮らす難民申請者の状況とほぼ同じである。ストレッサは難民と移民との間で大差ないと見られるが、難民の場合には、強制移住であるという性質や本国での経験・トラウマと結びつき、メンタルリスクが高まる。

その上で日本の特徴として、難民認定手続、支援／社会資源の有無、社会での文化的多様性への対応（Cultural Competence）に関連するストレッサがある。

難民認定手続に関しては、認定者数の少なさと審査期間の長さがあげられる。二〇一八年は一万四九三人が申請し、四二人が難民として認められた。[2] 認定者数の少なさは、当人にとって制度不信や狭き門としてのプレッシャーにつながるだけでなく、数が増えないために社会の中で難民のプレゼンスが上がらず、声が届きにくいという現実を生み出す。これは、理解者が増えない、エスニック・コミュニティが力を持てないことの原因にもなっている。さらに、日本の難民認定手続は審査期間が非常に長い。法務省の発表によると、二〇一八年に処理された案件の平均審査期間は一三・二カ月となっており、一年を越える。[3] これは一次審査の期間なので、審査請求を入れると三年程度（三一・二カ月）かかり、難民性が高いと見られるほど長期化するという情報もある。[4]

難民支援を行なう民間団体は多くが東京に集中し、近年見られる難民の居住地の地理的拡散に追いついていない。政府は、収入のない難民申請者に難民事業本部[5]を通じて保護費を支給しているが、全員が受給できるわけではなく、四カ月ごとにスクリーニングがある。社会保障制度は在留資格に紐づくため、在留資格を持たない仮放免の難民申請者が利用できるサービスは非常に少ない。当事者から見ると、社会資源の欠如は制度のわかりにくさや情報へのアクセスの困難性でもある。

社会インフラとしての多様性への対応は難民に限られないが、公的機関の職員や福祉医療専門職の文化的理解にはばらつきがあ

り、セーフティネットに関わる場面で度々無理解に直面する。そもそも日本の制度は外国人が利用することを前提としていない。当事者が発するさまざまな質問に対して「ここは日本です」という一言で片付けられたこともあるが、差異を無視することが抑圧になることが意識されていない。

このような環境がストレスを生み、心的負担が増す。長い審査期間に彼らを襲うのは、収容と送還の不安、後悔と自責の念、海外にいる家族の心配、役割変更または喪失に伴う自己肯定感の低下などである。これらと異文化適応の両方に同時に対処しなければならず、極度のストレスとなる。ある申請者は女性一人で二人の子どもを養育している。彼女と子どもたちだけ先に安全な第三国に出国するはずが、中継地である日本での申請を余儀なくされ、二年以上が経過した。彼女は周囲への感謝を忘れず、常に明るく振舞っているが、表情から影が消えることはない。未来への展望を描けない状態での子育ては、かなりの精神力を要するに違いない。未成年として日本に来たある青年は、「望んでも意味がない」と語った。

このようなストレスの影響は在留許可を得たとしても容易に消えるものではなく、不安定な期間が長引くほどインパクトは強くなり、簡単に回復しないケースもある。だが、彼らはただ同情されるだけの、可哀想な存在ではない。すでに強靭な精神によって数々の苦難に対処してきており、その懸命さと生きる力に圧倒される。前述の女性の長女は、今年高校合格を果たした。彼らの強さに励まされ、助けられているのは、実は私たちの方なのである。

注

（1）Yakushko, O. (2010). Stress and Coping Strategies in the Lives of Recent Immigrants: A Grounded Theory Model. International Journal for the Advancement of Counselling, 32 (4), 256–273. 筆者による翻訳。

（2）法務省入国管理局「平成三〇年における難民認定者数等について」http://www.moj.go.jp/nyuukokukanri/kouhou/nyuukokukanri03_00139.html 二〇一九年四月一日アクセス。

（3）法務省入国管理局「平成三〇年における難民認定者数等について」http://www.moj.go.jp/content/001290416.pdf 二〇一九年四月一日アクセス。

（4）「平成二八年に処理した審査請求の数は二一一四件であり、（中略）審査請求に理由があるとして難民の認定をしたものの難民認定申請から難民の認定までに要した期間の平均は約三六・五カ月、審査請求が不適法であるとして却下し、又は理由がないとして棄却したものの難民認定申請から却下又は棄却までに要した期間の平均は約二八・八カ月である」。第一九三回国会・質問第一四六号 参議院議員石橋通宏議員「難民認定状況に関する質問主意書」（二〇一七年六月十五日）。

（5）（公財）アジア福祉教育財団 難民事業本部（ＲＨＱ）。一日一五〇〇円（子どもは半額）の生活費と住居費（世帯数によって変動。単身者は四万円）が支給される。

転機を迎えた難民第三国定住事業

滝澤三郎

●たきざわ・さぶろう　一九四八年生。国連UNHCR協会特別顧問、東洋英和女学院大学大学院客員教授。日本の難民政策。著作に『難民を知るための基礎知識』（共編著、明石書店、二〇一七年）、『世界の難民を助ける30の方法』（編著、合同出版、二〇一八年）、「新たな政治課題としての難民問題――誰を、どこで、いかに救済すべきなのか？」（『新しい国際協力論』改訂版、明石書店、二〇一八年）等。

はじめに

世界で移動を強いられた難民や国内避難民の数は二〇一八年末には推定で七〇〇〇万人を超えたと見られる。国内避難民が四〇〇〇万人、難民が二五〇〇万人だが、後者のうち、本国帰還も第一次庇護国での定住も認められないまま、難民キャンプや都市のスラムなどで五年以上の避難生活を送る「長期滞留難民」の数は一三〇〇万人に達する。アフガン難民を中心にした三〇〇万人は三八年も難民生活をしている。[1]二〇一五年以来、シリア難民を中心に一〇〇万人を超える難民が欧州に流入したことをきっかけに、世界的に「難民締め出し」の動きが強まったことも行き場を失った難民が増えている背景にある。このような難民の存在は人道的にも政治的にも大きな問題だが、「第三国難民定住制度」はその問題の緩和策の一つだ。二〇一八年十二月には国連で「難民グローバルコンパクト」が採択され、難民保護をめぐる国際的な負担のより公平な分担が合意されたが、そこでも第三国定住の拡大への期待が表明されている。

第三国定住の国際的意義

難民を国際社会が保護する方法には大きく二つの方法がある。一つは自力でたどり着いた難民を難民条約に基づいて庇護することだ。もう一つは多数の難民が流入・滞留する国の負担を軽減することで、財政的負担の軽減を図る「資金協力」と、一部の難民を先進国が政策的に引き受ける「第三国定住」制度がある。第三国定住事業は難民条約上の義務ではないため対象者と人数を政府が決めることができ、計画的な受け入れを可能にする政治的な利点もある。

一般的な再定住の手続きとしては、UNHCRが受け入れ先進国に候補者を推薦し、受け入れ各国が独自の基準によって最終的に受け入れる者を決める。UNHCRが推薦するのは①法的・身体的保護の必要な者、②暴力・拷問の被害者、③特別な医療を必要とする者、④女性・少女、⑤家族の再統合、⑥危険にさらされた若年者、⑦他に解決策がない場合、などだ。

二〇一七年で第三国定住が望ましい難民の数は一二〇万人になるが、同年に先進国が受け入れたのは約一〇万人に止まった。年間七万人以上受け入れてきたアメリカがトランプ政権のもとで三万三千人に減らしたのが大きい。カナダは二万六千人、オーストラリアは一万五千人、イギリスは六千人だ。韓国も二〇一五年から三〇人を定住枠としたミャンマー難民の再定住を開始した。再定住を実施している国は三五カ国に増えたが、欧米諸国が難民受け入れに消極的になる中で再定住枠も減少傾向にある。日本の再定住はそのような流れの中に位置付けてみる必要がある。

日本の第三国定住制度の意義と見直し

日本に受け入れられた難民には、一九七九年代から二〇〇六年までに受け入れられた約一万一千人のインドシナ難民、一九八二年の難民条約加入後に二〇一七年までに難民として認定された七〇七人の「条約難民」、二〇一〇年に開始された第三国定住で受け入れられたミャンマー難民がある。[2] 国際的負担分担で一番大きな貢献はインドシナ難民の受け入れだが、それは実は再定住であった。条約難民の数は年に二〇人から四〇人に過ぎず、日本の難民認定制度の意義は小さい。第三国定住制度は国際貢献及び人道支援の観点から、当初はパイロット事業として年間三〇人を上限に開始された。二〇一八年までに四四家族一七四名が来日しており、その意義は相対的に大きくなっている。また、日本の事業はアジアで初めてであり、韓国による開始の呼び水となったことも国際的には重要だ。

再定住の開始から一〇年になることや、「難民グローバルコンパクト」のもとで具体的行動が求められる中で、政府は昨年から

「第三国定住事業の対象の拡大等に係る検討会」を設けて制度の見直し作業を進めている。検討項目には人数枠の倍増(六〇人)のほか、年一回のペースの受け入れを年二回とすること、ミャンマー難民以外の受け入れの可能性、定住地に直接移動してそこで研修を受けることなどがある。

日本の第三国定住制度の課題

現行の再定住事業の第一の課題は「誰を受け入れるか」についてだ。現行事業の対象者の選考基準に「日本社会への適応能力を有している者」で「職に就くことが見込まれる者」とあるように、選考に際しては、脆弱性よりも就労・自立能力が重視される。背景にあるのは財政的・社会的負担をできるだけ小さくしたいという考慮だろうが、永住を前提にした「移民受け入れ」に近いとも言える。受入れ対象がミャンマー難民に限られていることも課題だ。日本の事業が始まった二〇一〇年以来、ミャンマーの民主化が進み、一部の難民は帰還を始めているなど、第三国定住ニーズは減少している。現在、第三国定住のニーズが大きいのはシリア難民だが受け入れ対象になっていない。日本の再定住事業も難民を巡る世界的ニーズの変化に対応し、シリア難民も考慮すべきだろう。

第二に、「どのくらい受け入れるか」だ。現行の年間三〇人という数では国際的インパクトが小さいだけでなく、数千人から数万人を受け入れている先進諸国から「日本は相応の負担を果たしていない」と見られている。さらに「費用対効果」が低い。現行の再定住予算は約一億三千万円だが、人件費など「固定費」が高額なため、「規模の不経済」によって一人当たりの費用が約四〇〇万円と高額になってしまう。受け入れ数が増えても固定費はあまり増えず「単価」は下がるから、思い切った受け入れ枠の増加を考えるべき時だろう。

第三は社会統合の成功に直接関わる「どんな支援を?」だ。現在のところ難民事業本部(RHQ)が都内の施設で日本語学習と社会適応訓練を提供しているが、半年の日本語学習期間は不十分だ。大人の難民には高等教育はおろか母国語での読み書きすら不十分な者もいる中で、半年間で日本での自立に必要な日本語能力を身につけるのは難しい(子どもについては学習が早いことが確認されており、実際、第一陣の中からは大学進学生も出ている)。また、自立のためには就労が不可欠だが、企業の求めるスキルと難民の持つスキルのミスマッチをどう克服するか、学校教育を十分受けていない者の「就学支援」の課題がある。難民が日本的な労働環境に慣れるにはコストがかかることは、今まで八人を店舗で雇用したユニクロの例からも見える。他方で難民雇用が職場の活性化にも繋がるともいう。マレーシアからの難民は「都市難民」で就労経験があるため、就労は比較的容易であるようだ。都市難民の方が就労能力が高いが、労働移民の受け入れではない以上は脆弱性とのバランスも必要だ。

第四に、「どこで支援するか」の問題がある。今までの再定住難民は、入国直後の研修を都内で受け、多くはミャンマー人コミュニティの近さ、就業機会の多さから首都圏の自治体に定住した。しかし同じ自治体に集住が続くと住宅や学校などの許容能力からも難しい。財政難の自治体にとって、難民に対して追加的な支出をするのは、なぜ我が自治体（だけ）が負担を負うのか、という反発を呼ぶ。このため、政府も定住先を地方都市へ広げる努力をしている。二〇一七年に第八陣として受け入れられた八家族二九人のうち、五家族二二人が広島県呉市に定住し、二〇一八年九月に来日したミャンマー難民五五家族二二名の定住先は兵庫県神戸市に決定した。

再定住が開始された一〇年前に比べると、地方での人口減少が加速し、地域の活性化の起爆剤として難民受け入れをしても良いと考える自治体が増えているようだ。政府から自治体に対して財政補助をし、入国直後の研修も定住地で実施することでその動きが強まろう。それは難民問題への理解が全国規模で広がることにも役立つ。

最後の課題は、「いつまで支援するか」、言い換えれば支援の終止問題だ。諸外国の例では二つのタイプがある。一つは短期支援モデルであり、首都などで短期間の定住促進事業を行ったあと定住する地方都市で支援を行うものだ。例としてはベルギー、アイルランド、ニュージーランド、アメリカがある。もう一つは一年以上の長期支援モデルで、アルゼンチン、デンマーク、アイスランド、ルーマニア、イギリスがある。定住地の地方自治体が中心になって定住支援を行う。

日本の場合、東京での半年と定住地での半年の原則一年の支援をＲＨＱが行なっているが、実際には五ないし六年たっても相談に乗ったりして明確な終期はない。日本の支援は結果的には他の定住国よりも長く、「面倒見の良い」支援となっている。資金が限られていることを前提にすれば、支援期間が長引くほど資源的制約から定住枠の拡大には足枷となる。一定時点で支援を打ち切って自立を促すのも一案だろう。

新しい外国人労働者受け入れ政策の持つ意味

再定住事業の将来に影響を与えると思われるのが、政府が今年四月から三四万人を越す外国人労働者の本格的受け入れに踏み切ったことだ。今まで日本政府は「定住・永住を前提とする外国人の受入れはしない」とする建前から外国人の社会統合政策は持たず、外国人定住インフラの構築は図られなかった。このため、再定住難民の受け入れ自治体は独自の定住支援を強いられてきた。今回の外国人労働者政策の転換に伴って外国人との共生を支えるための二〇〇を超える施策が発表されているが、日本語支援などの多文化共生策が確実に実施されるなら、それは再定住難民の社会統合のためのインフラともなる。難民も適切な支援があれば就労して企業や地域に貢献できる「外国人材」となる。難民政策と外国人労働者政策は両立できるものであり、それは「難民グローバルコンパクト」の考えでもある。

おわりに

数十万人の外国人労働者を受け入れる一方で再定住を含めた難民受け入れ数を百人前後にしておくならば、「日本は経済的損得だけで外国人政策を決める国」と思われよう。再定住事業を量的・質的に拡大することで「人道支援にも前向きな国」との国際的評価も得られようし、難民当事者のみならず受け入れ地域にとっても利点をもたらし得る。また、今後の日本の難民政策の主流となりうる第三国定住事業の制度設計のためには、経験と実践に関する諸外国の事例に詳しいＵＮＨＣＲとの協力が不可欠だ。(3) さらに、新制度の設計と運用については一層の情報開示が必要だ。プライバシー保護をしつつも情報開示を進めることで制度への理解と支持が増えていくだろう。

＊　＊　＊

注

（1）UNHCR Global Trends 2017.

（2）再定住難民の現状については滝澤三郎・山田満編著『難民を知るための基礎知識』（明石書店、二〇一六年）を参照。

（3）ＵＮＨＣＲの難民の受け入れと社会統合の国際ハンドブック「難民の第三国定住」は無償で入手できる。

日系ブラジル人が増加している出雲市に開設されたしまね多文化コミュニティ支援センター。
（2017年9月11日　提供＝鈴木江理子）

Ⅶ 「多文化共生」への課題

多文化共生マネージャーが果たす役割

土井佳彦

●どい・よしひこ　一九七九年生。NPO法人多文化共生マネージャー全国協議会 代表理事。教育ファシリテーション。論文に「多言語支援センターによる災害時外国人支援――情報提供と相談対応を中心に」(『移民ディアスポラ研究 2』明石書店)、『多文化共生社会』における災害時外国人支援を考える――東海・東南海地震に備えて」(『人間関係研究』第12号、南山大学人間関係研究センター)、「NPOにおける外国人スタッフの雇用と研修――外国人住民のキャリア意識の変容」(『異文化間教育』第35号、異文化間教育学会)等。

はじめに

九〇年代中頃から「多文化共生」という言葉が使われるようになり、四半世紀が経った。類似の標語には「多民族共生」や「多言語社会」、「多文化社会」、「外国人との共生」など様々あり、組織やイベントの名称などに使用されている。それぞれに込められた意図や思いに多少の差異はあれども、日本国内において出自やそれに伴う文化的言語的背景等を問わず、すべての人の人権が尊重され、差別や偏見のない多様性豊かな社会づくりを目指している点においては共通していると考えてよいだろう。

そうした目指すべき社会づくりを推進するには、様々な立場の担い手が、それぞれの役割において必要とされる能力を身につけ、発揮することが必要になる。本稿では、そうした担い手の一人として「多文化共生マネージャー」という肩書きをもつ人々に焦点を当て、その人材が育成されることになった背景や育成プログラムにおいて重視されていることを紹介し、今後「多文化共生マネージャー」に期待される役割について私見を述べる。

多文化共生マネージャー誕生の背景

多文化共生マネージャーとは、財団法人自治体国際化協会（以下、「ＣＬＡＩＲ」と表記）[1]が滋賀県大津市にある全国市町村国際文化研修所（以下、「ＪＩＡＭ」と表記）を会場に二〇〇六年度から「多文化共生マネージャー養成コース」という一〇日間の研修を開始し、その受講者が修了後にＣＬＡＩＲによって「多文化共生マネージャー」として認定を受けた者を指す。研修プログラムの詳細は次節で述べるとして、ここでは多文化共生マネージャーが育成されるに至った経緯を抑えておきたい。

「多文化共生」という標語が掲げられたのは、一九九三年に神奈川県川崎市の住民組織である「おおひん地区まちづくり協議会」（一九九一年十一月発足）[2]が「多文化共生の街づくり」を市に提言したのが最初であると言われている。また、一九九五年一月十七日に発生した「阪神・淡路大震災」において、発災翌日から外国人被災者への支援活動を始めたボランティア団体「外国人地震情報センター」が、活動の中で「外国人支援」という言葉に違和感を覚え、多様な文化的背景を持つ人々が共に助け合い生きていく社会として「多文化共生」というキーワードを生み出し、同年十月より団体名を「多文化共生センター」と改め、その後全国五カ所で活動を展開していった。[3]このように、日本における「多文化共生」というのは、住民発の理念であり、住民主体の活動であることは、後述する多文化共生社会づくりのあり方を考えるうえで非常に重要な点である。

二〇〇〇年代に入ると、「住民発・住民主体」である活動に、徐々に行政や国際交流協会などが公共事業として取り組むようになっていく。一九九〇年の出入国管理及び難民認定法の改正により、新たに「定住者」という在留資格が創設され、ブラジルを中心とした南米諸国から大勢の「日系人」らが静岡県浜松市や愛知県豊田市などの製造業が盛んな地域に〝デカセギ労働者〟として来日し、母国からの家族呼び寄せも伴って各地の外国人登録者数が急増した。それによりゴミの分別や路上駐車、夜間の騒音など地域での生活マナーにおいて日本人住民との間に問題が生じたことなどを背景に、二〇〇一年には浜松市の呼びかけに応じた一三都市[4]を構成員とする「外国人集住都市会議」が設置された。同会議が二〇〇四年十月に豊田市で開催された際、最後に読み上げられた「豊田宣言」の中で、「日本人住民と外国人住民が、互いの文化や価値観に対する理解と尊重を深めるなかで、健全な都市生活に欠かせない権利の尊重と義務の遂行を基本とした真の共生社会（多文化共生社会）の形成に向け」と、初めて「多文化共生」という文言を記している。またその約半年前には、日系ブラジル人等の外国人住民が多数居住する七県一市[5]が一致協力し「多文化共生推進協議会」が設置されている。

北関東・東北豪雨災害（2015年9月）の折、茨城県常総市の避難所の外国人に、困りごとの聞き取りを行なう多文化共生マネージャー。（筆者提供）

「豊田宣言」の一年前には、明治大学助教授（当時）の山脇啓造氏が代表を務める「外国人との共生に関する基本法制研究会」（二〇〇二年発足）が、「多文化共生社会基本法の提言」を取りまとめ公表した。ここでは冒頭部分に「外国人に外国出身の民族的少数者も加えて、多様な文化的背景をもった人々が共に生きる多文化共生社会の形成」に向けて、「国だけでなく、地方自治体レベルでも、多文化共生の推進体制を整備することが望ましい」と書かれており、「多文化共生推進条例」の策定など、行政や政治による取り組みを促している。[6]

さらに、経済界からも「多文化共生社会づくり」を求める声があがった。社団法人日本経済団体連合会（当時）[7]は二〇〇四年四月に「外国人受け入れ問題に関する提言」を取りまとめ、「私たち日本人が外国人の人権や尊厳を尊重することにより、外国人犯罪が減少し、ひいては日本人も外国人も安心して生活できる多文化共生の社会が形成されることを切に希望するものである」とした。

こうした一連の出来事を背景に、二〇〇五年六月に総務省は「多文化共生の推進に関する研究会」[8]を発足させ、地域における多文化共生施策の推進について総合的・体系的な検討がなされた。同研究会が二〇〇六年三月に取りまとめた報告書及びそれを受けて同月に総務省が策定した「地域における多文化共生推進プラン」には、多文化共生の推進体制の整備にあたり、「地域の実情に応じて多文化共生の推進を所管とする担当部署を庁内に設置することや、外国人住民施策担当部局が中心となって、横断的な連絡調整を行い、各部局の連携が図られるようにすること」とある。これは、市町村及び都道府県の役割とされており、それまで主体であった住民の取り組みについて、自治体が「関係するNPO、NGOその他の民間団体が連携・協働を図るための協議の場を設ける」ことを促した。

一方、同時期にCLAIR内部では、自治体や地域国際化協会において今後の多文化共生社会づくりを推進する際に中心的な役割を担う人材が必要であるとの認識から、その育成に向けたスキームを構築することとなった。その命を受けて研修プログラムの開発にあたったのが、当時CLAIRで参与として災害時多言語情報支援ツールの作成など多文化共生事業に携わっていた田村太郎氏である。田村氏は、自治体職員らの研修施設であるJIAMの職員と共に、多文化共生社会の形成に向けた様々な取り組みを〝マネジメント〟する人材として「多文化共生マネージャー養成コース」を企画し、JIAMの国際文化研修プログラムの一つとして開設、二〇〇六年度より実施することになった。

マネジメント人材の育成

「多文化共生マネージャー養成コース」は、主に自治体及び国際交流協会の職員らを対象に、地域の多文化共生を推進するための知識やアプローチの仕方等を身につけることを目的としている。二〇〇六年度から二〇一二年度第一五期までは研修プログラムを開発した田村氏が全日程を通してファシリテーターを務めた。筆者も二〇〇九年に第八期生としてこの研修を受講し、CLAIRより多文化共生マネージャー（第一二九号）として認定を受けた。その後、二〇一三年度第一六期より田村氏に代わって筆者がファシリテーターを務めることとなった。(9) 二〇一六年度の受講者募集案内には、研修のねらいとして次の三つが掲げられている。

①外国人住民に関する法制度や課題について体系的に学び、理解を深める。

②様々な関係団体、担い手等の長所を生かしたコーディネート力を育成する。

③外国人住民の問題解決、多文化共生の推進、さらには外国人住民と共に行う地域活性化に関する施策や事業を企画立案できる力を育成する。

プログラムは前期と後期で各五日ずつ、計一〇日間（五〇時間程度）の宿泊型研修である。前期は座学が中心で、多文化共生に関する歴史的な背景や在日外国人施策に関連した法制度について、それらを専門とする大学教員等から学ぶ。前期と後期の間は一カ月〜一カ月半のインターバルがあり、この間に受講生は所属する地域において、多文化共生に向けた様々な課題をリサーチする「課題」が課される。なお、受講者には研修開始前に受講決定通知と合わせて「事前課題」が課され、所属地域の外国人状況（国籍別・在留資格別人数等）や教育、生活相談、災害時対応等における現状と課題等を調べてくることになっているが、この段階では課題が十分に明確になっていなかったり、事業実施側の視点でしか課題が捉えられていなかったりすることが多いため、前期研修での学びを元に、施策の受け手である住民の声を聞いて回り、本当の地域課題とは何かを探ることが求められるのだ。このリサーチ課題では、日頃自身が取り組んでいる特定の事業に限らず、総務省の「多文化共生推進プログラム」にまとめられた一〇の取り組み(10)すべてにおいて、その現状と課題、その背景にある要因を調べなければならない。例えば外国人の子どもの学力向上一つとってみても、学校での担当教員の教え方の良し悪しだけが原因になるわけではない。クラス担任やクラスメイトとの関係性、家族関係を含めた家庭での生活環境、保護者の就労状況等、子どもは周囲から様々な影響を受けており、それらが落ち着いた学習環境づくりを大きく左右し、複合的な要因となって学力向上の妨げになっているのだ。そのため、多文化共生施策全体をマネジメントするには、個別の事業における課題を安易に特定の要因とのみ結びつけて考えるのではなく、他の取り組みや様々な要因との関連性にも着目し、総合的な解決策を講じる力が必要になり、そうした力をインターバルの課題を通じて涵養するのがねらいだ。

研修では、多文化共生の取り組みにおける先進事例について各地の実践者から講義を受けたり、貸切バスで一日兵庫県内の活動現場を回るフィールドワークを行ったり、最後にはインターバルの間にリサーチした諸課題の中から一つを選んで、それを向こう三年間にわたりどのように解決していくかを受講生一人ひとりが「三カ年計画」としてまとめ、発表する。一〇日間の宿泊型研修を含め、受講開始前の「事前課題」から「三カ年計画」の発表までの一連の取り組みが「多文化共生マネージャー養成コース」であり、修了までには約三カ月かかる中期的なプログラムだ。

筆者は過去に本研修を受講生とファシリテーターの両方から体験した唯一の人間として、インターバル期間中の多方面でのリサーチと、この「三カ年計画」の策定こそが多文化共生マネージャー養成の〝肝所〟であると実感している。「三カ年計画」の策定にあたっては、事前にいくつかのポイントが伝えられるが、中でも筆者が考える最も重要な点は、「アウトプットではなく、アウトカムを目標に据えること」であり、そのためには「対処療法型アプローチではなく、課題解決型アプローチ」を執るということである。ここで言う「アウトプット」とは、事業計画を立てる際に「何を（何回）やるか」といった行為のことを指し、それが実行できたか否か、またその回数を目標とすべきではない。本来、事業の成果とは、何を行なったかではなく、それを行なったことによって「目標とする状態（＝アウトカム）にどのくらい近づけたか」を測るべきであり、計画策定時点では「事業を遂行した後で、解決しようとしている課題が現状と比べてどう、どれだけ改善されることを目指すか」を具体的かつ計測可能な指標をもって示すことが重要である。例えば、日本語教室がない自治体で、「日本語教室の開設」という新規事業を計画したとする。その場合、当然、事業期間内に日本語教室が開設されれば、それがそのまま事業の「成果」として「事業目標達成」だと考えられがちだが、本当にそうなのだろうか。本研修では、それは必ずしも「成果」とは言えず、それだけをもって事業を評価することはできないと考える。なぜなら、日本語教室ができたことによって、その前提にあったどんな課題が、どれだけ解消されたのかがわからないからだ。もし、教室を開設しても受講者が集まらなかったり、受講者が集まって日本語を勉強しても本人らが必要とする日本語が十分に習得されなかったりしては、「日本語の習得を希望する人が、その学習機会を得て必要な日本語力を身につけられている」という状態目標は達成されないのである。教室の開設は、あくまで状態目標を達成するための手段の一つにすぎない。「目標とする状態」を達成するためには、「対象とする課題」を見極め、その解決に向けて適当かつ十分で具体的な施策を講じ、実施する必要がある。そのための事業計画にあたっては、主観や一部の人の意見、わずかな情報のみを拠り所にするのではなく、課題を抱える当事者やその周囲の人々の声を十分に聞き、自身はもちろん周囲に納得してもらえるだけの客観的で具体的なエビデンスを集める必要がある。もちろん、研修期間中にそれだけのエビデンスを集めることは不可能であるため、研修の最後に取り組む「三カ年計画」づくりは、職場に戻って今後の事業を立案するための〝練習〟として位置付けられている。しかしこれは、それまで十分なエビデンスをもたないまま課題設定をしていたり、「行為目標」のみで「状態目標」を定めていなかったり、既存事業を毎年ルーティーン的に行なっていたりしていた受講者にとってはかなりハードな〝練習〟であり、計画づくりが深夜にまで及んだり時には徹夜になってしまう者も少なくない。このように、課題設定のリサーチから事業の企画立案、それを遂行する際に様々なステークホルダーの協力を得ることで当該課題の解消のみならず新たな課題の発生を未然に防ぐような働きかけを行うことが、「多文化共生マネージャー」に求められる能力なのである。

多文化共生マネージャーの役割

二〇一八年六月一日現在、全国四三都道府県に四七四名の多文化共生マネージャーが存在している。[1] このうち、所属別では四割強が自治体で、国際交流協会が三割、ＮＰＯ及びその他が二割弱となっている。研修開始初年度の第一～三期（計三八名）は自治体職員が受講者の半数を占めていたが、筆者がファシリテーターを引き継いだ第一六～一八期（計六四名）では国際交流協会職員の数が自治体職員をわずかに上回り、最後に務めた第二三期（一九名）では約七割が国際交流協会職員で、自治体職員はわずか四名であった。近年になって受講者に国際交流協会職員の占める割合が高くなっている背景には、各自治体の多文化共生を担当する部署の人員が少なく一〇日間の研修に参加させられるだけの余裕がなくなっていることや、多文化共生事業を国際交流協会やNPO等への委託や補助事業として行うケースが多くなり、その受託団体からの研修参加が増えているのではないかと推測する。これでは総務省が「多文化共生推進プログラム」において、市町村及び都道府県に期待した「外国人住民施策担当部局が中心となって、横断的な連絡調整を行い、各部局の連携が図られるようにする」という〝状態目標〟とは異なってしまうので、筆者としては改めて自治体職員の中に多文化共生施策をマネジメントできる人材が多く育ってくれることを強く願うばかりである。その一方で、マネジメント人材が自治体にだけでなく、国際交流協会やNPO等の中にも多く存在すること自体は非常に望ましい。できればそうした人材が研究機関や教育現場、経済界にも育つことで、それぞれが専門性を持って取り組むとともに、広いネットワークを形成しそのノウハウの共有や相互のスキルアップを継続的に行うなど、産官学民の連携・協働が今まで以上に活発になることを期待したい。

また、「多文化共生」という言葉が自治体施策の中で使われる場合、ともすれば外国人住民の増加に伴って元々そこにあった地域コミュニティ（ほぼ「日本人コミュニティ」と同義）に生じた種々の〝トラブルの解決〟に取り組むことや、生活上の困難を抱えている外国人への支援事業（いわゆる「外国人支援」）であると考えられていることが少なくない。それも「多文化共生」の地域づくりにおいては欠かせないものではあるが、顕在化した課題への対処だけでなく、住民構成の多様化に伴い、新たに生じうる問題を見据えて発生の予防や拡大防止策を講じることも重要である。そして何より、多様な住民が暮らす社会こそがサステナビリティ（持続可能性）が高くレジリエントな都市になるのだという信念を持ち、そのような社会は多様性ある住民一人ひとりがまちづくりの主体として個々の能力を発揮できる風土が重要になるのだということを忘れてはならない。「多文化共生」には、答えがないし、終わりもない。完成形があり、それを目指した取り組みとしてではなく、その時々の時代の潮流や住民の構成等を基に、多様な人々が共に生きていく社会のあり様を思い描いて、少しずつでもそこに近づいていこうとする様々な営みのある社会なのだ。

たびたび「〝多文化共生〟はわかりにくい、理想論だ」という意見を見聞きするが、それは「〝平和〟はわかりにくい、〝平和な

熊本地震（2016年）の被災地に駆け付け、熊本市国際交流振興事業団による「くまもと災害多言語支援センター」の活動に協力する多文化共生マネージャー。（筆者提供）

社会〟など実現不可能だ」と言っているのと同じようなものだ。わかりにくく、実現が極めて困難であるからと言って、それが「多文化共生社会」や「平和な社会」を目指さない理由にはならない。今後もわたしたちが暮らす社会を、次の世代に引き継いでいく社会を、さらにその先の将来に遺していく社会をどんなものにしていきたいかを考え続け、チャレンジを続けていくことが、今を生きるわたしたちの役割である。多文化共生マネージャーは、そうした思いで理解者・共感者を増やし、さまざまな人の協力を得て事業に取り組んでいく多文化共生社会づくりの一翼を担っているのだ。

おわりに

今から一三年前、これからの多文化共生推進には、現場で個別の課題解決に取り組む「プレーヤー」だけでなく、全体を俯瞰的に捉えて目標に向けた進捗をマネジメントできる人材が必要だとしてその養成プログラムが開発され、これまでに全国四三都道府県に約五〇〇名の「多文化共生マネージャー」を輩出した。二〇一八年一二月二十五日に開催された第三回「外国人材の受入れ・共生に関する関係閣僚会議」において了承された「外国人材の受入れ・共生のための総合的対応策」では、従来文化庁が進めてきた「地域日本語教育コーディネーター」（二〇一〇年度～）や総務省が取り組み始めた「災害時外国人支援情報コーディネーター」（二〇一八年度〜）の育成に加えて、新たに「地方公共団体へのアドバイザー制度の創設」が明記され、全国レベルで多文化共生を推進する専門人材の育成とそれらによるノウハウの共有・普及が重要施策として盛り込まれた(13)。また新聞報道によれば、法務省は二〇一九年四月に新設する出入国在留管理庁に外国人との共生策を進める「在留担当支援官」（仮称）を置き（八地方局三支局に計一三名）、各管轄内の地方自治体と連携しながら施策を推進していくという(14)。こうした中で、多文化共生マネージャーをはじめ、本稿では紙幅の関係で割愛した「多文化社会コーディネーター(15)」や「多文化共生推進士(16)」といった他の専門人材育成プログラムの修了者らとともに、活動地域や専門性、立場等を超えたネットワークを形成し、連携・協働を通じてオールジャパンでの取り組みを展開するとともに、地域に理解者と新たな担い手を育てていくことで、実質的な〝移民受入れ国〟である日本の多文化共生社会づくりの発展に貢献されることを期待したい。

注

(1) Council of Local Authorities for International Relations の略。地域における国際化の気運の高まりを受け、こうした動きを支援し、一層推進するための地方自治体の共同組織として一九九八年設立。二〇一四年に、「一般財団法人自治体国際化協会」となる。

(2) 「おおひん地区」とは、川崎市桜本を中心に、隣接する浜町、池上町、大島町の四地域を総称したもので、在日韓国・朝鮮人の集住地域である。当時の社会福祉法人青丘社理事長である李仁夏氏が名付けたとされている。

(3) 兵庫、京都、広島、東京と展開し、二〇〇六年にそれぞれ独立した団体となった。本稿執筆中の二〇一九年一月二十日現在、広島と大阪は解散している。

(4) 静岡県浜松市、磐田市、湖西市、愛知県豊橋市、豊田市、三重県四日市市、鈴鹿市、岐阜県大垣市、可児市、美濃加茂市、群馬県太田市、大泉町、長野県飯田市。その後、複数自治体の加盟・退会を経て、二〇一八年四月一日時点で一五都市が加盟している。

(5) 二〇〇四年三月の発足時は愛知県、群馬県、岐阜県、静岡県、三重県、名古屋市の五県一市。その後二〇〇七年に長野県が、二〇〇八年に滋賀県が参加し現在に至る。

(6) 山脇啓造氏は、この提言を発表した翌二〇〇四年度から二〇一四年度まで、外国人集住都市会議のアドバイザーを務めた。

(7) 二〇一二年三月三十日より、「一般社団法人日本経済団体連合会」。

(8) 山脇啓造明治大学教授が座長を務め、特定非営利活動法人多文化共生センター理事（当時）の田村太郎氏など構成員には民間からも複数名選出されている。

(9) 筆者は二〇一七年度第二四期までファシリテーターを務め、第二五期からは再び、田村太郎氏が務めている。

(10) ①地域における情報の多言語化、②日本語および日本社会に関する学習の支援、③居住、④教育、⑤労働環境、⑥医療・保健・福祉、⑦防災、⑧その他（生活支援）、⑨地域社会に対する意識啓発、⑩外国人住民の自立と社会参画。

（11）鳥取県、愛媛県、高知県、長崎県の四県には多文化共生マネージャーがいない。

（12）ＯＥＣＤ（2016）では「持続可能な成長、幸福度、包括的成長を確保するために、ショックを吸収し、新しい情況に適応し、自身を変革し、将来のショックやストレスに備える能力を持つ都市」とされている。

（13）法務省「外国人材の受入れ・共生のための総合的対応策検討会（http://www.moj.go.jp/hisho/seisakuhyouka/hisho04_00066.html 二〇一九年一月二十日アクセス）。

（14）『朝日新聞』「外国人との共生、法務省が専門職　全国に一三人の支援官」二〇一九年一月十九日付（https://digital.asahi.com/articles/ASLDW4FZSLDWUTIL014.html?rm=381　二〇一九年一月二十日アクセス）。

（15）東京外国語大学多言語・多文化教育研究センターが二〇一一～二〇一五年度に実施した「多文化社会人材養成プロジェクト」の一環で、「言語・文化の違いを超えてすべての人が共に生きることのできる社会の実現に向けてプログラムを構築・展開・推進する専門職」として育成された人材で、計四三名が修了している（http://www.tufs.ac.jp/blog/ts/g/cemmer_old/ 二〇一九年一月二十五日アクセス）。

（16）群馬県と群馬大学が連携して取り組むプログラムで、「多文化共生の視点に立って地域や職場を見直し、課題を解決する人材」の育成をねらいとしたもの。二〇一〇～二〇一六年度に実施され、一九名の「多文化共生推進士」を輩出した（http://www.pref.gunma.jp/04/c1500243.html 二〇一九年一月二十五日アクセス）。

参考・引用

外国人集住都市会議ホームページ（https://www.shujutoshi.jp/index.html 二〇一九年一月二十日アクセス）

多文化共生推進協議会ホームページ（http://www.pref.aichi.jp/syakaikatsudo/kyogikai/kyogikai.html 二〇一九年一月二十日アクセス）

外国人との共生に関する基本法制研究会（2003）「多文化共生社会基本法の提言」（http://intercultural.c.ooco.jp/data/kihonho.pdf 二〇一九年一月二十日アクセス）

日本経済団体連合会（2004）「外国人受け入れ問題に関する提言」（https://www.keidanren.or.jp/japanese/policy/2004/029/index.html 二〇一九年一月二十日アクセス）

多文化共生の推進に関する研究会（2006）「多文化共生の推進に関する研究会 報告書」

総務省（2006）「地域における多文化共生推進プラン」（http://www.soumu.go.jp/main_content/000400764.pdf 二〇一九年一月二十日アクセス）

ＯＥＣＤ（2016）「レジリエントな都市　ＯＥＣＤ報告書（暫定版）の概要」（http://www.mlit.go.jp/common/001136417.pdf 二〇一九年一月二十八日アクセス）

地方自治体の外国人施策の現在

【改正入管法の「外国人材の受入れ・共生のための総合的対応策」を手がかりに】

山田貴夫

●やまだ・たかお　一九四九年生。フェリス女学院大学・法政大学非常勤講師。著作に『新 在日韓国・朝鮮人読本』（共著、緑風出版、二〇一四年）、「川崎市外国人市民代表者会議の成立と現状」（『外国人の政治参加』有信堂、二〇〇〇年）、「外国籍住民と地方自治体」『平和・コミュニティ叢書４ 地方自治体の安全保障』（明石書店、二〇一〇年）等。

一　二〇一八年十二月入管難民法改定
――定住させない、労働力としての外国人材受入れ

入管法改定に伴い、入国管理局が出入国在留管理庁に改編され、法の目的として出入国管理に在留管理が加えられ、名実ともに在留管理の強化が明確になった。関係閣僚会議では「外国人材の受入れ・共生のための総合的対応策」（以下、「２０１８対応策」）が確定し、合計一二六の施策と総額二一一億円の予算が提示された。しかし、一二六の施策は、「外国人材の受入れ・共生に関して、めざすべき方向性を示すもの」で、行政・生活情報の多言語化・相談体制、生活サービス環境、日本語教育、外国人の子どもの教育、労働環境整備などを掲げるが、従来の「地域における多文化共生推進プラン」（二〇〇六年三月総務省、以下、「２００６プラン」）や、『生活者としての外国人』に関する総合的対応策」（同年十二月外国人労働者問題関係省庁連絡会議、以下、「２００６対応策」）と比べても、取組むべき課題には新鮮味がない。本来ならば二〇〇六年以降の取組みを振り返り問題点、課題を抽出すべきであるが、そのような総括作業の形跡はない。

「２００６プラン」も「２００６対応策」も、国の責任を明記せず、財政支援を伴わず、総じて地方自治体に「丸投げ」された

といっても過言ではなかった。「2018対応策」は、地方自治体が現場で直面してきた様々な課題に、手探りで取組んできた施策が、ようやく国の施策に反映されるようになってきたと言える。変わったところは主管する省庁が明示され、施策が細分化され予算が措置されたことであるが、いくつかの事業は、国の補助率は二分の一とか三分の一で、地方自治体は残額を「持出し」となり、財政が逼迫する自治体では受託し事業実施するのは困難が伴うと推測できる。

また、不思議なことに「2006プラン」では「入国した外国人の地域社会への受入れ主体として、行政サービスを提供する役割を担うのは主として地方公共団体であり、多文化共生施策の担い手として果たす役割は大きい」と指摘したが、今回の「2018対応策」では地方自治体が果たす役割は明らかではなく、一月二十三日の衆議院法務委員会の審議でも、地方自治体が担う施策の数と負担額を問う質問に、入国管理局長は「検証を行っていない」と答弁し、大臣も「今後、地方自治体と協議し情報共有して実現に努力」と答えるにとどまった。

このことは、昨年六月の「経済財政運営と改革の基本方針2018」（いわゆる「骨太の方針」）で、①「外国人の受入れ環境の整備は、法務省が総合調整機能を持って司令塔的役割を果たす」こととし、②特定技能一号という在留資格の新設によって政府が求めるのは、在留期間通算五年を上限とし、定住しない、家族を帯同できない労働力としての外国人材であり、③特定技能一号の外国人を受入れた所属機関または登録支援機関が支援計画を作成し実施することになるので、受入れ機関が労働者を囲い込むような状況が生まれ、自治体が関与する余地が少ないことに起因する。以前の技能実習生と同様、自治体から見れば住民登録でしか出会うことがない「見えない外国人」の位置に置かれてしまう恐れがある。さらに危惧すべきは、国民健康保険、国民年金、住民税などの滞納があれば在留資格変更、在留期間更新などを不許可にすることも示されており、入管行政に従属させられる地方自治行政の姿が浮びあがる。今後のさらなる拡大に警戒を要する。そもそも社会保険料や税金などの未納者対策は、日本人をはじめ全該当者を対象に平等に督促を行うべきで、在留管理に連動させて外国人のみが過重の不利益を被るのは国籍による差別にほかならない。

二　書かれていないこと

「2018対応策」の事業や予算の多さに目を奪われずに、ここに書かれていない問題も考えてみたい。一つは「共生のため」という政策目標が掲げられているが、共生を保障する基本法となるべき仮称「多文化共生推進法」や「人種差別禁止法」などの制定については言及されず、この間、外国人移住者支援に取り組んできたNGOや研究者などが提起してきた外国人の地方参政権、公務就任権の付与、二重国籍、出生地主義の導入、外国籍児童の義務教育化、日本語教育推進法制定などの制度設計についても検討されておらず、行政サービスや生活環境整備のメニューの提示ばかりである。二つ目は「円滑なコミュニケーションの実現」や「外国人児童生徒の教育等の充実」についても日本語教育の充実ばかりで、母語・母文化の継承、朝鮮学校を含む外国人学校支援は一言も語られていない問題が挙げられる。これでは「同化」を求めるばかりで、日本人側の差別意識や偏見の除去、外国人や民族的少数者の人権、文化の尊重などを教育・啓発できるとは思えない。

地方自治体・地方議会はまず、国に対して基本法の制定を求め、同時に地方自治体においても「多文化共生推進条例」などの制定に取組み、制度設計を行うべきである。自治体政策の基礎となる条例が無ければ事業の継続や予算確保は難しく、自治体の長や職員の関心の程度によって左右されることを市民団体は経験してきた。以下、今後の自治体の外国人政策を推進するために必要な基準、視点を提示してみたい。

三　地方自治体の外国人施策のための視点

(1) 調査の実施

上記の条例制定などで明記すべきは定期的な実態調査の実施であり、外国人の人権被害の実態、多文化共生社会の進捗状況を把握するために実態調査は欠かせない。二〇一六年法務省「外国人住民調査」などを参考に自治体も定期的な調査を行うことを定めてほしい。外国人市民政策先進自治体であった川崎市も上記の法務省調査・川崎市分を見ると入居差別体験六一％（全国平均三九・三％）、就職差別体験三二％（同二五％）と、標本数は少ないが全国平均よりも被差別体験は高率だった。施策が整備されても効果が上がっていない実態が明らかになった。こうした実態調査の結果を分析して、外国人住民の意見を聞き、課題に対して重点的に対策を講じてほしい。

(2) 自治への参画「外国人住民会議」の設置と外国籍職員・教員の採用

外国人住民は「行政サービスの受け手だけではなく、住民自治の担い手」と言われて久しい。外国人住民の意見を聞き、自治への参加を保障するためには「外国人住民会議」の設置が必要だ。これも東京都外国人都民会議のように首長（元石原都知事）の意向で凍結されないために要綱ではなく議会で審議・可決を経た条例設置としたい。構成は日本人有識者の参加を認めることも考えられるが、この場合も知識・情報量では日本人有識者が上回るのでその影響を受け議論が誘導される恐れもあり、外国人委員が過半数を越えることを基準としたい。調査、審議課題の選定は行政側の諮問によるのではなく、外国人委員に選択を任せるべきだ。また、外国人委員は、他の審議会にも積極的に登用し、多文化の視点や発想を自治体政策に生かしたい。外国につながる子どもたちの進路保障をも考えて、外国人職員及び教職員の採用と任用を広げたい。地方自治法、地方公務員法、教育基本法、学校教育法など基本法には国籍条項はなく、自治体・教育委員会の判断で国籍要件を撤廃することは充分可能である。

(3) 多言語広報の基準の設定

多言語広報を行うのは、地方自治法第一〇条二項の「住民は、法律の定めるところにより、その属する普通地方公共団体の役務の提供を等しく受ける権利を有し、その負担を分任する義務を負う」に基づき、外国人住民が理解できる言語で情報が提供されるべきであり、その広報の基準を示しておきたい。例えば「やさしい日本語」、「やさしい英語」(英語を理解する外国人が多くても英語を母語とする人は多くはない)の他に、自治体ごとに外国人住民の構成が違うので、ある国籍の外国人が一定数に達したならば、その外国人の出身国の公用語による生活・行政情報のパンフレットを作成するなどである。また、多言語で広報すべきものについても①緊急事態、②住民登録・入管法・税金など安定した在留を確保するための義務的な情報、③保健・福祉・教育に関する情報、④国際交流協会、ハローワーク、労基署などの多言語相談窓口情報など分野別優先順位を明らかにしておきたい。発行されている多言語広報資料の一覧を地方自治体のホームページに掲載しておくことも有益である。また、広報だけではなく、母子健康手帳の交付から保育・幼稚園入園案内、小・中学校の入学案内など子育て関係の通知は日本人と対等に行い、自治体とつながることで地域の中での孤立を防ぎたい。また、不就学の児童生徒調査も毎年実施し、全ての外国人児童生徒の教育を受ける権利の保障をめざしたい。

(4) 人権被害の相談と救済

国際人権の諸条約の日本政府に対する審査では、人種差別禁止法及び国内人権委員会の不在、人権被害の救済は訴訟によるほかないという状況に繰り返し「懸念と勧告」が表明されている。これも法の制定を待たず、自治体においては生活相談・行政相談のほか労働相談を含め、必ず人権侵害に関する相談は「被害の救済まで取組む」という姿勢で国や都道府県の機関と連携して被害回復をめざしたい。

以上、国や地方自治体の文書に多く見られる、「～を図る、～を推進する、～に取組む、～に努める」といった施策の量的な拡大や努力目標の提示ではなく、制度設計を考え、施策の到達目標、基準などを明示した多文化共生推進条例の策定を求めたい。

これからの多文化共生

【雇用する企業の責任とは】

坂本久海子

●さかもと・くみこ　一九六一年生。ＮＰＯ法人 愛伝舎理事長。専攻・社会学。

私の住んでいる鈴鹿市には、現在八四五七人の（平成三十年十二月現在）外国人住民が住んでいます。鈴鹿市の人口は二〇万三八八人なので、外国人住民の人口比率は四・二％です。二〇〇八年のリーマンショックの前には外国人住民は一万人を超え、人口の五％が外国人になりました。その後減少しましたが、最近は少しずつ増加しているのと、国籍が南米系中心から、多国籍化しています。私たちＮＰＯ法人愛伝舎は、二〇〇五年に鈴鹿で外国人との共生を目指して、活動を始めました。

筆者は、一九九〇年代に家族の仕事でブラジルに約四年半滞在しました。九〇年代ブラジルから日本に出稼ぎに来る人が増えていました。ブラジルの生活を体験して、日本に行く人たちを思うと、二つ国の生活、習慣、リズムの違いに対応できるのだろうか？と、心配をしていました。九〇年代前半は、日本語ができる日系一世、二世の人たちが、祖国を知りたいと思いながら働きに来ていたように思います。日本人の文化・伝統を受け継いでいるような人たちでした。九〇年代後半になると、単身者の出稼ぎから、家族を呼び寄せて来日する人が増えていきました。それによって子供たちが日本の学校に入学するようになりました。この子供たちの多くは、「数年したらブラジルに戻るよ」と言われていましたので、日本の学校での学習に保護者も子供も熱心ではないように見えました。日系人も、受け入れる日本人側も、「出稼ぎ」としての数年の滞在と考えていました。それが、二〇〇〇年に入ってから、「出稼ぎ」でなく「定住?」という認識が、どちらにも生まれてきました。一九九〇年の入管法の改正から一〇年以上が経ってからやっと、外国人の定住のための対応が考えられるようになってきたわけです。今から振り返ると、随分時間がかかっています。

二〇〇五年に愛伝舎を立ち上げたのですが、その頃に出会ったブラジル人の男性が、「日本に着いてアパートに入って、翌日には派遣会社の送迎バスで工場に働きに行く生活が始まって、工場とアパートの往復だった。誰もゴミの分類とかルールを教えてくれなくて、周りの人の様子を見ながら少しずつ日本の生活を知った」ということを話してくれて、とても驚きました。日本で働くようになった多くの外国人は、「労働力」として受け入れられ、私たちと同じ地域に暮らす「人々」として、受け入れることなく、いつの間にか多くの外国人が暮らすことになりました。一九九〇年の入管法改正により、多くの日系人が製造業の現場で働くようになったわけですがその当時、政治的な議論は殆どなく、メディアの関心も薄く、多くの国民は「気が付いたら、外国人が増えたなぁ」という感じでしたし、自分たちの生活と離れたところにいる存在だったのではないでしょうか? 愛伝舎の活動を通して、「日本の人口減少と外国人との共生」について、各地で講演をさせてもらいましたが、参加者の反応は、人口減少や外国人との共生はどこか、実感のない他人事のような風に感じました。

全国的に見ても外国人が多い鈴鹿市で、「多文化共生」を目指して、様々な活動をしてきましたが、今から思うと「多文化共生」の本当の姿がわからないまま、活動をしていたように思います。愛伝舎として活動してきたのは、電話通訳サービス、日本語教室の開催や、教育セミナー、防災セミナーなど日本での生活適応のためのもの、そしてリーマンショック後失業した外国人向けの介護研修などでした。ですから、それらはセーフティネット作りであって、「多文化共生」とは違うものでしたが、外国人支援は何となく「多文化共生」というイメージで行っていたと今では思っています。「地域コミュニティと多文化共生」ということを考えていく際に、一般的に各地のNPOがやっている日本語指導や教育支援、相談業務などは、「セーフティネット作り」であって、本来イメージする「多文化共生」とは違うものと整理して考えていくべきものだと思います。

これから日本の社会は、より多くの外国人を受け入れていきます。少子高齢化の日本の社会の担い手として、「労働者」が私たちと一緒に暮らしていきます。日本人が当たり前に話している言葉もこれから習得するだけでなく、日常のゴミ出しや習慣などの生活ルールも一から知る必要があります。

今年の四月からの入管法の改正は、政治的に大きな議論になり、国民の関心の高いものになりました。日本の人口減少は、私たちの実感を伴っており、人手不足は深刻さを増しているので、外国人労働者の受け入れは国民的な議論になり、一九九〇年の改正の時とは状況が変わりました。

「少子高齢化、人口減少の日本に外国人労働者は必要」という事は、私たち日本人側が認識するものになってきました。人口減少は日本だけでなく、これから多くの国が直面する課題となり、外国人労働者は、「来たいならどうぞ！」から、「日本を選んで働きに来てもらう」という存在になりました。ですから、これからの「外国人との共生」は、私たちの社会の構成員として、共に暮らす人々として受け止めていくことが求められるのだと思います。外国人と暮らすことが当たり前の日本の社会になっていくのだと思います。

しかし外国人の人口比率が、日本の平均より多い鈴鹿市で暮らしていて、地域コミュニティにおいて外国人との共生を考えていくにあたり、私自身が隣近所の人々と、「共生しているコミュニティ」といえるような関係を築いているという実感はありません。近所の人と挨拶をする関係はあってもコミュニティを形成しているという実感がないのが一般的だと思いますが、そういう暮らしの中で、外国人との「多文化共生」を地域コミュニティの中で形成するという実感は持ちにくいように思うのです。伝統的に人間関係のある地域では、周辺の人々をお互いに知っているかもしれませんが、今多くの人が暮らしている環境は、「コミュニティの一員である」と実感して暮らしているような環境にないと思います。ですから、外国人が多く暮らすようになって、外国人を「コミュニティの一員として日常的に意識して暮らす」というイメージを持つというのは、あまり現実的ではないように思います。

外国人を受け入れるのは、企業が労働者を必要としているからで、その需要があって、政府は法律を変えて外国人の受け入れの拡大を決めました。外国人の受け入れのための体制づくりとして、国の制度、行政サービスの充実を求める声が上がっていますが、そもそも外国人を必要としている企業が外国人を受け入れる責任や負担を十分に果たすべきではないかと思います。これまで多くの企業が「雇用の調整弁」として「労働者」でなく「労働力」として、外国人を雇用してきました。しかしこれからは、日本の社会の担い手として受け入れていくわけで、外国人の安定した定住のための取り組みは、雇用主である企業がするべきだと思います。これからの外国人の受け入れの体制づくりを政府が行うことは当然だとは思いますが、社会の視線は政治にばかり注がれていて、外国人を雇用する「企業」の責任や負担に目が行っていないことに疑問を感じています。

昨年十二月鈴鹿のある企業に、ベトナムの理工系の大学を出た二十代の青年が二名正社員として入社しました。彼らが鈴鹿での生活を始めるにあたり、アパートを探し、来日当日に家財道具の買い物、ゴミ出しなどの生活ルールの説明、近所のスーパーなどの生活基盤づくりのサポートをしました。それらは企業の依頼で行いました。彼らは日本に来る前にベトナムにある日本語学校で、日本語だけでなく、日本での生活習慣などもある程度学んできていました。彼らからの依頼があれば、これからも生活の中でのサポートは行いますが、彼らの生活の中心は会社での仕事になり、その会社の社長さんや他の社員さんに温かく迎えられて、仕事や日本語を覚えています。海外からの若い人材を迎えることで、会社の気風も変わることがあるかもしれません。そこに「多文化共生」の社会が築かれていくのであり、「多様性が豊かさに」なる姿が顕現されていくと思っています。

鈴鹿の企業で正社員として働くベトナムのVCIアカデミー出身の青年たちと筆者

これまで安い労働力の確保に外国人を雇用してきた企業から、「日本を選んで来て貰う、長く働いて貰うために何をしたらいいのか?」ということを耳にするようになりました。大変な変化だと思います。同調圧力が強くなりがちな日本の集団に、外国人が加わることでその集団の「気風」が変わるのを感じたことがあります。受け入れる日本人側の意識の変化により、職場の仲間として外国人を迎えることで、「多文化共生」は地域コミュニティよりも、企業の中で実現されていくのではないかと思います。

外国人との共生に取り組んできて、これから意識するべきことは、「私たちと価値観が違う人たちと、これから社会を作っていく」ということだと思います。日本人が当たり前に、当然と思っている価値観を共有しないこともありますし、外国人の持つ価値観を私たちは持っていないということもあります。言葉や習慣の違いとよく言いますが、実は「価値観の違い」が大きいのではないかと思います。そのことをあまり意識してこなかったのですが、「宗教を大事にする」「仕事よりも家族を優先する(又はその逆)」「教育を大事にする」などの価値観――この価値観の違いが軋轢やすれ違いになることもあるように思いました。

この入管法の改正は、大きな転換期です。これまで、地方自治体と地域住民に丸投げされていた外国人の定住支援を、受け入れ企業が責任を持ってやっていくことが本来の姿だと思います。企業の気風として「多文化共生」、多様性の豊さが顕現されていくことで、私たちの社会で「多文化共生」が当たり前のことになっていくことを願っています。

Ⅱ　周回遅れの「移民国」

外国人にシティズンシップを開く（近藤敦）

Ⅴ　教育

外国人の子どもと学校教育（小島祥美）

Ⅵ　難民にどう向き合うか

日本の難民認定制度をめぐる近時の動向と課題（関聡介）

図表一覧

本号中の写真を除く図表資料をリストアップした。

I　外国人労働者受け入れ

外国人労働者のフロントドアからの受入れを（宮島喬）

移民／外国人受入れをめぐる自治体のジレンマ（鈴木江理子）

技能実習制度からみた改定入管法（旗手明）

家事労働者の受け入れの問題点（定松文）

〔編集後記〕
▼いよいよこの国もこれまでのように済し崩しのまま外国人を受け入れることが出来なくなった。4.1の出入国管理法の改正はした。しかし、この外国人受け入れを、わが国は、短・中・長期的にどういうビジョンをもってやろうとしているのかが見えてこない。
▼前回2014年の別冊は、「なぜ今、移民問題か」というテーマで、移民問題の本質を問うたものだったが、今回は、現状を分析をした上で、これからの移民社会をどう構築してゆけばいいのか、研究者をはじめ、移民の一世、二世、又ペルーの日系移民の帰国者など多様な方々の生の声を反映させた。
▼また、外国人を受け入れることは、単なる労働力としてだけではなく、異文化をどう受容するか、日本語教育、子ども達の学校教育に至るまで、日本における"くらし"全般に亘って、どうするかが問われることになる。
▼今、東京や大阪という大都市の中でも、コンビニをはじめ各種チェーン店で、外国人労働者と接しない日はない。彼らが一人一人、楽しく日々を過ごしているか？　われわれがこれから考えなければならないことは、多種多様にあるように思われる。「開かれた移民社会」への道は、もう今始まっているといえるだろう。
（亮）

別冊『環』㉔
開かれた移民社会へ

2019年5月10日発行

編集兼発行人　藤原良雄
発行所　株式会社藤原書店

〒162-0041　東京都新宿区早稲田鶴巻町523
電話　03-5272-0301（代表）
FAX　03-5272-0450
URL　http://www.fujiwara-shoten.co.jp/
振替　00160-4-17013

印刷・製本　中央精版印刷株式会社

ISBN 978-4-86578-221-9

〈表紙写真〉（いずれも提供＝鈴木江理子）
左上：1988年8月8日のビルマ民主化運動を記念して毎年開催される88デモ
右上：「ワラビスタン」と呼ばれる蕨市・川口市周辺で開催されるクルド民族の新年祭「ネウロズ」
左下：葛飾区四つ木に拠点を置くアディスアベバ・エチオピア協会主催のパーティ
右下：毎年池袋西口公園で開催されるバングラデシュの新年祭「ボイシャキメラ」